Religion in Philosophy and Theology

Editor
INGOLF U. DALFERTH (Zürich)

Advisory Board
HERMANN DEUSER (Frankfurt/M.) · JEAN-LUC MARION (Chicago)
DEWI Z. PHILLIPS (Claremont) · ELEONORE STUMP (St. Louis)
HENT DE VRIES (Amsterdam)

21

Karin Scheiber

Vergebung

Eine systematisch-theologische Untersuchung

Mohr Siebeck

KARIN SCHEIBER, geboren 1972; Studium der evangelischen Theologie in Zürich; 2005 Promotion; arbeitet zur Zeit an einem Habilitationsprojekt.

ISBN 3-16-148893-8
ISBN-13 978-3-16-148893-1
ISSN 1616-346X (Religion in Philosophy and Theology)

Die Deutsche Bibliothek verzeichnet diese Publikation in der Deutschen Nationalbibliographie; detaillierte bibliographische Daten sind im Internet über *http://dnb.ddb.de* abrufbar.

© 2006 Mohr Siebeck Tübingen.

Das Werk einschließlich aller seiner Teile ist urheberrechtlich geschützt. Jede Verwertung außerhalb der engen Grenzen des Urheberrechtsgesetzes ist ohne Zustimmung des Verlags unzulässig und strafbar. Das gilt insbesondere für Vervielfältigungen, Übersetzungen, Mikroverfilmungen und die Einspeicherung und Verarbeitung in elektronischen Systemen.

Das Buch wurde von Gulde-Druck in Tübingen auf alterungsbeständiges Werkdruckpapier gedruckt und von der Buchbinderei Held in Rottenburg gebunden.

für Elias und Adam

Vorwort

Die vorliegende Untersuchung wurde im Sommersemester 2005 von der theologischen Fakultät der Universität Zürich als Dissertationsschrift angenommen. Bei der Entstehung dieser Arbeit habe ich von verschiedenen Seiten Unterstützung erfahren, wofür ich meinen Dank aussprechen möchte. An erster Stelle danke ich Prof. Dr. Ingolf U. Dalferth, Zürich, der mir allen erdenklichen Freiraum und Vertrauensvorschuss gewährte, sich aber stets, wenn es mir nötig erschien, die Zeit nahm, um mir mit fachlichem Rat und menschlicher Ermutigung zur Seite zu stehen. Eine bessere Begleitung kann ich mir nicht denken. Ebenfalls danke ich Prof. Dr. Pierre Bühler, Zürich, der das Zweitgutachten verfasste.

Dem Schweizerischen Nationalfonds danke ich für die großzügige finanzielle Unterstützung, welche es mir erlaubte, meine Arbeitszeit ganz diesem Projekt zu widmen.

Die Teilnehmenden der ökumenischen Bildungsreihe zur Vergebung, welche im Herbst 2004 an drei Abenden in meiner Heimatkirchgemeinde St. Georgen-St. Gallen stattfand, zeigten mir auf, wo in meinem Vergebungskonzept noch Klärungsbedarf bestand und wiesen mich auf die Fragen, welche sie in ihrem Alltag im Zusammenhang mit Schuld und Vergebung am meisten beschäftigten.

Und schließlich danke ich dem Verlag Mohr Siebeck, Tübingen, für die Aufnahme in die Reihe „Religion in Philosophy and Theology" und die angenehme Zusammenarbeit.

St. Gallen, im Dezember 2005   *Karin Scheiber*

Inhalt

Einleitung 1
Was ist Vergebung? Der erste hermeneutische Zirkel 2
Göttliche Vergebung und zwischenmenschliche Vergebung:
Der zweite hermeneutische Zirkel 4
Aufbau 4
Literatur 9

I. Göttliche Vergebung

Kapitel 1: Gott der Vater 15
1.1 Vergebung in der hebräischen Bibel 16
1.2 Darf Gott vergeben? 25
1.3 Kann Gott vergeben? 35

Kapitel 2: Gott der Sohn 45
2.1 Schuld und Sünde 45
2.2 Sünde und Sündenvergebung im Neuen Testament 48
2.3 Wer vergibt, wenn Jesus Sünden vergibt? 54
2.4 Sündenvergebung und μετάνοια 58
2.5 „Vater, vergib ihnen, denn sie wissen nicht, was sie tun!" 65
2.6 Tod und Auferweckung 67

Kapitel 3: Gott der Heilige Geist 74
3.1 Das Werk des Heiligen Geistes 75
3.2 ἐν Χριστῷ 79
   3.2.1 „Sünde" bei Paulus 79
   3.2.2 „simul iustus et peccator" 80
   3.2.3 Das katholische Verständnis von Sünde und Rechtfertigung ... 89
   3.2.4 Das katholische und das evangelische Sündenverständnis –
   ein Vergleich 91
3.3 σῶμα Χριστοῦ 93
   3.3.1 Die Vollmacht zur Sündenvergebung 98
   3.3.2 Wort und Sakrament 106

Zusammenfassung 110

II. Zwischenmenschliche Vergebung

Kapitel 4: Der moraltheoretische Rahmen zum Verständnis
von Schuld und Vergebung 116
4.1 Schuld und Vergebung im Rahmen konsequenzialistischer Moraltheorien 116
4.2 Schuld und Vergebung im Rahmen vertragstheoretischer Modelle 119
4.3 Schuld und Vergebung im Rahmen der kantischen Ethik 121
    4.3.1 Grundideen und Grundbegriffe der kantischen Ethik 121
    4.3.2 Schuld 125
    4.3.3 Vergebung 127
4.4 Vergebung bei Strawson und Murphy/Hampton 132
    4.4.1 Peter F. Strawson: Freedom and Resentment 133
    4.4.2 Jeffrie Murphy, Jean Hampton: Forgiveness and Mercy 137
4.5 Moralische Kommunikation 144
    4.5.1 Die moralische Gemeinschaft 145
    4.5.2 Moralische Verletzung 146
    4.5.3 Übelnehmen als Botschaft 146
    4.5.4 Reaktionen auf Übelnehmen 147
    4.5.5 Die Botschaft der Vergebung 158

Kapitel 5: Der Sprechakt „Ich vergebe dir" 163
5.1 Austin 163
    5.1.1 Einleitung 163
    5.1.2 Die performative Äußerung „Ich vergebe dir" 165
    5.1.3 Lokutionär, illokutionär, perlokutionär 167
    5.1.4 Die illokutionäre Rolle der Äußerung „Ich vergebe dir" 169
    5.1.5 Wie der Sprechakt verunglücken kann 173
    5.1.6 Regeln für das Glücken der Äußerung „Ich vergebe dir" 175
    5.1.7 Moralische Verletzung, Übelnehmen und Reue 182
5.2 Austins „Wirkungsgeschichte" 188
    5.2.1 Einwände 188
    5.2.2 Zustimmung 193
5.3 John R. Searle: Sprechakte 201
    5.3.1 Das Versprechen – Bedingungen und Regeln 202
    5.3.2 Regeln für den Gebrauch der Äußerung „Ich vergebe dir" 204
    5.3.3 Moralische Verletzung, Übelnehmen und Reue 205
5.4 Sprache und Wirklichkeit 210
    5.4.1 Sprechaktanalyse und Handlungskonzept 211
    5.4.2 Sprachverständnis 211
    5.4.3 Begriffe mit unscharfen Rändern 213
    5.4.4 Natürliche und institutionelle Tatsachen 215
    5.4.5 Artikulierte Erfahrung 217

Kapitel 6: Die konstitutiven Bedingungen der Vergebung 219
6.1 Konstitutive und regulative Regeln, konstitutive und normative Bedingungen 221
6.2 Bedingungslose Vergebung? 224
6.3 Schuld 225
6.4 Betroffenheit und Übelnehmen 230
    6.4.1 Wer ist betroffen? 230
    6.4.2 Verschiedene Arten von Betroffenheit 234
    6.4.3 Übelnehmen 252
6.5 Reue und Versöhnlichkeit 254
    6.5.1 Reue als konstitutive Bedingung von Vergebung 254
    6.5.2 Was ist Reue? 257
    6.5.3 Versöhnlichkeit und Vergebungsbereitschaft 261
    6.5.4 Wenn der Täter nicht bereut 263

Kapitel 7: Vergebung im Unterschied zu anderen Reaktionsmustern 266
7.1 Entschuldigen 266
7.2 Duldendes Verzeihen 268
7.3 Heilung von der Verletzung 269
7.4 Versöhnung 270
7.5 Gnade 273
7.6 Übersicht 273

Zusammenfassung 276

III. Göttliche und zwischenmenschliche Vergebung

Kapitel 8: Gott und Mensch 281
8.1 In Beziehung 281
    8.1.1 Gottes Überlegenheit über den Menschen 282
    8.1.2 Die Quelle des Werts 284
    8.1.3 In Abhängigkeit 288
8.2 Göttliche und zwischenmenschliche Vergebung im Vergleich 290
    8.2.1 Schuld und Sünde 290
    8.2.2 Betroffenheit, Übelnehmen 293
    8.2.3 Reue und Umkehr 293
    8.2.4 Versöhnlichkeit 294
    8.2.5 Zusammenfassung 295

Kapitel 9: Zusammenhänge 297
9.1 Gottes Vergebungswille als Voraussetzung zwischenmenschlicher Vergebung 297

9.2 Zwischenmenschliche Vergebung als Bedingung göttlicher Vergebung 297
    9.2.1 Die Botschaft verweigerter Vergebung 298
    9.2.2 Die Sünde verweigerter Vergebung – oder: Die Unvergebbarkeit der Unversöhnlichkeit 300
    9.2.3 Gibt es eine Pflicht zu vergeben? 302
9.3 Das Gleichnis vom unbarmherzigen Knecht 308

Schluss 315

Literatur 317

Bibelstellenregister 325

Namenregister 327

Sachregister 330

Einleitung

Was ist Vergebung? Worum bitten wir, wenn wir jemanden um Vergebung bitten? Was gewähren wir, wenn wir jemandem Vergebung gewähren? Im alltäglichen Sprachgebrauch wird manches als „Vergebung" bezeichnet – verdient alles, was „Vergebung" genannt wird, auch tatsächlich, so genannt zu werden? Und lassen sich Kriterien angeben dafür, was „Vergebung" genannt zu werden verdient? Kann der Vorgang des Vergebens auch missglücken? Und wenn ja, was braucht es, damit er glückt? Können verschiedene Handlungsmuster wie Vergeben, Verzeihen, Entschuldigen oder Versöhnen sinnvoll voneinander abgegrenzt werden? Wie kommt es, dass das Wort „Vergebung" sowohl für ein göttliches wie auch für ein zwischenmenschliches Handeln Anwendung findet? Sind göttliches und zwischenmenschliches Vergeben das gleiche? In welchem Verhältnis stehen sie zueinander?

Diese Fragen leiten mich beim Bestreben, eine begriffliche Bestimmung von Vergebung vorzunehmen. Die vorliegende Untersuchung ist nicht in erster Linie eine Darstellung dessen, wie bestimmte theologische oder philosophische Denkerinnen und Denker in der Vergangenheit Vergebung verstanden haben, wenngleich ich mich in einem ständigen Dialog mit jenen befinde, die ebenfalls über die Vergebung nachgedacht haben. Sie stellt den Versuch dar, ein eigenständiges Verständnis von Vergebung zu entfalten, dem es gelingt, göttliche und zwischenmenschliche Vergebung im Blick zu behalten. Zudem soll dieses Vergebungsverständnis verschiedene theoretische Probleme zu lösen imstande sein und dabei den im Alltagsgebrauch des Wortes „Vergebung" liegenden Intuitionen nicht völlig zuwiderlaufen, wenngleich es in der Natur der Sache liegt, dass der Begriff für die wissenschaftliche Beschäftigung enger zu fassen ist als dies für die Alltagssprache nötig ist.

Diese Untersuchung liefert also weder eine historische Begriffsanalyse, noch eine vergleichende Darstellung divergierender Auffassungen von Vergebung wie sie beispielsweise in verschiedenen Religionen oder Kulturen zum Ausdruck kommen, und schon gar nicht handelt es sich um einen empirischen Zugang zur Thematik. Das Vorgehen ist streng systematisch-theologisch; es unternimmt eine Begriffsarbeit, die sich der angelsächsisch-analytischen Tradition verpflichtet weiß. Das klingt trocken, führte aber in Wirklichkeit in eine höchst anregende und spannende Auseinandersetzung, und ich hoffe, dass es der vorliegenden Untersuchung gelingt, einen Eindruck davon wiederzugeben.

Was ist Vergebung? Der erste hermeneutische Zirkel

Um eine Begriffsuntersuchung durchführen zu können, muss man einen Vorbegriff dessen haben, was man untersuchen möchte – sonst wüsste man ja nicht, worauf die Aufmerksamkeit zu richten wäre. Aber der Vorbegriff darf auch wiederum nicht zu scharf sein – sonst wäre das Ergebnis bereits vorweggenommen und die Untersuchung würde sich erübrigen. So bewegt sich die begriffliche Arbeit in einem hermeneutischen Zirkel zwischen dem Vorverständnis und den Erkenntniszugewinnen.

Mein Vorurteil bezüglich dessen, was Vergebung sei oder nicht sei, zeigte sich *negativ* in meinem Unbehagen gegenüber gängigen Vergebungsdefinitionen. Wenn Vergebung beschrieben wird als Überwindung von Übelnehmen, als metaphysisches Wegnehmen quasi-substanzieller Schuld, oder als psychologische Erleichterung für die Vergebung gewährende oder die sie empfangende Person, so steckt in jedem von ihnen ein Körnchen Wahrheit – aber das „Wesen" der Vergebung war für meinen Vorbegriff nicht erfasst.

In der Auseinandersetzung mit meinem Unbehagen kristallisierte sich der *positive* Gehalt meines Vorurteils über Vergebung heraus. Als zentraler Punkt erwies sich das Vorverständnis von Vergebung als eines *Beziehungsgeschehens*: Vergebung ist nicht etwas, das sich nur in der Vergebung gewährenden Person ereignet, sondern in der Beziehung zwischen der Vergebung gewährenden und der sie empfangenden Person. Die Vergebung gewährende Person kann nicht vergeben unabhängig von dem, wer die Vergebung empfangende Person ist, was sie in der Vergangenheit wollte und tat und was sie gegenwärtig will und tut. Die Vergebung empfangende Person ist am Vergebungsgeschehen beteiligt, es kann ohne sie nicht zustande kommen.

Zu meinem Vorurteil über Vergebung gehörte außerdem, dass Vergebung *nicht primär ein psychologischer, sondern ein moralischer Vorgang* ist. Natürlich geschieht bei den Beteiligten eine ganze Menge, das sich psychologisch beschreiben und therapeutisch oder seelsorgerlich aufnehmen oder beeinflussen lässt. Aber darin sah und sehe ich nicht das Zentrum dessen, was Vergebung ausmacht. Anders als manche psychologische Zugänge zur Vergebung[1] es annehmen, kann sich meines Erachtens Vergebung nur auf moralische Schuld (oder Sünde), nicht aber auf

---

[1] Vgl. z.B. FITZGIBBONS, The Cognitive and Emotive Uses of Forgiveness in the Treatment of Anger.

Schuldgefühle beziehen. Es ist nicht möglich, Vergebung zu gewähren für Schuldgefühle, welche jeder objektiven Grundlage entbehren. Vergeben wird die Schuld, nicht das Schuldgefühl. Wenn Vergebung gelingt, bringt sie für die schuldig gewordene Person oftmals eine Erleichterung vom Schuldgefühl mit sich; aber diese Erleichterung ist nicht das, worauf Vergebung zielt und weswegen sie gewährt wird; und wenn das Gefühl der Erleichterung ausbleibt, braucht dies nicht zu bedeuten, dass die Vergebung nicht „gültig" zustande kam oder dass sie defizitär ist. Ebenso gilt für die Vergebung gewährende Person, dass sie als ganzer Mensch, auch mit ihrer Emotionalität, an der Vergebung beteiligt ist. Aber wenn von psychologischer Seite angenommen wird, die Auswirkungen der Vergebung auf die psychische Verfassung der vergebenden Person seien das entscheidende Kriterium dafür, ob Vergebung zu gewähren sei oder nicht[2], so ist damit die moralische Pointe der Vergebung wiederum verfehlt. Wohl hat Vergebung mit der Überwindung von Übelnehmen, Hass, Groll oder Bitterkeit zu tun; aber erstens können diese auf vielerlei Weisen überwunden werden, ohne dass es sich dabei um Vergebung zu handeln braucht, und zweitens hängt Entscheidendes davon ab, wie die Gefühle verstanden werden, ob sie etwa als unkontrollierte Impulse oder als urteilsbasierte Haltungen oder als „concern-based construal"[3] gesehen werden.

Und schließlich gehört zu meinem Vorbegriff von Vergebung auch die Abgrenzung gegen andere Handlungsmuster: Zwar ist der Sprachgebrauch im Deutschen alles andere als scharf und eindeutig – insbesondere dienen *vergeben* und *verzeihen* oft als Wechselbegriffe –, dennoch ging ich davon aus, dass sich das unter dem Stichwort „Vergebung" erahnte Handlungsmuster unterscheiden lasse von anderen Handlungsmustern, die mit den Bezeichnungen Entschuldigung, Versöhnung und duldendem Verzeihen[4] verbunden sind.

Offen waren bei diesem vagen Vorbegriff von Vergebung eine ganze Reihe von Fragen, welche das weitere Erkenntnisinteresse leiteten: Wie ist die Schuld zu verstehen, auf welche Vergebung sich bezieht? Welche Art von Beziehung ist im Blick, wenn Vergebung als Beziehungsgeschehen anzusehen ist? Ist die Reue der schuldig gewordenen Person nötig dafür, dass Vergebung gewährt werden kann? In welchem Verhältnis stehen göttliche und zwischenmenschliche Vergebung zueinander? Wo weisen sie Gemeinsamkeiten auf, wo unterscheiden sie sich?

---

[2] Vgl. ebd. sowie SCOBIE/SCOBIE, Damaging Events.
[3] ROBERTS, Emotions, 64 und passim. Vgl. auch: DERS., Spirituality and Human Emotion, 15ff.
[4] Mit „duldendem Verzeihen" bezeichne ich jenes Verhalten, das im Englischen *condonation* genannt wird.

Göttliche Vergebung und zwischenmenschliche Vergebung: Der zweite hermeneutische Zirkel

Die letzten Fragen weisen auf einen zweiten hermeneutischen Zirkel, innerhalb dessen sich die Arbeit am Begriff der Vergebung bewegt. Der Erkenntnisprozess verlief weder so, dass zuerst ein klares Verständnis göttlicher Vergebung feststand, welches dann auf die zwischenmenschliche Vergebung übertragen werden konnte, noch umgekehrt. Vielmehr ergaben sich aus der Auseinandersetzung mit beiden Einsichten und Fragestellungen, welche auf die Auseinandersetzung mit der jeweils anderen Vergebung rückwirkten, wobei wiederum neue Einsichten und Fragestellungen hervortraten usw. So wurde mir etwa der Beziehungscharakter von Vergebung zuerst an der göttlichen Vergebung richtig deutlich und wurde dann auch für die zwischenmenschliche Vergebung zu einer unaufgebbaren Grundannahme; andere Aspekte der Sündenvergebung riefen dagegen das Bewusstsein dafür wach, was zwischenmenschliche Vergebung niemals sein könne und zu leisten vermöge. Umgekehrt war es im Zuge der Beschäftigung mit der zwischenmenschlichen Vergebung, dass ich mich mit den konstitutiven Bedingungen von Vergebung befasste, was die Frage nach sich zog, was dies für die göttliche Vergebung zu bedeuten habe.

Aufbau

Der zirkuläre Charakter des hermeneutischen Prozesses brachte etliche Schwierigkeiten mit sich. Eine möglichst getreue Abbildung des Erkenntniswegs mitsamt den Umwegen und Sackgassen wäre weder möglich noch sinnvoll gewesen und hätte der Lesefreundlichkeit schwerlich gedient. So ist denn im Aufbau der Untersuchung auseinandergenommen, was bei der Entstehung gedanklich immer gemeinsam im Spiel war: Die göttliche Sündenvergebung und die zwischenmenschliche Vergebung. Ich war längere Zeit unsicher, ob ich den ethischen Teil auf den dogmatischen folgen lassen oder ob ich den umgekehrten Ablauf wählen sollte. Jeder der Teile setzt Erkenntnisse des andern voraus und baut auf diese auf. Dass in der nun vorliegenden Untersuchung der dogmatische Teil über die Sündenvergebung vorangeht, ist eine theologische Entscheidung: Der Aufbau widerspiegelt, dass die göttliche Vergebung der menschlichen Vergebung vorangeht. Im dritten Teil wird die Frage aufgenommen, was die göttliche und die zwischenmenschliche Vergebung miteinander gemeinsam haben und was sie unterscheidet, oder anders gesagt, ob sie zu Recht beide „Vergebung" genannt werden.

Der *dogmatische Teil* über die göttliche Sündenvergebung folgt dem trinitarischen Schema. Im ersten Kapitel über Gott den Vater werden die Voraussetzungen der Sündenvergebung behandelt, die Frage also, ob Gott überhaupt Vergebung gewähren kann und darf. Im Kapitel über Gott den Sohn (Kapitel 2) geht es um das Verhältnis von Schuld und Sünde, die Reue und die Bedeutung von Tod und Auferweckung Jesu für die Sündenvergebung. Im dritten Kapitel kommt die Bedeutung des Heiligen Geistes für das Zum-Ziel-Kommen von Gottes Vergebung beim Menschen zur Sprache; außerdem finden die lutherische Denkfigur des *simul iustus et peccator* sowie ekklesiologische Überlegungen hier ihren Platz.

Der dogmatische Teil folgt aber nicht nur dem trinitarischen Schema, sondern zugleich (grob) der kanonisierten Abfolge der biblischen Bücher und einem heilsgeschichtlichen Abriss. So wird im ersten Kapitel die Bedeutung der Vergebung in der hebräischen Bibel dargestellt, die Ausführungen im zweiten Kapitel stützen sich weitgehend auf das Verständnis von Sünde und Vergebung in der neutestamentlichen Verkündigung des Lebens und Wirkens Jesu (insbesondere dem Lukasevangelium), und für das dritte Kapitel schließlich spielt die paulinische Theologie eine wichtige Rolle.

Die Parallelisierung des trinitarischen und des heilsgeschichtlichen Aufbaus könnte eine Gleichsetzung von Gott dem Vater mit dem im Alten Testament verkündeten Gott, des Sohnes mit dem Jesus von Nazareth der Evangelien und des Heiligen Geistes mit dem Wirken Gottes nach Ostern oder Pfingsten suggerieren. Dies wäre indes eine irreführende Annahme. Die trinitarische Gliederung ist keine zeitliche und lässt sich auch nicht verschiedenen biblischen Büchern oder Teilen zuordnen. Wenn von der Einheit Gottes ausgegangen wird, dann ist überall da, wo Gott am Werk ist oder wahrhaftig von Gott die Rede ist, der „ganze" Gott, Gott als Vater, Sohn und Heiliger Geist zugleich am Werk oder von ihm die Rede. Die Verbindung bestimmter biblischer Schriften mit den nach den trinitarischen Namen bezeichneten Kapiteln hat vielmehr den praktischen Grund, dass sich die in den Kapiteln aufgenommenen Einzelfragen gut mit gewissen biblischen Texten ins Gespräch bringen ließen. Die Textauswahl ist dabei radikal selektierend und richtet sich allein nach den zu behandelnden systematischen Fragestellungen. Ein vollständiger Überblick über die biblischen Aussagen zu Sünde und Vergebung wird in keiner Weise angestrebt.[5]

Schließlich orientiert sich der Aufbau des dogmatischen Teils auch an einem inhaltlichen, sich aus der Thematik ergebenden Gesichtspunkt. Im

---

[5] Für einen solchen Überblick verweise ich auf die einschlägigen bibelwissenschaftlichen Monographien und Lexikonartikel.

ethischen Teil werden konstitutive Bedingungen der Vergebung genannt, die in der Abfolge eines Dialogs stehen, den ich „moralische Kommunikation" nennen werde: Schuld, persönliche Betroffenheit, Übelnehmen, Reue und Versöhnlichkeit. Inwiefern diese Bedingungen auch für die göttliche Sündenvergebung gelten, kommt ausführlich im dritten Teil zur Sprache. Im dogmatischen Teil üben sie bereits unterschwellig einen Einfluss auf die Abfolge aus, wenngleich diese der soeben genannten Abfolge der konstitutiven Bedingungen in einem Punkt nicht entspricht: Die Frage nach Gottes Betroffenheit wird bereits im ersten Kapitel angegangen, noch vor der Behandlung von Schuld und Sünde, die im zweiten Kapitel erfolgt.

Im *zweiten Teil*, der die ethischen Überlegungen zur zwischenmenschlichen Vergebung enthält, wird dann manches genauer ausgeführt, was schon im ersten Teil (insbesondere bei den Ausführungen zu Betroffenheit und Sünde/Schuld) ein Stück weit vorausgesetzt ist. Aber auch innerhalb dieses zweiten Teils ist der beschriebene erste hermeneutische Zirkel wirksam, insofern auch hier vieles vorausgesetzt ist, das erst später ausgeführt wird. Es ist deshalb unausweichlich, dass gewisse Dinge zunächst mangelhaft begründet sind. Meine Hoffnung ist, dass im Zuge der weiteren Lektüre deutlich wird, dass es sich dabei nicht um Willkürsetzungen, sondern um begründete Entscheidungen handelt, die ihren Platz im Ganzen des hier vertretenen Vergebungsverständnisses einnehmen.

Der moraltheoretische Teil ist so aufgebaut, dass ich zunächst darstelle, welche Bedeutung Schuld und Vergebung in den drei großen klassischen Gruppen von Moraltheorien, also in konsequenzialistischen, vertragstheoretischen und kantianischen Ansätzen, zukommt (4.1–4.3). Ich begründe, weshalb meines Erachtens alle diese Ansätze scheitern beim Versuch, zu einem angemessenen Verständnis von Schuld und Vergebung zu gelangen (soweit gesagt werden kann, dass sie diesen Versuch überhaupt unternehmen). Dieser Durchgang zeigt zugleich, dass Entscheidendes davon abhängt, mit welcher ethischen Rahmentheorie man arbeitet. Ich gelange deshalb *nicht* zum Schluss, dass es besser sei, auf einen moraltheoretischen Rahmen ganz zu verzichten – abgesehen davon, dass ich der Überzeugung bin, dass wir diese Möglichkeit gar nicht haben, sondern nur vor der Wahl stehen, uns den Rahmen, innerhalb dessen sich die eigenen ethischen Überlegungen abspielen, bewusst zu machen und ihn zu gestalten, oder aber unbewusst von diesem gesteuert zu werden. Ich entwerfe vielmehr eine eigene moraltheoretische Skizze (4.5), die es mir erlaubt, zwischenmenschliche Vergebung besser zu verstehen. Auch die Wechselwirkung zwischen einer Rahmentheorie und materialen Überzeugungen oder den genannten Vorurteilen kann als ein hermeneutischer Zirkel beschrieben werden, bzw. als ein kohärentistischer Prozess, der auf ein „reflective equilibrium"[6] zielt.

Im Zentrum meiner eigenen moraltheoretischen Überlegungen steht der Begriff der *moralischen Kommunikation*. Ich gehe davon aus, dass unser Handeln, sofern es sich in hinreichender innerer und äußerer Freiheit vollzieht, Ausdruck einer Haltung oder Einstellung oder Absicht gegenüber den von unserem Tun Betroffenen ist. Vielleicht ist es von keiner *bestimmten* Absicht gegenüber gewissen Betroffenen geleitet, aber selbst dann ist es zumindest Ausdruck einer Haltung, und sei es der der Gleichgültigkeit. Als Ausdruck einer Haltung hat unser Handeln Zeichencharakter[7], es enthält eine Botschaft, die für das Gegenüber lesbar ist. Genauer genommen enthält unser Handeln meist mehrere Botschaften – worauf ich in dieser Untersuchung aber fokussiere ist das, was ich die *moralische Botschaft* nenne: In unserem Handeln drücken wir aus, ob wir unserem Gegenüber in einer Haltung der Wertschätzung, der Achtung, des Interesses begegnen, oder in einer Haltung der Geringschätzung, der Verachtung, der Gleichgültigkeit. Damit kommt dem *Begriff der Achtung oder der Wertschätzung* eine zentrale Stellung zu. Dies ist nicht die einzige Anleihe bei Kant; die kantische Ethik übte einen nachhaltigen Einfluss auf meine moraltheoretischen Überlegungen aus. Gewichtige Differenzen zu Kant halten mich aber davon ab, einfach von einem kantianischen Zugang zu sprechen. Wenn überhaupt eine Einordnung nötig sein sollte, würde ich ihn lieber „strawsonian" nennen, da ich den entscheidenden Anstoß, mein Augenmerk auf die im Handeln ausgedrückten Haltungen zu legen, von Peter F. Strawsons Aufsatz „Freedom and Resentment" empfing (4.4).[8]

Die moralische Botschaft der Geringschätzung oder der verweigerten Achtung nenne ich eine *moralische Verletzung*, und es ist diese spezifische Verletzung, auf die Vergebung sich bezieht. Vergebung ist aber nicht die direkte Reaktion auf eine moralische Verletzung; die direkte Reaktion ist vielmehr die des *Übelnehmens* durch die von der Verletzung persönlich betroffene Person. Auch das Übelnehmen enthält eine moralische Botschaft.

---

[6] Der Ausdruck stammt von RAWLS, er spricht vom „Überlegungs-Gleichgewicht" oder auch von „wohlüberlegten Urteilen" (Theorie der Gerechtigkeit, 38). In ihrem Buch „Considered Judgment" nimmt ELGIN diesen Gedanken auf und führt aus, was auch für diese Untersuchung als Zielvorstellung diente (ebd., 107): „A system is coherent if its constituents are suitably related to one another. Then its statements, strategies, values and priorities form a mutually supportive network, each being reasonable in light of the others and each contributing to the integrity of the whole."

[7] Oder in anderer Terminologie: Symbolcharakter. Es ist hier nicht der Ort, sich mit den verwirrlichen und widersprüchlichen Begriffssetzungen verschiedener semiotischer Ansätze zu befassen.

[8] Mit der Bezeichnung „strawsonian" ist kein absoluter Gegensatz zur Bezeichnung „kantianisch" ausgedrückt, sondern eher eine spezifische Verbindung.

Sie besagt, dass die von der moralischen Verletzung betroffene Person die Botschaft der Geringschätzung zurückweist und die moralische Beziehung für gestört erachtet. Der Urheber der moralischen Verletzung hat die Möglichkeit, darauf mit einer neuen Botschaft zu reagieren: Der Botschaft der *Reue*, in welcher er sich von der verletzenden Botschaft distanziert und eine Haltung der moralischen Wertschätzung kommuniziert. Erst auf diese Botschaft kann die moralisch verletzte Person mit der Botschaft der *Vergebung* reagieren, die ich verstehe als eine Anerkenntnis der moralischen Integrität der reuigen Person und als Versicherung, dass die moralische Beziehung als wiederhergestellt angesehen wird. Die genannten Elemente, die zum Prozess der moralischen Kommunikation der Vergebung gehören, sind zugleich die konstitutiven Bedingungen der Vergebung.

Während die moraltheoretischen Überlegungen des vierten Kapitels darauf beruhen, dass unser Handeln eine moralische Botschaft ausdrückt, oder anders gesagt, dass wir, *indem wir etwas tun, damit etwas sagen*, so lautet die Grundannahme des fünften Kapitels gerade umgekehrt, nämlich dass wir, *indem wir etwas sagen, damit etwas tun*. Dies ist der Ausgangspunkt der Überlegungen von John Austin zu den Sprechakten, wie er im Titel seiner postum herausgegebenen Vorlesungen programmatisch zum Ausdruck kommt: *How to do things with words*. Die Grundannahmen des vierten und fünften Kapitels sind in der Formulierung chiastisch, stehen aber in keinem inhaltlichen Widerspruch zueinander. Sie schließen einander nicht aus, sondern ergänzen sich gegenseitig.

Im fünften Kapitel werden die sprechaktanalytischen Einsichten John Austins und John Searles für das Verständnis der Vergebung fruchtbar gemacht und Bedingungen für das Gelingen von Vergebung aufgestellt. Aufgrund der – gerade auch in christlichen Kreisen oft zu hörenden – Forderung nach *bedingungsloser* Vergebung wird im sechsten Kapitel der Begriff der „Bedingung" einer Klärung unterzogen (6.1–6.2) und werden anschließend die konstitutiven Bedingungen der Vergebung ausführlich dargestellt (6.3–6.5). Dies führt zu einem zusammenhängenden Verständnis zwischenmenschlicher Vergebung, das im siebten Kapitel in der begrifflichen Abgrenzung gegen andere, „verwandte" Reaktionsmuster (Entschuldigen, duldendes Verzeihen, Heilung von Verletzung, Versöhnung und Gnade) weiter an Kontur gewinnt.

Im dritten und *letzten Teil* dieser Untersuchung werden die göttliche und die zwischenmenschliche Vergebung einander gegenübergestellt. Die Ausgangsthese lautet dabei, dass die Bezeichnung beider als „Vergebung" nur dann gerechtfertigt (bzw. nicht-ambig) ist, wenn sie auf den gleichen konstitutiven Bedingungen beruhen. Da im ersten Teil nicht systematisch über die konstitutiven Bedingungen der Sündenvergebung reflektiert wurde, führt die Linie – getreu der Bewegung des hermeneutischen Zirkels – zurück zur göttlichen Vergebung unter der Frage, ob und inwiefern die für die zwischenmenschliche Vergebung erhobenen Bedingungen auch für die göttliche Vergebung Geltung haben (Kapitel 8).

Im neunten Kapitel geht es um die Frage, wie der Zusammenhang zwischen göttlicher und menschlicher Vergebung zu sehen ist: Ist diese eine Bedingung jener? Oder jene eine Voraussetzung dieser? Die Auseinandersetzung damit mündet in die Frage, ob es eine Pflicht zu vergeben gibt.

Literatur

Eine summarische Übersicht über die Literatur, die für dieses Unterfangen zur Verfügung stand, hinterlässt einen zwiespältigen Eindruck: den Eindruck des Überflusses und der Spärlichkeit zugleich. Auf der üppigen Seite steht die Literatur, die sich mit verwandten Gebieten befasst und dabei *en passant* auch auf die Vergebung zu sprechen kommt; das ist in der Dogmatik die gesamte Literatur, die sich mit soteriologischen Fragestellungen befasst, und in der Ethik beispielsweise jene Literatur, die sich damit befasst, welche Bedeutung den Gefühlen für unsere moralischen Einstellungen und unser moralisches Verhalten zukommt. Auf der kargen Seite steht demgegenüber jene Literatur, der es nicht nur beiläufig, sondern zentral um Vergebung zu tun ist und die nicht voraussetzt, es sei im Vornherein klar, was „Vergebung" bedeute, sondern an begrifflicher Klärung interessiert ist. Es lassen sich auch weitere solche Gegensätze beobachten: Auf der vergleichsweise üppigen Seite stehen englischsprachige Aufsätze der letzten drei Jahrzehnte zu vergebungsrelevanten Einzelfragen, auf der kargen Seite die deutschsprachigen Diskussionsbeiträge[9], sowie umfassende Monographien zum Thema. Nach einer langen Zeit nahezu gänzlicher Missachtung der Vergebungsthematik hat diese seit etwa den sechziger Jahren das wissenschaftliche Interesse doch immerhin ein wenig zu wecken vermocht, wohingegen mit Blick auf die psychologisch, seelsorgerlich oder esoterisch orientierte Ratgeberliteratur Vergebung beinahe auf dem Weg zum Modethema erscheint. Und schließlich ist innerhalb des theologisch-wissenschaftlichen Diskurses die göttliche Vergebung ein etabliertes Thema (wenngleich, wie gesagt, die Diskussion eher unter dem Stichwort Versöhnung oder Rechtfertigung geführt wird), wohingegen die

---

[9] Nicht berücksichtigt wurde in dieser Untersuchung der französischsprachige Diskurs um die Vergebung, der insbesondere mit den Namen RIOEUR (La mémoire, l'histoire, l'oubli) und DERRIDA (Le siècle et le pardon; zu Derridas Vergebungsverständnis vgl. außerdem etwa CAPUTO (Hrsg.), Questioning God) verbunden ist.

zwischenmenschliche Vergebung erstaunlich wenig theologische Beachtung findet.

Noch 1962 konnte Peter F. Strawson über die Vergebung sagen: „Das ist gegenwärtig ein ziemlich unmoderner Gegenstand der Moralphilosophie."[10] Gut zehn Jahre später gibt Aurel Kolnai eine ganz andere Einschätzung ab: „Forgiveness is pre-eminently an ethical subject, and a paper written about it cannot help being a paper in Ethics."[11] Mit ein Grund für die lange dauernde Nichtbeachtung der Vergebungsthematik in der Philosophie war die verbreitete Auffassung, dass Vergebung als ein spezifisch religiöses Handlungsmuster anzusehen sei. So sieht sich auch Kolnai zur Rechtfertigung genötigt, dass die Vergebungsthematik „ethical significance" besitze „in spite of the Christian tinge of the concept"[12]. Im Zuge der moralphilosophischen Entdeckung der Vergebungsthematik wurde diese auch in der Theologie wieder neu entdeckt, wie erwähnt vorab im angelsächsischen Raum. Die vorliegende Untersuchung hat ihren Platz in dieser Entwicklung, insofern sie die moralphilosophische Einsicht teilt, dass sich zwischenmenschliche Vergebung ethisch beschreiben lässt als ein Handlungsmuster, das grundsätzlich allen Personen, und nicht nur Mitgliedern einer bestimmten Partikulargemeinschaft, zur Verfügung steht. Gleichzeitig aber schätze ich den Einfluss des christlichen Glaubens auf das Vergebungsverständnis und die Vergebungspraxis anders ein als es Kolnai mit der Bezeichnung „tinge" tut, und zwar im wesentlichen aus zwei Gründen: Erstens gibt der christliche Glaube nicht einfach einem davon unabhängig bestehenden Handlungsmuster namens „Vergebung" eine etwas andere Färbung, sondern vielmehr ist das Ausmaß und die Tiefe, in welchen das Vergebungsverständnis in unserem Kulturkreis von der jüdisch-christlichen Glaubenstradition geprägt ist, kaum zu überschätzen. Und zweitens steht für Menschen, die nicht nur ungefragt den Prägungen dieses Kulturkreises unterworfen sind, sondern die bewusst für sich den christlichen Glauben zum Deutungshorizont nehmen, Vergebung in einem anderen Kontext. All ihr Handeln und alle Widerfahrnisse besitzen nicht nur eine zwischenmenschliche Dimension, sondern zugleich immer auch die Dimension auf Gott hin, bzw. von Gott her. Sie vergeben nicht „anders" oder „besser" als andere Menschen, aber sie verstehen ihr Tun oder das, was ihnen widerfährt, anders.[13]

---

[10] STRAWSON, Freiheit und Übelnehmen, 207. Der Aufsatz erschien erstmals 1962 unter dem Titel „Freedom and Resentment" in: Proceedings of the British Academy 48, 187–211.

[11] KOLNAI, Forgiveness, 211. Dieser Aufsatz erschien erstmals 1973/74 in: Proceedings of the Aristotelian Society 73, 91–106.

[12] Ebd.

[13] KIERKEGAARD, Der Liebe Tun, 54: „(D)er Christ muß alles anders verstehen als der Nicht-Christ". Vgl. dazu den Aufsatz von DALFERTH, der dieses Zitat zum Titel hat.

Die oben geschilderte Literaturlage hatte zur Folge, dass es einerseits unmöglich gewesen wäre, die gesamte Literatur zu berücksichtigen, welche Vergebung zwar nicht selbst zum Thema hat, aber sich mit Fragen befasst, welche für die Vergebungsthematik relevant sind; hier musste ich äußerst selektiv vorgehen. Was zur Stützung oder Erprobung des Argumentationsganges hinzugezogen wird, hat *exemplarischen* Charakter.

Andererseits war es relativ leicht möglich, einen Überblick über große Teile der gegenwärtigen, hauptsächlich im angelsächsischen Bereich geführten Diskussion zur Vergebungsthematik zu erlangen. Die Crux hier liegt darin, dass die meisten dieser Gesprächsbeiträge sich auf eine bestimmte Einzelfrage beziehen (Kann Gott vergeben? Hat Vergebung für die vergebende Person psychisch positive Auswirkungen? usw.) und keine grundsätzliche Klärung des Begriffs ‚Vergebung' vornehmen. Wo sie nicht gänzlich darauf verzichten, handelt es sich um eine Setzung, welche für die behandelte begrenzte Fragestellung hinreichend sein mag, nicht aber, wenn man damit an andere Fragen herangehen will.

Die Aufgabe, zu einem konsistenten, die göttliche und die zwischenmenschliche Vergebung umfassenden Vergebungsbegriff zu gelangen, fand ich somit nirgends befriedigend erfüllt. Aus diesem Grunde wird der Gedankengang in dieser Untersuchung auch nicht in ständiger Auseinandersetzung mit einem (oder wenigen) bestimmten Vergebungsverständnis(sen) geführt, sondern das Gespräch mit anderen Vergebungsauffassungen dort gesucht, wo es der Argumentationsgang erfordert. Die Wahl der Gesprächspartner ist an jenen Stellen wiederum als exemplarisch zu sehen.

I. Göttliche Vergebung

Kapitel 1

Gott der Vater

> Wo ist solch ein Gott, wie du bist, der die Sünde vergibt und erläßt die Schuld denen, die übrig geblieben sind von seinem Erbteil; der an seinem Zorn nicht ewig festhält, denn er ist barmherzig! Er wird sich unser wieder erbarmen, unsere Schuld unter die Füße treten und alle unsere Sünden in die Tiefen des Meeres werfen.
>
> *Micha 7,18–19*

In diesen beiden Versen aus dem Buch des Propheten Micha wird ein sprachliches Feuerwerk entfaltet, welches die göttliche Vergebung in allen Farben aufleuchten lässt. Gott vergibt, daran lassen diese Sätze keinen Zweifel. Was es bedeutet, wenn Gott Sünde vergibt, wird mit einer ganzen Abfolge von Sprachbildern, die sich wechselseitig interpretieren und relativieren, ausgedrückt. Selbst die in der deutschen Übersetzung wenig bildhaft erscheinenden Ausdrücke „Sünde vergeben" und „Schuld erlassen" sind im Hebräischen (verblasste) Metaphern, bedeuten sie doch streng genommen, dass Gott die Sünde „trägt" und an der Schuld „vorübergeht". Nicht eine möglichst genaue, eingrenzende Bestimmung von ‚Vergebung' und auch nicht eine klare begriffliche Unterscheidung von ‚Sünde' und ‚Schuld' lässt sich aus diesen Versen herauslesen, sondern aus ihnen spricht der Wunsch, die Gewissheit zu stärken, dass Gott Vergebung gewährt.

In welchen Ausdrücken und Metaphern Gottes Vergebung in der hebräischen Bibel zur Sprache kommt, welche Bedeutung sie hat und wie es in der hebräischen Bibel um die zwischenmenschliche Vergebung steht, darum geht es im ersten Abschnitt (1.1) dieses Kapitels. Die beiden folgenden Abschnitte befassen sich mit Fragen, welche aus Sicht der hebräischen Bibel merkwürdig anmuten: Die Frage, ob Gott vergeben darf (1.2) und ob Gott vergeben kann (1.3). Die erstgenannte Frage geht vom Grundsatz aus, dass Vergebung nur gewähren darf, wer von der zu vergebenden Verletzung persönlich betroffen ist. Wie lässt sich dieser Grundsatz vereinbaren mit der Glaubenspraxis, Gott auch für solche Taten um Vergebung zu bitten, die wir einem Mitmenschen angetan haben? Die zweite Frage, ob Gott vergeben kann, ist die traditionelle Frage nach der Vereinbarkeit göttlicher Eigenschaften: Wenn Gott gerecht ist, wie kann er dann barmherzig sein? Wenn Gott barmherzig ist, wie kann er dann gerecht sein?

1.1 Vergebung in der hebräischen Bibel

Wenn man sich mit einem Interesse für die Vergebungsthematik der hebräischen Bibel zuwendet, stechen zwei Dinge sogleich ins Auge: Zum ersten fällt auf, dass in der hebräischen Bibel zwischenmenschliche Vergebung fast überhaupt nicht vorkommt; Vergebung ist in aller Regel etwas, das Gott dem Menschen gewährt. Subjekt der Vergebung ist also gerade nicht die Person, welche nach ethischem Verständnis als von zwischenmenschlichen Vergehen persönlich betroffen[1] angesehen wird. Zum zweiten finden sich die Begriffe „Vergebung" und „vergeben" weit seltener in der hebräischen Bibel als man vielleicht erwarten würde.

Die rare Präsenz der Vergebungsbegrifflichkeit hat *Ludwig Köhler* zur Annahme verleitet, dass die Vergebungsthematik in der hebräischen Bibel nur wenig Raum einnehme.[2] Und *Klaus Koch* vertritt die Ansicht: „Die göttliche Vergebung der Sünden spielt im vorexilischen Israel keine Rolle"[3]. Dem widerspricht *Walther Eichrodt* angriffslustig:

„Aber auch wo sie [die Vergebungszusage] nicht *verbis expressis* genannt wird, wie in den Heilsbildern des Amos, Jesaja, Zephanja, ist sie nach der genannten Zuspitzung der prophetischen Gerichtsrede auf die durch die Sünde bewirkte Zerstörung der Gottesge-

---

[1] Auf das Betroffenheitskriterium werde ich in Kapitel 1.2 und ausführlich im ethischen Teil (Kapitel 6.4) zu sprechen kommen.

[2] KÖHLER, Theologie des Alten Testaments, 205–208. „Sie [die hebräische Bibel] spricht überhaupt nur gelegentlich und ganz ohne sie in den Mittelpunkt ihrer Aussagen des Heils zu nehmen von der Vergebung. So spielt bei den ältern Propheten die Vergebung überhaupt keine Rolle. Wo von ihr aber die Rede ist, da handelt es sich in der Regel um eine Vergebung von Fall zu Fall, welche die durch Sünde bewirkte Störung behebt, ohne daß es zu einem neuen Leben käme, welches diese Störungen grundsätzlich und grundlegend unmöglich macht" (ebd., 208). Köhler ist sich allerdings dessen bewusst, dass die hebräische Bibel nicht nur mit der Wurzel *salach* von Vergeben spricht; zu den Umschreibungen von Vergebung zählt er ausdrücklich *rapha'* (heilen), *hirchijq* (fernrücken), *kissah* (bedecken) und *machah* (auswischen) (ebd., 205f). Außerdem findet sich bei Köhler ein Problembewusstsein in Bezug auf die Frage, was unter Vergebung eigentlich zu verstehen sei. Er untersucht verschiedene Belege von *salach* unter der Fragestellung, was Gott tut, wenn er Vergebung gewährt und kommt zu einem uneinheitlichen Ergebnis: In 2Kö 5,18 entspricht sie am ehesten einem duldenden Verzeihen, andernorts ist Reue und der Wille zur Besserung verlangt, und in Jer (31,34; 33,8 und 50,20) erkennt Köhler „ernste, völlige Verzeihung, die alle Schuld hinwegnimmt ... eine Verheißung für die große Umwandlung in der Endzeit" (ebd., 207).

[3] KOCH, Sühne und Sündenvergebung, 219.

meinschaft notwendig mitgedacht, und es wäre geistloser Formalismus, wollte man hieraus einen Beweis für die Nebensächlichkeit der Vergebung bei diesen Propheten entnehmen. So gewiß sich vielmehr in dem von ihnen geschauten Heil nicht nur eine äußere Wiederherstellung, sondern die neue persönliche Zuwendung Gottes zu seinem Volke vollzieht, ist auch hier von Gottes vergebendem Handeln die Rede."[4]

Mit anderen Worten: Wenngleich der Terminus *salach* in der hebräischen Bibel tatsächlich selten anzutreffen ist, so ist Vergebung der Sache nach durchaus gegenwärtig, wenn auch in umschreibender oder bildhafter Redeweise. Für Eichrodt ergibt sich dies zwangsläufig aus dem Verständnis von Vergebung als Wiederherstellung einer gestörten personalen Beziehung zwischen Gott und Mensch. Ähnlich sieht dies *Claus Westermann*, der darüber hinaus auf den Zusammenhang von Vergebung und göttlichem Erbarmen hinweist. Gottes Erbarmen bezieht sich auf menschliche Not; wo es sich dabei um die Not begangener Schuld handelt, kann Gottes Erbarmensbezeugung nicht ohne seine Vergebung gedacht werden:

„Die Vergebung der Schuld, die sich in der Zeit seit der Gerichtsankündigung aufgehäuft hatte, muß ausgesprochen, die Vergebung muß dem Volke Gottes unmittelbar zugesprochen werden. Erbarmen ohne Vergebung hätte in dieser Situation keinen Sinn, es könnte keinen wirklichen Wandel herbeiführen. Einen Wandel kann es nur geben, wenn das Verhältnis zwischen Gott und seinem Volk wieder heil wird, was nur durch Vergebung möglich ist."[5]

Wie sieht das Vorkommen der Vergebungsbegrifflichkeit in der hebräischen Bibel konkret aus?[6] „Das eigentliche Wort für Vergeben"[7], *salach*, findet sich relativ selten in der hebräischen Bibel (46 Mal) und fast nur in späten Schriften. Grammatikalisches wie inhaltliches Subjekt ist immer Gott. Deutlich häufiger findet sich das Wort *kippär* „sühnen" (101 Mal). Auch dieser Terminus findet sich vor allem in exilisch-nachexilischen Texten; die nachexilische Verbindung zum Sühnegedanken ist damit schon terminologisch augenfällig. Für die Priesterschrift ist der Sühnekult gar der einzige Sitz im Leben der göttlichen Vergebung. Grammatikalisches Subjekt ist bei *kippär* häufig ein Priester, das inhaltliche Subjekt ist aber (abgesehen von drei Ausnahmen: Gen 32,21; Spr 16,6.14) immer Gott.[8]

---

[4] EICHRODT, Theologie des Alten Testaments, 127.
[5] WESTERMANN, Theologie des Alten Testaments in Grundzügen, 125.
[6] Ich entnehme die statistischen Angaben aus SUNG, Vergebung der Sünden, 19–31.
[7] KÖHLER, Theologie des Alten Testaments, 207.
[8] Schon *Gerhard von Rad* betonte, dass Gott nicht „der Empfänger der Sühne", sondern „der Handelnde" ist (VON RAD, Theologie des Alten Testaments, 283). Im gleichen Sinn hebt *Bernd Janowski* hervor: „Wie an keiner dieser Stellen von einer Versöhnung, Beschwichtigung oder einem Gnädigstimmen Gottes durch den Menschen die Rede ist, so wird auch nirgends davon gesprochen, daß Gott vom Menschen Sühne fordert: Gott gewährt, ermöglicht Sühne (Dtn 32,43), d.h., er ‚vergibt' ..., während der Mensch um Vergebung bittet" (JANOWSKI, Sühne als Heilsgeschehen, 134). Die hierin ebenfalls aus-

Insbesondere in vorexilischen Texten ist das Fehlen der Vergebungsterminologie auffällig. *Chong-Hyon Sung* deutet das vorexilische „Vergebungsschweigen"[9] in Verbindung mit dem frühweisheitlichen Dogma des Tun-Ergehen-Zusammenhangs:

„Der sich schon hier [z.B. in Ex 32,30; 34,9; 2Sam 21,3; 2Kön 5,18 u.a.] anmeldende Glaube an den sündenvergebenden Gott Israels konnte allerdings in der vorexilischen Zeit nicht voll entfaltet werden, da das alte Israel grundsätzlich an seinem Glauben an den Tun-Ergehen-Zusammenhang bzw. an der Sünde-Unheil-Verhaftung festhielt. Danach führt jede Sünde, jedes Verbrechen unausweichlich das Unheil bzw. die Strafe über den Täter herauf. Göttliche Nachsicht oder Verzeihen gewährt in erster Linie Milderung der Strafe bzw. das Absehen von der Strafe, aber nicht die völlige Aufhebung oder Beseitigung der Strafe."[10]

Es sei deshalb kein Zufall, dass Vergebung in der frühen Weisheitsliteratur kaum vorkommt (*salach* nie; *kippär* dreimal) und diese wenigen Stellen zudem Belege für zwischenmenschliche Vergebung sind.[11] Die Frage stellt sich allerdings, ob Vergebung sinnvoll bestimmt ist als Aufhebung der Handlungsfolgen.[12] Wenn Sünde (bzw. Schuld) und Vergebung als ein Beziehungsgeschehen verstanden werden, wie dies nach Eichrodt und

---

gedrückte Verhältnisbestimmung von Sühne und Sündenvergebung vertritt auch bereits EICHRODT (Theologie des Alten Testaments, 119): „Damit [d.i. auf dem Hintergrund einer personalen Gottesbeziehung im Gegensatz zum Glauben an eine unpersönliche numinose Macht und mechanistische Entsündigung] hat *der Begriff der Sühnung eminent persönlichen Charakter* gewonnen; Sühnung ist nicht eine von der Sündenvergebung unabhängige Beseitigung der Sünde, sondern bildet *ein Mittel der Vergebung.*"

[9] Diese Wendung bilde ich analog zu dem in der alttestamentlichen Wissenschaft geläufigen Ausdruck „das Bundesschweigen der Propheten". In beiden Fällen ist das Fehlen einer gewissen Terminologie feststellbar, woraus nicht fraglos auf eine Unvertrautheit der biblischen Verfasser mit der Sache selbst, also dem Gedanken göttlicher Vergebung oder eines Bundes zwischen Gott und Mensch, geschlossen werden darf.

[10] SUNG, Vergebung der Sünden, 64f.

[11] Die weisheitlichen Vergebungsaussagen bilden die große Ausnahme in der hebräischen Bibel, weil in ihnen der Mensch – und nicht Gott – das Subjekt des Vergebungshandelns ist.

[12] Eine Frage, die Sung nirgends beschäftigt; er sammelt Belege für Vergebung und Vergebungsmetaphern, ohne Rechenschaft über sein Verständnis von Vergebung abzulegen. Zur Kritik an Sung vgl. auch STEMM, Der betende Sünder, 34; 39; 360.

Anders dagegen EICHRODT, der zu Sachkritik am weisheitlichen Vergebungsverständnis in der Lage ist (Theologie des Alten Testaments, 130): „Je mehr die göttliche Gerechtigkeit in das Schema einer rationalen Vergeltungstheorie eingezwängt wurde, um so einseitiger wurde die Vergebung als Entlassung aus dem Strafverhängnis verstanden und untrennbar mit der Herstellung irdischen Lebensglücks verbunden. Für das paradoxe Ineinander von Strafe und Vergebung fehlte damit die Aufnahmefähigkeit ... Die so eingeengte göttliche Vergebung, aus der das wertvollste Kleinod, die freie göttliche Gnadenzuwendung, herausgebrochen war, wurde nun vollends in ihrer unvergleichlichen Herrlichkeit verdunkelt durch das Hervortreten des Verdienstgedankens, in dem der Optimismus der Gesetzesfrömmigkeit seine Kulmination erreichte."

Westermann für weite Strecken der hebräischen Bibel der Fall ist, dann ist die Angemessenheit jenes Vergebungsverständnisses anzuzweifeln. *Antonius H.J. Gunneweg* bietet denn auch eine andere Erklärung für das „Vergebungsschweigen" in vorexilischen Texten: Ihm zufolge sind Sünde und Vergebung so grundsätzlich erfasst, dass die alltagssprachlichen Begriffe zu schwach sind, um das abzudecken, was im Verhältnis zwischen Gott und Mensch gemeint ist.[13] Von der ungleich grundsätzlicheren Bedeutung der Begriffe ‚Sünde' und ‚Vergebung' im Kontext der Gott-Mensch-Beziehung wird noch ausführlich die Rede sein.[14] Doch ist bereits hier an Gunnewegs These die Anfrage zu richten, wie sie sich zusammendenken lässt mit der Beobachtung, dass in den exilisch-nachexilischen Schriften der hebräischen Bibel keine Hemmungen bestehen, die Vergebungsterminologie auf das Geschehen zwischen Gott und Mensch, wohl aber auf das Verhältnis zwischen Menschen anzuwenden. Gunneweg nimmt an, dass die Vergebungsbegrifflichkeit aus dem zwischenmenschlichen Kontext entnommen und nur zögernd und zurückhaltend auf das Gottesverhältnis übertragen wurde. Die terminologische Bestandesaufnahme legt eher den gegenteiligen Schluss nahe, dass nämlich *salach* und *kippär* ihren Sitz im Leben in der (kultisch vermittelten) Gottesbeziehung hatten und es einen langen Weg brauchte, bis sie zur Benennung auch eines zwischenmenschlichen Geschehens Anwendung fanden.

Wovon aber wohl ausgegangen werden darf, ist die Annahme, dass das Exil einen Wendepunkt darstellte. Vermutlich kannte Israel auch schon vor dem Exil die implizite Vergebungshoffnung, dass Gott den Menschen aus Not, auch aus der Not seiner Sünde, befreien kann, und dass sich Gott vom Menschen nicht nur ab-, sondern ihm auch wieder zuwenden kann.[15] Im Exil erhielt diese Hoffnung ein besonderes Gewicht[16]; sie wurde geistlich

---

[13] GUNNEWEG, Schuld ohne Vergebung?, 12: „In Gen 2–11 sind eben nicht einzelne Sünden im Sinne von Verfehlungen gemeint, sondern ein fundamental falsches Selbstverständnis des Menschen, das in der Entmachtung Gottes und der Machtergreifung des Menschen gegen Gott und gegen den Mitmenschen – Kain und Abel – konkret wird. Wo Schuld und Sünde so fundamental erfaßt werden, reichen die Begriffe für Sünde und Vergeben – Vergebung nicht aus."

[14] Vgl. Kapitel 8.

[15] So lässt SCHENKER (Art. Vergebung der Sünden, 664) diese Möglichkeit zumindest offen, wenn er schreibt: „Vor dem Exil schließen die Propheten in der Gerichtsverkündigung JHWHs Vergebung aus ... Die Tragweite dieser Gerichtsworte ist umstritten. Sie bedeuten vielleicht weniger die unabänderliche Verwerfung Israels als einen letzten dramatischen Umkehrruf."

[16] Theologisch ist daran vor allem der folgende Punkt bemerkenswert: Aus der Exilserfahrung wäre die gegenteilige Schlussfolgerung geradeso nahe liegend gewesen: Dass Gott sein Volk verstoßen habe, dass Gott ein Gott sei, der nicht vergibt. Stattdessen entstand das Bewusstsein, auf Gottes Vergebung angewiesen zu sein und die Hoffnung, dass Gott Vergebung gewährt, wenn Israel umkehrt.

überlebensnotwendig für den Einzelnen und das Volk. Die Botschaft der Unheilspropheten, welche die bisherige Geschichte Israels als Sünde deuteten, lastete schwer auf der Exilsgemeinde. In dieser Situation lernte sie babylonische Sühneriten kennen, und erklang die Botschaft der Heilspropheten. Der Glaube an die göttliche Vergebung erhielt neue Anstöße und begann sich zu verfestigen – in sprachlicher Hinsicht terminologisch, und in handlungspraktischer Hinsicht kultisch, im Sühneritual.

Aus der Beobachtung, dass das kultische Vergebungsverständnis und die explizite Vergebungsterminologie erst in der Exilsgemeinde aufkamen, kann, wie gesagt, nicht automatisch geschlossen werden, dass die göttliche Vergebung Israel in seiner langen Geschichte bis zum Exil fremd geblieben ist. Zu Recht weist Eichrodt darauf hin, dass eine rein terminologische Untersuchung hier leicht in die Irre führen könnte. Sung schließt sich Eichrodt an und betont, dass es nötig ist, die Gesamtheit der Gotteserfahrung Israels im Blick zu behalten. Insbesondere der Glaube an Gott als den Schöpfer und Erhalter des Lebens, sowie als den Befreier aus Not bieten sich dazu an, mit dem Vergebungsglauben in Verbindung gebracht zu werden.

Schon seit frühester Zeit wird JWHW als *Befreier* aus Not und Sklaverei bekannt (Exodustradition). Zwar ist die Herausführung aus Ägypten nicht identisch mit Vergebung, aber sie weisen doch Affinitäten auf: „Diese Gotteserfahrung ... [wird] für Israel ... zum Erkenntnisgrund für das sündenvergebende Wirken Gottes in seiner Geschichte"[17]. Wenn Gott Israel aus der Not und Unterdrückung der Sklaverei in Ägypten befreit, warum sollte er die Menschen dann nicht auch aus der Not und Unterdrückung ihrer Sündenlast befreien?

Auch das Bekenntnis zu JHWH als dem *Schöpfer*, der das Leben will und schenkt, öffnet den Weg zum Glauben an „die lebensermöglichende Vergebung Gottes"[18]. Wenn Gottes Gnade so mächtig ist, dass sie aus dem Nichts menschliches Leben schaffen kann, ist sie dann nicht auch mächtiger als die Sünde? Wenn Gott die Menschen geschaffen hat, weil er ihr Leben will, sollte er sie dann etwa der Sünde preisgeben – oder nicht eher ihr Leben erhalten, indem er sie von der Sünde befreit? Entsprechendes ließe sich auch für die alttestamentliche Rede von Gott als Vater, Hirt oder Arzt sagen.

Das Argument dieser Ausführungen lautet, dass diese Gottesvorstellungen Gott als einen denken, zu dessen Wesen Vergeben nicht in Widerspruch, sondern mit ihm in Einklang steht, auch wenn nicht explizit von Vergebung die Rede ist. Damit ist aber erst gezeigt, dass göttliche Verge-

---

[17] SUNG, Vergebung der Sünden, 40.
[18] Ebd., 41; dieser Zusammenhang ist vor allem beim Jahwisten und bei Deuterojesaja von Bedeutung.

bung auch vorexilisch *denkbar* war; die exilisch-nachexilischen Vergebungsaussagen bedeuten *keinen Bruch* in Israels Glaubensgeschichte. Gehörte die Hoffnung auf göttliche Vergebung und die Erfahrung derselben aber auch tatsächlich bereits zum Glauben Israels vor dem Exil? Zwei Schwierigkeiten stellen sich bei der Beantwortung dieser Frage. Die erste ist der bereits genannte terminologische Sachverhalt. Das fast vollständige Fehlen der Begriffe *salach* und *kippär* beweist noch wenig. Das alte Israel kann Vergebung auch mit anderen Begriffen oder in Metaphern ausgedrückt haben. Die zweite Schwierigkeit folgt aus dem Datierungsproblem alttestamentlicher Texte. Die Bitte um Vergebung erfolgt meist im Zusammenhang mit einem Sündenbekenntnis; beide, als an Gott gerichtete Sprechhandlungen, haben ihren literarischen Niederschlag vor allem im Psalter gefunden. Die Datierung alttestamentlicher Texte ist aber bei kaum einer Textgruppe schwieriger und umstrittener als bei den Psalmen. Dies verunmöglicht oftmals eine Entscheidung darüber, ob gewisse Vergebungsaussagen der vor- oder der nachexilischen Zeit zuzuordnen sind.

Nach Sung[19] lässt sich unabhängig von der Datierungsfrage feststellen, dass Israel tatsächlich eine Vielzahl von Metaphern und Ausdrücken für Vergebung gekannt habe. Die folgenden gehören zu den bedeutendsten:[20]

– *rapha'*, „heilen": In Zusammenhang mit einem Weltbild, das Krankheit als Folge von, bzw. Strafe für Sünde ansieht, erfolgt die Bitte um Heilung zusammen mit dem Bekenntnis der Sünden (z.B. Ps 41,5). Heilung gilt dann gleichzeitig als Zeichen oder Folge der göttlichen Sündenvergebung (Ps 103; 107,20; 2Chr 7,14).

– Die Mahlgemeinschaft: Sie dient der Erhaltung des Lebens und der Gemeinschaft und war (weit mehr als heute) ein Ausdruck von Vertrauen und Freundschaft. Die Mahlgemeinschaft dient biblisch auch als Symbol für die Heilsgemeinde und das eschatologische Freudenmahl, wo Sündenvergebung vorausgesetzt ist. Das priesterliche Opfermahl wiederum verbindet die Mahlgemeinschaft mit dem Sühnekult. Ob die Mahlgemeinschaft alttestamentlich bereits ein herausragendes Beispiel

---

[19] Ich folge hier der Zusammenstellung in SUNG, Vergebung der Sünden, 46ff.
[20] Vgl. auch die Auflistung bei SCHENKER, Art. Vergebung der Sünden, 663. Der sprachliche Reichtum ist auch in Bezug auf die Sündenterminologie bemerkenswert; vgl. dazu die Auflistung bei MOSIS, Art. Sünde, 1119, sowie die Aussage ebd.: „Entsprechend hält das AT eine große Zahl unterschiedl.[icher] Ausdrücke bereit, um die theol.[ogische] Größe S.[ünde] zu benennen. Keiner wird zu einem ausschließlich religiös od.[er] theologisch verwendeten t.[erminus] t.[echnicus]". Den Versuch, die Bedeutungsnuancen der Sündenbegriffe herauszuschälen unternimmt R. KOCH, Die Sünde im Alten Testament, 25ff.

für Vergebungspraxis zu sehen ist, halte ich für zweifelhaft; meiner Auffassung nach erhält sie diese Bedeutung erst bei Jesus.[21]
– Das Leben der Propheten, insbesondere Hoseas Ehe, kann ebenfalls als Zeichen(-handlung) für Gottes Vergebungswillen gesehen werden.
– *nasa'* mit Sündenterminus[22]: wegnehmen, (weg-)tragen der Sünde. Dieser Gedanke wird besonders anschaulich beim Sündenbockritus (Lev 16), ist aber auch in der prophetischen Tradition lebendig.
– *hä'äbijr* (*'abar* hi.) mit Sündenterminus: vorübergehen lassen der Sünden.
– *machah* mit Sündenterminus: abwischen, reinigen von Sünden. Diese Wendung kennt einen rechtlichen und einen kultischen Gebrauch. Rechtlich meint sie das Ausstreichen der Schulden aus dem Schuldbuch, im Kultus hat sie ihren Ort beim Reinigungsritual. Die kultische Bedeutung kann auch mit den Verben *kibbes* (*kabas* pi.; abwaschen) oder *tihar* (*taher* pi.; reinigen) ausgedrückt werden.
– Bei Sung findet sich eine ganze Liste weiterer alttestamentlicher Vergebungsmetaphern: *hirchijq* (*rachaq* hi.): (die Sünden) fern sein lassen; *hischlijch* (*schalach* hi.): (die Sünden in die Meerestiefe oder hinter sich) werfen; *kissah* (*kasah* pi.): (die Sünden) bedecken; *chanan*: gnädig sein, sich gnädig erweisen; *lo' zachar*: (der Sünde) nicht mehr gedenken; *lo' chaschab*: (die Sünde) nicht anrechnen.

Wer kann vergeben? Wer hat die Macht, Menschen von der erdrückenden Last und den Wirkungen der Sünde zu befreien? So gefragt, lautet die alttestamentliche Antwort ganz klar: Das kann allein Gott. Und dem bibli-

---

[21] Für Sung als einen Schüler P. Stuhlmachers und O. Hofius' liegt das erkenntnisleitende Interesse in der Aufweisung von Kontinuitäten zwischen AT und NT. Entsprechend veranschlagt er die vergebungsrelevante Bedeutung der Mahlgemeinschaft in der hebräischen Bibel (bspw. in 2Sam 9,7f und 2Kö 25,27–30) deutlich höher.

[22] Mit „Sündenterminus" bezeichnet Sung einen (hebräischen) Begriff für Sünde oder Schuld. Obwohl in der hebräischen Bibel Vergebungswendungen mit Ausdrücken für Sünde oder für Schuld konstruiert werden, bleibt Sung eine Untersuchung dieser Differenz schuldig – wie er auch generell vor den systematisch-theologisch interessanten Fragen stehen bleibt. Dies zeigt sich auch daran, dass Sung keinen Gedanken daran verschwendet, in welchem Verhältnis die verschiedenen alttestamentlichen Sprachbilder oder Vorstellungswelten von Vergebung zueinander stehen und welches Vergebungsverständnis in ihnen zum Ausdruck kommt. Ist Vergebung Beseitigung von Schuld – oder ist sie Erlass von Strafe (also Aufhebung des Tun-Ergehen-Zusammenhangs)? Dass das zweite das erste voraussetzt oder umgekehrt das erste das zweite nach sich zieht (falls dem überhaupt so ist), setzt beide in einen Zusammenhang, bedeutet aber gerade *keine* Identität beider. Oder der Ausdruck *nasa'* suggeriert, dass Schuld/Sünde *getragen* werden muss, wohingegen *kibbes* (*kabas* pi.) den Eindruck erweckt, dass Schuld/Sünde *abgewaschen* und damit zum Verschwinden gebracht werden kann – auch dies eine Spannung, welche Sung nicht beschäftigt.

schen Zeugnis zufolge *kann* Gott nicht nur vergeben, Gott *will* es auch – aufgrund seiner Bundestreue, seiner Barmherzigkeit und Liebe.[23]

Aber Gott muss nicht nur vergeben können und wollen, Gott muss es auch (im ethischen Sinne) *dürfen*, d.h. er muss von dem, was er vergibt, persönlich betroffen sein.[24] Für das hebräische Denken wäre es eine absurde Vorstellung, Schuld oder Sünde als rein zwischenmenschliche Angelegenheit anzusehen. Schuld und Sünde betreffen Gott unmittelbar. Zwar wird göttliche Vergebung erst exilisch-nachexilisch als kultisches Geschehen verstanden und mit entsprechenden Begriffen, insbesondere *kippär* ausgedrückt. Wie obige Liste zeigt, findet der Glaube an Gottes Vergebung aber auf vielfältige Weise in nicht-technischer, bildhafter Rede seinen Ausdruck.

Weshalb aber ist so wenig von *zwischenmenschlicher* Vergebung die Rede? *Ein Erklärungsversuch* könnte lauten, dass sich die zwischenmenschlichen Aspekte menschlicher Verfehlungen rechtlich hinreichend regeln lassen, nicht aber die Aspekte, welche die Beziehung zwischen Gott und Mensch betreffen. Dieser Erklärung liegt – neben einer Überschätzung der Aufgaben und Leistungsfähigkeit des Rechtssystems – eine grundsätzliche Fehleinschätzung des Verhältnisses von Gesetz und Vergebung zugrunde. Gesetz und Vergebung lassen sich nicht auf zwei verschiedene Zuständigkeitsbereiche verteilen, so, als regle das Gesetz den zwischenmenschlichen Bereich, und gehöre Vergebung zur Beziehung zwischen Gott und Mensch. Vielmehr betrifft das Gesetz als Gebot *Gottes* nach jüdischem Verständnis beide Bereiche, ebenso die Vergebung. Gesetz und Vergebung können sich auf dieselbe Verfehlung beziehen, ohne sich gegenseitig auszuschließen.

Ein *zweiter Erklärungsversuch* vermag aus anderen Gründen ebenfalls nicht zu überzeugen. Hannah Arendt zufolge ist es Jesus von Nazareth, der „zuerst gesehen und entdeckt" [sic] hat, „(w)as das Verzeihen innerhalb des Bereiches menschlicher Angelegenheiten vermag"[25].

„Entscheidend in unserem Zusammenhang ist, daß Jesus gegen die ‚Schriftgelehrten und Pharisäer' die Ansicht vertritt, daß nicht nur Gott die Macht habe, Sünden zu vergeben, ja daß diese Fähigkeit unter den Menschen noch nicht einmal auf die göttliche Barmherzigkeit zurückzuführen sei – als vergeben nicht die Menschen einander, sondern Gott den Menschen, indem er sich eines menschlichen Mediums bedient –, sondern umgekehrt von

---

[23] Zu den Motiven von Gottes sündenvergebendem Handeln vgl. SUNG, Vergebung der Sünden, 78.

[24] Davon, wie sich Gottes Betroffenheit von menschlichem Tun verstehen lässt, wird sogleich in Kapitel 1.2 die Rede sein.

[25] ARENDT, Vita activa, 234.

den Menschen in ihrem Miteinander mobilisiert werden muß, damit dann auch Gott ihnen verzeihen könne."[26]

Arendt sieht wohl richtig, dass nach alttestamentlicher Auffassung (vertreten durch die Schriftgelehrten und Pharisäer) allein Gott die Macht hat, Sünden zu vergeben. Sie erklärt diese Auffassung jedoch kurzerhand für irrig und lässt Jesus die unverdiente[27] Ehre zukommen, zum Entdecker der menschlichen Vergebungsfähigkeit und -vollmacht zu werden. Dies ist umso problematischer, als Arendt mit einer anspruchsvollen Definition von Vergebung arbeitet[28], bei welcher die menschliche Fähigkeit dazu durchaus nicht offensichtlich ist.

Mir erscheint eine *andere Erklärung* plausibler. Vergebung ist in der hebräischen Bibel nicht vorwiegend ein zwischenmenschliches Geschehen, das sich daneben auch zwischen Gott und Mensch ereignen kann, sondern zunächst etwas, das Gott dem Menschen gewährt. Sie bezieht sich, dogmatisch gesprochen, auch nicht primär auf Schuld, sondern auf Sünde. Es ist also nicht in erster Linie die Verletzung des Mitmenschen als solche im Blick, sondern der darin liegende Verstoß gegen den Willen Gottes.[29] In der von Gott gewährten Vergebung wird die Sünde, d.h. der Bruch zwischen Gott und Mensch überwunden, die Beziehung zwischen Gott und Mensch wird wiederhergestellt. Das kann nur Gott bewirken, nicht der Mensch.

Dennoch wäre ich zurückhaltend mit der Folgerung, dass sich in der hebräischen Bibel (abgesehen von den genannten weisheitlichen Belegen) keine Beispiele für zwischenmenschliche Vergebung finden. Wenn erzählt wird, wie Jakob bei seiner Rückkehr in die Heimat seinem betrogenen Bruder Esau eine große Menge Vieh als Geschenk entgegenschickt, und Esau ihn zur Begrüßung unter Tränen küsst und umarmt, so hat sich da zwischen ihnen etwas ereignet, das wir der Sache nach als Vergebung bezeichnen können, auch wenn es in der Bibel nicht explizit so benannt wird. Auch hier ist also wiederum dieselbe Vorsicht geboten wie sie bei der Untersuchung der göttlichen Vergebung am Platz war: Das Fehlen einer feststehenden Vergebungsbegrifflichkeit beweist nichts, vielmehr gilt es, das Augenmerk auf die Sache selbst zu richten.

---

[26] Ebd., 234.

[27] Vgl. dazu Kapitel 2.3.

[28] Sie definiert Vergebung als „(d)as Heilmittel gegen Unwiderruflichkeit" (ARENDT, Vita activa, 231). Vergebung bewirkt, dass „der Handelnde von einer Vergangenheit, die ihn auf immer festlegen will, befreit wird" (ebd., 232).

[29] Dies wird besonders deutlich bei dem in Ps 51,6 ausgesprochenen Bekenntnis (das von den Redaktoren des Psalters David nach seinem Ehebruch mit Batseba zugeschrieben wurde): „An dir [Gott] *allein* habe ich gesündigt und übel vor dir getan...".

Die Entwicklung, welche das Vergebungsverständnis Israels durchmachte, ist nicht so zu sehen, als wären göttliche oder menschliche Vergebung erst mit der Zeit „entdeckt" worden, sondern so, dass (1.) göttliche Vergebung erst relativ spät mit feststehenden, kultischen Termini benannt und als kultisch vollziehbares Geschehen verstanden wurde, und dass (2.) erst allmählich, über die Entstehungszeit der hebräischen Bibel hinaus, die Gemeinsamkeiten und Verbindungen zwischen göttlicher und menschlicher Vergebung gesehen wurden und dies die Benennung beider mit derselben Begrifflichkeit ermöglichte.[30] Das Geschehen zwischenmenschlicher Vergebung wurde also erst nach und nach im Lichte göttlicher Vergebung gesehen, von daher verstanden und entsprechend benannt.

1.2 Darf Gott vergeben?

Die Frage, ob Gott vergeben darf, provoziert Widerspruch: Wer sollte Gott vorschreiben, was er tun darf oder zu unterlassen hat? Die Frage lässt sich aber auch anders verstehen, als Frage danach, ob Gott als im moralisch relevanten Sinn „betroffen" gelten kann von dem, wofür er Vergebung gewährt. In Zusammenhang mit der zwischenmenschlichen Vergebung werde ich ausführen, dass die persönliche Betroffenheit der Vergebung gewährenden Person zu den konstitutiven Bedingungen von Vergebung zählt, sie ist also zwingend vorausgesetzt, damit die vollzogene Handlung „Vergebung" genannt werden kann.[31] Sollte sich herausstellen, dass Gott als nicht persönlich Betroffener „vergibt", könnten wir Gott sein Tun nicht verbieten, aber wir müssten feststellen, dass es sich bei seinem Tun nicht um Vergebung (im noch zu entfaltenden Sinne) handelt. Wer Gott vom Betroffenheitskriterium meint ausnehmen zu können – wie dies etwa C.R. Bråkenhielm mit allesamt nicht überzeugenden Argumenten versucht[32] –

---

[30] Die Linie der „Profanisierung" des Wortes *salach* lässt sich bis ins heutige Iwrith weiterverfolgen, wo es eine beiläufige Entschuldigung (im Sinne des englischen „sorry") meint.

[31] Vgl. Kapitel 6.4.
Richtiger wäre demnach, die Frage so zu stellen, ob Gott vergeben *kann*. Denn bei der „Vergebung" durch Nichtbetroffene wird ja nicht eine normative, sondern eine konstitutive Bedingung von Vergebung verletzt. Ich stelle die Frage hier dennoch als eine des Dürfens, um sie erstens von der Frage des nachfolgenden Abschnitts abzuheben, wo es darum gehen wird, ob Vergebung mit dem Wesen Gottes vereinbar ist, und zweitens auch deshalb, weil *diese* konstitutive Bedingung von Vergebung in der Regel auch stark normativ gewichtet wird, wenn es heißt, Vergebung durch Nichtbetroffene sei (nicht nur unmöglich, sondern auch) *anmaßend*.

[32] BRÅKENHIELM, Forgiveness, 70–72. Bråkenhielm vermischt das Konzept der Vergebung mit jenem von Amtes wegen gewährter Gnade. Diese häufig anzutreffende Verwechslung werde ich in Kapitel 6.4.2, im Abschnitt „Ausnahmen vom Betroffenheitskri-

weicht entweder den Begriff der Vergebung auf oder hält verschiedene Vergebungsbegriffe in Gebrauch.

Die hier zu erörternde Frage lautet also folgendermaßen: In welchem Sinne ist Gott davon betroffen, wenn Menschen anderen Menschen Leid zufügen? Drei Modelle der Gottesrede bieten sich zur Untersuchung an: Gott als moralischer Gesetzgeber und Richter, Gott als Schöpfer und Gott als Liebender. Sie vertreten drei Typen von Beziehungen: Die amtliche Beziehung, die dingliche Beziehung und die personale Beziehung.[33] Es geht somit um die Frage, im Rahmen welcher Art von Gott-Mensch-Beziehung Gott in den Blick kommt als persönlich Betroffener von zwischenmenschlichem Handeln.

Häufig wird Gott als moralischer Gesetzgeber und Richter mit der Vergebungsthematik in Verbindung gebracht.[34] Doch dies ist irreführend. Weder der Richter noch die gesetzgebende Instanz sind als solche von einem Gesetzesverstoß in dem für Vergebung relevanten Sinn „betroffen". Interpretiert die *gesetzgebende Instanz* einen Gesetzesverstoß als Ausdruck mangelnden Respekts ihr gegenüber und damit als eine Verletzung, von der sie sich als betroffen sieht, missversteht sie den Zusammenhang zwischen Gesetz und zu verurteilender Tat: Eine Tat ist nicht deswegen falsch, weil sie gegen ein Gesetz verstößt, sondern umgekehrt, weil sie falsch ist, wurde dagegen ein Gesetz erlassen.[35] Und auch die Aufgabe eines *Richters*

---

terium" kritisieren, wo ich exemplarisch William R. Neblett anführe, auf welchen sich Bråkenhielm bei seiner Argumentation unter anderem beruft.

[33] Jedes der Modelle könnte auch anders qualifiziert werden, als es hier geschieht; Gott als Richter könnte beispielsweise mehr im Vorstellungshorizont des alttestamentlichen Richteramtes bestimmt werden, statt, wie es hier geschieht, in Entsprechung zu einem modernen westlichen Richteramt. Doch darum geht es an dieser Stelle nicht. Im Zentrum steht vielmehr die Funktion der drei Modelle als exemplarische Repräsentanten der genannten Beziehungstypen.

[34] So z.B. bei KANT, Religion, Werkausgabe VIII, 729 u.ö., und MINAS, God and Forgiveness, 141ff. SUNG (Vergebung der Sünden, 182) interpretiert auch das alttestamentliche Verständnis von Sünde (und damit implizit von Vergebung) in diesem Kontext, wenn er schreibt: „Sünde ist Verstoß gegen das *Gesetz Gottes* und wird darum als ein *Rechtsbruch* verstanden"; „Sünde ist zugleich Verletzung der Lebensordnung Gottes, die durch seine *Gerechtigkeit* ... gekennzeichnet ist." Die *Kombination* der beiden Rollen Gesetzgeber und Richter in der Rede von Gott findet sich bereits in Jak 4,12 (νομοθέτης καὶ κριτής).

[35] Bezogen auf Gott ist dieser Zusammenhang weniger eindeutig. Die Fragestellung entspricht jener von Platons Euthyphron-Dilemma: Ist das Gute gut, weil Gott es will oder will Gott das Gute, weil es gut ist? Ich kann hier nicht auf eine ausführliche Auseinandersetzung eintreten, sondern lediglich anmerken, dass ich nicht einer einseitigen Auflösung des Dilemmas das Wort rede und die Alternative des Euthyphron-Dilemmas auch gar nicht für ausschließlich halte. Im Sinne einer Re-Theologisierung von Kants Diktum, dass nichts ohne Einschränkung für gut gehalten werden könne „als allein ein *guter*

besteht nicht darin, Vergebung zu gewähren oder vorzuenthalten. Er hat vielmehr über juridische Schuld zu befinden und das Strafmaß gerecht festzusetzen. Es liegt in seiner Kompetenz, aus bestimmten Gründen eine gerechte Strafe zu mildern oder ganz zu erlassen, wenn andere moralische Erwägungen es erfordern (z.B. wenn die gerechte Bestrafung der Täterin nicht hinnehmbares Leiden unschuldiger Dritter nach sich ziehen würde). Aber dieser Akt ist nicht identisch mit Vergebung, sondern wird in der Rechtssprache als „Gnade" bezeichnet.[36] Die Gewährung von Gnade erfordert eine bestimmte amtliche Autorität[37], aber keine persönliche Betroffenheit, während es sich bei der Vergebung gerade umgekehrt verhält. Mit Recht formuliert Downie: „(W)e pardon as officials in social roles but forgive as persons"[38]. Der Richter *darf* auch gar nicht von der zu beurteilenden Tat persönlich betroffen sein, sonst wäre ihm Befangenheit vorzuwerfen. Und der Richter *vertritt* auch nicht das Opfer (das tut gegebenenfalls dessen Anwältin), sondern er vertritt das Recht und die Gerechtigkeit.

Wille" (KANT, Grundlegung, Werkausgabe VII, 18), sehe ich die theologische Verhältnisbestimmung am ehesten folgendermaßen: Gott will das Gute, weil *er* gut ist. Weil Gott gut ist, nimmt er Interesse am Wohlergehen seiner Geschöpfe und verabscheut er eine Tat, welche seine Geschöpfe verletzt. Damit ist weder gesagt, dass Gott sich einem vorher schon feststehenden Guten bloß unterordnet, noch dass Gott wie ein gekränkter Despot eine Tat nur deshalb übelnimmt, weil sie gegen seine Anordnung verstößt. Ganz ähnlich argumentiert im übrigen auch Anselm in „Cur Deus Homo": „Quod autem dicitur quia quod vult iustum est, et quod non vult non est iustum, non ita intelligendum est ut, si deus velit quodlibet inconveniens, iustum sit, quia ipse vult. Non enim sequitur: si deus vult mentiri, iustum esse mentiri; sed potius deum illum non esse" (I,12; ANSELM, Opera omnia I/2, 70,14–18); „Wenn es aber heißt: was er will, ist recht, und was er nicht will, ist nicht recht, so ist das nicht so zu verstehen, daß, wenn Gott etwas Ungeziemendes wollte, es gerecht wäre, weil er es will. Es folgt nämlich nicht, daß, wenn Gott lügen will, lügen recht sei, sondern vielmehr, daß er dann nicht Gott sei" (ANSELM, Warum Gott Mensch geworden, 45).

[36] Nur eine Strafmilderung aus moralischen Gründen konstituiert einen Fall moralisch gerechtfertigter Gnade, wie SMART in ihrem Aufsatz *Mercy* überzeugend nachweist. Arbiträre Strafmilderung ist unmoralisch, und die Berücksichtigung mildernder Umstände ist nicht Gnade, sondern gehört zu einem *gerechten* Urteil.

Meine Überlegungen beziehen sich im Folgenden auf das Verhältnis von Vergebung und richterlicher bzw. amtlicher Gnade. Über den theologischen Gebrauch des Wortes „Gnade" ist damit nichts ausgesagt.

[37] Wenn Gnade, wie hier im Anschluss an Smart, verstanden wird als Milderung einer gerechten Strafe aus moralischen Gründen, dann kann ein Richter in seinem Urteilsspruch Gnade gewähren. Wird Gnade dagegen verstanden als letztinstanzliche Aufhebung oder Milderung eines richterlichen Urteilsspruchs, dann ist die Gewährung von Gnade ein politischer Akt, ausgeführt durch die Königin, den Gouverneur oder eine andere von Amtes wegen dazu bevollmächtigte Person.

[38] DOWNIE, Forgiveness, 132; ähnlich MURPHY in MURPHY/HAMPTON, Forgiveness and mercy, 167.

Man könnte einwenden, die Rede von Gott als Richter werde hier zu sehr im Sinne eines weltlichen Richtertums verstanden. Dieser Einwand ist indes nicht stichhaltig. Denn die modellhafte Rede von Gott als Richter beruht ja gerade darauf, dass Gott *in gewisser Hinsicht*[39] als Richter, das heißt entsprechend einem weltlichen Richter gesehen werden kann. Wenn nun die vorangehenden Überlegungen gezeigt haben, dass Gott als Richter nicht vergeben kann, so bedeutet das weder, dass das Verständnis von Gott als Richter so umgebogen werden sollte, bis nicht mehr ersichtlich ist, was daran „richterhaft" sei, noch, dass Gott überhaupt nicht vergeben darf. Es bedeutet lediglich, dass Gottes Vergebungsberechtigung sich nicht mittels der Rede von Gott als Richter begründen lässt. Und es bedeutet auch nicht, dass die Rede von Gott als Richter gänzlich zu verwerfen sei, sondern nur, dass sie zur Erhellung von Gottes Vergebungszuständigkeit nichts beiträgt.

Lässt sich die Vergebungszuständigkeit Gottes *schöpfungstheologisch* besser begründen? Dass der Schöpfer davon „betroffen" ist, wenn sein Werk beschädigt wird, erscheint plausibel. Der Schöpfer steht als der *Urheber* seines Werkes in einer besonderen Beziehung zu ihm. Wer ein Werk schafft, drückt darin einen Willen aus und verwirklicht ihn. Derjenige, der ein Werk zerstört oder beschädigt, setzt dem Willen des Schöpfers einen anderen, seinen eigenen Willen entgegen – sofern er die Tat absichtlich und informiert, und mit innerer und äußerer Handlungsfreiheit versehen begangen hat. Man kann sagen, er setzt sein Interesse, das Werk zerstört zu sehen, über das Interesse des Schöpfers, sein Werk unversehrt zu sehen. Ob darin bereits eine moralische Verletzung liegt, hängt von verschiedenen Faktoren ab, unter anderem davon, wie das in Frage stehende „Werk" seinerseits moralisch zu beurteilen ist – wenn es sich dabei um einen Mordplan handelt, ist gegen dessen Durchkreuzung unter normalen Umständen moralisch nichts einzuwenden.

John Locke zufolge ist der Schöpfer eines Werks nicht nur dessen Urheber, sondern zugleich dessen *Eigentümer*:

---

[39] Beispielsweise in der Hinsicht, dass Gott – ähnlich einem weltlichen Richter, aber weit mehr noch als dieser – recht und unrecht unterscheiden kann und zu entscheiden vermag, wie mit der Übeltäterin umgegangen werden soll. Gott besitzt also Beurteilungsvermögen und Verurteilungsautorität. Damit sein Urteilsvermögen nicht getrübt wird, darf ein menschlicher Richter nicht selbst Partei sein. Er darf dem Opfer nicht näher stehen als der Täterin, und schon gar nicht darf er selbst das Opfer sein. Die Pointe beim Richter liegt also gerade darin, dass er als Nichtbetroffener handelt. Im Unterschied zu einem menschlichen Richter darf bei Gott davon ausgegangen werden, dass er sein Urteilsvermögen nicht verliert, wenn er selbst betroffen ist. Gott kann sowohl Richter als auch Betroffener sein – bloß lässt sich sein Betroffensein nicht mit dem Richtermodell ausdrücken.

„Die Arbeit seines [des Menschen] Körpers und das Werk seiner Hände sind, so können wir sagen, im eigentlichen Sinne sein Eigentum. Was immer er also dem Zustand entrückt, den die Natur vorgesehen und in dem sie es belassen hat, hat er mit seiner Arbeit gemischt und ihm etwas eigenes hinzugefügt. Er hat es somit zu seinem Eigentum gemacht. ... So viel Land ein Mensch bepflügt, bepflanzt, bebaut, kultiviert und so viel er von dem Ertrag verwerten kann, so viel ist sein Eigentum."[40]

In Zusammenhang mit Land ist uns dieses Denken nicht vertraut, wohl aber bei Künstlerinnen und ihrem Werk: Auch nachdem eine Malerin ihr Gemälde verkauft hat, bleibt es ihr geistiges Eigentum. Wenn wir diesen Aspekt der Schöpfervorstellung auf die Beziehung zwischen Gott und Mensch anwenden,[41] was folgt daraus für die Frage der Vergebungszuständigkeit?

Wer einen Menschen verletzt, verletzt Gottes Eigentum. Gott ist davon persönlich betroffen und also berechtigt, Vergebung zu gewähren. Die Interessen des verletzten Menschen sind insofern gewahrt, als sie Gottes Interessen entsprechen. Aber moralisch gesehen handelt es sich dabei um eine schwache Position: Der Mensch ist nur relativ wertvoll, nämlich mit Blick auf Gottes Interessen, sein Status als Selbstzweck steht in Frage, er kommt im strengen Sinne nicht mehr als moralisches Objekt in Betracht und damit auch nicht mehr als moralisches Subjekt. Gottes Vergebungszuständigkeit ist gewahrt, aber um den Preis der Vergebungszuständigkeit des Menschen.

Diesem Eigentumsmodell sind verschiedene Einwände entgegenzuhalten, drei davon sollen hervorgehoben werden:

1. Die Vorstellung von Gott als dem Eigentümer des Menschen ist nicht konsequent zu Ende gedacht. Denn Gott ist nicht nur als der Schöpfer und Eigentümer des verletzten Menschen der eigentliche Betroffene jener Verletzung, sondern er ist ebenso der Schöpfer und Eigentümer jenes Menschen, der die Verletzung begangen hat, und damit derjenige, der für die Tat haftet.[42] Schuld und Vergebung wären somit in Gott hineinverlegt: Gott wird an sich selbst schuldig und vergibt sich selbst. Eine absurde Vorstellung, die für menschliche Vergebung keinerlei Raum mehr lässt; Menschen kommen weder für das Gewähren noch für das Empfangen von Vergebung überhaupt noch in Betracht.

---

[40] LOCKE, Zwei Abhandlungen über die Regierung, 2. Abhandlung §27 und §32; Hervorhebungen getilgt. Wenn das Feld von einem Knecht bestellt wird, gehört es dessen Herrn, da dieser als Eigentümer des Knechts gedacht wird; vgl. ebd., §28.

[41] Dieser Gedanke ist bei Locke nicht nur implizit enthalten, sondern findet sich ausdrücklich: „Denn alle Menschen sind das Werk eines einzigen allmächtigen und unendlich weisen Schöpfers ... Sie sind sein Eigentum, da sie sein Werk sind" (ebd., §6).

[42] Auch auf diesem Wege lässt sich wiederum feststellen, dass die Menschen nicht nur als Objekte, sondern auch als Subjekte von Moral außer Betracht fallen.

2. Das Eigentümermodell setzt voraus, dass die zu vergebende Verletzung in der Verletzung von Eigentum liegt. Das noch zu entwickelnde Verständnis zwischenmenschlicher Vergebung geht demgegenüber davon aus, dass Vergebung sich auf eine *moralische Verletzung* beziehen muss. Eine Eigentumsverletzung kann eine moralisch verletzende Botschaft enthalten, aber sie braucht es nicht notwendigerweise zu tun; und vor allem kann eine moralische Verletzung auf viele Weisen zustande kommen, wovon die Verletzung von Eigentum nur deren eine ist.

3. Und schließlich ist mit Blick auf die biblische Rede von Gott als dem Schöpfer festzuhalten, dass diese den Gedanken von Gott als dem Eigentümer seiner Geschöpfe zwar nicht ausschließt[43], dass aber darin keineswegs die Pointe des biblischen Schöpfungsverständnisses zu sehen ist. Diesem zufolge wurde der Mensch gerade nicht zum bloßen Eigentumsobjekt Gottes geschaffen, sondern zur Gottebenbildlichkeit, zu responsorischer Freiheit. Bei der Begründung von Gottes Vergebungszuständigkeit bleiben aber sowohl menschliche Freiheit wie auch menschliche Verantwortung auf der Strecke.

Die schöpfungstheologische Rede von Gott braucht aber nicht notwendig in Richtung auf den Eigentumsgedanken und damit im Rahmen einer dinglichen Beziehung weitergedacht zu werden. Biblisch gesehen ist es näherliegend, die Rede von Gott als dem Schöpfer der Menschen mit der Vatermetapher zusammenzudenken. Ein *Vater* betrachtet seine Kinder nicht einfach als sein Eigentum, sondern begegnet ihnen in Liebe und Verantwortung. Er sucht nicht wie der Eigentümer allein sein eigenes Bestes, sondern er sucht ebenso das Wohl seiner Kinder um ihrer selbst willen. Und er will nicht nur ihren Gehorsam, sondern ihre Liebe.

Lässt sich aus der Rede von Gott als Vater seine Vergebungszuständigkeit erweisen? Um das Vatermodell auf die Probe stellen zu können, muss es konkreter gefasst werden. Die Menschen sind entweder moralisch mündige oder moralisch unmündige[44] Kinder Gottes. Sind sie unmündig, so sind sie nicht in der Lage, selber Vergebung zu gewähren. Gott gewährt oder verweigert in paternalistischer Weise Vergebung an ihrer Statt. Die eine Konsequenz dieser Vorstellung ist, dass die Vergebungszuständigkeit Gottes wiederum nur auf Kosten der menschlichen Vergebungszuständigkeit erwiesen wird. Und auch ein anderes Problem des Eigentümer-Modells stellt sich hier aufs Neue: Gott als Schöpfer ist nicht nur der Vater desjenigen Menschen, der verletzt wurde, sondern auch der Vater jenes

---

[43] Vgl. etwa Ps 50,12b.

[44] D.h. ihnen wird moralische Verantwortung, und damit Schuld- und Vergebungsfähigkeit zu- oder abgesprochen.

1.2 Darf Gott vergeben?

Menschen, der die Verletzung zufügte.[45] Ist jener unmündig und damit vergebungsunfähig, ist auch dieser unmündig und damit schuldunfähig. Für beide liegt die Verantwortung stellvertretend bei Gott – Schuld und Vergebung würden damit wiederum zu einem innergöttlichen Geschehen.

Werden die Menschen dagegen als mündige Kinder Gottes gedacht, sind sie schuldfähig und tragen selbst Verantwortung für ihre Handlungen. Für das, was ihnen widerfährt, können sie selber Vergebung gewähren. Beruft sich der Vater stattdessen auf seine Vaterautorität, um über die Vergebung zu entscheiden, entmündigt er seine Kinder und benimmt sich kaum anders als ein despotischer Eigentümer. Somit unterliegt auch das Vater-Modell ähnlichen Schwierigkeiten wie das Eigentümer-Modell und taugt nicht zum Nachweis der Vergebungszuständigkeit Gottes.

Die Überlegungen scheinen in eine Sackgasse zu münden. Je nach dem, im Rahmen welchen Gottesmodells die Frage von Gottes Vergebungszuständigkeit untersucht wird, scheint diese gar nicht oder nur auf Kosten menschlicher Vergebungszuständigkeit erweisbar. Und doch ist die Überzeugung tief verankert[46], dass Gott Vergebung gewähren kann auch für das, was Menschen einander antun, ohne dass dabei die Vergebungszuständigkeit der persönlich betroffenen Menschen grundsätzlich in Frage gestellt wird. Bevor wir uns dem Modell von Gott als Liebendem zuwenden, ist es daher angezeigt, sich die elementaren Bedingungen der Vergebungszuständigkeit vor Augen zu führen. Im Rahmen der ethischen Erwägungen wird festzuhalten sein, dass Vergebung nur gewähren darf, wer von einer moralischen Verletzung persönlich betroffen ist. Wenn Gott Vergebung gewährt für eine moralische Verletzung, welche einem Menschen angetan wurde, dann muss Gott von dieser Verletzung selbst ebenfalls betroffen sein. Und wenn seine Vergebung die des Menschen nicht ersetzen, sondern ergänzen soll, dann muss Gott als ein zusätzlicher Betroffener jener Verletzung gedacht werden. Wir stehen damit vor der Alternative, die *John Gingell* wie folgt formuliert hat: Entweder sind die menschlichen Verletzungen zu sehen „simply and completely as offences *against the*

---

[45] Dies wird auch von HAMPTON gesehen, welche Gott mit einem Elternteil vergleicht, ohne indes das Richtermodell wirklich zu verlassen (MURPHY/HAMPTON, Forgiveness and mercy, 161): „So, presumably, in deciding whether or not to be just or merciful, God must balance the competing claims of two of the children." In dieser Formulierung ist nur das Problem der Bemessung von Strafe, nicht aber das der Vergebung berücksichtigt.

[46] So lässt Anselm in „Cur Deus Homo" seinen Gesprächspartner Boso sagen: „(M)irum videtur si dicimus quia nullatenus vult aut non ei licet suam iniuriam dimittere, a quo etiam de iis quas aliis facimus solemus indulgentiam petere" (I,12; ANSELM, Opera omnia I/2, 70,8–10); „(S)o scheint es doch verwunderlich, wenn wir behaupten, er [Gott] wolle durchaus nicht oder es sei ihm nicht gestattet, das ihm zugefügte Unrecht nachzulassen, *er, den wir um dessentwillen, was wir anderen zufügen, um Verzeihung zu bitten gewohnt sind*" (ANSELM, Warum Gott Mensch geworden, 43; meine Hervorhebung).

deity"⁴⁷ – oder aber wir müssen akzeptieren, dass Gottes Vergebung „secondary and incomplete"⁴⁸ sei, und „admit that God's forgiveness can at best be partial"⁴⁹. Es ist auch im zwischenmenschlichen Bereich nichts Außergewöhnliches, dass von einer moralischen Verletzung mehrere Personen betroffen sind. Wie im ethischen Teil noch auszuführen sein wird, darf jede der persönlich betroffenen Personen vergeben, aber jede nur die Verletzung, die ihr selbst widerfahren ist.⁵⁰ In dem vielzitierten Beispiel von Dostojewskij, wo ein General einen achtjährigen Jungen von seinen Hunden zerreißen lässt, dürfte die Mutter das ihr zugefügte Mutterleid vergeben, nicht aber die Verletzung ihres Sohnes.⁵¹ Sofern sich einsichtig machen lässt, dass Gott von den Menschen zugefügten moralischen Verletzungen persönlich betroffen ist, und sofern seine Betroffenheit nicht auf Kosten menschlicher Betroffenheit gehen soll, dann ist sie entsprechend der Betroffenheit der Mutter in Dostojewskijs Geschichte zu verstehen – oder entsprechend der Betroffenheit eines Vaters, womit wieder die Vatermetapher ins Spiel kommt. Es ist aber festzuhalten, dass die Betroffenheit der Mutter bei Dostojewskij nicht darin gründet, dass sie die Mutter im Sinne beispielsweise der Gebärerin des Jungen ist. Sondern sie ist deshalb betroffen von dem Schicksal ihres Sohnes, weil sie ihn *liebt* und in einer *engen Beziehung* zu ihm steht. Sie wäre ebenso betroffen, wenn sie nicht seine leibliche Mutter, sondern seine Adoptivmutter oder eine nahe Freundin wäre. Weil aber in der Regel davon ausgegangen wird, dass Väter und Mütter ihre Kinder lieben und in einer engen Beziehung zu ihnen stehen, darum kann auch die Vatermetapher im Kontext der Begründung von Gottes Vergebungszuständigkeit zur Anwendung gelangen.⁵² Die Metapher ist aber in Hinblick auf das Liebesverhältnis näherzubestimmen; andere Aspekte des Vaterverhältnisses sind in diesem Zusammenhang weniger oder gar nicht von Bedeutung, etwa der bereits behandelte Aspekt der „Urheberschaft" bzw. Erzeugung, oder die juristischen Regelungen, wonach die Kinder ihre Eltern bei deren Tod beerben. Wenn Gott von menschlichen Verletzungen betroffen ist, weil er die

---

⁴⁷ GINGELL, Forgiveness and Power, 182.
⁴⁸ Ebd.
⁴⁹ Ebd., 183.
⁵⁰ Ihre Vergebung ist damit, bezogen auf das Ganze der in der Handlung zugefügten moralischen Verletzungen, tatsächlich „partial", ich bestreite aber, dass sie „secondary" sei. Dieser Einspruch ergibt sich aus meiner Infragestellung der „indirekten Betroffenheit"; vgl. dazu Kapitel 6.4.2, Abschnitt „Direkt und indirekt".
⁵¹ DOSTOJEWSKIJ, Die Brüder Karamasow, 327f. Das Beispiel wird später ausführlicher aufgenommen werden; vgl. Kapitel 6.4.2, Abschnitt „Direkt und indirekt".
⁵² Ich relativiere bzw. präzisiere damit meine in SCHEIBER, May God Forgive?, 177f geäußerte Ablehnung der Vatermetapher für die Begründung der Vergebungszuständigkeit Gottes.

Menschen *liebt*, dann braucht dabei auch nicht die moralische Mündigkeit, also die menschliche Schuld- und Vergebungsfähigkeit, in Frage gestellt zu werden.

Wenn Gottes Liebe zum Menschen den Ausgangspunkt für das Verständnis von Gottes Vergebungszuständigkeit bildet, dann ist wiederum in Rechnung zu stellen, dass Gott nicht nur die verletzte Person liebt, sondern ebenso jene Person, welche die Verletzung zufügte. Aber anders als beim Eigentümermodell oder bei der Vorstellung von Gott als einem Vater moralisch unmündiger Kinder, gerät dieses Verhältnis dem Modell von Gott als Liebendem nicht zur Verlegenheit. Ganz im Gegenteil führt es dazu, Gottes Betroffenheit in verstärktem Maße deutlich werden zu lassen.

Halten wir uns noch einmal die Mutter bei Dostojewskij vor Augen. Zweifellos ist ihr Mutterleid unermesslich. Und es steht außer Frage, dass es sich dabei nicht nur um ein Mutterleid handelt, wie sie es zu tragen hätte, wenn ihr Sohn bei einem tragischen Unglücksfall ums Leben gekommen wäre, sondern dass sie Opfer einer moralischen Verletzung wurde: Der General beabsichtigte mit seinem Menschen verachtenden Handeln nicht nur den Tod des Jungen, sondern auch das Leiden der Mutter; zumindest nahm er dieses willentlich in Kauf. Die Mutter hätte *als Mensch* Anrecht gehabt auf eine andere Behandlung. Aber sie wusste, dass der General gegenüber seinen Leibeigenen ein rücksichtsloser, zynischer Mensch war; wie alle seine Leibeigenen empfand sie ihm gegenüber Angst, vielleicht Hass, und es verbanden sie mit ihm keine persönlichen Gefühle der Zuneigung. Die Situation wäre eine andere gewesen, wenn nicht der General die entsetzliche Tat begangen hätte, sondern der Vater des Jungen, dem die Mutter in Liebe verbunden war. Von einem Menschen, den sie liebte und dem sie vertraute, auf diese Weise enttäuscht zu werden, das hätte sie in eine innere Zerreißprobe geführt, welche das bisherige Leid noch übertroffen hätte. Sie hätte möglicherweise zwei geliebte Menschen auf einen Schlag verloren: Den Sohn, der nun nicht mehr am Leben war, und den Mann, den sie nun nicht mehr lieben konnte. Aber die Verletzung hätte auch deswegen schwerer gewogen, weil sie von einem Menschen, den sie liebte, und von dem sie annahm, dass er sie ebenfalls liebte, erst recht erwarten durfte, dass er ihre Interessen respektierte; dass er, wenn schon nicht dem Jungen zuliebe, wenigstens ihr zuliebe auf die Tat verzichtet hätte. Der General hätte aus allgemeiner moralischer Rücksicht niemals so handeln dürfen; der Vater des Jungen hätte darüber hinaus aus Liebe zum Jungen und zur Mutter niemals so handeln dürfen.

Wenn Gott von menschlichem Leid betroffen ist, weil er die Menschen liebt, dann findet er sich nicht in der Situation der Mutter, die mehr oder weniger zufälliges Opfer vom Handeln eines ihr ohnehin verhassten Täters wurde. Sondern seine Situation gleicht eher derjenigen der Mutter, die ihr

Kind durch die Hand eines von ihr ebenfalls geliebten Menschen verliert. Nicht, dass er deswegen aufhören würde, den Urheber der Verletzung zu lieben; aber er ist auf besondere Weise von der Verletzung betroffen, da ihm das Tun des Täters nicht nur wegen dessen Auswirkungen auf einen von ihm, Gott, geliebten Menschen, sondern auch als das Tun eines von ihm ebenfalls geliebten Menschen nahe geht. Die Tatsache, dass Gott zum Opfer *und* zum Urheber der Verletzung in einer liebenden Beziehung steht, bewirkt, dass die Verletzung eine umso größere Störung der Beziehung zwischen Gott und dem Urheber der Verletzung hervorruft.

Bei der zwischenmenschlichen Vergebung werde ich betonen, dass die vergebende Person nicht nur persönlich betroffen sein muss, sondern dass sie von einer *moralischen Verletzung* persönlich betroffen sein muss. Die moralische Verletzung liegt in der praktischen Nichtanerkennung des gleichen moralischen Status aller Menschen. Wenn in Bezug auf Gott nicht vom gleichen moralischen Status ausgegangen wird, dann stellt sich die Frage, auf welche Weise die Verletzung zu verstehen ist, welche die Beziehung zwischen Gott und Mensch erleidet. Diese Frage wird später ausführlich zu erörtern sein.[53] An dieser Stelle ist lediglich festzuhalten, dass auch für Gott gilt, dass er nur vergeben darf, wovon er persönlich betroffen ist.[54] Diese persönliche Betroffenheit lässt sich weder im gedanklichen Kontext einer amtlichen (Richter) noch einer dinglichen (Eigentümer) Beziehung zwischen Gott und Mensch einsichtig machen, sondern nur im Rahmen eines persönlichen Verhältnisses wie die Rede von Gott als Liebendem dies vorgibt. Wenn die Beziehung zwischen Gott und Mensch gestört ist, dann kann Gott – die Erfüllung der übrigen konstitutiven Bedingungen von Vergebung vorausgesetzt – Vergebung gewähren. Er bietet damit Hand zu einer Wiederherstellung der Beziehung zwischen ihm und dem betreffenden Menschen. Das Verhältnis zwischen diesem Menschen

---

[53] Vgl. Kapitel 8.1 und 8.2.1.
[54] Ähnlich lautet nach SCHREINER (Art. Vergebung der Sünden, 666) die Auffassung des Judentums: „Vergebung/Verzeihung kann dabei jedoch immer nur gewähren, wer Opfer der sündigen Tat geworden ist ... Weil jedes Vergehen gegen einen Menschen letztlich immer auch eine Sünde gegen Gott bedeutet ..., bedarf der, der einem Mitmenschen Unrecht zugefügt hat, neben der Verzeihung seitens des Geschädigten auch der Vergebung durch Gott". Im gleichen Sinne äußert sich auch LÉVINAS (Eine Religion für Erwachsene, 32f): „Die jüdische Weisheit lehrt, daß Der, der das ganze Universum erschaffen hat und trägt, das Verbrechen, das der Mensch am Menschen begeht, nicht tragen, nicht vergeben kann. ... Die Schuld gegenüber Gott untersteht der göttlichen Vergebung, die Schuld aber, die den Menschen beleidigt, untersteht Gott nicht. ... Das Böse ist kein mystisches Prinzip, das sich durch einen Ritus auslöschen läßt, es ist eine Beleidigung, die der Mensch dem Menschen antut. Niemand, nicht einmal Gott, kann sich an die Stelle des Opfers setzen. Die Welt, in der die Vergebung allmächtig ist, wird unmenschlich."

und anderen Menschen, die bei seinem Tun möglicherweise ebenfalls verletzt wurden, ist damit nicht automatisch ebenfalls wiederhergestellt; dazu benötigt der Urheber der Verletzung deren Vergebung. Ich vertrete damit die Auffassung, dass Gottes Vergebung die Notwendigkeit, Vergebung durch die betroffenen Menschen zu erlangen, nicht aufhebt; ich meine jedoch nicht, dass Gott nur vergeben kann, wenn zuvor die Vergebung durch Menschen eingeholt wurde.[55] Einsicht und Reue über das eigene Tun werden sich nicht nur auf das Verhältnis zu Gott erstrecken, sondern ebenso auf das Verhältnis zum Mitmenschen, und so kann gesagt werden, dass der Wunsch und das Bestreben, vom Mitmenschen Vergebung zu erlangen, zu den konstitutiven Bedingungen göttlicher Vergebung gehören. Wo aber ein von der Verletzung Betroffener trotz der aufrichtigen Reue des Urhebers der Verletzung anhaltend Vergebung verweigert, oder wenn er unerreichbar ist für die Bitte um Vergebung, weil er abwesend oder verstorben ist, dann sehe ich nicht, weshalb dies der *göttlichen* Vergebung ein Hindernis darstellen müsste.

1.3 Kann Gott vergeben?

Die Frage nach Gottes Vergebungsfähigkeit ist eine zutiefst unbiblische Frage. Die biblische Antwort auf diese Frage lautet schlicht: Gott tut es. Und da Tun Können voraussetzt, wäre die Frage damit abgetan.

Die Frage ist indes nicht so abwegig, wie sie auf den ersten Blick erscheinen mag. Denn Gott kann zwar vieles, und weit mehr als je ein Mensch kann, aber Gott kann doch nicht „alles". Es ist Gott wie dem Menschen unmöglich, die logischen Gesetze zu übertreten, also beispielsweise einen eckigen Kreis zu schaffen. Und es ist zwar dem Menschen möglich, nicht aber Gott, zu lügen[56], die Treue zu brechen, zu sündigen. Die Vergebungsfähigkeit Gottes kann also, grundsätzlich gesprochen, auf zwei Weisen in Frage gestellt werden: Entweder, indem gesagt wird, Vergebung sei nur dem Menschen möglich, Gott aber unmöglich (was impliziert, dass

---

[55] Vgl. dagegen etwa die Aussage SCHREINERS (Art. Vergebung der Sünden, 666): „(D)ie Vergebung durch Gott kann er [der schuldig gewordene Mensch] erst und nur dann erfahren, wenn ihm zuvor vom geschädigten Mitmenschen vergeben worden ist".

[56] Es handelt sich hierbei nicht um eine logische Unmöglichkeit, sondern um eine starke Formulierung dessen, dass aufgrund der (nicht notwendigen, sondern freien) Güte Gottes von Gott nicht zu erwarten steht, dass er lügt. Zwar lässt sich eine logische Unmöglichkeit göttlichen Lügens postulieren – etwa wenn Gott als moralisch vollkommenes Wesen und Lüge als im Widerspruch zu moralischer Vollkommenheit definiert wird – ich selbst würde aber nicht diesen Weg gehen. Mein Unbehagen gegenüber einem solchen logisch orientierten Verständnis göttlicher Eigenschaften wird weiter unten in diesem Abschnitt zur Sprache kommen.

Vergebung etwas ist, das dem Wesen Gottes zuwiderläuft), oder aber, indem Vergebung selbst für (logisch) unmöglich erklärt wird.

Die erste Auffassung tritt in verschiedenen Spielarten auf. Nach der einen Spielart ist Vergebung unmoralisch, da sie Übeltäter frei ausgehen lasse und damit die Motivation zum moralischen Handeln schwäche und die Unterscheidung von gut und böse unterhöhle. Diese Position wird beispielsweise von Kant[57] erwogen. Wird Vergebung auf diese Weise verstanden und gleichzeitig Gott als moralisch vollkommenes Wesen gesehen, dann kann Gott nicht vergeben.

Nach einer zweiten Spielart ist Vergebung Ausdruck der Tugend der Güte (der Milde, des Erbarmens) und insofern moralisch positiv zu bewerten. Die Tugend der Güte gerät aber im Fall der Vergebung in einen moralischen Konflikt mit der Tugend der Gerechtigkeit. Da beim Menschen beide Tugenden ohnehin nur in unvollkommenem Maße vorhanden sind, wird der Mensch den Konflikt zugunsten der Güte (Vergebung) oder der Gerechtigkeit (Strafe) entscheiden, je nachdem, was ihm näher liegt. Gott aber besitzt beide Tugenden in vollkommenem Maße. Es ist ihm unmöglich, die eine Tugend zugunsten der anderen aufzugeben.[58] So stellt sich die Frage, ob Gott überhaupt vergeben (und strafen[59]) kann. Anselm diskutiert diese Frage im neunten Kapitel seines Proslogions. Vergebung zu verstehen auf dem Hintergrund von Gottes Güte ist nicht schwer: „Melior est enim qui et bonis et malis bonus est, quam qui bonis tantum est bonus."[60] Das Problem stellt sich erst in Bezug auf die Gerechtigkeit: „Aut quae iustitia est merenti mortem aeternam dare vitam sempiternam?"[61] Anselm versucht das Problem zu lösen, indem er (Gottes) Güte und Gerechtigkeit

---

[57] KANT, Ethik, 164. Dass es sich dabei nicht um die durchgängige Auffassung Kants handelt, wird in Kapitel 4.3.3 deutlich werden.
[58] Eine originelle „Lösung" dieses innergöttlichen Konflikts findet sich in der jüdischen Tradition, wonach Gott selbst betet mit folgenden Worten: „Es sei mein Wille, daß mein Erbarmen meinen Zorn bezwinge, und daß mein Erbarmen sich wälze über meine Gesetze, und daß ich mit meinen Kindern umgehe nach dem Maß (der midda) des Erbarmens, und daß ich ihretwegen von der Rechtslinie (der midda ha-din) mich entferne" (b Berachot 7a; zitiert nach MARQUARDT, Was dürfen wir hoffen, 205).
[59] Interessanterweise wird dieser Tugendkonflikt Gottes – so weit ich sehe – nur in Bezug auf Vergebung, nicht aber bezogen auf Strafe als Problem gesehen, obwohl er sich bei beiden gleichermaßen stellen müsste.
[60] ANSELM, Opera omnia I/1, 107,8–10. ANSELM, Werke, 58: „Größer ist ja die Güte dessen, der Guten und Bösen gütig ist, als wer nur Guten sich gnädig erweist."
[61] ANSELM, Opera omnia I/1, 106,19–107,1. ANSELM, Werke, 58: „Was ist aber das für eine Gerechtigkeit, wenn jener, der ewigen Tod verdient, ewiges Leben erhält?"

nicht zu Gegensätzen erklärt, sondern sie in Abhängigkeit voneinander bestimmt.[62]

„Nam etsi difficile sit intelligere, quomodo misericordia tua non absit a tua iustitia, necessarium tamen est credere, quia nequaquam adversatur iustitiae quod exundat ex bonitate, quae nulla est sine iustitia, immo vere concordat iustitiae. Nempe si misericors es quia es summe bonus, et summe bonus non es nisi quia es summe iustus: vere idcirco es misericors, quia summe iustus es. Adiuva me, iuste et misericors deus, cuius lucem quaero, adiuva me, ut intelligam quod dico."[63]

Eine dritte Spielart wird von Anne C. Minas in ihrem Aufsatz „God and Forgiveness" vertreten. Minas hält Vergebung nicht an sich für moralisch verwerflich, aber Vergebung wird ihrer Ansicht nach überhaupt erst nötig aufgrund menschlicher Schwächen, die Gott nicht eigen sind. Weil Menschen beispielsweise nicht allwissend sind, können sie in die Lage kommen, ihr Urteil über eine Täterin oder eine bestimmte Tat revidieren zu müssen. Dass sie ein falsches Urteil revidieren ist zwar gut, besser wäre es allerdings gewesen, sie hätten von Anfang an das richtige Urteil gefällt. Bei Minas geht es nicht darum, dass verschiedene göttliche Eigenschaften miteinander in Konflikt geraten, sondern darum, dass Gott aufgrund seiner Eigenschaften gar nie in eine Lage kommt, in welcher Vergebung angebracht wäre.

Allen drei Spielarten der Auffassung, dass der Mensch, nicht aber Gott vergeben kann, sind zwei Dinge gemeinsam: Sie arbeiten erstens mit

---

[62] Einen anderen Lösungsvorschlag macht MURPHY: Gott sei nicht zu verstehen als offizieller Richter gemäß dem Paradigma öffentlichen Rechts, sondern als privatrechtlich Geschädigter. „Thus, if he chooses to show mercy, he is simply waiving a right that he could in justice claim – not violating an obligation demanded by justice" (MURPHY/ HAMPTON, Forgiveness and mercy, 176).

[63] ANSELM, Opera omnia I/1, 108,2–9. ANSELM, Werke, 59: „Wenn es auch schwer zu verstehen ist, wie dein Erbarmen sich nicht von deiner Gerechtigkeit trennt, müssen wir doch glauben, daß, was der Güte entstammt, deiner Gerechtigkeit nicht entgegensteht, weil sie ohne Gerechtigkeit nicht sein kann, ja der Gerechtigkeit wirklich entspricht. Wenn du barmherzig bist, weil du höchste Güte bist und höchste Güte nicht sein kannst, es sei denn, du seiest höchste Gerechtigkeit, dann bist du wirklich deshalb barmherzig, weil du höchste Gerechtigkeit bist. Hilf mir, gerechter und erbarmungsvoller Gott, dessen Licht ich suche; hilf mir, daß ich verstehe, was ich ausspreche!" Hier zeichnet sich bei Anselm bereits ab, was später in der Scholastik in der Lehre von den göttlichen Attributen systematisch entfaltet wird. Es wird dort (im Unterschied zum neuzeitlichen Theismus) nicht von verschiedenen Eigenschaften Gottes gesprochen, die sich so oder so zueinander verhalten, sondern von „Attributen" oder „proprietates" Gottes. Im Lehrstück von der „Einfachheit Gottes" wird festgehalten, dass Gott nicht verschiedene Eigenschaften nebeneinander besitzt, sondern jedes seiner Attribute ganz *ist*. Die Attribute beschreiben also nicht verschiedene Teilaspekte Gottes, sondern sind unterschiedliche Namen desselben Gottes.

einem problematischen Vergebungsbegriff und zweitens mit einem problematischen Gottesbegriff.

Bei Kant wie bei Anselm wird unter Vergebung Straferlass verstanden; wenn Vergebung für unmoralisch erklärt wird, ist außerdem oftmals duldendes Verzeihen (im Sinne des englischen „condonation"), nicht der hier zu entfaltende Vergebungsbegriff im Blick. Minas wiederum geht gleich eine ganze Reihe von Verwendungsweisen des Wortes „Vergebung" durch (u.a. ein Urteil revidieren, Strafe mildern oder erlassen, „condone", vergessen, eine Regel den konkreten Umständen anpassen[64]), ohne sich einen klaren Begriff von Vergebung zu erarbeiten[65]. Keines der von Minas genannten Konzepte ist vereinbar mit dem hier zu vertretenden Vergebungsverständnis. Vergebung kann unabhängig davon gewährt werden, ob eine Strafe ausgesprochen wird[66] und ist in verschiedener Hinsicht geradezu das Gegenteil von duldendem Verzeihen und Vergessen. Ein negatives Urteil über eine Tat muss auch nicht revidiert werden, sondern ist sogar vorausgesetzt – wenn das Urteil dahingehend revidiert würde, dass gar keine Übeltat begangen wurde, dann gäbe es auch nichts zu vergeben.

Noch problematischer ist das Gottesverständnis, das den genannten Ausführungen zugrunde liegt. Bei Kant ist Gott primär moralischer Gesetzgeber und Weltenrichter, seine hauptsächliche Eigenschaft ist die Gerechtigkeit. Bei Anselm sind Gottes vornehmlichen Attribute Güte und Gerechtigkeit, auch hier ist Gerechtigkeit als forensische Gerechtigkeit,

---

[64] MINAS geht auch ausdrücklich auf einen biblischen Vergebungsbegriff ein, wenn sie Vergebung in der Bedeutung von „jemandes Sünden abwaschen" untersucht. Die Bedeutung, die sie dieser Wendung unterstellt, ist absurd (God and Forgiveness, 149): „He did the actions all right, but after God's forgiveness, they are no longer wrong." In einem anderen Punkt steht Minas allerdings einer bestimmten alttestamentlichen Denkrichtung näher als ihr wohl selbst bewusst ist. Wenn sie Vergebung versteht als Strafmilderung oder Straferlass und zum Schluss gelangt, Gott als vollkommenes Wesen könne nicht gegen Gesetze und Strafnormen verstoßen, die er selbst erlassen hat, so erinnert dies an das weisheitliche Dogma des Tun-Ergehen-Zusammenhanges, welches ebenfalls zur Folgerung geführt zu haben scheint, dass (so verstandene) „Vergebung" sehr wohl von Menschen, nicht aber von Gott gewährt werden kann (vgl. Kapitel 1.1).

[65] Ebd., 138: „I shall try not to make too many assumptions about the nature of forgiveness." Zur Kritik an Minas' Vergebungsbegriff vgl. LEWIS, On Forgiveness, und PATON, Can God Forgive?

[66] Vgl. hierzu auch LUTHER, WA 34/1,445,1–4 (Predigt an Exaudi (21. Mai) 1531 nachmittags über 1. Petrus 4,8; Nachschrift Rörer): „Ideo sic affectus esse debeo erga proximum, ut nimer mher da zw bringen lassen, ut odio eum persequar, et tamen sol yhn straffen et tamen lieb haben und gerne vergeben, vertragen und leiden et etiam ab inimico." Übersetzung nach WAGNER, Vom Bösen erlöst, 452: *„Deshalb muß ich gegen den Nächsten so gesinnt sein, daß [wir uns]* nimer mher da zw bringen lassen, *daß ich ihn mit Haß verfolge, und gleichwohl* sol [man] yhn straffen *und doch* lieb haben und gerne vergeben, vertragen und [Unrecht] leiden *auch sogar von einem Feind."*

"iustitia correctiva"⁶⁷ verstanden. Minas wiederum geht von den klassischen philosophischen Prädikaten Allwissenheit, Güte, Gerechtigkeit und Vollkommenheit aus.

Meine Kritik an diesem Gottesverständnis setzt auf zwei Ebenen an: Auf der semantischen Ebene geht es darum, dass die Begriffe der Gott zugeschriebenen Eigenschaften einen Bedeutungswandel durchgemacht haben, welcher kritischer Reflexion bedürfte. Auf einer grundlegenderen Ebene stelle ich den Versuch des neuzeitlichen Theismus, auf dem Wege der Begriffsbestimmung zu gültigen Aussagen über Gott zu gelangen, in Frage.

Besonders anschaulich, und für das Verständnis göttlicher Vergebung folgenreich, zeigt sich die semantische Verschiebung beim Verständnis der Rede von der „Gerechtigkeit" und der „Unveränderlichkeit" Gottes. Wenn in der Bibel von Gott gesagt wird, er sei gerecht, so bedeutet es etwas anderes als in der philosophischen Tradition, wo die Gerechtigkeit oftmals als distributive („sofern sie sich auf die Austeilung von Gütern und Ehren bezieht"⁶⁸) oder kommutative („sofern sie freiwillige oder unfreiwillige Ausgleichung im Verkehr, bei Verträgen oder im Strafverfahren herstellt"⁶⁹) Gerechtigkeit aufgefasst wird. Wenn Paulus von der Gerechtigkeit Gottes spricht, drückt er damit aus, dass Gott den Menschen „gerecht macht", ihm ohne eigenes Verdienst die Beziehung zu Gott ermöglicht.⁷⁰ Ein ähnlicher Bedeutungswandel lässt sich bei der Rede von der „Unveränderlichkeit" Gottes feststellen. Philosophisch wird die Immutabilitas Gottes so verstanden, dass nichts Gott aus der Ruhe bringen kann, ganz gleich, was geschieht. Diese Auffassung wird dann weiterentwickelt zur Lehre der Zeitlosigkeit Gottes, nach welcher Gott jenseits der Zeit existiert und deshalb gar keinen zeitlichen Veränderungen unterworfen sein kann (Augustin, Schleiermacher). Mit diesem Gottesverständnis ist es unmöglich, dass Gott Vergebung gewährt, sich von der Reue der Täterin bewegen lässt, sein Übelnehmen überwindet⁷¹, den zwischen ihm und der Täterin

---

⁶⁷ „... bonis bona et malis mala retribuas", ANSELM, Opera omnia I/1, 107,12. ANSELM, Werke, 58: „... du Guten Gutes und Bösen Böses vergiltst".

⁶⁸ KIRCHNER, Wörterbuch der philosophischen Grundbegriffe, 229.

⁶⁹ Ebd.; vgl. außerdem EISLER, Wörterbuch der philosophischen Begriffe, Bd. 1, 374f.

⁷⁰ Gottes Gerechtigkeit ist bei Paulus der Gegenbegriff zu Sünde. Bei beiden geht es um die Beziehung des Menschen zu Gott. Gerechtigkeit meint die gelingende Gottesbeziehung, Sünde die verfehlte Gottesbeziehung. Bereits in der hebräischen Bibel, im Psalter und in der weisheitlichen Tradition insbesondere, bilden „die Gerechten und die Sünder" ein gängiges Gegensatzpaar.

⁷¹ Dies ist nach Minas auch deshalb nicht möglich, da Gott ihrer Vorstellung nach nie übelnimmt. Sie versteht Gottes „Vollkommenheit" als Aseität und Apathie und gelangt damit zu einem dem biblischen Glauben entgegengesetzten Gottesbild. Paton, welche Minas' Entwurf in manchem Punkt kritisch gegenübersteht und deren These von der

entstandenen Bruch verheilen lässt.[72] Ganz anders dagegen der biblische Gott. Er sagt zwar von sich: „Ich, der HERR, wandle mich nicht" (Mal 3,6a). Doch der weitere Gang der Gottesrede bei Maleachi führt in eine dem philosophischen Verständnis der Unwandelbarkeit entgegengesetzte Richtung. Gott verflucht die Israeliten, da sie seine Gebote nicht halten und verheißt ihnen Segen für den Fall, dass sie seine Gebote (konkret die Zehntenabgabe) befolgen. „So bekehrt euch nun zu mir, so will ich mich auch zu euch kehren, spricht der HERR Zebaoth." (Mal 3,7) Der Gott, der von sich sagt, er wandle sich nicht, kann verfluchen oder segnen, sich abwenden oder zuwenden. Er reagiert damit auf das Verhalten seines Volkes, dieses lässt ihn nicht unbeeinflusst. Gottes Unwandelbarkeit ist nicht als Apathie und stoischer Gleichmut zu sehen. Unwandelbar ist nicht Gottes konkretes Verhalten gegenüber seinem Volk, sondern seine Treue, seine Liebe, sein Gemeinschaftswille. Aber gerade wegen seiner unwandelbaren Liebe kann er mit Zorn reagieren auf Israels Versuch, ihn zu betrügen, und mit Segensfülle auf Israels Zuwendung zu ihm.

Gemäß dem philosophischen Verständnis göttlicher Gerechtigkeit und Unveränderlichkeit kann ein gerechter und unveränderlicher Gott nicht vergeben. Dass Gott in der Bibel dennoch als vergebender Gott bekannt wird, liegt nicht daran, dass ihm Gerechtigkeit und Unveränderlichkeit abgesprochen würden, sondern dass göttliche Gerechtigkeit und Unveränderlichkeit inhaltlich anders gefasst werden als in weiten Teilen der philosophischen Tradition. Nach biblischem Verständnis kann Gott vergeben, gerade *weil* er ein Gott ist, der die Sünderin gerecht macht und in seiner Liebe und Treue unwandelbar ist.

Damit komme ich zum zweiten Punkt meiner Kritik. Der neuzeitliche Theismus, in dessen Tradition Kant und Minas stehen, ist unter anderem dadurch gekennzeichnet, dass bei ihm die Frage nach dem rechten Gottesverständnis als Frage nach dem rechten Gottes*begriff* verhandelt wird. Dabei wird einerseits kritisch dem sowohl erkenntnistheoretisch als auch genuin theo-logisch begründeten Umstand Rechnung getragen, dass wir nie sicher sein können, mit unseren Versuchen, Gott zu denken und von Gott zu reden, auch wirklich „Gott selbst" zu treffen. Der Rückzug auf den Gottesbegriff lässt sich unter diesem Gesichtspunkt als Akt der Einsicht

---

Unmöglichkeit göttlicher Vergebung bestreitet, teilt in dieser Frage Minas' Auffassung. Paton kann an der Annahme göttlicher Vergebungsfähigkeit nur darum weiter festhalten, weil sie Vergebung auch durch nicht Betroffene für möglich hält. Um, was das Verständnis göttlicher Vollkommenheit angeht, nur eine Gegenstimme zu Wort kommen zu lassen: HARRIET BEECHER STOWE, die Verfasserin von „Onkel Toms Hütte", betonte, dass „die Unfähigkeit Gottes, an dem Leiden seiner Geschöpfe teilzunehmen, eine weit größere Unvollkommenheit" wäre (nach JEHLE, Große Frauen der Christenheit, 124).

[72] Vgl. MINAS, God and Forgiveness; BRÅKENHIELM, Forgiveness, 67ff.

und Bescheidenheit sehen. Unter der Einschränkung, nur am Begriff zu arbeiten, kann dann der Ausdruck ‚Gott' als Summe bestimmter Eigenschaften definiert[73], modifiziert, geglättet und auf Widersprüche hin abgeklopft werden. Unter der Hand wird aber plötzlich doch wieder der Gottesbegriff für die Sache selbst genommen und der Anspruch erhoben, gültige Aussagen über Gott (und nicht nur über ‚Gott') zu machen. Dies wird besonders deutlich bei Minas, wenn sie zunächst den Gottesbegriff mittels einiger Eigenschaften näher bestimmt, dann die Feststellung macht, dass dieser Gottesbegriff mit einem bestimmten Vergebungsbegriff inkompatibel ist, und am Ende folgert, dass Gott, sollte er denn überhaupt existieren, nicht vergeben kann. Diesen Überschritt problematisiert sie nicht. Dabei wird gerade die Grundeinsicht, welche zum Rückzug auf den Gottesbegriff geführt hatte, wieder aufgegeben: Nämlich dass es sich bei allen möglichen Gottesbestimmungen nicht um Realdefinitionen, sondern nur um Nominaldefinitionen handelt. Dem neuzeitlichen Theismus ist aus dieser Einsicht heraus *Gott selbst* problematisch geworden. Das christliche Reden und Denken Gottes steht dagegen dem Gottes*begriff* skeptisch gegenüber. „Deus definiri nequit", lautet der klassische Grundsatz; „Deus maius quam cogitari potest", bekennt Anselm, und die drei *viae* des Pseudoaeropagitus, insbesondere die *via negativa*, führen ebenfalls eher von Gottesdefinitionen weg als dazu hin. Gott lässt sich nach christlicher Auffassung nicht begrifflich fassen, sondern gibt sich zu erkennen, wem und als wer er sich zu erkennen gibt. Da ist keine Neusortierung göttlicher Eigenschaften unabhängig von der Frage göttlicher Existenz mehr möglich, sondern erfasst von der Gegenwart Gottes ist Gott das Allergewisseste. Christliche Aussagen über Gott sind nicht zu verstehen als Festschreibungen Gottes, sondern als Aussagen darüber, als wer Gott in der Vergangenheit erfahren wurde und als wer er sich – der Erwartung nach – auch in Zukunft erweisen wird.[74] Dies findet seinen Niederschlag auch in der Wahl der sprachlichen

---

[73] So etwa bei KANT in seiner vorkritischen Schrift „Der einzig mögliche Beweisgrund zu einer Demonstration des Daseins Gottes" (Werkausgabe II, 634): „Etwas Existierendes ist Gott, das ist, einem existierenden Dinge kommen diejenigen Prädikate zu, die wir zusammen genommen durch den Ausdruck, Gott, bezeichnen." (Vgl. dazu DALFERTH, Inbegriff oder Index?) Und MINAS kann, ohne über die Existenz Gottes zu entscheiden, Gott definieren als moralisch vollkommenes, allwissendes und wohlwollendes Wesen (God and Forgiveness, 138).

[74] Vgl. dazu auch MARQUARDT, Was dürfen wir hoffen, 198: „‚Gerechtigkeit' und ‚Barmherzigkeit' sind nach biblischem und jüdischem Verstande keine ‚Eigenschaften', durch die wir ein tieferes ‚Wesen' Gottes erfassen könnten. In der Sprache der jüdischen Lehrer heißen, was wir ‚Eigenschaften' nennen, middot; eigentlich sind das die ‚Fußstapfen', in denen Gott uns vorangeht und in die wir treten können, um ihm-selbst nachzufolgen; im übertragenen Sinne aber sind middot ‚Maße' einer Zuwendung Gottes zum Menschen; wir können von *Beziehungsweisen Gottes* sprechen."

und literarischen Form der Rede von Gott. So wird in der Bibel meist in narrativer oder doxologischer Form von Gott gesprochen. Das Volk Israel, als es in Not ist, wird von seinen Anführern nicht mit dem Hinweis beruhigt, dass es Gott aufgrund seiner Eigenschaften logisch unmöglich sei, seine Hilfe zu verweigern, sondern es werden Geschichten von Gottes Rettungshandeln in der Vergangenheit erzählt. Nach diesem Gottesverständnis ist es unsinnig zu fragen, ob Vergebung mit den Eigenschaften Gottes vereinbar ist oder nicht, sondern ist die Vergebungsbereitschaft selbst eine „Eigenschaft" Gottes.[75] Die Fragerichtung wird dabei umgekehrt. Während Minas fragt, ob ein in bestimmter Weise verstandener Gott vergeben kann, muss die christliche Frage lauten, wie Gott, der als Vergebender erfahren wird, verstanden werden muss.

Unabhängig vom Verständnis göttlicher Eigenschaften kann Vergebung selbst als logisches Problem gesehen werden. Aurel Kolnai formuliert das „logische Paradox der Vergebung"[76] zusammenfassend so: „Briefly, forgiveness is either unjustified or pointless."[77] Entweder gibt es, so Kolnai, keinen Grund zu vergeben, da die Täterin keine Reue zeigt und sich nicht geändert hat. Vergebung wäre hier unangebracht, „threatens to collapse in condonation"[78]. Oder aber Vergebung wäre überflüssig, da die Täterin sich geändert hat, es bleibt nur „the mere *registering* of moral value in the place of previous disvalue", „forgiveness seems to collapse in mere *redundancy*"[79]. „Vergebung" ist entweder keine echte Vergebung oder gar keine Vergebung. Wenn dem so ist, dann kann weder Gott noch ein Mensch echte Vergebung gewähren.

Kolnai selbst versucht das Paradox aufzulösen mit dem Hinweis, dass das „moralische Leben"[80] komplexer sei als die im Paradox konstruierte Entweder-Oder-Situation. Es mache einen Unterschied, ob eine Übeltat eine isolierte, untypische Tat sei oder symptomatisch für die Grundhaltung der Täterin; ob eine Tat spontan und impulsiv geschehe oder in übersteigerter, unverhältnismäßiger Wut, usw. Kolnai gesteht schließlich – und,

---

Dies verdeutlicht nochmals, worum es sich bei der biblischen Rede der „Eigenschaften" Gottes handelt: nicht um eine definitorische Festschreibung Gottes, sondern um eine Aussage darüber, als wer sich Gott uns erfahrbar gemacht hat und macht.

[75] Das Vorgehen von Minas (und anderen) ist auch grundsätzlich methodisch fragwürdig, da sie ein Problem, das sich erst im Kontext des biblischen Gottesbildes stellt – das Problem göttlicher Vergebung – untersucht im Rahmen eines philosophischen Gottesbildes.

[76] KOLNAI, Forgiveness, 215: „the logical paradoxy of forgiveness".
[77] Ebd., 217.
[78] Ebd., 216.
[79] Ebd., 216f.
[80] Ebd., 218: „moral life".

wie er ausdrücklich sagt, gegen seine eigene Natur – die Möglichkeit zu, dass echte Vergebung auch ohne „a dramatic and fundamental change of heart" der Täterin erfolgen kann.[81] Er macht einen Rückzieher bei der ersten Seite der Formulierung des Paradoxes, steht also dafür ein, dass Vergebung auch ohne Reue gerechtfertigt sein kann.

Ich sehe das Problem von Kolnais Paradox dagegen auf der zweiten Seite seiner Formulierung. Wenn die Täterin Reue zeigt, von ihrer moralisch verletzenden Botschaft Abstand genommen hat und moralische Achtung ihres Gegenübers erkennen lässt, dann ist Vergebung *angebracht*, aber sie versteht sich deswegen nicht von selbst. Wenn Kolnai meint, Vergebung sei hier nicht möglich, sondern lediglich „the mere *registering* of moral value in the place of previous disvalue", so befindet er sich mit dieser Formulierung in der Nähe dessen, was ich gerade als *Vergebung* bezeichnen würde – wenngleich ich weniger (wie beim Ausdruck „registrieren" oder „feststellen") den konstativen Aspekt betonen, sondern stärker den performativen Aspekt gewichten und darum von „anerkennen" sprechen würde. Die moralische Integrität eines Menschen anzuerkennen, der mich verletzt hat, und ihm damit mein Vertrauen neu auszusprechen, ist nicht nichts, ist weder „pointless" noch eine „redundancy".[82] Kolnai scheint zu übersehen, dass die moralische Integrität eines Menschen uns nie als „harte Tatsache" vor Augen steht, sondern wir aufgrund von Hinweisen das Verhalten eines Menschen in bestimmter Weise interpretieren und ihn beurteilen – und zu diesen Hinweisen gehört unter anderem des andern Reue oder seine Bitte um Vergebung.[83] Wenn ich in der Vergebung

---

[81] Ebd., 219. HAMPTON (MURPHY/HAMPTON, Forgiveness and mercy, 84f) gesteht diese Möglichkeit ebenfalls zu. Weshalb es sich dabei nicht um „condonation" handle, begründet sie damit, dass die Übeltat weiterhin verurteilt werde, aber die Täterin nicht auf ihre Tat reduziert werde. Vergebung ohne Reue der Täterin sei dann gerechtfertigt, wenn sie dazu diene, diese Reue allererst hervorzubringen.

[82] Bei Kolnai scheint außerdem ein literalistisches Missverstehen der Aussage, dass jemand, der eine Sinnesänderung durchläuft, ein „neuer Mensch" ist, im Hintergrund zu stehen. Bei dem neuen Menschen ist nichts, das zu vergeben wäre („*there is nothing to be forgiven*", KOLNAI, Forgiveness, 217), also erübrigt sich Vergebung.

[83] Im Kontext seiner in „Cur Deus Homo" vorgebrachten Satisfaktionslehre argumentiert Anselm ganz ähnlich. Zunächst legt er Boso das Paradox Kolnais in den Mund und lässt ihn fragen: „Sed quid est quod dicimus deo: ‚dimitte nobis debita nostra', et omnis gens orat deum quem credit, ut dimittat sibi peccata? Si enim solvimus quod debemus: cur oramus ut dimittat? Numquid deus iniustus est, ut iterum exigat quod solutum est? Si autem non solvimus: cur frustra oramus ut faciat, quod, quia non convenit, facere not potest?" (I,19; ANSELM, Opera omnia I/2, 86,1–5.) Und Anselm antwortet ihm darauf: „Qui non solvit, frustra dicit: ‚dimitte'. Qui autem solvit, supplicat, quoniam hoc ipsum pertinet ad solutionem ut supplicet" (ebd., 86,6–7). (B: „Aber was ist es damit, daß wir zu Gott sprechen, ‚vergib uns unsere Schulden', und jedes Volk den Gott, an den es glaubt, bittet, ihm seine Sünden zu verzeihen? Denn wenn wir bezahlen, was wir schul-

die moralische Integrität eines Menschen anerkenne, der mich vorgängig verletzt hatte, stelle ich damit nicht einfach fest, dass er jetzt moralisch ist, sondern gebe ich meiner *Einschätzung* Ausdruck, dass ihm jetzt (wieder) zu vertrauen ist.

Für Gottes Vergebung gilt das soeben Gesagte zwar nur mit Einschränkungen. In Anbetracht von Gottes Allwissenheit könnte von Gott – zumindest eher als vom Menschen – von einem „mere registering" der entscheidenden Veränderung am Menschen gesprochen werden: Gott braucht die Haltung des Menschen nicht interpretierend zu erschließen, sondern er „weiß" sie. Aber dafür gilt in entscheidender anderer Hinsicht wiederum gerade *nicht*, dass Gottes Vergebung die Veränderung am Menschen bloß feststellt, sondern – anders als dies von zwischenmenschlicher Vergebung ausgesagt werden könnte – sie *bewirkt* diese Veränderung allererst.[84] Somit fallen weder zwischenmenschliche noch Gottes Vergebung unter Kolnais Verdikt; Vergebung ist keine logische Unmöglichkeit.

Zusammenfassend lässt sich sagen, dass für die Frage der Vergebungsfähigkeit Gottes alles davon abhängt, wer mit ‚Gott' gemeint ist und was unter ‚Vergebung' verstanden wird. Um es negativ auszudrücken: Wenn unter Vergebung nicht oder nicht nur duldendes Verzeihen, Vergessen, eine Urteilsrevision und dergleichen verstanden wird, und wenn in Gott nicht ein philosophisches Konstrukt, sondern der „lebendige Gott", wie er in der Bibel und im christlichen Glauben bekannt wird, gesehen wird, dann besteht weder die Notwendigkeit, die Unmöglichkeit von Vergebung überhaupt, noch die Vergebungsunfähigkeit *Gottes* zu postulieren.

---

den, warum bitten wir, daß er vergebe? Ist Gott etwa ungerecht, daß er ein zweites Mal fordert, was bezahlt ist? Wenn wir aber nicht bezahlen: warum beten wir umsonst, daß er tue, was er nicht tun kann, weil es nicht geziemend ist?" A: „Wer nicht bezahlt, spricht vergebens: ‚vergib'. Wer aber bezahlt, bittet, weil eben das zur Abzahlung gehört, daß er bitte"; ANSELM, Warum Gott Mensch geworden, 71.)

[84] Vgl. dazu Kapitel 2.4.

Kapitel 2

Gott der Sohn

> „Da entgegnete ihnen Jesus: Amen, amen, ich sage euch: Der Sohn kann nichts von sich aus tun, es sei denn, er sehe den Vater etwas tun; denn was jener tut, das tut in gleicher Weise auch der Sohn."
> *Joh 5,19*

Jesus ist mit dem Anspruch aufgetreten, Sünden zu vergeben. Darin stimmen nahezu alle Neutestamentler[1] in ihrem historischen Urteil mit den Evangelienberichten überein. Nach dem Zeugnis des Neuen Testaments ist Jesus aber nicht allein mit dem *Anspruch* aufgetreten, Sünden zu vergeben, sondern Jesus *hat* Sünden vergeben. Dies lässt sich bezeugen, nicht aber historisch beurteilen. Deshalb stehen nicht historische Fragen im Zentrum dieses Abschnitts über Jesu Sündenvergebung, vielmehr geht es um eine Klärung dessen, was mit Sündenvergebung im Neuen Testament gemeint ist.

Nach einer sündentheologischen Begriffsbestimmung (2.1) stehen Jesu Aussagen zur Sündenvergebung und sein sündenvergebendes Handeln (2.2–2.5) im Mittelpunkt der Aufmerksamkeit. Schließlich kommt die soteriologische Bedeutung der Sündenvergebung zur Sprache (2.6).

2.1 Schuld und Sünde

Wenn es in der Schöpfungsgeschichte heißt, Gott habe den Menschen geschaffen „zu seinem Bilde", ihm „gleich" oder „ähnlich" (Gen 1,25f), so ist damit nicht ein bestimmtes Merkmal des Menschen gemeint, etwa sein Aussehen oder sein Verstand, sondern ausgedrückt, dass der Mensch zur *Beziehung* mit Gott fähig ist. Gott hat den Menschen geschaffen, um in ihm ein Gegenüber in der Beziehung zu haben, Gott hat sich selbst zur

---

[1] Die einzige mir bekannte Ausnahme bildet FIEDLER, Jesus und die Sünder, 271, der sich gegen die Auffassung wendet, dass schon der historische Jesus Sünden vergeben und seinen Jüngern die Vollmacht dazu übertragen habe: „Die erst nachösterliche Übertragung eines jüdischerseits ausschließlich als Hoheitsrecht Jahwes angesehenen Tuns auf den irdischen Jesus kann nicht bezweifelt werden."

Beziehung mit dem Menschen bestimmt und den Menschen zur Beziehung mit Gott bestimmt. Der Mensch kann sich der Beziehung verweigern, er kann seine Bestimmung verfehlen, aber er kann ihr zumindest in dem Sinne nicht entrinnen, als sie doch seine Bestimmung bleibt. Der Mensch kann den Versuch unternehmen, sein Leben ohne Gott zu leben, aber er kann nicht verhindern, dass er damit gerade das verfehlt, was zu gewinnen er trachtet, nämlich ein wahres, erfülltes Leben.[2] Die Rede von der „Bestimmung" hat immer eine deskriptive und eine normative Dimension. Sie ist einerseits zu verstehen als „deskriptive" Äußerung darüber, wie der Mensch tatsächlich *ist*: Er ist geschaffen zum Ebenbilde Gottes. Zugleich ist sie „normativ" in dem Sinne, als sie impliziert, dass der Mensch *sein soll*, der er (seinem Wesen nach) ist.

Der Mensch, der sich der Beziehung zu Gott verweigert, verfehlt seine Bestimmung und die Selbst-Bestimmung Gottes, aber er verletzt damit nicht eine moralische Pflicht. Seine Verfehlung ist nicht Schuld im moralischen Sinne. Sie ist das, was die Theologie „Sünde", genauer „Ursünde" nennt.[3] Was unter ‚Ursünde' inhaltlich zu verstehen ist, wurde in der Tra-

---

[2] Diese grundlegende menschliche „Bestimmung" ist daher nicht zu vergleichen mit willkürlichen Bestimmungen wie bspw. der in verschiedenen Zeiten und Kulturen ausgeübten Praxis, dass Eltern für ihre Kinder den Ehepartner „bestimmen". Es geht um eine fundamentale, wesensmäßige Bestimmung, nicht um historische, kulturelle oder sonstige Zuschreibung. Einen passenderen Vergleich liefert die Geschichte vom Adler im Hühnerhof, der verzweifelt versucht, ein möglichst gutes Huhn zu sein, bis er eines Tages entdeckt, dass er einfach kein Huhn *ist*, sondern ein Adler, und er sich seiner „Bestimmung", ein Adler zu sein, nicht entziehen kann. Diese Einsicht erlaubt ihm, den Hühnerhof zu verlassen und sich in die Lüfte zu erheben.

[3] Dem widerspricht WATTS (Shame, Sin and Guilt, 59): „In fact the text [Gen 3] has next to nothing to say about sin ... However, heard with fresh ears, the story of Adam and Eve is a story of shame rather than of guilt". Watts hat Recht in dem Sinne, dass in Gen 3 Schuld und Sünde (welche Watts nicht immer klar unterscheidet) nicht beim Namen genannt werden – allerdings, streng genommen, auch nicht die Scham, findet sich diese *expressis verbis* doch nur im unmittelbar vorangehenden Vers, Gen 2,25: „Und sie waren beide nackt, der Mensch und sein Weib, und schämten sich nicht." Doch einmal mehr ist eine solche terminologische Betrachtungsweise wenig aufschlussreich. Watts' Interpretation von Gen 3 ist zu sehen auf dem Hintergrund seiner sündentheologischen Zuordnung von Schuld und Scham: „I would suggest that a guilt-oriented theology of sin tends to be limited to particular sinful acts, and to have difficulty in broadening out to give an adequate account of the estrangement of humanity from God. In contrast, that sense of estrangement would be centre-stage in a shame-oriented theology of sin" (ebd., 31). Ich sehe das Verhältnis von Sünde, Schuld und Scham anders als Watts. In meinem Sprachgebrauch ist (moralische) „Schuld" der Name der moralischen Verletzung, die jemand einem anderen Menschen zufügt, und „Sünde" benennt die Tatsache, dass seine Beziehung zu Gott gestört ist. Auf die Störung der Beziehung zwischen Menschen oder zwischen Mensch und Gott reagieren die involvierten Parteien auf spezifische Weise. Die angemessene Reaktion des „Opfers" der Störung heißt Übelnehmen, die des

dition nach verschiedenen Richtungen hin entfaltet: Stolz, Hochmut[4], Begierde, Sein-Wollen-wie-Gott, Verwechslung von Schöpfer und Geschöpf, usw.[5] Ich lege den Akzent auf die Verletzung bzw. Verweigerung der Beziehung zu Gott, auf die Selbstverweigerung des Menschen Gott gegenüber, ohne dies als Konkurrenz zu den genannten Deutungen zu verstehen.

Diese Beziehungsverweigerung des Menschen findet ihren Ausdruck im menschlichen Verhalten und Handeln. Der Mensch schert sich nicht darum, was Gott von seinem Tun hält und ob es seine Beziehung zu Gott schädigt. Wenn er andere Menschen moralisch verletzt, foutiert er sich nicht nur darum, dass er diesen ungerechtfertigterweise Leid zufügt, es ist ihm auch gleichgültig, dass er dabei Gottes Willen missachtet. Mit seinem moralisch verletzenden Handeln macht er sich gegenüber seinem Mitmenschen *schuldig*; gegenüber Gott ist sein Tun *Sünde*, genauer eine *Tatsünde*, welche Ausdruck der Ursünde, der verfehlten Gottesbeziehung ist.[6]

Im Abschnitt über Gottes Vergebungszuständigkeit[7] ging es darum, hervorzuheben, dass moralische Verletzungen auch die Gottesbeziehung verletzen, also Tatsünden sind. An dieser Stelle ist dagegen die *Differenz* zwischen der moralischen und der theologischen Beurteilung menschlichen Tuns zu betonen. Denn auch ein moralisch einwandfreies Verhalten kann Ausdruck von Sünde sein, wie Jesus im Gleichnis vom Pharisäer und Zöllner, die im Tempel beten (Lk 18,9–14), deutlich macht. Und Martin Luther

---

Urhebers der Störung heißt Reue und Scham. Vgl. zur Scham auch Kapitel 4.5.4, Abschnitt „Die Botschaft der Reue".

[4] „Was aber ist Hochmut anderes als Streben nach falscher Hoheit? Denn das ist falsche Hoheit, vom Urgrund sich zu lösen, dem der Geist eingewurzelt sein soll, um gewissermaßen sein eigener Urgrund zu werden und zu sein." AUGUSTINUS, De Civitate Dei, XIV,13.

[5] In der feministischen Theologie wird betont, es handle sich dabei um „männliche" Definitionen von Sünde, welche allein „männliche" Ausprägungen von Sünde im Blick hätten. Typisch „weibliche" Sünde habe oft gerade gegenteilige Ausprägungen: Selbstverachtung, Selbstverleugnung, mangelnde Individuation usw. (vgl. GOLDSTEIN, The Human Situation; PLASKOW, Sex, Sin and Grace; KROBATH, Art. Sünde/Schuld; eine Übersicht über das feministische Sünden- und Gnadenverständnis bietet SCHERZBERG, Sünde und Gnade, sowie DIES., Art. Sünde/Schuld). Ich habe nichts einzuwenden gegen eine spezifische (nicht nur geschlechtsspezifische) Analyse menschlicher Verfehlung der gottgewollten Bestimmung. Nur muss, um von ‚Sünde' zu sprechen, die theo-logische Spitze stärker gewahrt bleiben als dies in „erfahrungstheologischen" Entwürfen meist der Fall ist. Vgl. dazu den kritischen Aufsatz „Frauensünde?" von G. SCHNEIDER.

[6] HAAS („Bekannte Sünde", 58f) betont, dass Sünde im Kern immer *aversio a Deo* ist und führt aus: „Sie ist es nicht vornehmlich deshalb, weil Gott durch die menschliche Sünde immer auch *mit*betroffen ist, weil also jede Verletzung geschaffener Wirklichkeit *auch* eine *Dimension* der Verletzung Gottes hat. Vielmehr: Daß es zur Sünde kommt ... setzt immer schon die Ausblendung der Wirklichkeit Gottes voraus." Oder in anderen Worten: Dass es zur Tatsünde kommt, setzt immer schon die Ursünde voraus.

[7] Kapitel 1.2.

hebt in seiner dritten These der Heidelberger Disputation von 1518 hervor: „Opera hominum ut semper sint speciosa bonaque videantur, probabile tamen est ea esse peccata mortalia"[8]. Luther spricht denn auch von der *grammatica moralis* und *grammatica theologica*[9]. Sünde ist nicht einfach dasselbe wie Schuld mit dem Unterschied, dass damit nicht die Beziehung zu einem Menschen, sondern zu Gott verletzt wird. Während die moralische Verletzung in der Verweigerung der jedem Menschen zukommenden gleichen Achtung besteht[10], kann davon keine Rede sein, dass Gott die *gleiche* Achtung zukomme.[11] Gottes Anspruch an den Menschen ist ein ganz anderer, ungleich umfassenderer als derjenige, welchen Menschen aneinander richten dürfen, und entsprechend kann dieser Anspruch auch auf andere Weisen Verletzung erfahren als nur in der moralischen Verletzung. Gerhard Ebeling ist zuzustimmen, wenn er schreibt:

„Im Begriff der Sünde sind zwar Theologie und Moral aufs engste verknotet. Gegenüber einem magisch-kultischen Verständnis von Verfehlung erscheint die Versittlichung des Sündenverständnisses als spezifisch christlich. Anderseits läßt sich die Sache der Theologie nicht auf Moral reduzieren, ohne dadurch zugrunde zu gehen. Obwohl der Sündenbegriff so leicht der Moralisierung verfällt, widersetzt er sich doch gerade der völligen Auflösung in Moral. Sünde ist nicht ein ethischer, sondern ein religiöser Begriff."[12]

Wenden wir uns nach dieser kurzen dogmatischen Begriffsbestimmung dem Sprachgebrauch des Neuen Testaments zu.

2.2 Sünde und Sündenvergebung im Neuen Testament

Der wichtigste Begriff für Sünde im Neuen Testament ist ἁμαρτία[13]. Die Standardwendung für Sündenvergebung lautet in diesem Zusammenhang ἄφεσις (τῶν) ἁμαρτιῶν.[14]

Begnügte man sich damit, eine Statistik dieser Ausdrücke zu erheben, würde, wie bereits bei der Hebräischen Bibel, der falsche Eindruck entste-

---

[8] LUTHER, WA 1,353,19f (Disputatio Heidelbergae habita, 1518).
[9] LUTHER, WA 40/1,418,5–419,6 (In epistolam S. Pauli ad Galatas. Commentarius ex praelectione, 1531).
[10] Ich werde diesen Gedanken in den Abschnitten 4.5.1–2 und 5.1.7 ausführen.
[11] Vgl. dazu Kapitel 8.
[12] EBELING, Wort und Glaube 3, 190f.
[13] „Terminologisch vollzieht das NT unter dem Eindruck der LXX eine Konzentration: ἁμαρτία (174mal) ... überwiegt die anderen Termini (wie ἁμάρτημα u. παράπτωμα, Verfehlung; παράβασις, Gesetzesübertretung; ἀνομία, Gesetzlosigkeit) bei weitem" (THEOBALD, Art. Sünde, 1120f; Hervorhebung getilgt).
[14] FRANKEMÖLLE, Art. Vergebung der Sünden, 668: „Die Wendung ‚Vergebung der Sünden' gehört nicht erst heute, sondern schon im Neuen Testament zur theologischen Fachsprache."

hen, von Vergebung sei im Neuen Testament eher spärlich[15] die Rede. Berücksichtigt man hingegen, dass Vergebung sich auch da vollzieht, wo sie nicht ausdrücklich deklariert wird, und dass Vergebung auch in anderen Wendungen[16] und bildhaft[17] ausgedrückt werden kann, so wird der erste, aus der Statistik gewonnene Eindruck korrigiert. So ist im Lukasevangelium, auf welches ich mich im Folgenden hauptsächlich beziehe[18], während der Zeit des öffentlichen Wirkens Jesu, der sogenannten satansfreien Zeit (Lk 4,14–22,2) in fast jedem Kapitel in der einen oder anderen Weise von Vergebung die Rede.

Die Situation des Menschen unter der Sünde und die Situation des Menschen, der Sündenvergebung erfährt, werden im Neuen Testament in verschiedenen sprachlichen Bildern und geschilderten Handlungszusammenhängen entfaltet. So legt der Zusammenhang von Sündenvergebung und *Krankenheilung* (z.B. Lk 5,17–26, die Heilung des Gelähmten) nahe, dass die Situation des Sünders der eines Kranken, die des Vergebung Empfangenden der eines Geheilten verglichen werden kann. Dieser Vergleich kann sogar ausdrücklich erfolgen, wenn Jesus sagt (Lk 5,31f): „Nicht die

---

[15] LEROY, Art. ἀφίημι, 438: „Im NT kommt ἄφεσις 17mal vor, davon je 5mal in Lk und Apg. Das Subst.[antiv] meint fast immer die göttliche Vergebung, meist näher bestimmt durch den Gen.[itiv] ἁμαρτιῶν". Das Verb ἀφίημι findet sich im NT häufig, vor allem in den Evangelien, allerdings mit einem sehr weiten Bedeutungsspektrum, das neben *vergeben* auch *loslassen, entlassen, verlassen, zurücklassen, gewähren lassen, erlauben* meinen kann (ebd., 437; BULTMANN, Art. ἀφίημι, 507f).

[16] BULTMANN (Art. ἀφίημι, 509) verweist auf die „fundamentale Bedeutung" der Vergebung im NT, die sich als solche nicht auf den Begriff ‚Sündenvergebung' beschränkt; sie „findet aber bei Paulus Ausdruck in den Begriffen der δικαιοσύνη und καταλλαγή, in Hb durch die Begriffe des ἁγιάζειν und καθαρίζειν, die auch bei Johannes begegnen, und wird vielerwärts durch mit ἄφεσις verbundene und verwandte Begriffe bestimmt wie ἱλασμός, (ἀπο)λύτρωσις, ἀπολούεσθαι, χαρίζεσθαι ua".

[17] So schließt FRANKEMÖLLE (Art. Vergebung der Sünden, 670) nach einer Entfaltung der aus der Ökonomie entlehnten Vergebungsmetaphorik des NT: „Die in diesen Beispielen sich andeutende Offenheit neutestamentlicher Theologen, theologische Sachverhalte durch Metaphorik aus dem konkreten Erfahrungsbereich zu verdeutlichen, läßt sich über die genannten Texte hinaus mit vielfältigen Beispielen aus dem medizinischen, sozialen, finanziellen, forensischen, rituellen, kultischen und existentiellen Bereich belegen". Und ebd., 671: „Es dürfte deutlich sein: Die Wendung ‚Vergebung der Sünden' steht als abstraktes Syntagma in einem weiten Wortfeld metaphorischer Begrifflichkeit, was auch für den theologisch abstrakten Begriff ‚Sünde' anzunehmen ist".

[18] Das Lukasevangelium kann fast durchgängig als Evangelium der Sündenvergebung gelesen werden: „More than any other Gospel, Luke's concentrates on the acceptance and forgiveness of sinners" (SCHEFFLER, Suffering in Luke's Gospel, 96); „...zieht sich wie ein roter Faden diese Thematik [der Sündenvergebung] durch die lukanische Jesuserzählung" (FRANKEMÖLLE, Art. Vergebung der Sünden, 675); „Die Zeit Jesu ist [dem Lukasevangelium zufolge] die Zeit der eschatologischen Zuwendung, ist eschatologische Heilszeit" (STRECKER, Theologie des Neuen Testaments, 428).

Gesunden brauchen einen Arzt, sondern die Kranken. Ich bin nicht gekommen, Gerechte zu rufen, sondern Sünder zur Umkehr."

Sünder können auch als *Ausgestoßene der Gesellschaft*, als von der Gemeinschaft Ausgeschlossene angesehen werden, während die Gerechtfertigten die Eingeladenen, die zur (Tisch-)Gemeinschaft Zugehörigen sind. So wird Jesu Gemeinschaft mit Sünderinnen und Sündern öfters im Zusammenhang mit Umkehr und Vergebung geschildert (Lk 5,27–32; 7,36–50), und im Gleichnis vom großen Gastmahl (Lk 14,15–24) sind es am Ende die Ausgestoßenen, die zu Tisch gebeten werden. Aber so wenig im Neuen Testament Krankheit als individuelle Sündenfolge verstanden wird, so wenig werden die tatsächlich von der Gesellschaft Ausgestoßenen speziell als Sünder angesehen. Vielmehr dienen sowohl Krankheit als auch gesellschaftlicher Ausschluss als Bildspender, um den Zustand des Sünders in der Sünde zu veranschaulichen. Dass es bei der gedanklichen Verbindung von Sünde mit Krankheit bzw. gesellschaftlichem Ausschluss um deren *metaphorischen* Gehalt geht und nicht um eine Sichtweise jener Zustände als individueller Sündenfolgen wird bei der Geschichte vom armen Lazarus (Lk 16,19–31) deutlich: Dieser war zu Lebzeiten vom Tisch des Reichen ausgeschlossen, aber nach seinem Tod sitzt er im Schoße Abrahams, während der Reiche, von ihnen durch eine tiefe Kluft getrennt, große Qualen leidet. Die irdischen gesellschaftlichen Verhältnisse sind kein Spiegelbild dessen, ob jemand in Gottes Augen Sünder oder Gerechtfertigter ist. Aber das Verhältnis des Gerechtfertigten bzw. des Sünders zu Gott lässt sich bildhaft mit der Situation des eingeladenen Gastes und des von der Gesellschaft Ausgeschlossenen veranschaulichen.

Als Jesus die Gemeinschaft mit den Sündern zum Vorwurf gemacht wird (Lk 15,1f), antwortet er in Gleichnissen, die Sünde und Vergebung in Bildern vom *Verlorensein und Gefundenwerden* ausdrücken.[19] Das letzte dieser drei Gleichnisse endet damit, dass der Sohn, der zuletzt von der Gemeinschaft der Menschen ausgeschlossen war, von seinem Vater zu einem Festmahl gebeten wird, während sein Bruder sich als nicht dazugehörig erfährt. Nach Jesu Tischgemeinschaft mit Zachäus und dessen Umkehr beschreibt Jesus seine Aufgabe als „zu suchen und zu retten, was verloren ist".

---

[19] „So erschließen die Gleichnisse vom Verlorenen den zentralen Sinn des Erdenwirkens Jesu: Wo immer Jesus Sündern seine Gemeinschaft schenkt, sei es durch Tischgemeinschaft, sei es durch die Heilung eines Kranken, sei es durch die Berufung in die Nachfolge, geschieht, ohne daß dies ausgesprochen wird, Vergebung von Gott her. Und diese Vergebung ist viel mehr, als dieser traditionelle Begriff von Hause aus sagt: Vergebung bedeutet nun nicht nur Tilgung von Schuld, sondern Wiederherstellung von Gemeinschaft, die Wiederaufnahme des Geschöpfes durch seinen Schöpfer als Aufnahme in das Leben der endzeitlichen Herrschaft Gottes" (GOPPELT, Theologie des Neuen Testaments, 181; Hervorhebungen getilgt).

Zwei weitere, bei Lukas seltener gebrauchte Bilder sind die *der Schulden und des Schuldenerlasses* (so im kleinen Gleichnis Lk 7,41f; ausführlich in Mt 18,21–35; vgl. auch Mt 6,12) und *des Gefangenseins und Freiwerdens* (ebenfalls Mt 18,21–35; evt. Lk 13,16; Sklaverei und Freiheit: Joh 8,34, sowie häufig im paulinischen Schrifttum).[20]

Diese kurze Durchsicht zeigt nicht nur eine ganze Galerie an Bildern, es wird auch deutlich, wie eng die verschiedenen Bilder im Lukasevangelium miteinander verschränkt sind. So erklärt Jesus nicht etwa nach der Heilung des Gelähmten und dessen Sündenvergebung (Lk 5,17–26): „Nicht die Gesunden brauchen einen Arzt, sondern die Kranken. Ich bin nicht gekommen, Gerechte zu rufen, sondern Sünder zur Umkehr" – sondern anlässlich seiner Tischgemeinschaft mit dem Zöllner Levi (Lk 5,27–32). Und Jesu Aussage „Denn der Menschensohn ist gekommen, zu suchen und zu retten, was verloren ist", findet sich nicht als Auslegung im Anschluss an die Gleichnisse vom Verlorenen (Lk 15), sondern bei seinem Mahl mit Zachäus. Die Gleichnisse vom Verlorenen ihrerseits dagegen – und nicht etwa das Gleichnis vom großen Gastmahl (Lk 14,15–24) – sind eine Antwort auf den Vorwurf der Pharisäer und Schriftgelehrten, Jesus esse mit den Sündern (Lk 15,2). Was bezweckt Lukas mit dieser Verflechtung der Bilder? Zunächst erreicht er, dass keines der Bilder sich verselbständigt. Der Gefahr einer Verwechslung von Sache und Bild wird vorgebeugt, das Verständnis von Sünde und Vergebung bleibt dynamisch. Zusätzlich wird einer Verflachung der Bildaussage entgegengewirkt, da die miteinander verflochtenen Bilder wechselseitig interpretierend wirken. Jesu Tischgemeinschaft mit Sündern wird zum Ausdruck seiner Suche nach dem Verlorenen, Gottes Suchen und Finden hat ein gemeinsames Festmahl zum Ziel. Nicht mehr ausgestoßen sein ist wie von einer schweren Krankheit geheilt (Lk 5,27–32) oder von einer schweren Schuldenlast befreit sein (Lk 7,36–50).

---

[20] Die Beurteilung von Texten, in denen es nicht *expressis verbis* um Sündenvergebung geht, als Beispiele für oder Aussagen über Sündenvergebung erfolgt aufgrund verschiedener Kriterien. So ist Sündenvergebung entweder eine implizite Voraussetzung der beschriebenen Situation (Lazarus im Schoße Abrahams) oder es lassen sich Querverbindungen zwischen verschiedenen Texten finden, die sich dann gegenseitig interpretieren. Dazu gehört die Verflechtung der Gleichnisse vom Verlorenen mit der Zachäus-Perikope: Die Gleichnisse dienen als Antwort auf den Vorwurf, Jesus verkehre mit Sündern; die Umkehr des Zachäus kommentiert Jesus damit, er sei gekommen, das Verlorene zu suchen. Dies erlaubt, seine Gemeinschaft mit Sündern unter dem Gesichtspunkt der Umkehr und Sündenvergebung zu sehen und auch das Gleichnis vom Gastmahl so zu interpretieren.

In all diesen Bilder erscheint Sünde als ein Zustand des Menschen – er ist krank, verloren, gefangen, versklavt, ausgestoßen, verschuldet.[21] Aber gerade weil Sünde ein Zustand ist, in dem sich der Mensch („seit je") vorfindet, handelt er seinem Zustand gemäß: Er begeht Sünden.[22] Der Mensch kann von sich aus nicht anders als sündigen, und doch sagt das Neue Testament nirgends, er sündige unter Zwang.[23]

Der Mensch ist gefangen in der Sünde *und* er ist der Täter seiner Sünden. ‚Sünde' bezeichnet die verfehlte Beziehung des Menschen zu Gott und umfasst sowohl des Menschen Gefangensein in der Gottlosigkeit als auch seine gottlosen Taten.[24]

---

[21] Darum kann ich dem Urteil TAEGERS (Der Mensch und sein Heil, 225) über den Menschen bei Lukas nicht vorbehaltlos zustimmen: „Der Mensch kommt in den Blick als sein Leben individuell gestaltendes, verantwortliches Wesen. Sünder ist er, sofern er Sünden begangen hat, verwerfliche Einzeltaten, nicht aber, weil er als Mensch der Macht der Sünde verfallen ist."

[22] HASITSCHKA, Befreiung von Sünde nach dem Johannesevangelium, 201f: „Die Menschen befinden sich in einem Bereich der Sünde (ἐν), der alles Denken und Handeln prägt, und es ist zugleich ihr Handeln (*eure* Sünde), für das sie verantwortlich sind. ... Im *Tun* der Sünde kommt zugleich zum Ausdruck, daß man im Einflußbereich der Sünde steht und von ihr *versklavt* ist und daß man entsprechend der Zugehörigkeit zum Bereich der Sünde handelt."

[23] Nach Rm 1,19–21 leben die Menschen in Finsternis, Unverstand und Undankbarkeit. Sie sind dennoch unentschuldbar, denn Gott hat sich den Menschen offenbart. Georg Strecker formuliert den Gedanken für das paulinische Sündenverständnis wie folgt: „Wohl leben alle ἐν σαρκί, aber dies bedeutet nicht, daß jeder Mensch notwendig der Sünde unterworfen ist" (STRECKER, Theologie des Neuen Testaments, 136); „Er [Paulus] erkennt wohl an, daß Sarx und Tod das menschliche Schicksal unausweichlich bestimmen; aber der Gedanke einer naturhaft sich übereignenden Sünde ist ihm fremd" (ebd., 137).

Auch in *kirchlichen Bekenntnissen* ist dieses Sündenverständnis immer wieder neu festgehalten worden; stellvertretend für viele Beispiele mag der X. Artikel der Anglikanischen Artikel von 1552 stehen: „Et nemo hac de causa, cum peccaverit, seipsum excusare potest, quasi nolens aut coactus peccaverit, ut eam ob causam accusari non mereatur aut damnari" (in: BSRK 509,13–17).

Nach CALVIN (Inst. II,3,5) sündigt der Mensch notwendig, nicht jedoch unter Zwang. Er sündigt notwendig, da er, *in statu corruptionis* lebend, gar nicht anders kann; sein Handeln steht aber in Übereinstimmung mit seinem Willen, und daher kann von einem von außen auferlegten Zwang nicht die Rede sein. Vgl. auch DALFERTH, Fähig zur Sünde?

[24] Dieses Sündenverständnis – Sünde als Beziehungsbegriff und als unlösbares Ineinander von Ursünde und Tatsünde – findet sich im Neuen Testament am sorgfältigsten ausgeführt bei Paulus und im johanneischen Schrifttum, ist aber auch bei den Synoptikern vorausgesetzt. (Zu Paulus vgl. BULTMANN, Theologie des Neuen Testaments, 245; 250; 253. Nach UMBACH (In Christus getauft, 51) ist „inzwischen weitgehend anerkannt", dass ἁμαρτία bei Paulus ein Machtbegriff ist.) Es verflacht bereits in den deuteropaulinischen Schriften, bevor es im nachpaulinischen und nachneutestamentlichen Schrifttum fast ganz in Vergessenheit gerät und weitgehend einem gesetzlich-

Wird Sünde so radikal und grundlegend verstanden, dann muss auch Sündenvergebung etwas anderes meinen als das bloße Nachsehen einer einzelnen Verfehlung. Ist Sünde ein Beziehungsbegriff, so bedeutet Sündenvergebung eine entscheidende Neuausrichtung der Beziehung zwischen Gott und Mensch. Wird Sünde gesehen als ein unheilvoller Machtbereich, in welchem der Mensch gefangen ist, so bedeutet Sündenvergebung die Befreiung des Menschen aus eben diesem Gefängnis, sein Eintreten in den heilvollen Machtbereich Gottes[25]. Und ist Sünde gekennzeichnet durch ein unlösbares Ineinander von Gefangensein und verantwortlicher Tat, dann beinhaltet Sündenvergebung nicht nur die Befreiung des Menschen von seiner Schuld oder das Nicht-Anrechnen seiner Schuld oder gar nur die Überwindung von Übelnehmen aufseiten des „Opfers"[26], sondern ebenso die Befreiung des Menschen aus dem Machtbereich der Sünde. Entsprechend der neutestamentlichen Bilder für die Sünde als einem Zustand, in welchem sich der Mensch befindet, bedeutet Sündenvergebung einen *Wechsel des menschlichen Grundzustandes* – der Mensch ist nicht länger krank, sondern gesund, nicht mehr verloren, sondern gefunden, nicht mehr gefangen oder versklavt, sondern befreit, nicht mehr ausgestoßen, sondern eingeladen zum Festmahl, nicht mehr von schweren Schulden gedrückt, sondern entschuldet.

---

moralischen Sündenverständnis weicht (vgl. BULTMANN, Theologie des Neuen Testaments, 549; 556; 583). Eine ähnliche Entwicklung lässt sich auch in der reformatorisch-nachreformatorischen Zeit beobachten: Betonte noch Luther den Machtcharakter der Sünde stärker als ihren Schuldcharakter, so kehrte sich dieses Verhältnis im Pietismus um (vgl. KRAUSE, Vergebung ohne Schuld?, 64).

[25] Vergebung ist „Rettung aus dem Machtbereich der Sünde, indem der Mensch zum Glauben an Jesus gelangt, sein Jünger wird und dadurch neue Zugehörigkeit zu Gott gewinnt" (HASITSCHKA, Befreiung von Sünde nach dem Johannesevangelium, 174, zu Joh 7–8); „Befreiung aus dem Bereich der Sünde und des Todes bedeutet hineingenommen sein in den durch die Zugehörigkeit zu Jesus begründeten Heilsbereich" (ebd., 201). Was Hasitschka für das Johannesevangelium ausdrückt, stellt KLAUS WENGST in ähnlicher Weise für den Kolosserbrief fest (Versöhnung und Befreiung, 22): „Und so bedeutet Vergebung im Kolosserbrief Befreiung vom Zwang der Mächte, Befreiung aus ihrem Dienst, ein Freigesetztwerden für ein Leben in Entsprechung zur Herrschaft Christi."

Gerade weil Sündenvergebung ebenso wie Sünde den *ganzen* Menschen umfasst, ist dem Neuen Testament ein enger Zusammenhang zwischen Sündenvergebung und Heilung bzw. zwischen Sünde und Krankheit selbstverständlich – bloß darf dieser Zusammenhang nicht individualisiert werden, sondern steht die Schöpfung als Ganze unter dem Einfluss der Sünde und ihrer Folgen.

[26] Weil MURPHY nicht in den Blick bekommt, dass Jesus *Sünden*, und nicht Verletzungen seines persönlichen Selbstwertgefühls vergibt, gelangt er zur komisch anmutenden Aussage (MURPHY/HAMPTON, Forgiveness and mercy, 94): „It may not be too difficult to ignore insults and injuries from mere human beings if one, being the Son of God, has a rather more impressive reference class from which to draw one's self-esteem."

Spätestens hier wird deutlich, weshalb sowohl im Alten als auch im Neuen Testament nur Gott als derjenige in Frage kommen kann, der Sünden vergibt. Nicht nur ist Gott als der persönlich Betroffene zuständig für die Vergebung der Sünde der verfehlten Gottesbeziehung. Er ist auch der einzige, der – als der Schöpfer, Erlöser und Vollender – überhaupt in der Lage ist, an der menschlichen Grundsituation, dem Gefangensein in Sünde, etwas zu ändern.[27]

Es ist hervorzuheben, dass es bei der *Sünde* und ihrer Vergebung um mehr geht, als sich mit dem ethischen Täter-Opfer-Schema erfassen lässt. Die Sünderin ist nicht die Täterin ihres Gefangenseins[28]; ihr Gefangensein kann ihr nicht als zu verantwortende *Schuld* angerechnet werden – und doch besteht ihre Sünde in diesem Gefangensein. Es ist *ihre* Sünde, auch wenn sich dies nicht mit den ethischen Kategorien von Schuld und Verantwortung einholen lässt. Es ist *ihre* Sünde, *sie* ist darin gefangen, und *sie* soll durch die göttliche Vergebung davon frei gemacht werden.

2.3 Wer vergibt, wenn Jesus Sünden vergibt?

Wenn Sündenvergebung etwas ist, das nur Gott gewähren kann und darf, bedeutet dann Jesu Zuspruch der Sündenvergebung an den Gelähmten eine Gotteslästerung, wie die Pharisäer und Schriftgelehrten meinten (Lk 5,21)? Oder ist darin die „Entdeckung" Jesu zu sehen, dass eben gerade nicht nur

---

[27] Dies wird auch von Anselm betont, wenngleich unter einem anderen Gesichtspunkt. Während ich die menschliche Ohnmacht und Handlungsunfreiheit unter der Sünde betone, legt Anselm im Rahmen des Satisfaktionsgedankens den Akzent darauf, dass der Mensch nichts zur Genugtuung des von ihm begangenen Schadens beitragen kann, da er alles, was er Gott Wohlgefälliges tut, Gott ohnehin schuldet (vgl. ANSELM, Cur Deus Homo, I,11 und I,20). Mein Punkt und derjenige Anselms schließen sich gegenseitig nicht aus; ich werde auf Anselms Punkt zurückkommen bei der Behandlung der Frage, ob es eine *Pflicht* zur Vergebung gibt (vgl. Kapitel 9.2.3).

[28] Anselm sieht dagegen den Menschen sehr wohl als Täter auch seines Seins in der Ursünde an, wie der folgende Vergleich aus „Cur Deus Homo" nahe legt: „Nam si quis iniungat opus aliquod servo suo, et praecipiat illi ne se deiciat in foveam quam illi monstrat, unde nullatenus exire possit, et servus ille contemnens mandatum et monitionem domini sui sponte se in monstratam mittat foveam, ut nullatenus possit opus iniunctum efficere: putasne illi aliquatenus impotentiam istam ad excusationem valere, cur opus iniunctum non faciat?" (I,24; ANSELM, Opera Omnia I/2, 92,12–17; „Denn wenn jemand einem Knecht eine Arbeit auferlegt und ihm befiehlt, sich nicht in die Grube, die er ihm zeigt und aus der er keineswegs mehr herauskommen kann, zu stürzen, und dieser Knecht unter Mißachtung des Befehls und der Warnung seines Herrn *sich freiwillig in die bezeichnete Grube stürzt*, so daß er die auferlegte Arbeit in keiner Weise ausführen kann: glaubst du, dieses Unvermögen diene ihm auch nur ein wenig zur Entschuldigung dafür, daß er die auferlegte Arbeit nicht ausführt?" ANSELM, Warum Gott Mensch geworden, 81–83; meine Hervorhebung.)

Gott, sondern auch Menschen Sünden vergeben können und dürfen, wie Hannah Arendt[29] postuliert?

Auf den ersten Blick erscheinen in den Evangelien zwei Urheber der Sündenvergebung. Ist es in den Gleichnissen durchweg *Gott*, der zum Gastmahl lädt, Schulden erlässt, das Verlorene sucht und findet, so ist es in den Handlungszusammenhängen *Jesus*, der die Kranken heilt und mit den Sündern isst, und auch Jesus, der die Vergebungszusage ausspricht. Auch sagt Jesus von *sich*, er sei gekommen, die Sünder zu Umkehr zu rufen und zu retten was verloren ist (Lk 5,32; 19,10). Diese doppelte Antwort auf die Frage, wer denn nun Sündenvergebung gewährt, erfolgt im Lukasevangelium in fast schon systematisch zu nennender Weise und kann nicht als Zufälligkeit oder Unachtsamkeit ausgelegt werden. Bei genauerem Hinsehen wird denn auch deutlich, dass keineswegs zwei Vergebungsinstanzen behauptet werden. Wenn Jesus einem Menschen Sündenvergebung zuspricht, handelt er weder aufgrund einer Sündenvergebungsfähigkeit, die er als Mensch natürlicherweise besitzt (Arendts Interpretation) noch einer Vergebungszuständigkeit, die er sich zu Unrecht anmaßt (die Unterstellung der Pharisäer), sondern *Gott ist das Subjekt von Jesu sündenvergebendem Handeln.*

Stellvertretend für viele entsprechende Stellen in den Evangelien mag dies die Perikope von der Heilung des Gelähmten Lk 5,17–26 belegen. Im Vorspann der Perikope V.17 heißt es: „Und die Kraft des Herrn war mit ihm, dass er heilen konnte." Jesus heilt nicht aus eigener Kraft, sondern aus der Kraft Gottes. Die Verbindung zwischen Heilung und Sündenvergebung ist hier (vgl. V.23f) und andernorts in den Evangelien derart eng, dass sich das gleiche auch von der Sündenvergebung sagen lässt: Jesus vergibt nicht aus eigener Kraft, sondern aus der Kraft Gottes spricht er einem Menschen Vergebung zu. Auch die passivische Formulierung des Sündenvergebungszuspruchs „Mensch, deine Sünden sind dir vergeben"

---

[29] ARENDT, Vita activa, 234: „Was das Verzeihen innerhalb des Bereiches menschlicher Angelegenheiten vermag, hat wohl Jesus von Nazareth zuerst gesehen und entdeckt. Daß diese Entdeckung in einem religiösen Zusammenhang gemacht und ausgesprochen ist, ist noch kein Grund, sie nicht auch in einem durchaus diesseitigen Sinne so ernst zu nehmen, wie sie es verdient. ... Entscheidend in unserm Zusammenhang ist, daß Jesus gegen die ‚Schriftgelehrten und Pharisäer' die Ansicht vertritt, daß nicht nur Gott die Macht habe, Sünden zu vergeben, ja daß diese Fähigkeit unter Menschen noch einmal auf göttliche Barmherzigkeit zurückzuführen sei – als vergeben nicht die Menschen einander, sondern Gott den Menschen, indem er sich eines menschlichen Mediums bedient –, sondern umgekehrt von den Menschen in ihrem Miteinander mobilisiert werden muß, damit dann auch Gott ihnen verzeihen könne." An dieser „Würdigung" Jesu ist nahezu alles falsch!

(V.20) weist darauf hin; das Passiv ist als *passivum divinum* auszulegen.[30] Auf dem Höhepunkt der Erzählung erwidert Jesus den Pharisäern und Schriftgelehrten: „Damit ihr aber wisst, dass der Menschensohn Vollmacht hat, auf Erden Sünden zu vergeben ..." (V.24). Jesus ist bevollmächtigt, Sünden zu vergeben. Es handelt sich dabei um eine verliehene Vollmacht nicht eine angeborene Fähigkeit; der Bevollmächtiger und eigentliche Spender der Sündenvergebung ist Gott. Weder der Geheilte noch das Volk zweifeln daran auch nur einen Augenblick, heißt es doch zum Schluss, nach der Heilung des Gelähmten: „... und er ging heim und pries Gott. Und sie entsetzten sich alle und priesen Gott ..." (V.25f) – sie priesen Gott und nicht etwa Jesus!

Die *Synoptiker* drücken die Tatsache, dass Jesus nicht aus eigener Kraft Sünden vergibt, bevorzugt mit dem Begriff der ἐξουσία aus. ἐξουσία kann mit Vollmacht übersetzt werden, in anderen Zusammenhängen bezeichnet das Wort eine Macht, eine Gewalt, gar einen Dämon (vgl. Rm 8). Dies verdeutlicht, dass es um eine objektive Kraft geht, die nicht Attribut des Menschen ist, sondern ihm von außen zukommt. Der Mensch „hat" nicht die ἐξουσία in dem Sinne, dass er sie als sein Eigentum „besitzt", sondern er „trägt" sie, sie ist ihm „anvertraut" oder gar „auferlegt"[31]. Entsprechend ist im Neuen Testament weniger davon die Rede, jemand „habe" Vollmacht (ἐξουσίαν ἔχειν), häufiger findet sich die Wendung, jemandem sei Vollmacht „gegeben" (ἐξουσίαν διδοῦναι). Die ἐξουσία bleibt *Gottes* Kraft. Es ist nie der Bevollmächtigte „selbst", sondern stets Gottes im Bevollmächtigten wirksame ἐξουσία, die Sünden vergibt.[32] Nach neutestamentlichem Verständnis stellt sich bei der Vollmacht immer gleich die Frage nach dem Geber der Vollmacht: „Sag uns, aus welcher Vollmacht du

---

[30] So FRANKEMÖLLE, Art. Vergebung der Sünden, 671. Vgl. BLASS/DEBRUNNER/REHKOPF, Grammatik, 107, §130.1. Gegen die Auslegung als *passivum divinum* votiert der katholische Ausleger SCHÜRMANN in seinem Lukaskommentar (Das Lukasevangelium, 282): „Daß es sich ... um eine wirkliche Absolution, nicht nur um Zusage der geschehenen göttlichen Vergebung handelt, macht das Wort Jesu V 24 deutlich; auch die Gegner verstehen V 21 so." Hier werden Gott und Jesus unnötig und in theologisch problematischer Weise auseinandergerissen. Schürmann übersieht, dass des Menschensohn Vollmacht zur Sündenvergebung von *Gott* verliehene Vollmacht ist und bleibt. Sein Kommentar zur Stelle ist weniger eine Auslegung der Bibelstelle, denn vielmehr ein Legitimierungsversuch des katholischen Absolutionsverständnisses.

[31] So das Bedeutungsfeld von ἔχειν; vgl. BAUER/ALAND, Griechisch-deutsches Wörterbuch, 670–673.

[32] Nach CALVIN wiederum weigert sich Gott, die Vollmacht der Sündenvergebung an jemand anders zu übertragen; dass Jesus die Vollmacht dennoch besitzt, beweise die Gottheit Christi (Inst. I,13,12; Opera selecta, 124ff). Mir ist nicht bekannt, wie Calvin auf diesem Hintergrund Joh 20,22f auslegt, wo der Auferstandene die Geistbegabung und die Vollmacht der Sündenvergebung den Jüngern überträgt.

das tust oder wer es ist, der dir diese Vollmacht gegeben hat", verlangen die Schriftgelehrten von Jesus (Lk 20,2 parr).

Johannes spricht selten von Vollmacht.[33] Dafür bringt er Jesu Sündenvergebung in engen Zusammenhang mit seiner *Geistbegabung*[34]. Weil Gott Jesus mit seinem göttlichen Geist erfüllt, kann und darf Jesus Sünden vergeben – genauer: vergibt Gott durch seinen in Jesus wirksamen Geist die Sünden. Die Funktion der johanneischen Koppelung der Sündenvergebung Jesu an seine Geistbegabung entspricht jener der synoptischen Rede von der ἐξουσία: Deutlich zu machen, dass Jesus nie unabhängig von Gott Sünden vergibt, Gott der eigentliche Spender der Sündenvergebung ist.

Auch in der theologisch-exegetischen Literatur zum Neuen Testament wird hervorgehoben, dass *Gott* es ist, der in und durch Jesu Handeln Sünden vergibt. Dies wird mit verschiedenen Ausdrücken umschrieben: Jesus vergibt „stellvertretend" für Gott, „an Gottes Stelle", Jesus „repräsentiert" Gott, seine Vergebung „verkörpert" oder „manifestiert" Gottes Vergebung.[35] Diese Umschreibungen stehen in Gefahr, unbeabsichtigt Vorstellungen mitzutransportieren, die weitreichende theologische Probleme nach sich ziehen; zumindest aber lassen sie einen erheblichen Spielraum für

---

[33] Die einzigen Belege sind Joh 5,27; 10,18; 17,2.

[34] So programmatisch im Prolog des Johannesevangeliums; vgl. hierzu HASITSCHKA, Befreiung von Sünde nach dem Johannesevangelium, 50.

[35] GOPPELT, Theologie des Neuen Testaments, 180: „Es [das Gleichnis] deutet und verkündigt die Zuwendung Jesu zu den Sündern als deren Annahme durch Gott. ... Jesus wird Arzt der Sünder, weil in seiner Zuwendung zu den Sündern Gott der Vater selbst sie annimmt"; ebd., 181: „Wo immer Jesus Sündern seine Gemeinschaft schenkt, ... geschieht, ohne daß dies ausgesprochen wird, Vergebung von Gott her" (Hervorhebung getilgt); ebd., 182: „So sieht der Einwand [der Pharisäer] richtig: Jesus vollzieht, was nur Gott zusteht. ... In Jesu Person wendet sich Gott selbst, der jetzt seine endzeitliche Herrschaft aufrichtet, dem Menschen zu. Das ist die Basis der neutestamentlichen Christologie!" (Hervorhebung getilgt); ebd., 160: „Hinter dieser Liebe aber steht ... Gottes Vergeben, das in Jesus begegnet"; STRECKER, Theologie des Neuen Testaments, 334: „Der ‚Sohn' repräsentiert die Gottesherrschaft"; Hasitschka, Befreiung von Sünde nach dem Johannesevangelium, 31: „In ihm [Jesus] manifestiert sich das Erbarmen Gottes, ja er repräsentiert den Gott, der Sünden hinwegnimmt (Ex 34,7). Jesus verkörpert beides: die Gesinnung des Gottesknechtes im stellvertretenden Tragen der Sünde *und* die göttliche Vergebung"; ebd., 37: „*Weil* der Kommende mit dem Geist Gottes erfüllt ist und somit in einzigartiger Beziehung zu Gott steht, kann er auch anstelle Gottes und in Verkörperung der vergebenden Liebe Gottes die Sünde wegnehmen"; ebd., 109: „In der Art, wie Jesus das ihm zugefügte Leid erträgt und die Sünden anderer auf sich nimmt, zeigt sich Gottes eigenes Tragen und Vergeben"; ebd., 109: „Es ist *Gottes* vergebende Liebe, die in Jesus zeichenhaft sichtbar wird"; ebd., 165: „Jesus nimmt die Sünde der Welt hinweg, die im Grunde nur Gott hinwegnehmen kann. Er handelt anstelle Gottes, verkörpert und repräsentiert Gottes rettende und vergebende Liebe, er ist *der* Zeuge für Gottes Erbarmen mit der Welt."

Missverständnisse offen. Ich ziehe deshalb die nüchterne Formulierung „Gott ist Subjekt von Jesu sündenvergebendem Handeln" vor.

Damit ist eine doppelte Bindung ausgedrückt. Einerseits ist Jesu Handeln ganz an Gottes Handeln gebunden (Joh 5,19: „Der Sohn kann nichts von sich aus tun..."; gerade darin erweist er sich als Gottes „Sohn"), Jesus kann sowenig als irgendein Mensch aus eigener Kraft Sünden vergeben. Diese Bindung Jesu in seinem sündenvergebenden Handeln ist exklusiv. Nur in der Bindung an *Gott*, aus der von *Gott* verliehenen Vollmacht heraus kann und darf Jesus Sünden vergeben. Wenn Gott Subjekt von Jesu sündenvergebendem Handeln ist, bedeutet dies aber umgekehrt auch eine Bindung Gottes an Jesus. Gott hat sich den Menschen in Jesus als der sündenvergebende Gott erkennbar und erfahrbar gemacht. Er hat sich an den Menschen Jesus gebunden, indem er sich in dessen Verkündigung, Wirken und Leben den Menschen als *der* zu erkennen und erfahren gegeben hat, als der er von den Menschen erkannt und erfahren werden möchte. Diese Bindung ist nicht exklusiv insofern als Gott sich auch im Handeln anderer Menschen zu erfahren geben kann. Gott kann auch andere Menschen mit seinem Geist erfüllen und anderen Menschen die Vollmacht der Sündenvergebung verleihen – und tut dies auch, dem christlichen Zeugnis zufolge. *Ob und dass* aber im Handeln anderer Menschen wirklich *Gott* erfahren wird, und *ob und dass* in ihrem Zuspruch der Sündenvergebung wirklich *Gottes* Sündenvergebung wirksam ist, das lässt sich nach christlicher Überzeugung nur im Rekurs auf Jesus entscheiden, genauer: im Rekurs darauf, als wer sich Gott in Jesus zu erkennen gegeben hat.[36] In diesem Sinne ist auch die Bindung Gottes an Jesus exklusiv. Wir wüssten nichts von Gottes Sündenvergebung, hätte er uns nicht offenbar gemacht, dass er ein Gott ist, der Sünden vergibt. Der Name der Offenbarung des „Vaters" lautet trinitätstheologisch „Sohn". Ohne den Sohn könnten wir nichts von Gottes Sündenvergebung wissen. Dass wir davon nicht nur wissen können, sondern sie auch glauben können, sie im Glauben für unser Leben annehmen können, ist die Wirkung des Geistes. Nur so, in dieser trinitätstheologisch zu bedenkenden Gestalt, kommt die Sündenvergebung an ihr Ziel. Davon wird später[37] ausführlicher die Rede sein.

2.4 Sündenvergebung und μετάνοια

Wie hängen Sündenvergebung und Buße zusammen? Das neutestamentliche Wort für Buße, Reue oder Umkehr ist μετάνοια. Im Neuen Testament

---

[36] Vgl. DALFERTH, Der auferweckte Gekreuzigte. Dass meine christologischen Ausführungen den Klärungen Dalferths viel verdanken, dürfte unübersehbar sein.

[37] Vgl. Kapitel 3.1.

„erscheint die μετάνοια als grundlegende Forderung"[38]. Gefordert ist dabei nicht nur eine „Sinnesänderung" (so die Bedeutung von μετάνοια im Profangriechischen), sondern entsprechend der Bedeutung des hebräischen Wortes *teschuwah*, als dessen Äquivalent μετάνοια dient[39], die Umkehr des ganzen Menschen zu Gott.[40] Diese umfassende, den ganzen Menschen umfassende Bedeutung von μετάνοια entspricht der umfassenden Wirkung von Sünde und Sündenvergebung auf den Menschen. Wenn ‚Sünde' nicht nur die einzelne gottlose Tat, sondern die Gottlosigkeit des ganzen Menschen, sein Gefangensein in dieser Gottlosigkeit meint, und Sündenvergebung nicht nur die Befreiung von der Schuld einer Einzeltat, sondern ebenso Befreiung des ganzen Menschen aus dem Gefangensein in der Sünde, dann muss μετάνοια ebenso den ganzen Menschen betreffen, die Abkehr des ganzen Menschen von der Sünde meinen und seine Hinkehr zu Gott.

Nun ist aber Abkehr des Menschen von der Sünde etwas, das der Mensch selbst nicht vollbringen kann, wenn denn der Gedanke ernst genommen wird, dass die Sünde den Menschen *gefangen* hält[41]. Mehr noch: Der Mensch kann die Abkehr von der Sünde aus eigener Kraft nicht nur nicht vollziehen, er kann sie nicht einmal wollen, da er die Sünde nicht als Sünde, und sein Gefangensein in der Sünde nicht als Gefangensein erkennen kann. Denn diese Erkenntnis sucht die Sünde beim Menschen gerade zu verhindern.[42]

Erreicht den Menschen die Einsicht, dass er ein Gefangener der Sünde ist – und diese Einsicht muss ihn von außerhalb der Sünde, also von Gott her erreichen –, so ist damit die Macht der Sünde über ihn bereits grundsätzlich gebrochen. Sie kann ihn noch gefangen halten, aber nicht mehr im Unwissen über ihr Wesen und seinen Zustand als Gefangenem gefangen halten.

Erst wenn der Mensch die Einsicht erlangt hat, dass er gefangen ist, kann er frei werden wollen. Dass er tatsächlich frei werden will, folgt aber nicht von selbst aus der Einsicht, dass er gefangen ist; er könnte aus Angst vor der Freiheit oder den Gefahren auf dem Weg dahin, oder aus Gründen der Bequemlichkeit den Aufenthalt im Gefängnis dem Leben in Freiheit vorziehen – und die Sünde wird genau dies bei ihm zu erreichen suchen.

---

[38] BULTMANN, Theologie des Neuen Testaments, 76.
[39] MERKLEIN, Art. μετάνοια, 1024.
[40] Darum erübrigen sich biblisch Spekulationen darüber, ob „echte" Reue ohne Verhaltensänderung möglich ist.
[41] Oder, entsprechend anderen neutestamentlichen Bildern, ihn krank macht, versklavt, verschuldet oder von der Gemeinschaft ausschließt.
[42] BONHOEFFER, Gemeinsames Leben, 77: „Sünde will unerkannt bleiben, sie scheut das Licht. Im Dunkel des Unausgesprochenen vergiftet sie das ganze Wesen des Menschen."

Will der Mensch aus der Gefangenschaft in Sünde frei werden, bedeutet dies einen weiteren Machtverlust der Sünde über ihn, sie hat die Herrschaft nicht nur über sein Erkennen, sondern auch über sein Wollen verloren. Auch diesen Machtverlust der Sünde kann der Mensch als Gefangener der Sünde nicht selbst herbeiführen, er muss von außerhalb der Sünde, von Gott gewirkt werden.[43]

Doch noch ist der Mensch nicht wirklich frei von der Sünde. Er hat eingesehen, dass er ein Gefangener der Sünde ist, er will das Gefängnis verlassen, aber noch hält ihn die Sünde in den Ketten des Stolzes, des Selbst-Vertrauens, der Angst. Auch diese Ketten können nur von Gott, nicht vom gefangenen Menschen selbst aufgeschlossen werden, so dass der Mensch frei wird zur Anerkenntnis seiner Ohnmacht und Schuld (beider!), frei wird zum Gott-Vertrauen, frei zur Freiheit[44].

So ist denn nicht erst Sündenvergebung, sondern bereits μετάνοια als Gottes Wirken am Menschen zu verstehen. Und doch finden sich im ganzen Neuen Testament *Aufforderungen* an den Menschen zur μετάνοια und wird μετανοεῖν als ein *Willensakt* des Menschen gesehen[45]. Wie passt das zusammen?

In der Dogmatik hat dieses Problem zur Formulierung der Erwählungs- bzw. Prädestinationslehre geführt[46]; aus dem Neuen Testament selbst erhalten wir keine systematische Antwort auf die Frage. Es lässt sich jedoch unschwer feststellen, dass die Doppelstruktur des neutestamentlichen μετάνοια-Verständnisses wie der Schlüssel zum Schloss der Doppelstruktur des neutestamentlichen Sündenverständnisses passt.

---

[43] CALVIN, Inst. II,3,5: „Qua igitur peccati servitute vincta detinetur voluntas, ad bonum commovere se non potest, nedum applicare; eiusmodi enim motus, conversionis ad Deum principium est, quae Dei gratiae tota in Scripturis tribuitur" (Opera selecta III, 124f); „So wird der Wille unter der Knechtschaft der Sünde gefangengehalten, und deshalb kann er sich nicht zum Guten hin bewegen, geschweige denn, es erfassen. Denn eine solche Bewegung ist der Anfang der Bekehrung zu Gott, die in der Schrift ganz der Gnade Gottes zugeschrieben wird" (Unterricht, 167).

[44] Vgl. Gal 5,1: „Zur Freiheit hat uns Christus befreit! So steht nun fest und laßt euch nicht wieder das Joch der Knechtschaft auflegen!" Zur μετάνοια als Gabe Gottes vgl. Apg 11,18: „Als sie das hörten, schwiegen sie still und lobten Gott und sprachen: So hat Gott auch den Heiden die Umkehr (μετάνοια) gegeben, die zum Leben führt!"

[45] Vgl. BULTMANN, Theologie des Neuen Testaments, 214; als ein Beispiel einer neutestamentlichen Umkehr-Aufforderung sei Apg 3,19 angeführt: „So tut nun Buße (μετανοήσατε) und bekehrt euch, daß eure Sünden getilgt werden."

[46] Nach CALVIN (Inst. I,18,2) ist alles Handeln des Menschen in dieser Weise doppelt zu bestimmen: „Quasi vero non optime conveniant haec duo inter se, licet diversis modis, hominem, ubi agitur a Deo, simul tamen agere" (Opera selecta III, 222); „Und dabei stimmen diese beiden Behauptungen tadellos zusammen, weil, freilich auf verschiedene Weise, der Mensch, wenn er von *Gott* getrieben wird, doch zugleich *selbst* handelt!" (Unterricht, 127).

2.4 Sündenvergebung und μετάνοια

Der Mensch ist gefangen in der Sünde; Abkehr von Sünde und Hinwendung zu Gott, ja nur schon der Wunsch danach, muss ihm als Befreiung von der Macht der Sünde von außen zukommen. Der Mensch ist aber nicht nur Gefangener der Sünde, er begeht auch Sünden, ist für seine Taten verantwortlich und wird schuldig. Dies ist bei der μετάνοια vorausgesetzt, wenn sie als willentlicher Akt des Menschen verstanden wird. Sonst würden Bußrufe, Umkehrforderungen und Aufforderungen wie die Jesu an die Ehebrecherin: „Geh hin und sündige hinfort nicht mehr" (Joh 8,11) keinen Sinn machen. Der Mensch kann die Gottlosigkeit seiner Taten einsehen, sein Angewiesensein auf Gottes Vergebung erkennen (Lk 18,13) und sich von seinen bösen Taten abwenden (Lk 19,8) – und er kann umgekehrt sich aller Einsicht verschließen und in seinem gottlosen Tun verharren.

Wie sich die beiden Seiten der μετάνοια – Gottes Wirken am Menschen und menschlicher Willensakt – zueinander verhalten, wird im Neuen Testament sowenig systematisch expliziert wie das Verhältnis von Sünde als einer den Menschen bindenden Macht und menschlicher Tat.[47]

Wie ist aber das Verhältnis von μετάνοια und Sündenvergebung zu bestimmen? Ist μετάνοια nach neutestamentlichem Verständnis eine Bedingung für Sündenvergebung? Die Stellen im Neuen Testament sind zahlreich, in denen μετάνοια (oder πίστις[48]) in eine enge Verbindung mit Sündenvergebung gebracht werden, eine genaue Verhältnisbestimmung findet sich aber nirgends.[49] Ist Sündenvergebung die Befreiung des

---

[47] Interessant und einer eigenen Untersuchung wert wäre die Frage, wo sich die neutestamentliche Hamartiologie in der gegenwärtigen philosophischen Kompatibilismus-Debatte einordnen ließe. Hier sei nur so viel festgehalten, dass nach kompatibilistischer Auffassung ein Determiniertsein des Menschen (sein Gefangensein durch die Macht der Sünde) die moralische Verantwortung des Menschen für sein Handeln nicht ausschließen muss.

[48] Was auf dasselbe hinausläuft, wenn Glaube als Vertrauen in Gott, Sünde als Nicht-Glauben-Können, und μετάνοια als Abkehr von der Sünde verstanden werden; πίστις ist denn auch der bevorzugte Terminus des Paulus, wo es ihm sachlich um die μετάνοια geht; vgl. BULTMANN, Art. ἀφίημι, 509.

[49] Entsprechend diffus und widersprüchlich fallen die Urteile mancher Neutestamentler zur Frage nach dem Verhältnis von μετάνοια und Sündenvergebung aus: „Gottes Vatergüte verzeiht bedingungslos, wenn der Mensch, sich selbst verurteilend, bereut" (so Goppelt Bultmanns Position zusammenfassend; GOPPELT, Theologie des Neuen Testaments, 180); „Zweifellos war die Taufe der Jünger gleich der des Johannes eine *Bußtaufe zur Vergebung der Sünden*, d.h. ein Wasserbad, das vom bisherigen reinigte, also Vergebung und entsprechend Umkehr vermittelte" (ebd., 331); „Die ‚Umkehr' ist die einzige Vorbedingung für die Teilhabe am eschatologischen Heil" (STRECKER, Theologie des Neuen Testaments, 428); „Nach Jesus empfängt jeder, der ernsthaft bereut, Gottes Vergebung" (so Goppelt H.J. Holtzmanns Auffassung widergebend, und dieser widersprechend:) „Er [Jesus] gewährte Vergebung jedoch nur in der Weise, daß er sich selbst dem einzelnen zuwandte und ihm ein neues Verhältnis zu Gott vermittelte, ohne

Menschen aus der Gefangenschaft in der Sünde und seine Aufnahme in die Gemeinschaft mit Gott, und ist μετάνοια die Abkehr des Menschen von der Sünde und seine Hinwendung zu Gott[50], so wird deutlich, dass beide aufs engste zusammengehören. Dennoch fallen sie nicht in eins, sondern sind im Neuen Testament die Akzente bei μετάνοια und Sündenvergebung unterschiedlich gesetzt.[51] Sündenvergebung ist eine ausschließlich göttliche Tat, während bei der μετάνοια Gottes Eingreifen und Willensakt des Menschen zusammenwirken und der Akzent deutlich auf der menschlichen Seite gesetzt ist – μετάνοια kommt v.a. als Forderung an den Menschen, seltener als Gabe Gottes in den Blick.

Wenn davon ausgegangen werden kann – und ich gehe davon aus –, dass Gott seine Gaben niemandem gegen dessen Willen aufzwingt, auch nicht die Gabe der Sündenvergebung, und μετάνοια die willentliche Bereitschaft des Menschen zur Annahme der Sündenvergebung ist, dann kann μετάνοια als konstitutive Bedingung göttlicher Sündenvergebung bezeichnet werden, entsprechend der Reue bei der zwischenmenschlichen Vergebung.[52] Aber anders als bei dieser ist gleichzeitig festzuhalten, dass

---

Vorbedingungen zu stellen, z.B. Reue zu fordern" (GOPPELT, Theologie des Neuen Testaments, 246).

[50] Sowohl die göttliche Befreiung des Menschen aus Gefangenschaft und dessen Aufnahme in die Gemeinschaft mit Gott als auch die Abkehr des Menschen von der Sünde und seine Hinwendung zu Gott sind jeweils als *zwei Aspekte derselben Bewegung* zu verstehen und nicht als zeitliche Abfolge, so, als könne sich der Mensch zuerst von der Sünde abkehren und dann später zu Gott hinkehren. Der Mensch kann sich nicht nirgendwohin von der Sünde abkehren, auch gibt es keinen neutralen Raum zwischen der Sünde und Gott, sondern jede Abkehr von der Sünde ist bereits eine Hinkehr zu Gott, wie auch die göttliche Befreiung des Menschen aus dem Gefängnis der Sünde bereits die Aufnahme des Menschen in die Freiheit der Gemeinschaft mit Gott bedeutet.

[51] „Hat die μετάνοια ursprünglich das Ganze des Heilswegs, ja sogar das geschenkte Heilsgut bezeichnen können (so noch Apg 11,18; vgl. Lk 1,77), so scheint sie für Lukas nur der Ausgangspunkt zu sein. Umkehr und Vergebung sind nicht identisch, wie die Differenzierung in 3,3 und 24,47 zeigt ... Die Umkehr hat vielmehr die Vergebung und diese das Heil zur Folge ... Trotz dieses Wandels bleibt der Gedanke gewahrt, daß die Initiative zur Bekehrung von Gott ausgeht" (RADL, Das Lukas-Evangelium, 110).

[52] Vgl. dazu Kapitel 6.5.1–2.

Es sei zumindest darauf hingewiesen, dass dies auch für das alttestamentliche Verständnis von Sündenvergebung gilt, wie Köhler und Eichrodt hervorheben: „Denn auch die Bitte um Vergebung, ja gerade sie, hat ihre Vorbedingungen. Sie muß Bitte sein und sie muß mit Reue und dem Vorsatz der Besserung geschehen" (KÖHLER, Theologie des Alten Testaments, 204); „Und so knüpfen denn auch die prophetischen Epigonen die volle Zuwendung der göttlichen Gnade an die Beseitigung der trennenden Sünde durch die in Buße und Bekehrung gesuchte göttliche Vergebung" (EICHRODT, Theologie des Alten Testaments, 127); „Als persönliches Handeln Gottes mit dem Menschen zur Wiederherstellung der Gemeinschaft kann die Vergebung nicht gedacht werden *ohne ein persönliches Eingehen des Menschen auf dieses Handeln seines Gottes*. Was bei magischer Entsündigung und juristisch vorgestelltem Straferlaß möglich wäre, das ist dort undenk-

die μετάνοια nicht etwas ist, das der Mensch allein aus sich hervorbringen könnte. Insofern die μετάνοια immer Werk Gottes an Menschen ist, ist sie eher eine Eigenschaft oder ein Bestandteil[53] der göttlichen Sündenvergebung denn deren Bedingung, oder anders gesagt, die μετάνοια ist die anthropologische *Vollzugsweise* des Sündenvergebungsgeschehens.[54] Dieser scheinbare Widerspruch hängt einerseits, wie bereits ausgeführt, mit dem spezifischen Charakter des Sündenbegriffs zusammen. Zum andern ist ein doppelter Begriff von Sündenvergebung im Spiel: Im weiteren Sinne meint Sündenvergebung den ganzen gottgewirkten Prozess, der zur Wiederherstellung der Beziehung führt; bezogen auf diesen weiten Sündenvergebungsbegriff ist μετάνοια ein Bestandteil der Sündenverge-

---

bar, wo es um die Wiederzuwendung des vom Menschen beleidigten Gottes geht. Hier muß der Mensch innerlich beteiligt sein, damit es zu einer wirklichen Erneuerung der Gemeinschaft komme. So weiß man zu allen Zeiten in Israel, daß man nicht nur auf Vergebung hoffen und darum bitten kann, sondern sich vor Gott demütigen, sein Unrecht bekennen und den ernstlichen Willen zur Umkehr von der Sünde haben muß" (ebd., 131).

[53] JONES (Embodying Forgiveness, 121) ist zugleich zuzustimmen und zu widersprechen, wenn er schreibt: „For Jesus, forgiveness cannot be earned, whether through repentance or by any other means. But our repentance is the only adequate response to God's forgiveness. This shifts the emphasis from Judaism's assumption that repentance preceeds human forgiveness to an assumption that repentance will become an indispensable component of the habit of forgiveness." Zutreffend ist, dass sich die göttliche Vergebung nicht verdienen lässt. Aber die Reue als menschliche *Antwort* zu bezeichnen, drückt ihr doch wieder stark den Stempel einer menschlichen Aktivität auf. Auch sehe ich sie nicht als „component of the *habit* of forgiveness", sondern als Bestandteil des sündenvergebenden Handelns Gottes am Menschen. Zumindest unklar ist auch die folgende Aussage Jones' (ebd., 146): „Even so, while there are no conditions for God forgiving us, we must engage in practices of repentance in order to appropriate that forgiveness".

[54] Hingegen würde ich nicht soweit gehen wie MERKLEIN (Art. μετάνοια, 1027), die Umkehr als „Folge der apriorischen Vergebung" zu bezeichnen.
Auch bei Martin Luther findet sich die oben ausgeführte doppelte Bestimmung der Reue. So kann er einerseits betonen, die Reue (als Bitte um Vergebung, wie sie in der fünften Bitte des Unservater-Gebets ausgesprochen wird) sei eine *Bedingung* für Sündenvergebung: „Ignoscit Deus. Sed quibus? Nunquid securis et peccatum illud non putantibus? Absit, Sed dicentibus: Dimitte nobis debita nostra, ex vero corde hoc malum suum agnoscentibus et odientibus." LUTHER, WA 1,369,20-23 (Disputatio Heidelbergae habita, 1518); Übersetzung nach WAGNER, Vom Bösen erlöst, 340f (vgl. NICOLAUS, Theologie des Vaterunsers, 138): „Gott verzeiht. Aber wem? Etwa denen, die [ihrer selbst] sicher sind, und das nicht für eine Sünde halten? Das sei ferne, sondern [vielmehr] denen, die ‚Vergib uns unsere Schulden' sagen, aus wahrem Herzen dieses als ihr Übel anerkennen und hassen." Und zur selben Zeit hebt er im *Sermo de poenitentia* hervor: „Contritio vera non est ex nobis, sed ex gratia dei: ideo desperandum de nobis et ad misericordiam eius confugiendum" (WA 1,322,9f). Die Hinweise auf Luther verdanke ich WAGNER, Vom Bösen erlöst.

bung.⁵⁵ Im engeren Sinne meint „Sündenvergebung" den letzten Akt Gottes in jenem Prozess, durch welchen die Störung endgültig behoben wird. Bezogen auf diesen engen Sündenvergebungsbegriff ist μετάνοια eine konstitutive Bedingung der Sündenvergebung.

Zumindest für die Apostelgeschichte gilt, dass die μετάνοια für die Erlangung der Sündenvergebung unerlässlich ist.⁵⁶ Paulus dagegen verwendet das Wort μετάνοια äußerst sparsam (die einzigen Belege sind Rm 2,4; 2Kor 7,9f; 12,21); Bultmanns Interpretation dieses auffälligen Sachverhaltes lautet, dass „μετάνοια ... von Paulus meist vermieden [wird], wohl weil es den πίστις-Begriff einem moralistischen Mißverständnis aussetzt"⁵⁷. Paulus verwendet nicht nur den Begriff der μετάνοια äußerst sparsam, er vermeidet auch von der ἄφεσις τῶν ἁμαρτιῶν zu sprechen. Bultmann erklärt dies damit, dass

„‚Erlaß der Sünde' insofern mißverständlich ist, als dadurch nur die Befreiung von der durch die προγεγονότα ἁμαρτήματα kontrahierte Schuld ausgesagt zu sein scheint, während es sich für Paulus um die Befreiung vom Sündigen, von der Macht der ἁμαρτία, handelt"⁵⁸.

Mag sein, dass Paulus den Begriff aus diesem Grunde vermieden hat – die Synoptiker jedenfalls scheuen den Begriff nicht, obwohl auch sie, wie die Sprachbilder der Evangelien zeigen, Befreiung von der Sünde primär als Befreiung aus dem Machtbereich der Sünde, und nicht nur als Erlass der Schuld einer einzelnen Tatsünde, verstanden.⁵⁹ Auch vom Begriff ἄφεσις

---

⁵⁵ Noch weiter geht GESTRICH (Die Wiederkehr des Glanzes in der Welt, 342f), wenn er die Umkehr nicht als einen Teil, sondern als das Ganze des Vergebungsprozesses sieht: „So verstanden, ist Buße/Umkehr weder die Vorbedingung der Sündenvergebung noch deren Folge, sondern das Geschehen der Sündenvergebung selbst."

⁵⁶ „In Luke-Acts, salvation is sharply focused on repentance. Through repentance, one experiences God's forgiveness" (CARROLL, Luke's Crucifixion Scene, 120).

⁵⁷ BULTMANN, Der zweite Brief an die Korinther, 59.

⁵⁸ BULTMANN, Theologie des Neuen Testaments, 287. Ähnlich KÄSEMANN (An die Römer, 92): „Dem Apostel ist an der Entmachtung der Sünde gelegen, von der er deshalb durchweg singularisch redet, und er gebraucht das Wort Vergebung eben deshalb so erstaunlich selten, weil es ihm nicht bloß um den Erlaß vorchristlicher Verfehlungen geht." Wiederum lässt sich also aus dem fehlenden Gebrauch einer bestimmten Terminologie nicht auf eine Unkenntnis, Ablehnung oder auch nur Nicht-Behandlung des Sachverhaltes selbst schließen. So bemerkt auch FRANKEMÖLLE (Art. Vergebung der Sünden, 669): „... das auffällige Faktum, daß Substantiv und Verbum [Vergebung/vergeben] nicht zur theologischen Sprache des Paulus gehören, die Sache aber durchaus bei ihm thematisiert wird".

⁵⁹ Dem widerspricht STEMM (Der betende Sünder, 350f): „Den untersuchten Vergebungsvorstellungen liegt ein durchaus einheitliches Verständnis von ‚Sünde' bzw. von dem Gegenstand des göttlichen Vergebungshandelns zugrunde. Gemeinsam wird in den herangezogenen frühjüdischen Texten und in den urchristlichen Gebeten ‚Sünde' als Verfehlungstat oder als die sich aus einer Verfehlungstat ergebende Schuld verstanden. ... Der

her drängt sich diese Zurückhaltung nicht auf, bedeutet doch ἄφεσις nicht nur „Erlass (einer Verbindlichkeit, Schuld oder Strafe)", sondern ebenso „Entlassung (aus der Gefangenschaft)"[60]. Gerade in dieser doppelten Bedeutung drückt der Begriff aufs beste aus, dass Sündenvergebung immer die Befreiung des Menschen sowohl von der Schuld seiner Tatsünde als auch aus seiner Gefangenschaft im Machtbereich der Ursünde meint.

2.5 „Vater, vergib ihnen, denn sie wissen nicht, was sie tun!"

Der Ausspruch Jesu am Kreuz: „Vater, vergib ihnen, denn sie wissen nicht, was sie tun!" (Lk 23,34[61]) stellt in zweifacher Hinsicht eine Herausforderung an das hier entwickelte Sündenvergebungs- und μετάνοια-Verständnis dar und soll als Testfall für die Angemessenheit dieses Verständnisses dienen. Zum einen kann gefragt werden, ob es sich bei dem, was Jesus von Gott erbittet, überhaupt um Vergebung handelt und nicht viel eher um Entschuldigung. Zum andern scheint es sich um einen Fall bedingungsloser Vergebung zu handeln, denn bei den Henkern und den religiös und politisch Verantwortlichen ist keine Spur von μετάνοια erkennbar.

Ich beginne mit der ersten Herausforderung, der Frage, ob Jesus überhaupt *Vergebung* erbittet. Jemandem zu vergeben, ist nur dann eine sinnvolle Handlung, wenn die Person, der vergeben werden soll, schuldig geworden ist. Damit von Schuld im ethischen Sinne die Rede sein kann, müssen bestimmte Bedingungen erfüllt sein, unter anderem muss die schuldige Person *wissentlich* gehandelt haben. Sie hat gehandelt im Wissen darum, dass ihr Handeln für andere schädliche Folgen haben würde – oder sie hätte es zumindest wissen können, aber hat sich aus Absicht oder aus Nachlässigkeit nicht informiert. Wusste sie dagegen nicht und konnte sie gar nicht wissen, dass ihr Handeln für andere schädliche Folgen haben würde, wird sie nicht im moralischen Sinne schuldig, wenn sie die Handlung begeht. Es kann ihr auch nicht vergeben werden, sondern ihr Nicht-

---

Gedanke beispielsweise, daß alles Geschaffene dem Tun von Verfehlungstaten verfallen sei ..., spielt in den herangezogenen Texten ebensowenig eine Rolle wie die Vorstellung, daß ‚die Sünde' den Menschen knechte und in ihm am Werk sein könne (Röm 7)." Das Ergebnis Stemms hängt m.E. entscheidend von zwei Dingen ab: Erstens konzentriert sich Stemm auf den Begriff ‚Sünde' (der in den Zusammenhängen, die in Kapitel 2.2 aufgeführt sind, meist gar nie genannt wird) und zweitens beschränkt er seine Untersuchung auf frühjüdische und urchristliche *Gebete*. Es liegt nahe, dass darin eher die konkreten Verfehlungen zur Sprache kommen als die Ursünde.

[60] So z.B. in Lk 4,18. Vgl. BAUER/ALAND, Griechisch-deutsches Wörterbuch, 250.
[61] Die Vergebungsbitte am Kreuz fehlt in wichtigen Textzeugen, wird aber im allgemeinen dennoch für lukanisch gehalten, vgl. RADL, Das Lukas-Evangelium, 13; SCHEFFLER, Suffering in Luke's Gospel, 99.

wissen dient als Entschuldigungsgrund. Wenn nun Jesus sagt: „... denn sie wissen nicht, was sie tun", müsste er dies nicht als Entschuldigungsgrund vorbringen, statt mit einer Bitte um Vergebung zu verbinden? Jeffrie Murphy jedenfalls vertritt die Ansicht, Jesus habe am Kreuz seine Worte etwas ungenau gewählt: „‚Father forgive them for they know not what they do' would go better as ‚Father *excuse* them for they know not what they do'."[62] Aber ganz so elegant, wie Murphy meint, ist das Problem damit doch nicht vom Tisch. Denn die Frage ist offen, *was* die Henker denn nicht gewusst haben sollten, das ihnen als Entschuldigungsgrund dienen könnte.

Dass die Kreuzigung für Jesus unangenehme Folgen haben würde, wussten sie zweifelsohne. Dass sie einen Unschuldigen hinrichteten, oder zumindest dass ihr Urteil auf schwachen Füßen stand, wussten sie ebenfalls oder hätten es jedenfalls wissen können, wie die Evangelienberichte nahe legen. Das kann Jesus nicht gemeint haben, als er sagte, sie wüssten nicht, was sie tun. Etwas viel Entscheidenderes ist es, das sie nicht wussten: Dass sie mit ihrem Urteil über Jesus das Urteil über Gott selbst sprachen. Sie räumten nicht „nur" einen angeblich (potenziellen) religiösen und politischen Unruhestifter aus dem Weg, sie unternahmen den Versuch, die Stimme Gottes unter ihnen zum Schweigen zu bringen. Damit war ihre Hinrichtung Jesu nicht nur ein Angriff auf die Person Jesu, sondern ein Angriff auf Gott selbst. *Darum* geht es bei der lukanischen Vergebungsbitte Jesu. Ginge es primär oder gar ausschließlich um den Angriff auf seine Person, dann hätte Jesus in eigener Regie handeln können: „Ihr habt nicht gewusst, was ihr tut, also seid ihr entschuldigt", oder aber, da sie ja wussten, was sie ihm taten: „Ich vergebe euch, was ihr mir antut". Aber so spricht Jesus nicht, sondern bittet um *Gottes* Vergebung für sie. Es geht um das, was sie mit der Hinrichtung Jesu *Gott* antun, das wiegt in Jesu Augen weit schwerer als das, was sie ihm antun. Es geht mit anderen Worten nicht um ihre moralische Schuld, sondern um ihre Sünde. Zum Sündersein des Menschen gehört wie gezeigt nicht nur sein gottloses Handeln, sondern ebenso sein Gefangensein in der Sünde. Die Sünde unternimmt alles in ihrer Macht stehende, um den Menschen im Unwissen darüber gefangen zu halten, dass all sein Tun eine auf Gott bezogene Dimension besitzt. Ist der Mensch durch sein Nichtwissen „entschuldigt", in dem Sinne, dass ihm seine unwissentlich ausgeführte Handlung nicht als moralische Schuld angerechnet werden kann, so ist er dadurch doch nicht „entsündigt", denn das Nichtwissen ist ja gerade *Merkmal* des Gefangenseins in Sünde. Bezieht sich Jesu Bitte nicht auf der Henker Schuldigwerden ihm gegenüber, sondern ihre Versündigung gegen Gott, dann kann Jesu Bitte ohne Inkonsistenz als Bitte um *Vergebung* verstanden werden: „Vater, sie sind

---

[62] MURPHY/HAMPTON, Forgiveness and mercy, 20.

so gefangen in der Sünde, dass sie nicht wissen, was sie dir antun; befreie sie aus der Macht der Sünde!" Gerade weil sie derart in der Sünde gefangen sind, dass sie nicht einmal erkennen, dass ihre Tat auch gegen Gott gerichtet ist, sind sie darauf angewiesen, dass Gott sie von der Sünde befreit. Auch hier bleibt aber ihre Tat ihre Tat. Sie haben zwar nicht gewusst, was sie taten, aber sie hätten es wissen können. Sie hätten es wissen können, weil Gott sich und seinen Willen nicht verborgen gehalten, sondern in Jesu Verkündigung und Wirken offenbart hatte. Unter dem Einfluss der Sünde stehend *wollten* sie aber nicht wissen, und eben darum musste die Stimme zum Verstummen gebracht werden, die sie ständig an das erinnerte, was sie nicht hören wollten. So verstanden ist Jesu Bitte durchaus eine sinnvolle Bitte um *Vergebung*.

Wie steht es aber mit dem Verhältnis von Sündenvergebung und μετάνοια an dieser Stelle? Hier kann ich mich kurz fassen. Es ist zutreffend, dass Jesus nicht erst Zeichen der Umkehr fordert, bevor er seine Bitte ausspricht. Aber er spricht seinen Henkern auch nicht von Gott gewährte Vergebung zu, wie etwa dem Gelähmten oder der Sünderin (Lk 7,48), sondern beschränkt sich in auffallender Zurückhaltung darauf, Gott um seine Vergebung zu *bitten*. Die Bitte muss auch nicht so verstanden werden, dass Jesus Gott bittet, den Henkern zu vergeben, ohne dass diese überhaupt einsehen, dass sie Vergebung nötig hätten und diese auch wollen, d.h. ohne dass sie den Weg der μετάνοια betreten. Die Bitte kann durchaus verstanden werden als Bitte darum, dass Gott sie von ihrem Nichtwissen befreit und ihnen damit den Weg der μετάνοια eröffnet, der in Gottes Sündenvergebung mündet. In diesem Sinne kann das Bekenntnis des römischen Hauptmanns (Lk 23,47; und insbesondere in der Fassung Mk 15,39 und Mt 27,54) bereits als eine erste Erhörung der Bitte Jesu gelesen werden.

2.6 Tod und Auferweckung

Ein wichtiges neutestamentliches Bild der Sündenvergebung wurde bislang noch nicht berührt. Es bringt die Radikalität des Wechsels vom Leben in der Sünde zum Leben in der Vergebung in unüberbietbarer Weise zum Ausdruck. War der Wechsel in den anderen Bildern ein Wechsel innerhalb des Lebens, so ist er hier *der Wechsel vom Tod zum Leben*: „Denn was er [Christus] gestorben ist, das ist er der Sünde gestorben ein für allemal; was er aber lebt, das lebt er Gott. So auch ihr, haltet dafür, daß ihr der Sünde gestorben seid und lebt Gott in Christus Jesus" (Rm 6,10–11); „Der Sünde Sold ist der Tod; die Gabe Gottes aber ist das ewige Leben in Christus Jesus, unserm Herrn" (Rm 6,23); „... wie die Schöpfung *creatio ex nihilo* ist, so die Versöhnung Totenerweckung. Wie wir Gott dem Schöpfer das Leben verdanken, so Gott dem Versöhner das ewige Leben" (Karl Barth[63]).

Das Bild der Sündenvergebung als einem Wechsel vom Tod zum Leben ist zwar radikaler als die übrigen neutestamentlichen Bilder der Sündenvergebung, deswegen aber doch zunächst ein Bild neben anderen Bildern. Auch dass es mit einem Geschehen, dem Tod und der Auferweckung Jesu, in Verbindung gebracht werden kann, unterscheidet es nicht grundsätzlich von anderen Bildern, wie dem der Heilung von Krankheit oder der Einladung Ausgestoßener. Und doch ist es mehr als nur ein Bild neben anderen Bildern. Paulus schreibt (1Kor 15,17): „Ist Christus aber nicht auferstanden, so ist euer Glaube nichtig, so seid ihr noch in euren Sünden". Undenkbar, dass Paulus dasselbe von der Heilung des Gelähmten in Lk 5 aussagen würde: „Ist der Gelähmte aber nicht geheilt worden, so ist euer Glaube nichtig, so seid ihr noch in euren Sünden." Doch wo liegt der entscheidende Unterschied? Was macht, dass Jesu Tod und Auferweckung als Heilsereignis bekannt werden können, nicht aber die Heilung des Gelähmten? Anders gefragt: Worin ist das *pro nobis* in Jesu Tod und Auferweckung zu sehen?

Dass es schwieriger ist, einen Toten zum Leben zu erwecken als einen Gelähmten zu heilen, dass also Jesu Auferweckung das staunenswertere Wunder ist, das macht nicht den Unterschied aus. Ganz abgesehen davon, dass es fragwürdig ist, im Zusammenhang mit Gottes Handeln von einem „schwieriger" zu sprechen, berichtet das Neue Testament auch von anderen Totenauferweckungen, der Auferweckung des Jünglings von Nain etwa, oder der Auferweckung des Lazarus, ohne dass diesen dieselbe Bedeutung zugeschrieben würde wie der Auferweckung Jesu. Allein von Christus wird gesagt, er sei der „Erstgeborene von den Toten" (Kol 1,18; vgl. 1Kor 15,20).

Dass der Gelähmte in Lk 5 nicht allein Sündenvergebung, sondern auch Heilung erfährt, illustriert – ähnlich wie Jesu Ausspruch, dass die Kranken des Arztes und die Sünder der Buße bedürfen (Lk 5,31f) –, dass das Leben in der Sünde dem Kranksein, Sündenvergebung der Heilung verglichen werden kann. Die Heilung des Gelähmten hat aber mehr als bloß illustrativen Charakter. Sie deutet auf einen tatsächlichen Zusammenhang zwischen Krankheit und Sünde, zwischen Heilung und Sündenvergebung hin. Das zu jener Zeit verbreitete Missverständnis von Krankheit als einer *individuellen* Sündenfolge weist Jesus entschieden zurück (Lk 13,1–5; Joh 9,1–3). Krankheit, Leiden und Tod sind nicht individuelle Sündenfolgen, sondern Folgen des „Falls", Begleiterscheinungen des Lebens im Machtbereich der Sünde. Kann Gott durch Jesus dem Gelähmten die Sünden vergeben und so

---

[63] BARTH, KD I/1, 434.

die Macht der Sünde über ihn brechen, so kann er ihn auch von der Krankheit als kollektiver Sündenfolge befreien. Die Heilung des Gelähmten illustriert also nicht nur, dass Sündenvergebung der Heilung von Krankheit *verglichen* werden kann, sie zeigt vielmehr, dass Sündenvergebung ein Geschehen ist, das den *ganzen* Menschen aus dem Machtbereich der Sünde befreit. Heilung wie Sündenvergebung sind Demonstrationen der Macht Gottes über die Sünde. Auch in der Auferweckung Jesu erweist Gott seine Macht über die Sünde und dem Tod als deren Folge – aber dies unterscheidet die Auferweckung Jesu noch nicht von anderen Auferweckungen oder Heilungen, von denen das Neue Testament berichtet. Wiederum ist also die Frage zu stellen: Worin ist die besondere Bedeutung, die *soteriologische* Bedeutung von Tod und Auferweckung Jesu zu sehen?

Werden Tod und Auferweckung Jesu im Christentum als Heilsereignis bekannt, so werden sie als Ereignis *unseres* Heils bekannt, nicht etwa als Ereignis, das allein für Jesus Heil bedeutete. Macht dies den Unterschied zum Eingreifen Gottes in den übrigen im Neuen Testament geschilderten Fällen aus? Der Gelähmte wurde ja nur „für sich allein" geheilt, ohne dass wir daraus einen Anspruch für uns ableiten könnten. Ebenso Lazarus, seine Auferweckung änderte nichts daran, dass die übrigen Toten in ihren Gräbern blieben, und die Lebenden ihnen früher oder später dahin folgten. Auf Jesu Auferweckung dagegen gründete schon sehr bald die Hoffnung einer Auferstehung aller Menschen:

„Nun aber *ist* Christus auferstanden von den Toten als Erstling unter denen, die entschlafen sind. Denn da durch *einen* Menschen der Tod gekommen ist, so kommt auch durch *einen* Menschen die Auferstehung der Toten. Denn wie sie in Adam alle sterben, so werden sie in Christus alle lebendig gemacht werden." (1Kor 15,20–22)

Aber davon abgesehen, dass dies die Frage nicht beantwortet, sondern sie lediglich neu formuliert – denn die Frage ist ja gerade, weshalb wir aus Jesu Auferweckung eine Hoffnung für unser Leben sollten ableiten können – sprechen die Evangelien durchaus von einer Wirkung des Handelns Jesu über die unmittelbar Betroffenen hinaus: „Wenn ich jedoch durch den Finger Gottes die Dämonen austreibe, dann ist das Reich Gottes zu euch gelangt", erwidert Jesus seinen Kritikern (Lk 11,20). Das Reich Gottes sei „zu euch" gelangt, nicht etwa nur zu dem Menschen, der von seinem Dämon befreit worden war.

Noch einmal ist die Frage zu stellen: Worin liegt der entscheidende Unterschied zwischen der Auferweckung Jesu und der Heilung des Gelähmten oder der Auferweckung des Lazarus? Wie kommt es, dass das Neue Testament Christus, und nicht etwa Lazarus, den Jüngling von Nain, die Tochter des Jairus, oder, zeitlich noch weiter zurückliegend, den Sohn der

Witwe zu Zarpat (1Kö 17,19–24) oder den Sohn der Schunemiterin (2Kö 4,32–37) den „Erstgeborenen von den Toten" (Kol 1,15) nennt?

Als die Tochter des Jairus ins Leben zurückgekehrt war, waren ihr vielleicht noch lange Jahre gegönnt. Aber selbst wenn sie noch ihre Enkel und Urenkel zu sehen bekam, so war ihr Leben doch irgendwann zuende. Das gleiche gilt für alle übrigen Auferweckten der Bibel, und auch für alle, die Heilung erfahren hatten: Sie waren nicht grundsätzlich davor bewahrt, in ihrem späteren Leben wieder zu erkranken und irgendwann zu sterben. Anders Jesus: Seine Auferweckung war eine Auferweckung zu einem Leben, dem der Tod kein Ende setzt. Seine Auferweckung bedeutete keine Fortsetzung des alten Lebens, das durch den Tod für ein paar Tage unterbrochen worden war, sondern den Eintritt in ein ganz neues Leben. Seine Auferweckung bedeutete keinen Punkt in seiner Biographie, erzählbar und datierbar wie die Auferweckung im Leben des Lazarus oder der Tochter des Jairus; erzählbar und datierbar ist nur die Erscheinung des Auferweckten vor den Jüngerinnen und Jüngern. Noch einmal anders ausgedrückt: Die Auferweckung Jesu von den Toten ist kein historisches, sondern ein eschatologisches Ereignis. In ihr hat Gott sich selber festgelegt daraufhin, als wer er von den Menschen erkannt werden möchte und als wer er sich ihnen gegenüber erweisen will.

Die Macht der Sünde wurde bei der Auferweckung der Tochter des Jairus nur punktuell gebrochen: Die Tochter des Jairus wurde dem Tod entrissen und kehrte ins Leben zurück – in ein Leben, das weiterhin unter dem Einfluss der Sünde und ihrer Folgen stand und an dessen Ende der Tod wartete. Im Gegensatz zur Tochter des Jairus kehrte Jesus nicht in dieses Leben zurück, die Bedingungen dieses Lebens, Krankheiten, Hunger, Ermüdung, Tod, betrafen ihn nicht mehr, sein Platz war „zur Rechten Gottes".[64] Er war dem Machtbereich der Sünde entnommen und lebt in vollkommener Gemeinschaft mit Gott. Erst in der Auferweckung Jesu wurde die Macht der Sünde *grundsätzlich* gebrochen. Erst seit der Auferweckung Jesu ist die Sünde *besiegte* Sünde. Erst in der Auferweckung Jesu hat Gott bewiesen, dass er die Sünde überwinden kann und will, und es

---

[64] Zwar erscheint der Auferweckte seinen Jüngern, lässt sie seine Wundmale anfassen (Lk 24,39; Joh 20,27) und isst mit ihnen (Lk 24,43). Damit zeigt sich der Auferweckte identisch mit dem Gekreuzigten. Aber seine Jüngerinnen und Jünger erkennen ihn zunächst nicht wieder (Joh 20,14; 21,5; Lk 24,16.37). Nicht weil er, angegriffen von der Verwesung, unkenntlich geworden wäre – anders als bei Lazarus stellt sich die Frage nach Verwesungsmerkmalen bei Jesus nicht. Er ist ihnen fremd, weil sein Leben ein ganz anderes Leben ist als das ihre. Er lebt nicht mehr unter den Existenzbedingungen der Sünde, sondern in vollkommener Gemeinschaft mit Gott. Dass er ihnen auf Erden erscheint, widerspricht dem nicht, sowenig das leere Grab es beweist.

auch tut.⁶⁵ Erst seit der Auferweckung Jesu lässt sich sagen, dass der Tod nicht „das letzte Wort hat".

Dies ist von Bedeutung nicht allein für Jesus, sondern für alle Menschen und für die ganze Schöpfung. Denn mit der Auferweckung Jesu hat sich Gott zu erkennen gegeben als der, der Erlösung schaffen kann und will, und der – gemäß dem Zeugnis Jesu, das in der Auferweckung von Gott bestätigt wurde – auch *unsere* Erlösung schaffen kann und will. Wie der irdische Jesus von Nazareth mit seinen Worten und seinem Leben dafür einstand, dass Gott die Gemeinschaft mit den Sündern sucht und sie befreien will, so steht der Auferweckte dafür, dass es eine Zukunft mit Gott gibt über den Tod hinaus.⁶⁶

Die Sünde ist nach der Auferweckung Jesu nicht einfach erledigt. Nach wie vor leben die Menschen unter ihrem Einfluss, nach wie vor ist die Welt von Vergänglichkeit und Leiden gezeichnet. Durch die Auferweckung Jesu wurde aber deutlich, dass die Sünde ihre Macht nur auf Gottes Gewähren hin hat. Der Mensch lebt unter der Sünde – aber nur, weil und solange Gott ihn der Macht der Sünde nicht entrissen hat. Der Tod setzt dem irdischen Dasein ein Ende – aber nur, weil Gott es zulässt; über die Beziehung Gottes zum Menschen hat der Tod keine Macht. Seit der Auferweckung Jesu hat die Sünde den Anschein der Allmacht oder Übermacht verloren. Sie prägt weiterhin das Leben auf Erden – aber nicht in eigener Regie.⁶⁷

---

⁶⁵ Tod und Auferweckung Jesu machen dem Glauben die Überwindung der Sündenmacht sichtbar; sie sind aber nicht notwendige Bedingung dieser Überwindung. Gott hätte die Sünde überwinden können auch ohne Jesu Weg ans Kreuz. Jesu Kreuzestod ist nicht Bedingung der Sündenvergebung, sondern: „The suffering and death of Jesus may, rather, demonstrate that God's love and forgiveness is present even at the very limits of human existence" (Bråkenhielm, Forgiveness, 89).

⁶⁶ In der Hebräischen Bibel begegnet nur vereinzelt die Hoffnung auf eine Gemeinschaft mit Gott nach dem Tode, etwa in den folgenden Psalmworten: „... schlüge ich mein Lager auf im Totenreich, siehe, du bist da" (Ps 139,8); „Gott aber wird mein Leben loskaufen, aus der Gewalt des Totenreiches nimmt er mich auf" (Ps 49,16). Verbreiteter ist die Auffassung, dass der Mensch nach seinem Tod wieder zu Staub wird und die Beziehung zu Gott damit endet. So fragt der Psalmist rhetorisch: „Tust du an den Toten Wunder, stehen Schatten auf, dich zu preisen? *Sela* Wird deine Güte im Grab verkündet, deine Treue im Abgrund? Werden deine Wunder in der Finsternis kund und deine Gerechtigkeit im Land des Vergessens?" (Ps 88,11–13) Und die Antwort lautet: „Nicht die Toten loben den Herrn, keiner von allen, die hinabfahren ins Schweigen" (Ps 115,17).

⁶⁷ Dies ist einerseits mit Blick darauf zu sagen, dass sich nicht alle Menschen Gottes Vergebung gefallen lassen und auch die Erlösung der gesamten Schöpfung, die *creatio nova*, noch aussteht. Es gilt aber ebenso für das Leben der Individuen, die Gottes Sündenvergebung für sich in Anspruch nehmen, wie im Abschnitt über Luthers Formel *simul iustus et peccator* (Kapitel 3.2.2) auszuführen sein wird.

Darin liegt die Bedeutung der Auferweckung Jesu für unser Leben. Darum steht und fällt für Paulus mit dem Glauben an die Auferweckung Jesu die ganze christliche Hoffnung. Die Auferweckung Jesu verkündet die Botschaft *unserer* Befreiung von der Sünde.

In dieser Interpretation meint Sündenvergebung das ganze Heilsgeschehen, bezieht sich ‚Sündenvergebung' also auf dasselbe Geschehen wie ‚Rechtfertigung', ‚Versöhnung', ‚Erlösung' oder andere soteriologische Termini, wenngleich mit jedem dieser Ausdrücke der Blick auf unterschiedliche Aspekte gelenkt wird. So steht bei ‚Sündenvergebung' und ‚Versöhnung' der personale Beziehungsaspekt im Mittelpunkt, während ‚Rechtfertigung' und ‚Genugtuung' eher den juristischen, und ‚Sühne' oder ‚Opfer' den kultischen Vorstellungshorizont zum Rahmen haben. Was Dietrich Korsch von der Versöhnung sagt, gilt entsprechend auch für die Sündenvergebung:

„Der Sachbezug der Redeweisen zeigt, daß mit ‚Versöhnung' das Zentrum des Heilsgeschehens im christlichen Sinne gemeint ist, die Neuordnung des Verhältnisses von Gott und Mensch; und zwar sowohl dessen Gesamtprozeß als auch dessen zentrales Ereignis, der Tod Jesu Christi im Licht seiner Auferweckung"[68].

Diese Sichtweise ist nicht unumstritten. Eberhard Hahn nennt eine ganze Reihe von theologischen Ansätzen, welche in der Sündenvergebung nur einen Ausschnitt des Heilsgeschehens sehen, und deshalb die hier vertretene Sichtweise als „Engführung" oder „Verkürzung" des Heils kritisieren.[69] Wer Sündenvergebung nur negativ als die Überwindung der Sünde, nicht aber positiv als neues Gottesverhältnis sieht, muss annehmen, es gebe ein „neutrales" Verhältnis, wo sich der Mensch von der Sünde abgewandt, aber (noch) nicht Gott zugewandt hat; wo ihm die Sünden vergeben sind, er aber noch nicht gerechtfertigt ist; oder räumlich gesprochen ein „Niemandsland", in welchem der Mensch weder „in der Sünde" noch „in Christus" ist. Diese Auffassung widerspricht dem paulinischen Sündenverständnis[70] und ist auch mit dem hier vertretenen Sündenverständnis

---

[68] KORSCH, Art. Versöhnung, 22. Ich bin mir aufgrund von Korschs Verhältnisbestimmung von Verzeihung (=Vergebung?) und Versöhnung nicht sicher, ob er die Sichtweise von Sündenvergebung als ebenbürtigem soteriologischem Terminus teilen würde (vgl. ebd.: „Daraus folgt aber sogleich, daß Verzeihung in Versöhnung überzugehen sucht und sich erst in der wechselseitigen Anerkennung vollendet"). In seiner (keine Vollständigkeit beanspruchenden) Liste soteriologischer Termini findet sich ‚Sündenvergebung' jedenfalls nicht (ebd., 23).

[69] Hahn führt als Beispiele die römisch-katholische Lehre (Albertus Magnus, Bonaventura, Thomas von Aquin), Osiander, Friedrich Schleiermacher, Wolfhart Pannenberg und Karl Barth an; vgl. HAHN, „Ich glaube ... die Vergebung der Sünden", 42; 67ff; 205f. Es wird sogleich deutlich werden, dass ich dieser Einordnung Karl Barths nicht zustimme.

[70] Vgl. Kapitel 3.2.1.

2.6 Tod und Auferweckung

unvereinbar. Wenn Sünde die Störung der Beziehung zu Gott meint (die Tat, welche die Störung herbeiführt oder den Zustand der gestörten Beziehung), dann ist Sündenvergebung die Aufhebung dieser Störung und die Wiederherstellung der Beziehung zu Gott. Der Mensch, der Sündenvergebung empfängt, befindet sich nicht zunächst in einem „Zwischenzustand". Wie wäre ein solcher überhaupt zu charakterisieren? Als weder gestörte noch wiederhergestellte Beziehung? Aber was wäre das für ein Verhältnis? Eines der Gleichgültigkeit oder Beziehungslosigkeit? Aber diese sind, gemessen an der Beziehung, zu welcher der Mensch im Verhältnis zu Gott bestimmt ist[71], nicht „neutral", sondern Sünde; es gibt somit keine Alternative zwischen Gott und Sünde. Dies wird auch von *Karl Barth* in aller Deutlichkeit festgehalten:

„Ist sie [die Sündenvergebung] Gottes mächtiges, gerechtes, wirksames, ja schöpferisches Bedecken, Übersehen, Verachten und Abschätzen seines Hochmuts, so schafft sie offenbar nicht nur *tabula rasa*, ein Feld, auf dem sich nun ebenso gut dieses und jenes Neue zutragen könnte. Es ist vielmehr eine ganz bestimmte neue Ausgangssituation, in die der Mensch durch Gottes Verzeihen gestellt wird."[72]

Sündenvergebung umfasst nicht nur das „Negative", sondern auch das „Positive", wie es in gleicher Weise auch für die Rechtfertigung gilt: „‚Rechtfertigung' meint entscheidend eben das in Jesus Christus, in seinem Tod und seiner Auferstehung vollzogene und offenbare Urteil, *das Nein und das Ja*"[73]. Und so gelangt Barth zu der dezidierten Aussage: „Man kann mit ‚Vergebung der Sünden' Alles sagen, was hier [im Kapitel über die Rechtfertigung] zu sagen ist."[74] Zwar fährt er fort: „Es wird aber doch besser sein, nicht Alles nur damit sagen zu wollen", doch bedeutet dies keine Einschränkung der Sündenvergebung auf bloß einen Teil des Heilsgeschehens, sondern es handelt sich dabei um eine Aussage, die bezogen auf alle theologisch-metaphorische Rede ihre Berechtigung hat.

---

[71] Vgl. Kapitel 2.1.
[72] BARTH, KD IV/1, 667.
[73] Ebd., 102; meine Hervorhebung.
[74] Ebd., 668.

Kapitel 3

Gott der Heilige Geist

> „Credo in Spiritum sanctum, sanctam ecclesiam catholicam, sanctorum communionem, remissionem peccatorum, carnis resurrectionem, et vitam aeternam, Amen."
> *Apostolicum, Textus Receptus von 1568*[1]

Dasjenige christliche Glaubensbekenntnis, das in der Christenheit weltweit breiteste Anerkennung genießt, ist das sogenannte Apostolische Glaubensbekenntnis.[2] Nach einem ersten Artikel über den Glauben an Gott, den Vater, und einem zweiten Artikel über den Glauben an Jesus Christus, den eingeborenen Sohn, lautet der dritte Artikel in der deutschen Übersetzung: „Ich glaube an den Heiligen Geist, die heilige christliche Kirche, die Gemeinschaft der Heiligen, Vergebung der Sünden, Auferstehung des Fleisches und ein ewiges Leben."[3] Luther sieht in der Sündenvergebung das Zentrum des christlichen Glaubens und den Angelpunkt des Bekenntnisses:

> „Dazu alle andere Artickel gehen auff den einigen Artickel Vergebung der Sünden und komen in diesem Articktel zusamen gleich als in einem Circkel. Was hab ich davon, das Gott Himel und Erden geschaffen, So ich nicht gleube Vergebung der Sünde? Ja das mehr ist, Was hillfft michs, das Christus gecreuztiget und gestorben, Das der heilige Geist komen ist etc. So ich nicht gleube Vergebung der Sünden? Was Gott gethan hat, und sonderlich das der Son empfangen, geborn, gelidden, gecreuztiget, gestorben, begraben, Zur Hellen gefaren, Von Todten aufferstanden, gen Himel gefaren ist, Und was der heilige Geist gewirckt hat und noch wircket in der Christenheit, Das gehet alles dahin, das wir haben Vergebung der Sünden. Darumb sage ich: die andern artikel treffen einen andern, komen mit uns nicht in die erfarung. Sollen sie aber mit uns in die erfarung komen und uns treffen, so müssen sie in diesem artikel mit uns in die erfarung komen und uns treffen, das wir alle Ich fur mich, du fur dich und ein iglicher fur sich gleuben vergebung

---

[1] Nach KELLY, Altchristliche Glaubensbekenntnisse, 363.

[2] Ebd., 362. Der Ursprung des Textus Receptus des Apostolicums liegt Kelly zufolge „irgendwo nördlich der Alpen und irgendwann im späteren 6. oder 7. Jahrhundert" (ebd., 411).

[3] Ebd., 363. Luther ersetzte „katholisch" durch „christlich". Drückte das Wort „katholisch" in der alten Christenheit noch eine besondere Offenheit und Umfassendheit aus, wurde es zu Luthers Zeit zu einer Konfessionsbezeichnung, die abgrenzend und ausschließend wirkte, und damit den alten Wortsinn nicht mehr zu vermitteln in der Lage war.

der Sünde. Aber der artikel ‚Ich gleube vergebung der Sünde' trifft uns und kompt mit uns in die erfarung und macht, das die andern artikel auch uns treffen und mit uns in die erfarung komen. Darumb ist er der schwerest Artikel zu gleuben."[4]

Die Verbindung von Sündenvergebung und Heiligem Geist im Apostolikum, ihre Verbindung mit der Kirche, der Gemeinschaft der Heiligen, der Auferstehung des Fleisches und dem ewigen Leben wie auch die genaue Abfolge der aufgezählten Glaubensinhalte ist keineswegs als zufällig anzusehen. Zugrunde liegt eine wohldurchdachte Theologie des Geistes, der im Folgenden mit Blick auf die Sündenvergebung nachgegangen werden soll.

3.1 Das Werk des Heiligen Geistes

Die Sündenvergebung hat im Glaubensbekenntnis ihren Platz konstitutiv im dritten Artikel. So fehlt die Sündenvergebung etwa in der zweiteiligen Formel „Fides Damasi"[5]. Zwar heißt es vom Sohn, er sei gekommen, uns zu erlösen („ad nos salvandos"), aber am Ende des Bekenntnisses steht nicht die Vergebung, sondern das Urteil nach Verdiensten: „habemus spem nos consecuturos ab ipso aut vitam aeternam praemium boni meriti aut poenam pro peccatis aeterni supplicii". Ohne den Glauben an den Heiligen Geist kann zwar vom Erlösungswerk Christi gesprochen werden, von der Reinigung in seinem Tod und seinem Blut („In huius morte et sanguine credimus emundatos"), aber dies bleibt ohne praktische Kraft, am Ende steht das Gericht nach Werken.

Es ist eines zu sagen, Gott könne und dürfe vergeben. Es ist ein weiteres zu sagen, Gott habe in Christus sich als ein Gott der Vergebung offenbart und seine Macht über die Sündenmacht erwiesen. Es ist ein *anderes* zu glauben, dass diese Vergebung auch mir gilt, dass die Macht der Sünde auch mir gegenüber gebrochen ist, dass auch ich nicht auf das Verdienst meiner Werke setzen muss, sondern auf die Erlösung durch Christus vertrauen darf. Dieses Andere ist das Werk des Heiligen Geistes. Erst im Heiligen Geist wird die Vergebung der Sünden in meinem Leben wahr, kann ich Gottes Vergebung meiner Sünden glaubend annehmen. Ohne dieses spezifische Werk des Heiligen Geistes bewegt sich der Glaube an die Sündenvergebung bestenfalls im Bereich bloßen Für-wahr-Haltens, bleibt ohne praktischen Bezug auf das eigene Leben. Eberhard Hahn fasst das Wirken des Heiligen Geistes in Bezug auf die Sündenvergebung treffend wie folgt zusammen:

---

[4] LUTHER, WA 28,272,9–35 (Predigt über Joh 18,15–18, 19. Dezember 1528).
[5] DH Nr. 71–72.

„Er [sc. der Heilige Geist] wirkt die Erleuchtung des Menschen durch die Verkündigung des Evangeliums; er schafft Reue über die Sünde und Glauben an die Sündenvergebung. Dadurch erweist er sich als das, was sein Name besagt, als der *Sanctificator*."[6]

Karl Barth charakterisiert die drei göttlichen Personen als den Offenbarer, die Offenbarung und das Offenbarsein.[7] Diese Formulierung drückt sowohl die Differenz als auch die unlösbare Einheit aus und lässt sich gut mit dem bisher zur Sündenvergebung Gesagten verbinden. Der Sohn[8] ist die Offenbarung des Vaters, im Sohn gibt sich der Vater als der zu erkennen, der das Verlorene nicht aufgibt, der die Sünderin der Sünde nicht ausgeliefert sein lässt, sondern sie hineinruft in die Gemeinschaft mit Gott. Ohne den Sohn wüssten wir nichts von Gottes Einladung, seiner leidenschaftlichen Liebe zum Menschen, seiner Unerbittlichkeit der Sünde gegenüber, ja wir wüssten überhaupt weder von Gott noch von Sünde. Ohne den Vater wiederum gäbe es nichts, das zu offenbaren wäre – stünde nicht „hinter" dem Sohn der Vater, wüssten wir nicht nur nichts von Gott und Sünde, sondern gäbe es da auch gar nichts zu wissen. So lassen sich Vater und

---

[6] HAHN, „Ich glaube ... die Vergebung der Sünden", 204.

[7] BARTH, KD I/1, 311: „.... Gott selbst in unzerstörter Einheit, aber auch in unzerstörter Verschiedenheit der Offenbarer, die Offenbarung das Offenbarsein". Barth verwendet zudem weitere Charakterisierungen der Dreieinigkeit Gottes: Selbstverhüllung/Selbstenthüllung/Selbstmitteilung (ebd., 351; 401), Freiheit/Gestalt/Geschichtlichkeit (ebd., 351), Heiligkeit/Barmherzigkeit/Liebe (ebd., 381; 401), Schöpfer/Versöhner/Erlöser (ebd., 381), und bringt diese in Verbindung mit den Eckdaten des Kirchenjahres Karfreitag/Ostern//Pfingsten (ebd., 351; 401) und mit den theologischen Disziplinen Exegese/Dogmatik/praktische Theologie (ebd., 367).

[8] Angesichts einer sorglosen Gleichsetzung von „Sohn" und „Jesus" kann nicht genug betont werden, dass „Sohn" der innertrinitarische Name aller Offenbarung Gottes ist. Auch da, wo sich Gott dem Alten Israel zu erkennen gab, und auch da, wo heute Gott erfahrbar wird, handelt es sich in der trinitarischen Terminologie um den „Sohn". Zwar ist dem christlichen Glauben Gottes Offenbarung in Jesus Christus unüberbietbar und endgültig, der Maßstab, an welchem sich die „Gottgemäßheit" jeder anderen Offenbarung überprüfen lassen muss; dennoch ist die Offenbarung Gottes in Jesus nicht bereits der abgeschlossene Kanon aller Offenbarung. Auch umgekehrt ist eine Einschränkung zu machen: Jesus von Nazareth kann nur insofern mit der trinitarischen Person des Sohnes identifiziert werden als er Offenbarung Gottes ist. Davon ausgenommen sind insbesondere die menschlich-kontingenten Eigenschaften Jesu. Dass Jesus als ein Mann auf Erden lebte, offenbart nicht das Mannsein Gottes, sondern ist eine Folge dessen, dass Jesus nur mit einer geschlechtlichen Identität als Mensch leben konnte. Ebenso wenig offenbart sich Gott in Jesus als ein Mensch, Bartträger, Jude oder Fleischesser.

Nur im Rahmen dieser Vorbehalte kann ich BARTHS starker Verbindung von Jesus und dem „Sohn" teilweise zustimmen (KD I/1, 433): „(E)s gibt keinen Jesus an sich, der dann vielleicht auch das Prädikat eines Trägers jener Offenbarung seines Vaters bekommen könnte. Wie es denn auch keine Offenbarung des Vaters an sich gibt, die dann beispielsweise und in ausgezeichneter Gestalt auch in Jesus wahrzunehmen wäre. Sondern Jesus *ist* die Offenbarung des Vaters und die Offenbarung des Vaters *ist* Jesus. Und eben kraft dieses ‚ist' ist er der Sohn oder das Wort des Vaters."

Sohn zwar gedanklich unterscheiden, gehören aber unauflösbar zusammen. Der Vater ohne den Sohn ist nicht „immerhin der Vater"[9] oder ein Drittel der Trinität, sondern weder Vater noch Gott.[10] Entsprechendes gilt für den Sohn und ist auszudehnen auf den Geist. Denn es „gibt" Sündenvergebung unabhängig von ihrem Zum-Ziel-Kommen beim Menschen sowenig als es Gott den Vater und den Sohn unabhängig vom Heiligen Geist „gibt". Eine Offenbarung, die offenbart wird, aber von niemandem wahrgenommen wird, ist niemandem eine Offenbarung. Sie läuft ins Leere und hätte ebenso gut ausbleiben können. Erst wenn die Offenbarung auf jemanden trifft, der aufnimmt, was offenbart wurde, ist das Offenbarte offenbar. Dies ist gemeint mit Barths Charakterisierung des Geistes als Offenbarsein.

---

[9] Was immer man am trinitätstheologischen Vokabular auszusetzen haben mag, der Gedanke der gegenseitigen Abhängigkeit und Zusammengehörigkeit wird in den Metaphern „Vater" und „Sohn" jedenfalls anschaulich, ist doch niemand Vater für sich genommen, sondern erst durch die Existenz eines Sohnes (oder einer Tochter), und niemand wird für sich genommen als Sohn bezeichnet, sondern nur in Bezug auf den Vater (oder die Mutter). „Hoc enim nomen ‚pater' significat relationem", „Der Name Vater bezeichnet eine Beziehung", hielt schon THOMAS VON AQUIN in aller Deutlichkeit fest (S.th. I q.33 a.2; Die deutsche Thomas-Ausgabe, Bd. 3, 121).
Für (unter anderem) die trinitätstheologischen Ausdrucksweisen (der Rede von Vater, Sohn und Geist; oder von Zeugen, Hauchen und Hervorgehen) gilt, dass es sich um metaphorische Rede handelt; dabei ist jedoch im Blick zu behalten, was KARL BARTH (KD I/1, 455) wie folgt formuliert: „Wenn wir die Rede von Vater und Sohn als bildhaft bezeichnen, so ist ja wohl zu bedenken, daß sich das nur auf unsere menschliche Rede als solche, aber nicht auf ihren Gegenstand beziehen kann." Er hebt hervor, dass Gott nicht „eigentlich" etwas anderes sei als Vater und Sohn, und diese Namen bloß freigewählte, gewissermaßen zufällige Symbole seien und fährt fort: „Sondern umgekehrt: gerade in Gott hat das Vater-Sohn-Verhältnis wie alle geschöpflichen Verhältnisse seine ursprüngliche und eigentliche Wirklichkeit. ... Wir aber kennen nur das Bild dieser Wirklichkeit in seiner doppelten Unangemessenheit als geschöpfliches und als sündig-geschöpfliches Bild. Wir können nur in der Unwahrheit von der Wahrheit reden. Wir wissen nicht, was wir sagen, wenn wir Gott Vater und Sohn nennen" (ebd.). Wer diese Sichtweise als wirklichkeitsfremd und theoretisch kritisiert, übersieht, welch eminent praktische Sprengkraft darin enthalten ist. DEBORAH VAN DEUSEN HUNSINGER geht in ihrem Aufsatz „Forgiving Abusive Parents" der Frage nach, ob Erwachsene, die als Kinder von ihren Eltern missbraucht wurden, diesen zu vergeben haben und ob auch sie unter dem Gebot stehen: „Ehre Vater und Mutter." Sie bezieht sich dabei auf Calvin und Barth und gelangt zum Schluss (ebd., 74): „It is not that an abusive father is capable of calling into question the goodness of God as Father, but rather that God calls into question the fatherhood of that parent who abuses his children."

[10] AUGUSTINUS sagt in De Trinitate VII,6,11 das Gleiche, auch wenn es zunächst obiger Aussage zu widersprechen scheint: „... bei den drei Statuen haben drei mehr Gold als eine einzelne und eine weniger als zwei. In Gott hingegen ist es nicht so. Denn nicht sind ein größeres Wesen der Vater, Sohn und Heilige Geist zusammen als der Vater allein oder der Sohn allein; vielmehr sind jene Substanzen oder Personen, wenn man so sagen darf, zusammen jeder einzelnen gleich".

„Den Heiligen Geist haben heißt: mit Christus in jene Wende vom Tode zum Leben gestellt sein."[11] Auf die Vergebung bezogen bedeutet dies, dass der Heilige Geist es ist, der den Menschen dahin bringt, Gott wahrzunehmen als den, der sich ihm in Liebe nähert, und der den Menschen dahin bringt, sich diesem Gott mit seinem Leben, auch mit der Schuld und Gottvergessenheit seines Lebens, anzuvertrauen.

Die trinitätstheologische Unterscheidung Gottes in Vater, Sohn und Geist unternimmt eine Unterteilung des Unteilbaren. Eine Hilfe bei der gedanklichen Annäherung an das unerforschliche Wesen Gottes ist sie just solange, als bei aller Unterscheidung die Einheit Gottes im Blick behalten wird. Jede Aussage über Gott den Vater muss sogleich wieder auf den Sohn und den Geist bezogen werden, und entsprechendes gilt für Aussagen über den Sohn oder den Geist. Gott ist Gott nur als Vater und Sohn und Geist zugleich. Ebenso kann von göttlicher Vergebung nur da gesprochen werden, wo nicht nur Gott zu vergeben bereit ist und dies kundtut, sondern wo diese Vergebung auf einen Menschen trifft, der sie glaubend für sein Leben annimmt und sich davon verändern lässt. Erst in dieser trinitarisch zu bedenkenden Gestalt kann christlich von Vergebung gesprochen werden.[12] In seiner unnachahmlichen Sprachkraft findet Luther eine kurze und prägnante trinitarische Formulierung der Vergebung: „Christus remittit peccatum et pater, *pater vult, filius meruit, spiritus sanctus der richtets auß.*"[13]

---

[11] BARTH, KD I/1, 481.

[12] Vor allem in der angelsächsischen Literatur ist das Bewusstsein für die Notwendigkeit eines trinitarischen Vergebungsverständnisses durchaus vorhanden. Leider erschöpft sich der trinitätstheologische Zugang oftmals in schwammigen Sätzen wie: „(T)he community of disciples is drawn into the reconstituting activity of God, from the purposeful directing of the Father, through the embodied communication of the Son, in the recreative energy of the Spirit" (CHRISTOPHER JONES, Loosing and Binding, 38), oder: „(T)he Father who forgives and recreates humanity in Jesus Christ by the power of the Spirit" (L. GREGORY JONES, Embodying Forgiveness, 134). Letzterer Aussage liegt ein an Moltmann erinnerndes „soziales" Trinitätsverständnis zugrunde: „For at the heart of the Christian doctrine of God is the conviction that God lives as the loving friendships, the self-giving relationships, of Father, Son, and Holy Spirit. Further, that giving of self becomes manifest in God's outporing in Creation" (ebd., 112f).

[13] LUTHER, WA 11,54,2 (Predigt über das Symbol, 6. März 1523); meine Hervorhebung.

3.2 ἐν Χριστῷ

3.2.1 „Sünde" bei Paulus

Was geschieht, wenn ein Mensch durch den Heiligen Geist Sündenvergebung empfangen hat? Paulus beschreibt die Veränderung als einen radikalen Herrschaftswechsel. Der Mensch ist nicht mehr ein δοῦλος τῆς ἁμαρτίας, sondern ein δοῦλος τῆς δικαιοσύνης (Rm 6,17–18), er steht nicht mehr unter dem Gesetz (νόμος), sondern unter der Gnade (χάρις) (Rm 6,15), er ist nicht mehr ἐν σαρκί, sondern ἐν πνεύματι (Rm 8,9), er gehört zu den τέκνα θεοῦ und damit zu den συγκληρονόμοι Χριστοῦ (Rm 8,17), er ist ἐν Χριστῷ, eine καινὴ κτίσις (2Kor 5,17). Mit Christus ist er der Sünde abgestorben, um Gott zu leben (Rm 6,11). Er ist nicht mehr Sünder (ἁμαρτωλός), sondern Gerechter (δίκαιος) (Rm 5,19).

Helmut Umbach weist in seiner Dissertation mit dem Titel „In Christus getauft – von der Sünde befreit. Die Gemeinde als sündenfreier Raum bei Paulus" nach, dass Paulus getaufte Christen kein einziges Mal ἁμαρτωλοί nennt oder im Zusammenhang mit ihnen von ἁμαρτία spricht. Zwar weiß auch Paulus um die Verfehlungen von Christen und geht wenn nötig in aller Schärfe dagegen vor – den Begriff „Sünde" meidet er jedoch sorgsam. Stattdessen nennt er die Verfehlungen von Christen παράβασις (Gal 3,19), παράπτωμα (Gal 6,1) – oder er nennt die konkreten Verfehlungen beim Namen: πορνεία (1Thess 4,3), πλεονεξία (1Thess 4,6), ψιθυρισμός, φυσίωσις, ἀσέλγεια (2Kor 12,20f) usw.[14]

„Sünde" bezeichnet bei Paulus den unheilvollen Machtbereich, dogmatisch Ursünde genannt, nicht die einzelnen Tatsünden.[15] Der Christ ist dem Machtbereich der Sünde entnommen, die Sünde hat keinerlei Herrschaftsanspruch auf ihn mehr, er lebt nun im Herrschaftsbereich Christi.

Ob eine Tat als Sünde (im Sinne der Tatsünde) zu sehen ist, bemisst sich nicht an ihrer moralischen Qualität. Das alleinige Kriterium ist, ob sie aus der Ursünde als verfehlter Gottesbeziehung erwächst und Ausdruck derselben ist. Dies ist aber nicht empirisch feststellbar, sondern ein Urteil des Glaubens, genauer: ein Urteil, das letztlich nur Gott zusteht.[16] Wenn

---

[14] Unzucht, Habgier, üble Nachrede, Aufgeblasenheit, Zügellosigkeit.

[15] Ausgenommen sind einige traditionelle Wendungen mit dem Sündenbegriff im Plural.

[16] So auch BULTMANN, Das Problem der Ethik bei Paulus, 49: „Die Gerechtigkeit oder Sündlosigkeit ist also – höchst paradox – keine Veränderung der sittlichen Qualität des Menschen, sie ist weder etwas am Menschen Wahrnehmbares noch etwas von ihm Erlebbares im Sinne der Mystik; sie kann eben nur geglaubt werden. ... (A)uch die Sünde ist nicht etwas am empirischen Menschen Wahrnehmbares, sondern sie besteht nur, sofern der Mensch von Gott aus gesehen wird. Sie ist also nicht identisch mit den sittlichen Verfehlungen, so gewiß sie sich in diesen darstellen kann." Ebenso hält WEBER (Grundlagen

die Tatsünde aus der Ursünde erwächst, der Christ in der Sündenvergebung aber aus der Ursünde befreit wurde, dann kann von ihm keine Tat als Sünde bezeichnet werden, ohne damit zugleich auszusagen, die Ursünde habe wieder oder weiterhin Macht über ihn. Genau dies ist aber nach Umbachs Paulus-Interpretation nicht möglich. Es gibt nur Christus oder die Sünde. Wer ἐν Χριστῷ ist, über den hat die Sünde *keine* Macht. Also ist auch keine seiner Taten als Sünde anzusprechen, solange er ἐν Χριστῷ ist.

Umbach zufolge nimmt Paulus damit keineswegs eine „schwärmerische" oder „enthusiastische" Position ein. Er gibt sich keinen Illusionen hin bezüglich der Unzulänglichkeiten in der Lebensführung der Getauften, und schreckt auch nicht davor zurück, einschneidende Maßnahmen – bis hin zum Ausschluss aus der Gemeinde – zu ergreifen, wie 1Kor 5,5 zeigt. Da er aber sowohl die Knechtschaft der Sünde als auch die Befreiungstat Christi radikal und grundsätzlich denkt, kann er selbst eine so schwere Verfehlung wie die in 1Kor 5 geschilderte nicht ἁμαρτία nennen.[17]

3.2.2 „simul iustus et peccator"

Vom paulinischen Sprachgebrauch her ist Luthers Beschreibung des Christen als „simul iustus et peccator" ein unauflösbarer Selbstwiderspruch. Die ἁμαρτία und die δικαιοσύνη bilden absolute Gegensätze[18], die kein Nebeneinander dulden. Wer *peccator* ist, ist nicht *iustus*, wer

---

der Dogmatik I, 652f) mit Recht fest: „... erst in der Vergebung wird die Sünde als Sünde ‚erkannt' – Vergebung und Sündenerkenntnis sind nur *miteinander* zu verstehen".

Entsprechend problematisch sind die beiden nachfolgenden Aussagen Hahns: „Was für den Christen bis zu seinem Tod währt, das gilt für die Kirche bis zum Jüngsten Tag: *Empirisch* betrachtet ist sie Sünderin; ihre Heiligkeit hat sie allein, aber darin auch real, in der Heiligkeit Christi, die ihr durch die Sündenvergebung zugesprochen wird" (HAHN, „Ich glaube ... die Vergebung der Sünden", 77; meine Hervorhebung); „Und doch wird auch innerhalb der Kirche das Leben aus der Sündenvergebung nur bruchstückhaft *sichtbar*; denn auch sie bleibt *simul iusta et peccatrix*" (ebd., 218; erste Hervorhebung von mir). Weder Sünde noch Sündenvergebung sind als solche sichtbar oder empirisch feststellbar. Immer handelt es sich darum, dass *coram Deo, im Lichte der Gottesbeziehung,* Sünde oder Vergebung *geglaubt* werden.

[17] Dieser schwere Fall von Unzucht in der Gemeinde von Korinth scheint für Paulus eine Grenze zu markieren. In der grundsätzlichen Beurteilung des Falles gebraucht Paulus zum Abschluss der Argumentation (1Kor 6,18) je einmal die Begriffe ἁμάρτημα und ἁμαρτάνειν. Außerdem wird „(d)er Verirrte in 1Kor 5 [...] nicht mehr als Bruder bezeichnet, sondern als τίς (τίνα 5,1)" (UMBACH, In Christus getauft, 127). Aber auch hier gilt noch: „Der Begriff der ἁμαρτία wird aber vermieden, das πνεῦμα des Ausgeschlossenen bleibt gerettet" (ebd., 135).

[18] Ebd., 255, zu Rm 6,18: „Nun sind allerdings ἡ ἁμαρτία und ἡ δικαιοσύνη, beide als Machtgrößen verstanden, absolute Gegensatzbegriffe!" Dasselbe gilt für ὑφ' ἁμαρτίαν εἶναι und ἐν Χριστῷ εἶναι (ebd., 217).

3.2 ἐν Χριστῷ

iustus ist, ist nicht *peccator*. Der Mensch gehört entweder zur Sünde oder zu Christus, ein Drittes, eine Kombination oder eine Vermittlung beider gibt es nicht. Dabei war Luther gerade im Zuge seiner Paulusauslegung zur Formulierung des „simul iustus et peccator" gelangt, und zwar in seiner Römerbriefvorlesung von 1515/16, wo er, im Gefolge Augustins, das „Ich" in Rm 7 als paulinisches Selbstzeugnis wertete, das exemplarisch für jeden Christen stehe.[19] Diese Interpretation wird heute von der neutestamentlichen Exegese abgelehnt:

> „Das Subjekt des hier [Rm 7,7–25] redenden ‚Ich' bezeichnet weder nur *einen Aspekt* der Existenz des Christen, noch steht es für eine individuell *autobiographische* Rückschau des Paulus, vielmehr beschreibt Paulus *das vorchristliche Sein* aus christlicher Sicht, gibt also einen ‚Rückblick' aus der Sicht des Glaubens."[20]

Wird das Ich in Rm 7 als vorchristliches Ich interpretiert, dann entbehrt das „simul iustus et peccator" von Paulus her jeder Grundlage.

Umbach postuliert darüber hinaus, dass die Denkfigur des „simul iustus et peccator" auch von *Luthers* Paulus-Auslegung her nicht zwingend sei, habe doch diese im Laufe von Luthers Schaffen eine bemerkenswerte Wandlung erfahren. In der Römerbriefvorlesung von 1515/16 gebrauchte Luther das Bild von einem Reiter und seinem Reittier in der Weise, dass „der ‚fleischliche' Mensch das Pferd [ist], das nicht ganz nach dem Wunsch seines ‚geistlichen' Reiters dahintrabt", der Christ also „gleichsam Pferd und Reiter in einer Person"[21] ist. In „De servo arbitrio" von 1525 dagegen ist der Mensch das Lasttier (iumentum), das entweder von Gott oder dem Teufel geritten wird.[22] Zwar spricht Luther an dieser Stelle nicht von Sünde, sondern von Satan (und hat er nie aufgehört, das Wort Sünde auch auf die Verfehlungen von Christen anzuwenden), doch befindet er sich hier nach Umbach in genauer sachlicher Übereinstimmung mit Paulus, sowohl was die Betonung des Machtcharakters der Sünde (Satans) als auch was die Ausschließlichkeit des Herrschaftsanspruchs der Sünde oder Christi angeht. Umbach gelangt daher zum Schluss:

> „Die Rede vom *simul iustus, simul peccator* gehört also, von *De servo arbitrio* her gesehen, als Beschreibung des Gläubigen nicht unbedingt zum *status confessionis* eines ‚Lutheraners', sondern ist ‚volkstümliches', bis heute wirksames Nebenprodukt einer im Grunde noch aus der ‚katholischen' Phase Luthers stammenden Denkfigur der *communi-*

---

[19] Vgl. dazu ebd., 25ff und 313.

[20] Ebd., 271. Ergänzend dazu (ebd.): „So seit W.G. Kümmel, Römer 7 (1929); in jüngster Zeit nicht mehr ernsthaft bestritten."

[21] Ebd., 33; vgl. ebd. 33ff., 313.

[22] „Sic humana voluntas in medio posita est, ceu iumentum, si insederit Deus, vult et vadit, quo vult Deus ... Si insederit Satan, vult et vadit, quo vult Satan", LUTHER, WA 18, 635,17–20.

catio idiomatum, für die eine bestimmte Exegese von Rm 7 nicht gerade der beste ‚biblische' Beleg ist."[23]

Stutzig macht an dieser Aussage Umbachs, dass Luthers „simul iustus et peccator" ausgerechnet als „katholische" Denkfigur apostrophiert wird, ist es doch gerade das „simul iustus et peccator", dem von römisch-katholischer Seite der heftigste Widerspruch erwächst. Das war bereits in der Gegenreformation der Fall, wo es im tridentinischen Dekret über die Ursünde[24] mit dem Anathema belegt wurde, und auch noch in der „Gemeinsamen Erklärung zur Rechtfertigungslehre", dem 1999 ratifizierten Versuch von lutherischer und römisch-katholischer Seite, zu einem gemeinsamen Verständnis der Rechtfertigung zu gelangen, hat sich gerade der Umgang mit dem „simul iustus et peccator" als besonders schwierig erwiesen.[25]

Nun ist aber, wie *Georg Wagner* in seiner Dissertation „Vom Bösen erlöst"[26] nachweist, Rm 7 nur einer der Bezugspunkte Luthers. Von größerer Bedeutung ist das Unservater-Gebet. Wiederholt bezieht sich Luther

---

[23] UMBACH, In Christus getauft, 34f.

[24] Vgl. DH Nr. 1510–1516, insbesondere Nr. 1515.

[25] Ich orientiere mich am Text des endgültigen Vorschlags von 1997, wie er im Beiheft 10 der ZTHK von Dezember 1998 veröffentlich wurde.
Wie in den Abschnitten zuvor steht auch im 4. Kapitel am Anfang des 4. Abschnittes („Das Sündersein des Gerechtfertigten") die feierliche Formel: „Wir bekennen gemeinsam". Doch die lutherische sog. „Entfaltung" (Nr. 29) endet in einer Weise, die sprachlich zwar die Einigkeit hervorzuheben sucht, inhaltlich jedoch die Differenz unüberbrückt lässt: „Wenn also die Lutheraner sagen, daß der Gerechtfertigte auch Sünder und seine Gottwidrigkeit wahrhaft Sünde ist, verneinen sie nicht, daß er trotz der Sünde in Christus von Gott ungetrennt und seine Sünde beherrschte Sünde ist. Im letzteren sind sie mit der römisch-katholischen Seite trotz der Unterschiede im Verständnis der Sünde des Gerechtfertigten einig." Noch deutlicher wird der Graben durch die „offizielle katholische Antwort auf den Text der ‚GE'" (JÜNGEL, Amica Exegesis, 252) aus Rom vom Juni 1998. In der „Präzisierung" Nr. 5 wird ausdrücklich *verneint*, dass „diese [divergierenden] Punkte nicht mehr unter die Verurteilungen des Konzils von Trient fallen. Das gilt an erster Stelle für die Lehre über das ‚simul iustus et peccator'" (ebd., 259). Jüngel zieht daraus die naheliegende Konsequenz: Wenn es nach dieser Antwort aus Rom zur Unterzeichnung der Gemeinsamen Erklärung komme, „(d)ann könnte man auf lutherischer Seite auch gleich die Verurteilungen des Konzils von Trient unterschreiben" (ebd., 260).

[26] Die folgenden Ausführungen haben diese Arbeit WAGNERS zur Grundlage. Inzwischen ist die Arbeit in überarbeiteter und gekürzter Fassung unter dem Titel „Die pragmatische Theologie des Vaterunsers und ihre Rekonstruktion durch Martin Luther" erschienen. Auch der Verfasser hat den Namen geändert und heißt jetzt NICOLAUS. Nicht alle Stellen und Übersetzungen, auf die ich mich in der Dissertation von Wagner beziehe, befinden sich auch im Buch von Nicolaus. Z.T. fehlen sie ganz, z.T. sind sie sprachlich leicht angepasst. Wo sie in beiden Ausgaben vorkommen, nenne ich die Seitenangabe von Nicolaus in Klammern, ohne jedoch die Veränderungen zu markieren. Zitiervorlage ist durchgängig Wagners Dissertation.

darauf, um herauszustreichen, dass auch jene, die an Christus glauben, bleibend auf die Sündenvergebung angewiesen sind. Mit Recht hält Luther fest, dass das Unservater-Gebet das Gebet derer ist, die sich vor Gott als seine Kinder sehen dürfen, und die darum Gott zu begegnen wagen mit der Anrede „Unser Vater im Himmel". Aber als eben diese seine Kinder bitten sie, dass Gottes Name geheiligt werden, sein Reich kommen, sein Wille geschehen möge und bekennen[27] damit zugleich, dass sie seinen Willen missachtet haben:

> „Sane sunt quidam, qui hanc orationem pro penis peccatorum orari garriant, quos oportet tanquam verbi dei depravatores cavere. Nam quid dicent ad illud ‚Sanctificetur nomen tuum, adveniat regnum tuum, fiat voluntas tua'? hoc sanctissimi etiam orant: at orando confitentur, se nondum sanctificasse nomen dei, nondum in eis esse regnum dei nec iustitiam eius, sed quaerunt hac oratione regnum dei et iustitiam eius, nondum se fecisse voluntatem dei. At haec onmia sunt debita culpae et peccata contra legem dei, qui vult nomen suum sanctum esse, in nobis regnare, voluntatem suam in nobis fieri. Nec putandum, quod ficte oretur: quare sequitur, omnes vere orare et vere sibi haec deesse confiteri."[28]

Entsprechend beten sie denn auch für sich, und nicht nur stellvertretend für andere: „Vergib uns unsere Schuld". Wenn aber jene, die Gottes Kinder sind, weiterhin um Vergebung bitten müssen, so entspricht dies der Struktur des „simul iustus et peccator", wie die nachfolgende Äußerung Luthers deutlich macht: „Alszo betten wir mit gantzer zuvorsicht ‚Vater unser',

---

[27] Das Unservater ist für Luther ein Gebet, das Christinnen und Christen sowohl einzeln für sich, „im stillen Kämmerlein" beten, als auch gemeinsam, als Gemeinde. Und so bekennen sie denn auch vor Gott ihre eigene Sünde und Schuld, wie auch die der Gemeinde. Da Luther die erste bis dritte sowie die fünfte Bitte nicht nur als Bitte, sondern zugleich als *Sündenbekenntnis* auffasst, kann das Unservater in der Abendmahlsliturgie denn auch die Stelle des *Confiteor* einnehmen. Vgl. dazu WAGNER, Vom Bösen erlöst, 295 (NICOLAUS, Theologie des Vaterunsers, 280).

[28] LUTHER, WA 2,410,4–13 (Resolutiones Lutherianae super propositionibus suis Lipsiae disputatis, 1519). Übersetzung nach WAGNER, Vom Bösen erlöst, 353 (vgl. NICOLAUS, Theologie des Vaterunsers, 150): *„Allerdings gibt es einige, die daherschwätzen, daß dieses Gebet für die Unzucht der Sünder gebetet wird, vor welchen man sich als Verdrehern des Wortes Gottes in acht nehmen muss. Denn was sagen sie zu diesem ‚Geheiligt werde dein Name, dein Reich komme, dein Wille geschehe'? Das beten auch die Heiligsten: aber in diesem, was man beten soll, bekennen sie doch, daß sie noch nicht den Namen Gottes geheiligt haben, daß das Reich Gottes und seine Gerechtigkeit noch nicht in ihnen ist, (sie suchen aber mit diesem Gebet das Reich Gottes und seine Gerechtigkeit), daß sie den Willen Gottes noch nicht getan haben. Aber das alles sind Schulden der Sünde [culpae] und Sünden [peccata] gegen das Gesetz Gottes, der will, daß sein Name heilig ist, daß er in uns regiert, daß sein Wille in uns geschieht. Und es ist [überhaupt] nicht zu überlegen, daß [dieses Gebet] heuchlerisch gebetet wird: deshalb folgt, daß alle wirklich beten und wirklich bekennen, daß ihnen dies fehlt."*

und bitten doch ‚vorgib uns unser schuld', sein kinder, und doch szunder"[29].

Luther widerspricht entschieden der Auffassung, wonach die Sündenvergebung *einmal* empfangen und nachher nie wieder nötig wird: „Sihe dich fur, das dich der Teufel nicht nerre. ... Non dic: habeo baptismum, quando redeo, habeo remissionem peccatorum. Der weg kann dir untergangen werden."[30] Und wenn Umbach sagt, die Getauften machten sich wohl noch gewisser Verfehlungen schuldig, würden aber keine Sünde mehr auf sich laden, so sieht dies Luther gerade umgekehrt: „Omnis Christianus ... quottidie peccat non quidem perpetrando crimina, sed non perficiendo mandata dei."[31] Selbst wenn es einem Christen gelingt, ein moralisch und rechtlich untadeliges Leben zu führen, bleibt er doch Sünder und erfüllt Gottes Gebote nur unzulänglich.

Luther vertritt aber ebenso wenig die römisch-katholische Auffassung, nach welcher der Christ auch nach dem Empfang der Taufe (verstanden als Vergebung der Ursünde) weiterhin „lässliche" Sünden begeht und darum *wiederholt* die Sündenvergebung benötigt. Zum einen wird bei ihm die Unterscheidung von lässlichen Sünden und Todsünden hinfällig, bzw. erfährt eine entscheidende Umdeutung. Ob eine Sünde lässlich oder tödlich sei, bemisst sich nicht an der Schwere der begangenen Verfehlung, sondern daran, ob für sie Vergebung erlangt wird: „venialia quidem sunt, sed mortalia erunt, nisi remittantur"[32]. Zum andern hält er fest, dass auch nach der Taufe die Ursünde weiterhin wirksam ist: „Sumus quidem iusti et declarati filii regni, Sed peccatum originis manet adhuc rebellans in nobis."[33]

Weil für Luther, im Unterschied zur römisch-katholischen Position und ebenso im Unterschied zu (Umbachs) Paulus, die Ursünde auch im Leben der Christen weiterhin wirksam bleibt, genügt nicht eine einmalige Sündenvergebung, und fordert er auch nicht zu mehrmaliger Sündenvergebung auf, sondern nach Luther ist die *ständige* Sündenvergebung notwendig. „Primo esse nos quottidianos peccatores et semper peccare, Deinde totam

---

[29] LUTHER, WA 6,216,8–10 (Von den guten Werken, 1520). Auch die Stellung des Unservaters im liturgischen Ablauf des altkirchlichen Taufgottesdienstes spricht gegen eine Annahme der Sündlosigkeit der Getauften, beten doch die Getauften mit der Gemeinde nur kurze Zeit nach dem Empfang der Sündenvergebung in der Taufe das Unservater, mithin um die Vergebung ihrer Sünden (vgl. WAGNER, Vom Bösen erlöst, 437–439; NICOLAUS, Theologie des Vaterunsers, 321–323).

[30] LUTHER, WA 49,680,1.3f (Predigt am 1. Sonntag nach Epiphanias (11. Januar) 1545 über Markus 1,4ff; Nachschrift Rörer).

[31] LUTHER, WA 2,408,34–36 (Resolutiones Lutherianae super propositionibus suis Lipsiae disputatis, 1519).

[32] Ebd., 410,3.

[33] LUTHER, WA 44,490,36–491,2 (Genesisvorlesung 1535–45, zu Genesis 42,21).

vitam esse poenitentiam et orationem et contritionem."³⁴ So wie die Ursünde nicht punktuell auftritt, sondern ständig wirksam ist, so sind wir auch nicht von Zeit zu Zeit, etwa nach begangenen, isolierbaren Tatsünden, zur Buße aufgerufen, sondern soll das ganze Leben Buße sein, wie Luther in seiner fünften These der Dritten Disputation gegen die Antinomer betont: „Poenitentia fidelium in Christo est ultra peccata actualia, perpetua et usque ad mortem per totam vitam." ³⁵ Vor Gott sind wir Gerechte und Sünder zugleich; nur *coram Deo* erkennen wir unsere Sünde als Sünde und nur *coram Deo* können wir auf Vergebung hoffen und ihrer gewiss werden. Wenn wir Gott um Vergebung bitten, dürfen wir darauf vertrauen, dass er sie gewährt; aber wir „haben" die Vergebung nicht in dem Sinne, als sei die Sünde nachher kein Thema mehr für uns und müssten wir nie wieder um Vergebung bitten, sondern wir „haben" die Vergebung nur im „Bleiben" in der Vergebung, in der ständigen Bitte um Vergebung, und das heißt auch, im ständigen Bewusstsein darum, dass wir Sünder sind und der Vergebung bedürfen. Die Meinung, ohne weiteres Angewiesensein auf Gottes Vergebung vor Gott bestehen zu können, wäre nicht eine besonders starke Vergebungsgewissheit, sondern im Gegenteil ihrerseits gerade Ausdruck von Sünde. Der Vergebung Gottes gewiss sein kann ich nur, indem ich mir Gottes Vergebung ständig gefallen lasse, und das schließt die ständige Anerkenntnis meiner Vergebungsbedürftigkeit, d.i. meiner Sünde, mit ein.

Wie kommt es aber, dass Paulus, wie Umbach richtig beobachtet, den Ausdruck ἁμαρτία für die Getauften vermeidet? Dazu ist zum *ersten* zu

---

³⁴ LUTHER, WA 2,410,14f (Resolutiones Lutherianae super propositionibus suis Lipsiae disputatis, 1519). Übersetzung nach WAGNER, Vom Bösen erlöst, 353 (vgl. NICOLAUS, Theologie des Vaterunsers, 150): *„Zunächst, daß wir tägliche Sünder sind und immer sündigen; Weiterhin, daß das ganze Leben Buße und Gebet und Zerknirschung ist."*
Vgl. dazu auch EBELING, Wort und Glaube 3, 326: „Vergebung der Sünde steht nicht als bloßer Initiationsakt am Anfang des Christenlebens, sondern ist ‚täglich' und ‚ohn Unterlaß' sein notwendiges Lebenselement; also auch nicht nur eine von Fall zu Fall erforderlich werdende Reinigung und Entlastung, sondern wie die Atmung eine ständige Lebensbedingung. Deshalb handelt es sich gleichfalls nicht, wie es den Anschein haben könnte, um eine rein negative Maßnahme, die von den Schuld- und Straffolgen der Sünde befreit. Vielmehr geht es um die ständige Präsenz dessen, was das Leben der Christen dauernd am Leben erhält und was darum der andauernd präsenten Macht der Sünde überlegen ist."
³⁵ LUTHER, WA 39/1,350,16f (Thesen gegen die Antinomer. Disputatio tertia D. Martini Lutheri, 1538). Übersetzung nach WAGNER, Vom Bösen erlöst, 378 (vgl. NICOLAUS, Theologie des Vaterunsers, 180): *„Die Buße der Gläubigen in Christus geht über die konkreten Sünden hinaus, fortwährend, das ganze Leben hindurch bis zum Tod."* Entspricht inhaltlich der 1. These des Thesenanschlags.

sagen, dass Umbachs These, Paulus gehe von der Sündlosigkeit der Getauften aus, interpretationsbedürftig ist. Auch Bultmann spricht von der Sündlosigkeit der Getauften bei Paulus[36], betont aber zugleich, dass alles davon abhängt, „(w)as für Paulus die Sündlosigkeit des Christen *bedeutet*"[37]. An anderer Stelle bemerkt Bultmann, wie gezeigt[38], dass Paulus nicht nur das Wort ἁμαρτία meidet, sondern ebenso μετάνοια und die Wendung ἄφεσις τῶν ἁμαρτιῶν. Nach Bultmanns Interpretation hatten die Worte μετάνοια und ἁμαρτία für Paulus einen moralistischen Klang, wurden in seiner Umgebung als zu erbringende Leistung des Menschen (μετάνοια) und als moralische Verfehlung (ἁμαρτία) verstanden. Weil es Paulus aber um die Sünde als radikal gedachter Ursünde ging, musste er diese Ausdrücke vermeiden, wollte er bei seinen Hörerinnen und Lesern nicht ein moralistisches Missverständnis provozieren. Gemäß Bultmann macht Paulus nicht deshalb, weil er von der Bedeutungslosigkeit der Sünde für die Getauften ausgeht, einen Bogen um das Wort ἁμαρτία, sondern vielmehr deshalb, weil er auch bei den Getauften nicht in erster Linie ihre Tatsünden, sondern die Ursünde im Blick hat.

Zum *zweiten* ist darauf hinzuweisen, dass Paulus unter dem Eindruck der eschatologischen Naherwartung stand und ihm von daher der Gedanke, dass die Getauften schon jetzt der Sünde entnommen und ἐν Χριστῷ seien, weniger problematisch erschien, als er späteren Generationen erscheinen musste.[39]

Zum *dritten* lässt sich feststellen, dass Paulus von einem ontologisierenden, fast schon personalisierenden Verständnis von Ursünde ausgeht.[40] Wenn aber Sünde und Christus als beherrschende Macht gedacht werden, dann kann der Mensch nur einem von beiden untertan sein; und wenn ein räumliches Verständnis im Hintergrund steht, muss man ebenfalls zur Schlussfolgerung gelangen, dass der Mensch nur entweder in der Sünde

---

[36] Das Problem der Ethik bei Paulus, 36 und passim.
[37] Ebd., 37.
[38] Vgl. Kapitel 2.4.
[39] Vgl. BULTMANN, Das Problem der Ethik bei Paulus, 53: „Weil Paulus das Ende des gegenwärtigen Äons in Bälde erwartete, ist für ihn das Leben des Gläubigen in dieser Welt nicht in gleichem Maße zum Problem geworden wie für Luther." Dies gilt insbesondere für die früheren Paulustexte. Bultmann gelangt ebd. zum Schluss, dass der *simul*-Gedanke bei Paulus zwar nirgends ausgesprochen, aber doch vorbereitet ist: „Davon, daß der Glaube täglich die Sünden tilgt, ist bei Paulus so wenig die Rede wie von der täglichen Buße und der immer neuen Vergebung. ... Dann aber muß doch gesagt werden: nimmt man den Gedanken ernst, daß der Mensch nur auf Grund der χάρις vor Gott als Gerechtfertigter dastehen kann, so ist er auch immer als ἀσεβής ein Gerechtfertigter; sonst würde ja Gottes χάρις nicht mehr ihren Sinn als χάρις für ihn haben."
[40] Vgl. BAUER/ALAND, Griechisch-deutsches Wörterbuch, 85. FIEDLER, Art. ἁμαρτία, 161: „In Kontrast zur Christusverkündigung kommt die Sünde als (dämonische) Macht zentral in Röm 5–8 in den Blick."

oder in Christus sein kann. Von einem ontologisierenden Sündenverständnis her ist der „simul"-Gedanke tatsächlich schwer zu fassen. Wenn dagegen Sünde verstanden wird als eine *Störung der Beziehung* zwischen Gott und Mensch – und auf diesem Sündenverständnis beruhen die hier vorgestellten theologischen Überlegungen hauptsächlich –, dann muss von der Sünde als bleibender (möglicher und tatsächlicher) Störung der Gottesbeziehung auch im Leben der Gläubigen gesprochen werden.[41] Wenn nämlich die zwischenmenschlichen moralischen Verletzungen auch als Verletzungen der Gottesbeziehung bezeichnet wurden[42], wäre die Annahme der Sündlosigkeit der Getauften nur auf dem Hintergrund einer der folgenden Voraussetzungen möglich, von denen jede gleichermaßen unannehmbar erscheint:

a) Wer getauft ist, begeht keine moralischen Verfehlungen mehr.

b1) Auch die Getauften begehen moralische Verfehlungen, aber diese sind nicht „Sünde", das heißt sie haben keine negativen Auswirkungen auf die Gottesbeziehung.

b2) Es gibt zwar auch postbaptismal begangene moralische Verfehlungen, aber diese kommen nicht aus der Ursünde, und sind deshalb nicht als „Sünde" anzusprechen.

Voraussetzung a) widerspricht aller Erfahrung und wird auch in Umbachs Paulusinterpretation zurückgewiesen. b1) und b2) sind zwei Formulierungen derselben Annahme. Bei Variante b2) muss gefragt werden, woher die postbaptismal begangenen moralischen Verfehlungen denn sonst her kommen, wenn nicht aus der Sünde. Aus Christus doch nicht? Aber nach Umbach gibt es bei Paulus nur das Sein in (und Handeln aus) der Sünde oder Christus. So, wie ich Gottes Betroffenheit von menschlichem Tun begründet habe, würde b1) bedeuten, dass Gott die Getauften ungleich mehr liebt als die andern, und es ihn darum gleichgültig lässt, wenn ein Getaufter einen andern moralisch verletzt. Nur dann wäre eine praebaptismal begangene moralische Verfehlung zugleich eine Verletzung der

---

[41] Dass dieses Sündenverständnis nicht notwendig im Gegensatz zu demjenigen des Paulus gesehen werden muss, zeigt Bultmanns Aufsatz „Das Problem der Ethik bei Paulus", in welchem er einerseits den ontologisierenden Charakter von Paulus' Sünden- (bzw. σαρξ-) Verständnis klar herausstellt, andererseits aber auch den Beziehungsgedanken betont: „Die σάρξ-πνεῦμα-Anschauung des Paulus zeigt weithin den Charakter des metaphysischen Dualismus, der für die hellenistischen Mysterienreligionen charakteristisch ist, dh σάρξ und πνεῦμα sind als natur- oder *substanzhafte Mächte* gedacht ... Wenn Paulus Gottes χάρις verkündet, so verkündet er nicht eine bisher nicht erkannte oder nicht gewürdigte Eigenschaft Gottes, also nicht einen neuen, gereinigten Gottesbegriff, sondern er redet von einer neuen Heilstat Gottes. Damit ist gesagt, dass für Paulus der Gedanke des Jenseits bestimmt ist durch die *Beziehung* auf den einzelnen konkreten Menschen." BULTMANN, Das Problem der Ethik bei Paulus, 47f; meine Hervorhebungen.

[42] Vgl. Kapitel 1.2.

Gottesbeziehung, die postbaptismal begangene dagegen nicht. Unlösbar bliebe dagegen die Frage, was mit moralischen Verfehlungen ist, welche die Getauften aneinander begehen.

Von einem beziehungsorientierten Sündenverständnis aus gesehen, sind die Konsequenzen, welche aus der Annahme der Sündlosigkeit der Getauften zu ziehen sind, allesamt verhängnisvoll. Anders verhält es sich, wenn die Sündlosigkeit, die endgültige Vernichtung der Sünde und die Vollendung der Sündenvergebung als eschatologische begriffen werden. *Karl Barth* bringt dieses Verständnis des „simul"-Gedankens im Rahmen der Versöhnungslehre seiner Kirchlichen Dogmatik unter dem Stichwort „Verheißung" zur Geltung. In der Vergangenheit war der Mensch ganz *peccator*, in der Zukunft, dem Eschaton wird er ganz *iustus* sein, für die Gegenwart gilt:

> „Nur daß er es eben, solange er in der Zeit lebt und auf seine eigene Person gesehen, in der Spannung dieses Zugleich ist: *simul peccator et iustus* – aber kein halber *peccator* und so auch kein halber *iustus*, sondern Beides ganz!"[43]

Die Vergebung der Sünden, die aus dem *peccator* einen *iustus* macht, ist schon da, aber sie ist da in der Gestalt der Verheißung:

> „Vergebung der Sünden empfangen, heißt also: die *Verheißung* der Vergebung der Sünden empfangen. Vergebung der Sünden haben, heißt: sich an die *Verheißung* halten ... Der Vergebung der Sünden gewiß sein schließlich heißt: an ihrer *Verheißung* als solcher um ihrer selbst willen nicht zweifeln."[44]

Mit „Verheißung" will Barth einerseits ausdrücken, dass es sich bei der Sündenvergebung nicht um ein durch den Menschen unabhängig feststellbares Faktum handelt, sondern um einen Glaubensinhalt:

> „Hinter sich blickend oder auch in die Tiefe seiner von seiner Vergangenheit bestimmten Gegenwart, würde der Mensch die Vergebung seiner Sünden weder wahrnehmen noch sich ihrer trösten können, würde er sie überhaupt nicht haben. Er hat sie, indem sie ihm in der Verheißung *zukommt*, nicht anders."[45]

Dasselbe sagt Paulus in eigenen Worten: „Wir sind zwar gerettet, doch auf Hoffnung. Die Hoffnung aber, die man sieht, ist nicht Hoffnung" (Rm 8,24).

Barth drückt mit „Verheißung" nicht nur die Unanschaulichkeit der Sündenvergebung aus, sondern auch die Zukünftigkeit ihrer Erfüllung. In dem Sinne, dass der Mensch durch die Sündenvergebung von der Macht der Sünde unwiderruflich befreit ist und diese keinerlei Einfluss mehr auf ihn hat, ist die Sündenvergebung tatsächlich eine zukünftige, genauer: eschatologische Größe. Aber deswegen ist sie doch auch bereits im Hier

---

[43] BARTH, KD IV/1, 664.
[44] Ebd., 665.
[45] Ebd.

und Jetzt wirksam – und zwar nicht nur „psychologisch", indem sie die Erwartungshaltung dessen verändert, der sich an die Verheißung hält; insofern ist mir das Wort „Verheißung" in diesem Zusammenhang zu schwach. Für den, der sich an Gott, an Gottes sündenvergebende Liebe hält, gilt das berühmte Wort von Paulus:

„Denn ich bin gewiß, daß weder Tod noch Leben, weder Engel noch Mächte noch Gewalten, weder Gegenwärtiges noch Zukünftiges, weder Hohes noch Tiefes noch eine andere Kreatur uns scheiden kann von der Liebe Gottes, die in Christus Jesus ist, unserm Herrn" (Rm 8,38–39).

Zu den Mächten und Gewalten, welche ihn nicht von der Liebe Gottes trennen können, darf auch die Macht der Sünde gezählt werden. Noch steht der gerechtfertigte Mensch unter ihrem Einfluss, noch verletzt er in seinem Handeln die Beziehung zu seinen Mitmenschen und zu Gott, aber deswegen kann die Sünde doch nicht alle Macht über ihn erlangen und kann sie nicht erreichen, dass seine Beziehung zu Gott zerstört wird. Nicht weil er seit der Taufe, verstanden als einem einmaligen Akt, vor allen Versuchungen und Verfehlungen gefeit wäre. Er steht weiterhin unter dem Einfluss der (Ur-)Sünde und begeht weiterhin (Tat-)Sünden. Er bleibt auf Gottes Vergebung angewiesen. Aber solange er diese Angewiesenheit anerkennt und sich ganz auf Gottes vergebende Zuwendung verlässt, ständig und immer wieder, solange sind die Störungen in der Beziehung zu Gott behebbar und bewirkt die Sünde keine Trennung von der Liebe Gottes. Dieses bleibende Angewiesensein auf Gottes Vergebung wird auch von Barth betont:

„Kein Moment seines Lebens, in welchem er [der gerechtfertigte Mensch] Vergebung und also die Freiheit von seinen Sünden nicht auch einfach zu erwarten, zu erhoffen, mit leer ausgestreckten Händen zu erbitten hätte. Aus der fünften Bitte des Unservaters kann niemand jemals entlassen sein, ihre Dringlichkeit kann in keines Christen Leben jemals abnehmen."[46]

3.2.3 Das katholische Verständnis von Sünde und Rechtfertigung

Weshalb wird die Formel des „simul iustus et peccator" von römisch-katholischer Seite bekämpft und wie sieht ihr Sünden- und Rechtfertigungsverständnis demgegenüber aus?

Nach katholischer Auffassung, wie sie im Tridentinum festgeschrieben wurde, ist die Ursünde die einzige Sünde, die im wirklichen Sinn *Sünde* ist. Die Tatsünden sind nur im abgeleiteten Sinn Sünden. Die Ursünde wird bei der Empfängnis seit Adam auf jeden Menschen übertragen (die einzigen Ausnahmen sind Maria und Jesus), ohne dessen Zustimmung oder Willen. Die Wirkungen der Ursünde sind vielfältig: Tod, leibliches Leiden,

---
[46] Ebd.

Schwäche der Vernunft, Erschwerung der religiösen Erkenntnis und der Beachtung des göttlichen Gesetzes. Die Möglichkeit zu moralischer Lebensführung bleibt indes trotz Ursünde erhalten.[47] Die Ursünde wird allein durch das Verdienst Christi, des einen Mittlers, hinweggenommen (und nicht etwa durch andere Heilmittel oder Kräfte der menschlichen Natur). Dieses Verdienst Christi wird durch die kirchliche Taufe dem Menschen „zugewendet" (*applicatur*).[48] Die Taufe dient der Vergebung der Ursünde. Da auch kleine Kinder mit der Ursünde belastet sind, müssen sie „vom Mutterleib weg" (*ab uteris matrum*) getauft werden.[49] In der Taufe wird die Gnade Christi auf den Täufling „übertragen" (*conferetur*). Damit ist die Strafwürdigkeit der Ursünde und „all das, was den wahren und eigentlichen Charakter von Sünde besitzt" hinweggenommen, und zwar wirklich weggenommen, nicht nur „abgekratzt" oder bloß „nicht angerechnet". Die Getauften sind somit „unschuldig, unbefleckt, rein, schuldlos und Gottes geliebte Söhne geworden, ... so daß sie überhaupt nichts vom Eintritt in das Himmelreich zurückhält"[50].

Interessant ist nun die Frage, wie die Verfehlungen von Getauften zu beurteilen sind, wenn sie doch von der Ursünde völlig befreit wurden. Nach römisch-katholischer Auffassung bleibt nach der Taufe die Begehrlichkeit (*concupiscentia*) übrig, der Hang zum Sündigen, oder wie das tridentinische Dekret es nennt: der Zündstoff (*fomes*), der aber selbst nicht Sünde ist. Im Unterschied zur Ursünde, die dem Menschen ohne dessen Zustimmung übertragen wird, und der er nicht entfliehen kann außer durch die Taufe, bedeutet die *concupiscentia* lediglich einen Hang, nicht aber einen Zwang zum Sündigen. Ausdrücklich heißt es, dass die Konkupiszenz „denen, die <ihr> nicht zustimmen und mit Hilfe der Gnade Jesu Christi mannhaft widerstehen, nicht schaden" kann[51]. Zwar werde die Begehrlichkeit manchmal auch „Sünde" genannt, aber dies habe die katholische Kirche „niemals <dahingehend> verstanden, daß sie in den Wiedergeborenen wahrhaft und eigentlich Sünde wäre, sondern daß sie aus der Sünde ist und zur Sünde geneigt macht"[52].

Die Taten, die vollbracht werden, wenn dem der Konkupiszenz zuzuschreibenden Hang zu sündigen nachgegeben wird, lassen sich in zwei Gruppen einteilen: die schweren Sünden oder Todsünden (peccata capitalia, oder auch criminalia, gravia, mortalia genannt) und die leichten oder

---

[47] DH Nr. 1511–1512.
[48] Ebd., Nr. 1513.
[49] Ebd., Nr. 1514.
[50] Ebd., Nr. 1515.
[51] Ebd.
[52] Ebd.

lässlichen Sünden (peccata parva, oder auch minuta, levia, venialia). Von den lässlichen Sünden wird gesagt, sie seien „derart, daß auch noch so heilige Menschen in sie fallen"[53]. Sie lassen sich nicht „ohne besonderes Vorrecht von Gott"[54] völlig vermeiden. Sie haben nicht den Ausschluss von der Rechtfertigungsgnade zur Folge, postmortale Läuterung kann aber nötig sein. Die Vergebung erfolgt durch das Sakrament der Buße oder den Empfang der Eucharistie.

Schwerwiegender sind die Folgen bei den Todsünden. Diese ziehen den Verlust der Rechtfertigungsgnade nach sich, und das bedeutet ewige Verdammnis und Hölle. Vergebung ist nur möglich durch aufrichtige Reue und den Empfang des Bußsakraments. Die schweren Sünden werden definiert als „die Übertretung eines göttlichen Gebotes in klarer Einsicht und voller Freiheit des Handelns". Sie werden für vermeidbar angesehen.

Wenn in der katholischen Kirche von Sünde die Rede ist, sind meistens die Tatsünden, also die Todsünden oder die lässlichen Sünden gemeint. Von der Ursünde ist nicht darum seltener der Rede, weil sie weniger wichtig wäre[55] – das ist, wie gezeigt, gerade nicht der Fall –, sondern weil sie in den Getauften nicht mehr vorhanden ist.

Ob sich die katholische Lehre damit nicht in einen Widerspruch verwickelt? Zwar wird betont, die Tatsünden seien bloß im abgeleiteten Sinn Sünde; dies ist wohl dahingehend zu verstehen, dass sie ihre Sündhaftigkeit aus der Ursünde beziehen. Wie aber die Getauften (abgeleitete) Sünden begehen können, wenn die Ursünde in ihnen nicht mehr wirksam ist, und die Konkupiszenz ihrerseits keine Sünde ist, bleibt offen. Die lutherische Lehre entgeht diesem Widerspruch, indem sie von der Annahme einer fortwährenden Wirksamkeit der Ursünde auch in den Getauften ausgeht, während Paulus den umgekehrten Weg beschreitet und für das Fehlverhalten von Getauften die Bezeichnung „Sünde" konsequent meidet.

3.2.4 Das katholische und das evangelische Sündenverständnis – ein Vergleich

Nachfolgend seien einige zentrale Punkte des katholischen und des evangelischen Sündenverständnissen einander gegenüber gestellt.

1. Zunächst lässt sich eine allgemeine Einigkeit im *heilsgeschichtlichen Grundriss* ausmachen: Sowohl nach katholischer als auch nach evangelischer Auffassung waren die Glaubenden „vorher" Sünder und sind sie „nachher" Gerechte. Stichdaten im Übergang vom „Vorher" zum „Nach-

---

[53] Ebd., D3bc, S. 1581. Vgl. ebd., Nr. 1537, 1680.
[54] Ebd., D3bc, S. 1581. Vgl. ebd. Nr. 1573.
[55] So folgert irrtümlicherweise etwa JÜNGEL, Das Evangelium von der Rechtfertigung, §4.3.

her" sind zum einen die Taufe (und damit Karfreitag und Ostern), zum andern der Jüngste Tag.

2. Unterschiedlich beantwortet wird die Frage, wie der *Zustand des Menschen im „Vorher"* zu beschreiben sei. Nach evangelischer Auffassung ist er ganz Sünder, sein Verhältnis zu Gott, zu sich selber, zu den Mitmenschen und zur Welt ist von der Sünde restlos korrumpiert. Demgegenüber geht die katholische Lehre beim sündigen Menschen von einem nicht-korrumpierten Überrest aus, den sie in der Vernunft und im freien Willen verortet.

3. Diese Differenz ergibt sich aus einem unterschiedlichen Verständnis der Gottebenbildlichkeit des Menschen und, daraus folgend, einer divergierenden *Verhältnisbestimmung von Geschöpflichkeit und Gottebenbildlichkeit.* Nach katholischer Auffassung ist die Gottebenbildlichkeit des Menschen vor allem in seiner Vernunftbegabung zu sehen, sie ist gewissermaßen eine „Eigenschaft" des Menschen, ein Teil seiner selbst als Geschöpf. Damit kann nicht von einer restlosen Korrumpierung der Gottebenbildlichkeit gesprochen werden, ohne dass damit das Geschöpfsein tangiert wäre. Nach evangelischer Auffassung ist die Gottebenbildlichkeit darin zu sehen, dass Gott den Menschen geschaffen hat zu seinem Gegenüber in der Beziehung. Diese Gottebenbildlichkeit ist nun aber nicht eine „Eigenschaft" des Menschen als Geschöpf, ist also nicht etwa als natürliche „Fähigkeit" des Menschen anzusprechen. Sondern wenn und indem der Mensch sich in der Beziehung auf Gott einlässt, erweist er sich als Gottes Ebenbild, wenn und indem er sich Gott verschließt, verfehlt er seine Bestimmung als Ebenbild Gottes. Mit anderen Worten: Sowohl die katholische als auch die evangelische Auffassung gehen dahin, dass die Sicht des Menschen als „simul creatura et peccator" nicht selbstwidersprüchlich sein darf. Die evangelische Ausformulierung dieses Gedankens lautet, dass die Gottebenbildlichkeit in der Sünde verloren, dass sie aber nicht ein Teil der Geschöpflichkeit ist, wohingegen die katholische Verhältnisbestimmung gerade umgekehrt so lautet, dass die Gottebenbildlichkeit ein Teil der Geschöpflichkeit ist, darum aber in der Sünde nicht restlos verloren sein kann.

4. Aus dieser Differenz ergibt sich eine grundsätzlich andere Einschätzung der *Mitwirkung des Menschen an seinem Heil.* Zwar ist das Heil sowohl nach katholischer als auch evangelischer Auffassung allein von Christus gewirkt, doch ist aus katholischer Sicht zur Aneignung des Heils die freie Zustimmung und *cooperatio* des Menschen möglich und nötig. Evangelischerseits wird zwar nicht gesagt, das Heil werde dem Menschen gegen dessen Willen aufgezwungen, aber die Zustimmung des Menschen erfolgt nicht auf der Grundlage eines von der Sünde verschont gebliebenen Restes an freiem Willen, sondern die Befreiung des Willens aus der Sün-

denbestimmtheit und die Ausrichtung des menschlichen Willens auf den göttlichen Willen ist als Werk Gottes am Menschen zu sehen, eine Voraussetzung für den Empfang des Heils, die zugleich den Beginn des Heilswirkens Gottes markiert.

5. Wichtigstes Eckdatum für die Erlangung des Heils sind heilsgeschichtlich Karfreitag und Ostern, bzw. in der persönlichen Glaubensbiografie die *Taufe*. Während nach evangelischer Auffassung bei der Taufe der wirksame Zuspruch Gottes im Mittelpunkt steht, verbunden mit dem Eintritt in die Gemeinschaft derer, die ihr Leben von Gott bestimmt sein lassen, ist in der katholischen Lehre der institutionelle Aspekt der Taufe, die Rolle der Kirche als Verwalterin der Heilsmittel, stärker betont.

6. Wie ist das *Verhältnis der Getauften zur Sünde* zu beschreiben? Im Anschluss an Luther sind die Getauften aus evangelischer Sicht „simul iusti et peccatores", „wir" sind Sünder „in nobis", aber Gerechtfertigte „extra nos". In katholischer Perspektive sind sie durch die Taufe von der Sünde befreit, doch stehen sie unter einem (*concupiscentia* oder *fomes* genannten) Hang zu sündigen. Die daraus erwachsenden Taten sind Sünden im abgeleiteten Sinn; die Todsünden, die den Verlust der Rechtfertigungsgnade nach sich ziehen, bedeuten einen Rückfall in die Ursünde. Die lässlichen Sünden bedeuten keinen solchen Rückfall, sie gehören zum Leben der Getauften und können leicht vergeben werden. Sowohl von evangelischer als auch katholischer Seite werden also die Verfehlungen von Getauften „Sünde" genannt.

7. Die unterschiedliche Auffassung über die Wirksamkeit der Sünde in den Getauften hat Folgen für die Einschätzung der *Bedeutung der endzeitlichen Erlösung*. Aus evangelischer Sicht bringt diese die Beendigung des Zustandes des „simul iustus et peccator". Erst im Eschaton sind die Glaubenden ganz der Sünde entnommen und ganz *iusti*. Aus katholischer Sicht bringt die endzeitliche Erlösung die Befreiung von der Konkupiszenz, die Befreiung von der Möglichkeit eines Rückfalls in die Sünde. Sofern keine ungebüßten Todsünden ausstehend sind, folgt für die Getauften – über einen allfälligen Umweg postmortaler Läuterung – der Eintritt in die ewige Seligkeit.

3.3 σῶμα Χριστοῦ

Der Mensch, der Gottes Vergebung für sich in Anspruch nimmt und ἐν Χριστῷ ist, findet sich da nicht alleine vor. Gemeinsam mit allen andern, die sich das Wirken des Heiligen Geistes gefallen lassen, ist er ἐν Χριστῷ, gemeinsam sind sie *sanctorum communio*.

Es ist nicht so, dass der gerechtfertigte Mensch nur deshalb gemeinsam mit anderen zu den Gerechtfertigten gehört, weil „zufällig" noch ein paar andere ebenfalls erlöst wurden – so, als hätte der erste Gerechtfertigte zunächst eine Weile lang der einzige sein können. Vielmehr gehört die Gemeinschaft der Gerechtfertigten konstitutiv zum Gerechtfertigtsein. Gerechtfertigt ist nie jemand bloß für sich allein, sondern immer mit anderen zusammen und auf andere hin. Bedeutet Sündenvergebung die Befreiung aus der verfehlten Gottesbeziehung und die Befreiung zu einer gelingenden Gottesbeziehung, so ist Sündenvergebung konstitutiv Befreiung aus der Trennung und Vereinzelung, Befreiung zur Gemeinschaft. Das gilt in erster Linie in Bezug auf die Gottesbeziehung, bleibt aber nicht folgenlos für die Beziehung zu den Mitmenschen.

Kirche als Gemeinschaft derer, die Sündenvergebung empfangen haben, ist die „Gemeinschaft der Heiligen", die *sanctorum communio*, wie sie im Apostolikum bekannt wird. „Heiligkeit" ist dabei nicht im römisch-katholischen elitären Sinn zu verstehen als besonderer Leistungsausweis an guten Taten oder Frömmigkeit[56]; die *sanctorum communio* meint weder die Gemeinschaft „besonders" frommer Menschen untereinander noch meint sie die Gemeinschaft „normal" frommer Menschen mit den verstorbenen „besonders" Frommen.[57] Sie meint auch nicht „Teilhabe an den heiligen (Dingen)", den eucharistischen Elementen[58]. Die „Heiligkeit" ist vielmehr – wie die „Gerechtigkeit" im biblischen Sprachgebrauch – der Gegenbegriff zu „Sünde". Die Gemeinschaft der Heiligen ist die Gemein-

---

[56] Vgl. etwa die Aussage WIEDENHOFERS (Ekklesiologie, 125): „Weil darüber hinaus jede Zeit ihre Heiligen und ihre Heiligenverehrung hat, ist das Augenmerk heute besonders darauf zu richten, wo die Glaubenszeuginnen und Glaubenszeugen der Gegenwart zu suchen sind, die zusammen mit den schon Kanonisierten die Verehrung der Kirche verdienten." Wiedenhofers Vorschläge für Heilige unserer Zeit (ebd.): „Gehören nicht vor allem diejenigen dazu, die wegen ihrer aus dem Glauben kommenden Solidarität mit den Leidenden und Ausgebeuteten ermordet worden sind, die im Einsatz für die Gerechtigkeit ihr Leben verbraucht haben? Gehören nicht auch die prophetischen Kritiker der Zeit dazu, die in der Treue zur Nachfolge Christi in der Gegenwart einen neuen solidarischen Lebensstil geschaffen haben? Gehören aber nicht auch jene mystischen Gottessucher dazu, die den bewußten und unbewußten Götzendienst der Zeit aufgekündigt und aufgedeckt haben?"

[57] Vgl. hierzu WIEDENHOFER, Das katholische Kirchenverständnis, 269f, wo der entsprechende Abschnitt überschrieben ist mit „Gemeinschaft der Heiligen". In den Ausführungen heißt es: „Es ist die eschatologische Berufung der Kirche, in der die Einheit der pilgernden und der himmlischen Kirche gründet. Insofern die Heiligen das endzeitliche Wesen der Kirche repräsentieren, haben sie eine bleibende Aufgabe für das Volk Gottes in der Pilgerschaft. ... Die Fürbitte der Heiligen ist für die Kirche und die Gläubigen deswegen wichtig, weil ihr Glaube und ihre Liebe ewige Gültigkeit vor Gott und bleibende Bedeutung für die Welt gewonnen haben."

[58] Dies ist die Bedeutung des fest eingebürgerten Ausdrucks κοινωνία τῶν ἁγίων in der Ostkirche. Vgl. WIEDENHOFER, Das katholische Kirchenverständnis, 269.

schaft derer, die befreit aus der Sünde und befreit zur Gemeinschaft mit Gott und untereinander leben.

Die Gemeinschaft der Heiligen und die christologische Bedeutsamkeit dieser Gemeinschaft bringt Paulus in 1Kor 12,27[59] mit dem Bild vom „Leib Christi" zum Ausdruck: „Ihr aber seid der Leib Christi und jeder von euch ein Glied". Der Epheser- und der Kolosserbrief nehmen das Bild auf, wandeln es jedoch in charakteristischer Weise ab. Sind bei Paulus die Erlösten gemeinsam das ganze σῶμα Χριστοῦ und ist dabei die Zugehörigkeit aller bei gleichzeitiger Verschiedenheit der Gaben und Funktionen betont, so ist im Kol und Eph Christus selbst ein Glied des σῶμα Χριστοῦ, nämlich das Haupt, während die Erlösten die übrigen Glieder darstellen, die dem Haupt untergeordnet sind: „Und er [Christus] ist das Haupt des Leibes, nämlich der Gemeinde" (Kol 1,18); „Laßt uns ... wachsen in allen Stücken zu dem hin, der das Haupt ist, Christus, von dem aus der ganze Leib zusammengefügt ist und ein Glied am andern hängt durch alle Gelenke" (Eph 4,15f, vgl. Kol 2,18f). Hier steht in unpaulinischer Weise[60] die *Hierarchie* von Haupt und Gliedern im Mittelpunkt.

Die Differenz zwischen der paulinischen und der deuteropaulinischen Verwendung des Bildes vom σῶμα Χριστοῦ hat seine Fortsetzung gefunden im Kirchenverständnis der reformatorischen und der römisch-katholischen Kirche. Sind nach reformatorischer Auffassung alle Gläubigen in ihren Verschiedenheiten gemeinsam Kirche („Priestertum aller Gläubigen"), in der Christus lebt und wirkt, so findet sich Kirche nach lehramtlich römisch-katholischer Auffassung in der Unterordnung unter das Oberhaupt der Kirche, dem Papst als dem *vicarius Christi*.[61]

---

[59] Entgegen verbreiteter Auffassung (vgl. SCHWEIZER, Die Kirche als Leib Christi in den paulinischen Homologumena; ROLOFF, Die Kirche im Neuen Testament; teilweise auch KÄSEMANN, Das theologische Problem des Motivs vom Leibe Christi) gebraucht Paulus die Wendung „Leib Christi" nur hier in ekklesiologischer Bedeutung. „In 1Kor 12,27 liegt also eine in jeder Hinsicht bei Paulus einmalige Spitzenaussage vor; der Satz ‚Ihr seid Leib Christi' darf weder im Positiven noch im Negativen strapaziert werden, als handele es sich um eine von Paulus sorgfältig ausgearbeitete ekklesiologische Theorie" (LINDEMANN, Die Kirche als Leib, 165). 1Kor 12,12–26 spricht nicht direkt vom Leib Christi, sondern verwendet das Bild vom „Leib" zunächst in einem profan-politischen Sinn als Modell für das Zusammenleben der Gemeinde.

[60] So die Beurteilung LINDEMANNS (Die Kirche als Leib, 164), während SCHWEIZER (Die Kirche als Leib Christi in den paulinischen Antilegomena, 301; 313) in der Verwendung des Bildes in Kol und Eph eine paulinische Korrektur unpaulinisch-schwärmerischer Anschauungen sieht und ROLOFF die Differenzen zur paulinischen Verwendung des Bildes als legitime Weiterentwicklung paulinischer Gedanken wertet (dies insbesondere in Bezug auf die Aufnahme des Bildes in Kol, vgl. ROLOFF, Die Kirche im Neuen Testament, 227–231; kritischer gegenüber der Aufnahme in Eph, vgl. ebd., 234–238).

[61] „Ibi plenum signum salutis seu vera Ecclesia est, ubi haec tria elementa unius signi, scilicet una fides, unum baptisma, unum regimen, simul et plene verificantur, id est in

Das theologische Nachdenken *Dietrich Bonhoeffers* kreist immer wieder um die Kirche, und zwar in allen Phasen[62] seines Wirkens: Angefangen bei seiner Dissertation „Sanctorum Communio", über die im Kirchenkampf erschienene „Nachfolge" bis hin zu „Widerstand und Ergebung", den Fragmenten aus der Haft. Und immer wieder spielt dabei die Metapher des „Leibes Christi" für ihn eine wichtige Rolle. Er gebraucht sie in einer eigenständigen Weise, die sich weder der paulinischen noch der deuteropaulinischen Verwendung eindeutig zuordnen lässt.[63] Zwar beruft er sich

---

una, sancta, catholica et apostolica Ecclesia, quae a successore Petri una cum collegio episcoporum nomine Chirsti regitur." Acta synodalia I.4, 616. In der deutschen Übersetzung von Wassilowsky (Universales Heilssakrament Kirche, 349): „Dort steht das volle Zeichen des Heils oder die wahre Kirche, wo die drei Elemente des einen Zeichens – nämlich der eine Glaube, die eine Taufe und die eine Regierung – gleichzeitig und vollständig verifiziert sind, das heißt in der einen, heiligen, katholischen und apostolischen Kirche, die vom Nachfolger Petri zusammen mit dem Bischofskollegium regiert wird."

[62] Vgl. dazu HASE, Begriff und Wirklichkeit, 164.

[63] Dem oftmals anzutreffenden Vorwurf, Bonhoeffer vertrete ein „katholisierendes" Kirchenverständnis und identifiziere Kirche und Christus, kann ich mich nicht anschließen. Bonhoeffer wehrt sich entschieden gegen eine mystische oder sonstwie geartete „Verschmelzung von Gemeinde und Christus" (BONHOEFFER, Nachfolge, 234), er macht in allen Aussagen über die Kirche einen eschatologischen Vorbehalt und ist ohnehin weit davon entfernt, die Kirche, bzw. die Gemeinde restlos mit der Institution oder Hierarchie zu identifizieren. Ich habe den Eindruck, dass sich der Vorwurf der Gleichsetzung von Kirche und Gemeinde vor allem auf Bonhoeffers Formel „Christus als Gemeinde existierend" stützt und übersehen wird, dass es sich hierbei für Bonhoeffer um eine eschatologische Aussage handelt. Was die Aussage angeht, Bonhoeffer vertrete ein „katholisches" Kirchenverständnis, ist es in der Tat so, dass Bonhoeffer ein für evangelische Ohren überraschend autoritäres Kirchenverständnis vertritt: „Ärgerlich ist hierbei nur der Begriff der relativen Autorität der Kirche und der relativen Gebundenheit und Freiheit des Einzelnen ihr gegenüber. Er scheint unprotestantisch, scheint die Gewissensfreiheit zu gefährden. Und doch liegt gerade in der Anerkennung der theologischen Notwendigkeit des Gedankens der relativen Autorität der Kirche die Grenze des reformatorischen Evangeliums gegenüber allem Schwärmertum. … Hat aber die Kirche autoritativ gesprochen, …so habe ich … demgegenüber nur eine relative Freiheit im Rahmen des von der Kirche Gesprochenen … Mein relativer Gehorsam gehört der Kirche, sie ist im Recht, von mir ein sacrificium intellectus und vielleicht sogar auch gegebenenfalls ein sacrificium conscientiae zu fordern" (BONHOEFFER, Sanctorum Communio, 189f). Entscheidend ist hier – neben anderen wichtigen Differenzen zum katholischen Kirchenverständnis –, dass Bonhoeffer im Zusammenhang mit der Kirche nur von einer relativen Autorität spricht. Die absolute Autorität liegt bei Gott und seinem Wort und entbindet gegebenenfalls vom relativen Gehorsam gegenüber der Kirche (ebd., 190). Kommt hinzu, dass sich Bonhoeffer in seinen Ausführungen an der „wesentlichen" Kirche orientiert und diese nicht mit der sichtbaren Kirche identifiziert.

Allerdings ist auch die römisch-katholische Interpretation des Bildes vom Leibe Christi nicht statisch. Die Enzyklika ‚Mystici Corporis' von Pius XII. zeichnet ein anderes Bild als die Dogmatische Konstitution über die Kirche ‚Lumen Gentium' des II. Vatikanischen Konzils und die Entwicklung ist auch seither nicht stehen geblieben (vgl. etwa

etwa in der „Nachfolge" auf die deuteropaulinische Interpretation von Christus als dem Haupt des Leibes, doch gleichzeitig wird deutlich, dass er „Haupt" nicht im Sinne eines Körpergliedes meint: „Die Einheit Christi mit seiner Kirche, seinem Leib, fordert zugleich, dass Christus als Herr seines Leibes erkannt wird. Darum wird Christus in weiterer Ausführung des Leibbegriffes das Haupt des Leibes genannt (Eph. 1,22; Kol. 1,18; 2,19). Das klare Gegenüber wird gewahrt, Christus ist der Herr."[64] Einen Hinweis darauf, worum es ihm geht, liefert Bonhoeffer in „Sanctorum Communio": „... sind wir sein [Christi] Leib, so ist an die Bestimmung des Leibes als Funktionsbegriff zu erinnern; d. h. wir werden von ihm regiert, so wie *ich* meinen Leib regiere."[65] Bonhoeffer denkt nicht an das Gegenüber von Haupt und übrigen Gliedern, sondern an das Verhältnis zwischen dem „Ich" einer Person und ihrem Leib. Er versteht Kirche als eine Kollektivperson mit eigenem Aktzentrum, einem eigenen Selbstbewusstsein und Willen.[66]

Nur mit einem solchen Aktzentrum kann von einer „Person" die Rede sein. Der Wille, das Selbstbewusstsein, die Fähigkeit zu handeln (und nicht bloß zu reagieren) gehören konstitutiv zum Personsein. Eine Person kann entscheiden, ob sie sich im Hochsommer im angenehm kühlen Schatten aufhalten will, oder ob sie gängigen Schönheitsnormen Genüge tun und in der Sonne schmoren will, oder ob sie nach Informationen über die Schädlichkeit direkter Sonnenbestrahlung doch wieder den Aufenthalt im Schat

---

die Ausführungen in VERWEYEN, Gottes letztes Wort, 392ff). Wie WASSILOWSKY, Universales Heilssakrament Kirche, 202ff und 320ff belegt, wurde die ursprüngliche Fassung von ‚Lumen Gentium' im Prozess des II. Vatikanischen Konzils verschiedenen Neuformulierungen unterzogen, die sich nicht zuletzt darauf richteten, inwieweit der „mystische(n) Leib Christi" gleichzusetzen sei mit „der sichtbaren Gemeinschaft ‚Römisch-katholische Kirche'" (ebd., 205).

[64] BONHOEFFER, Nachfolge, 234.
[65] BONHOEFFER, Sanctorum Communio, 93; meine Hervorhebung.
[66] Die Denkfigur der Kollektivperson hat eine lange Geschichte. So findet sich eine antike (u.a. dem römischen Schriftsteller Menenius Agrippa zugeschriebene) Fabel, in welcher die Glieder des Leibes mit dem Plebs, und der scheinbar untätige, aber in Wirklichkeit lebensnotwendige Magen mit dem Senat verglichen werden (LIVIUS, Ab urbe condita II,32,8–12; den Hinweis verdanke ich LINDEMANN, Die Kirche als Leib, 142f).
Auch Schleiermacher spricht in der Güterlehre der Ethik von 1812/13 vom Staat als einer Person (SCHLEIERMACHER, Ethik, 102, §127); ob er diesen Gedanken auch auf die Kirche überträgt, ist nicht recht klar, zumindest kann er den „Darstellenden" als „Organ ... der Kirche" bezeichnen (ebd., 123, §220).
Auch in der Gegenwart ist der Gedanke der Kollektivperson geläufig, wenn etwa in der Gesetzgebung von „juristischen Personen" (im Unterschied zu „natürlichen Personen") die Rede ist, oder wenn gewisse Ansätze von Organisationsentwicklung davon ausgehen, dass ein Unternehmen oder eine Organisation wie eine Person anzusehen sind.

ten vorzieht. Eine Sonnenblume demgegenüber wendet sich dem Sonnenlicht zu unabhängig von Schönheitsnormen und Gesundheitswarnungen; sie trifft keine Entscheidung – mit anderen Worten: Eine Sonnenblume ist keine Person.

Nach Bonhoeffer ist die Kirche nicht nur die Versammlung verschiedener Personen, sondern ist selbst Person, d.h. sie besitzt ein eigenes Aktzentrum.[67] Das, was das Personsein der Kirche ausmacht, ist Christus; er ist das Aktzentrum, der Wille, das „Ich" oder in Bonhoeffers Worten der „Herr" der Kirche; die Kirche wiederum ist sein Leib.

Der Leib ist der Raum, den die Person in der Welt einnimmt, in dem sie lebendig ist, mittels dessen sie ihre Entscheidungen zur Ausführung bringt. Auf die Kirche als Leib Christi angewendet bedeutet dies, dass die Kirche der Raum ist, den Christus in der Welt einnimmt,[68] dass in ihr Christus in der Welt lebendig ist und durch sie seinen Willen ausführt. Bonhoeffer kann die Formel prägen, die Kirche sei „Christus als Gemeinde existierend"[69].

3.3.1 Die Vollmacht zur Sündenvergebung

Kirche und Sündenvergebung sind in einer engen Verbindung zu sehen. Nicht nur, dass Kirche die Gemeinschaft derer ist, die aus der Sündenvergebung leben, nach dem Zeugnis der Evangelien hat ihr Jesus Christus auch die *Vollmacht zur Sündenvergebung* übertragen. An diesem Punkt wurde und wird immer wieder Anstoß genommen[70] – begreiflicherweise, ist doch die Geschichte der praktischen Auslegung des Vollmachtszuspruchs eine Geschichte des Machtmissbrauchs. Doch wenn die Kirche als Leib Christi und Christus als das „Aktzentrum" seiner Kirche gedacht werden, dann ist es geradezu unausweichlich, von der Vollmacht der Kirche zur Sündenvergebung zu sprechen, wenn denn Sündenvergebung nicht eine bloß historische Größe ist, sondern aktuelle, gegenwärtig sich vollziehende und gültige Wirklichkeit. Auf dem Hintergrund der leidvollen Auslegungs- und Umsetzungsgeschichte ist sorgfältig danach zu fragen,

---

[67] Diese hypostasierende Betrachtungsweise ist bei Bonhoeffer vor allem in „Sanctorum Communio" von Bedeutung und wird später abgeschwächt.

[68] „Der Raum Jesu Christi in der Welt nach seinem Hingang wird durch seinen Leib, die Kirche, eingenommen" (BONHOEFFER, Nachfolge, 232).

[69] „Nun [im Eschaton!] ist der objektive Geist der Gemeinde wirklich der heilige Geist geworden, das Erlebnis der ‚religiösen' Gemeinschaft ist nun wirklich das Erlebnis der Kirche und die Kollektivperson der Kirche wirklich ‚Christus als Gemeinde existierend'" (BONHOEFFER, Sanctorum Communio, 218; Hervorhebung getilgt).

[70] So urteilt BRÅKENHIELM (Forgiveness, 62): „These texts [Joh 20,23; Mt 16,19] have caused more conflict in the Christian church than any other passages of Scripture."

was unter der kirchlichen Vollmacht zur Sündenvergebung zu verstehen ist.[71]

„Da sprach Jesus wiederum zu ihnen: Friede sei mit euch! Wie mich der Vater gesandt hat, so sende auch ich euch. Und nachdem er dies gesagt hatte, hauchte er sie an, und er spricht zu ihnen: Empfanget heiligen Geist! Denen ihr die Sünden vergebt, ihnen sind sie vergeben; denen ihr sie festhaltet, ihnen sind sie festgehalten." (Joh 20,21–23)

Zunächst ist wiederum zu betonen, dass es um *Sünden*vergebung geht. Die Rede ist nicht vom Umgang mit zwischenmenschlichen Verfehlungen als solchen, sondern von der verletzten Beziehung zwischen Gott und Mensch. Die Szene spielt am Abend des Ostertages.[72] Die Jünger, stellvertretend für die nachösterliche Gemeinde, empfangen vom Auferstandenen den Heiligen Geist.[73] Das Erdenwirken Jesu ist an sein Ende gelangt, nicht aber das Wirken Gottes; die Jünger sind aufgerufen, das Werk Jesu fortzusetzen, genauer: Gottes Werk durch sie, in ihnen und mit ihnen weiter geschehen zu lassen. Im Sendungsauftrag spricht der Auferstandene diesen Sachverhalt klar aus. Die Jünger, oder eben: die Gemeinde handeln bzw. handelt im Auftrag und in der Vollmacht Christi, die ihrerseits Auftrag und Vollmacht Gottes sind.

---

[71] Ich beziehe mich dabei exemplarisch auf den Sündenvergebungsauftrag Joh 20. Die theologischen Schlussfolgerungen gelten auch für Mt 16,19 und 18,18, weswegen diese Texte nicht eigens zu behandeln sind.

[72] Auch die Szene Mt 16,19, Jesu Worte an Petrus: „Ich werde dir die Schlüssel des Himmelreichs geben, und was du auf Erden bindest, wird auch im Himmel gebunden sein, und was du auf Erden lösest, wird auch im Himmel gelöst sein", ist redaktionsgeschichtlich und theologisch als nachösterlich anzusehen. *Redaktionsgeschichtlich* handelt es sich um eine nachösterliche Komposition für ein nachösterliches Zielpublikum, die Gemeinde. Für die *theologische* Analyse ist von Bedeutung, dass es sich um eine Antwort Jesu auf das Christusbekenntnis des Petrus handelt. Das Christusbekenntnis wiederum ist keine neutrale Feststellung, sondern seinerseits bereits Antwort, nämlich auf eine ergangene Offenbarung (vgl. Mt 16,17), die denselben Offenbarungsinhalt hat wie die Auferstehung Jesu von den Toten: „Du bist der Christus, Sohn des lebendigen Gottes" (Mt 16,16).

[73] Vgl. dazu HASITSCHKA, Befreiung von Sünde nach dem Johannesevangelium, 421: „[Joh] 20,23 läßt einen Vergleich mit 1,29 zu. An beiden Stellen findet sich eine Aussage über die Befreiung von Sünde in Verbindung mit einer Aussage über den heiligen Geist. ... Das Wort vom Lamm Gottes in Verbindung mit der Aussage über das Taufen im heiligen Geist steht am Anfang des irdischen Wirkens Jesu. Die Gabe des Geistes und das Vollmachtswort am Ostertag stehen am Anfang seines nachösterlichen Wirkens als erhöhter Herr durch die Jünger. Gabe des Geistes und Befreiung von Sünde kann somit als Thema gesehen werden, das wie *ein* Rahmen am Anfang und Schluß des Evangeliums steht. Über dem gesamten irdischen Wirken Jesu steht die Aussage von 1,29, über dem gesamten Wirken der Jünger jene von 20,23. So wie zur Sendung Jesu wesentlich das Hinwegnehmen der Sünde gehört, so gehört zur Sendung der Jünger die Sündenvergebung."

Tritt damit die Gemeinde an die Stelle Jesu Christi und ist trinitätstheologisch als „Sohn" anzusprechen? Anders gefragt: Inkarniert sich Gott nach Ostern in die Kirche? Die Frage mag fremd anmuten, doch ist sie theologisch und theologiegeschichtlich besehen nicht abwegig. So gab und gibt es durchaus Ansätze, welche von einer Inkarnation Gottes nicht nur im historischen Menschen Jesus von Nazareth, sondern, je nach Ausformulierung, auch in der Kirche, in jedem Menschen oder in der ganzen Schöpfung ausgehen.[74] Und wenn der „Sohn" trinitätstheologisch verstanden wird als Gestalt, in der Gott seinen Willen und sein Handeln kundtut und sich daraufhin festlegt, als wer er erkannt und verehrt werden möchte, dann ist theologisch die Frage berechtigt, ob nicht die Kirche nachösterlich der Ort ist, wo sich dies vollzieht. Allerdings sind zwei Dinge sogleich festzuhalten: Erstens kann sich eine solche Frage nur auf die *ecclesia invisibilis* beziehen und zweitens lassen sich daraus keinerlei Machtansprüche ableiten, sondern ist damit primär die Rückbindung an den „Vater" ausgesagt. Im Neuen Testament ist das Bemühen erkennbar, eine größtmögliche Nähe zwischen Christus und der Kirche auszudrücken, ohne sie gleichzeitig für (numerisch oder qualitativ) identisch zu erklären. Im *Johannesevangelium* geschieht dies dadurch, dass die Jünger den Sendungsauftrag und die Geistvollmacht erhalten, die auch für Jesu Erdenwirken bestimmend waren, sie diese aber nicht direkt von Gott (und gewissermaßen an Jesu Statt) erhalten, sondern vermittelt durch den Auferstandenen. *Paulus* verwendet dazu das Bild des σῶμα Χριστοῦ: Christus und Kirche gehören so eng zusammen wie das „Ich" einer Person und ihr Leib, sind aber dennoch unterscheidbar und zwar in dem Sinne, dass der Leib die Handlungen ausführt, die Impulse dazu aber vom „Ich" kommen.

Und noch etwas fällt auf in der johanneischen und paulinischen Verhältnisbestimmung von Christus und Kirche. Bei beiden ist mit der Rückbindung der Kirche an Christus eine Rückbindung an Gott ausgesagt; doch weder lässt das Johannesevangelium die Jünger den Sendungsauftrag direkt von Gott empfangen, noch nennt Paulus die Kirche σῶμα θεοῦ. Beide sehen sie das Verhältnis der Kirche zu Gott als durch Christus vermittelt an; Christus ist von der Kirche nicht nur unterscheidbar, sondern er

---

[74] Vgl. dazu die Untersuchung von LINK-WIECZOREK, Inkarnation oder Inspiration? Neben einer generell anzuratenden Zurückhaltung bei der Anwendung der theologischen Modelle von Inkarnation oder Sohnschaft auf die Kirche ist im besonderen darauf hinzuweisen, dass ein dergestaltiges Reden von der Kirche sich in der konkreten Ausformulierung denselben Fallgruben gegenübersieht wie sie aus der Geschichte der christologischen Lehrbildung bekannt sind, d.h. dem Arianismus, dem Monophysitismus usw. So warnt z.B. Wassilowsky (Universales Heilssakrament Kirche, 206) davor, dass „im Falle einer falschen Übertragung der Inkarnation auf die Kirche ... im ekklesiologischen Monophysitismus bzw. Appolonarismus die irdisch-menschliche Wirklichkeit der Kirche gar nicht mehr zu denken ist".

ist auch ihre Voraussetzung und der Maßstab, an welchem sich die *ecclesia visibilis* daraufhin messen lassen muss, ob sie auch *ecclesia vera* sei.

Damit ist zugleich eine Grenze der kirchlichen Vergebungsvollmacht markiert. Die Vollmacht zur Sündenvergebung beinhaltet keine Generallizenz zu willkürlicher Vergebung oder Vergebungsverweigerung. Weil auch bei der kirchlichen Sündenvergebung (wenn es sich denn um Sündenvergebung und nicht um etwas anderes handeln soll) nur Gott als Subjekt in Frage kommt, ist die Kirche in ihrem Handeln ganz und gar daran gebunden, was Gottes Wille ist und wie er ihn in Jesus Christus zu erkennen gegeben hat. Im christusgemäßen Gebrauch der Vollmacht erweist sich die Kirche als wahre Kirche. Durch missbräuchliche Erteilung oder Verweigerung der Sündenvergebung beweist eine Kirche nur, dass sie nicht Christus als ihr Aktzentrum hat, mithin nicht Leib Christi, mithin nicht Kirche ist. Kirchliche Sündenvergebung ist sinnlich erfahrbare Gestalt der einen göttlichen Sündenvergebung. Wird die Kirche ihrem Auftrag gerecht, ist sie nichts weniger als Ort der fortgesetzten Offenbarung der Liebe Gottes.

Das Johannesevangelium (und in anderer Terminologie das Matthäusevangelium) spricht nicht nur von der Möglichkeit, Sünden zu vergeben, sondern auch davon, dass Sünden „festgehalten" werden können. Dazu schreibt Hasitschka:

„Das Spezifische im Sprachgebrauch von ἀφίημι bei Joh ist, daß dieses Verbum in Antithese zu κρατέω gestellt wird, zum Nicht-Erlassen, Belassen, Festhalten. ... Sünde wird damit gesehen als Realität, die man loslassen (fortlassen, erlassen, vergeben), aber auch zurückhalten (festhalten, belassen) kann. ... Der Gegensatz zu ἀφίημι ist nicht einfach ‚nicht vergeben' ..., sondern darüber hinaus ein ausdrückliches Festlegen des Menschen auf seine Sünde"[75].

Heißt dies, dass die Jünger nach eigenem Ermessen entscheiden können, wem sie unter welchen Bedingungen vergeben? Nein, betont Hasitschka und fährt fort:

„Das mit κρατέω bezeichnete aktive Handeln der Jünger ist vielmehr zu verstehen in Verbindung damit, daß sie im Rahmen ihrer Sendung Sünde erst richtig ans Licht bringen und bewußt machen ... κρατέω ist ein Festhalten im Hinblick auf das, was durch sie aufgewiesen wurde. Sie legen die Menschen fest auf das mit dem neuen Verständnis von Gott verbundene neue Verständnis von Sünde."[76]

---

[75] HASITSCHKA, Befreiung von Sünde nach dem Johannesevangelium, 407f.
[76] Ebd., 408.

Die Sünde wider den Heiligen Geist

Doch auf wessen Sünde reagiert Gott – und mit ihm die Kirche – mit ἀφίημι und auf wessen Sünde mit κρατέω? Anders gefragt: Wann ist Sünde unvergebbar?

„Darum sage ich euch: Jede Sünde und Lästerung wird den Menschen vergeben werden, aber die Lästerung des Geistes wird nicht vergeben werden. Wenn jemand etwas gegen den Menschensohn sagt, wird ihm vergeben werden; wer aber etwas gegen den Heiligen Geist sagt, dem wird nicht vergeben werden, weder in dieser noch in der kommenden Welt." (Mt 12,31–32)

Es ist viel darüber spekuliert worden, worin die βλασφημία τοῦ πνεύματος bestehe[77]. Es ist mir nicht möglich, auf die verschiedenen Auslegungen einzugehen. Ich beschränke mich stattdessen darauf, *ein* Verständnis der Sünde wider den Heiligen Geist zu entfalten, das mit der in dieser Untersuchung vertretenen Sicht von Sünde, Umkehr und Heiligem Geist vereinbar ist.

Sünde wurde beschrieben als Gott entgegengesetzte Macht, die den Menschen gefangen hält und den Menschen von einer gelingenden Beziehung mit Gott abhält, *Sündenvergebung* als gottgewirkte Befreiung aus der Macht der Sünde und gleichzeitig Befreiung zur Gemeinschaft mit Gott. Diese Befreiung geschieht nicht gegen den Willen des Menschen, aber auch nicht aufbauend auf einen Überrest an freiem Willen beim Menschen, sondern geschieht allererst in der Befreiung des menschlichen Willens. Der befreite menschliche Wille erkennt seine Grundsituation als Gefangenschaft in der Sünde, er empfindet schmerzvoll, wer er selbst unter dieser Situation ist und was er tut, er ersehnt die Befreiung daraus und ersehnt die Gemeinschaft mit Gott. Der befreite Wille befindet sich damit im Zustand der *Umkehr*, der μετάνοια, er verlangt nach Gottes Sündenvergebung und darf darauf vertrauen, dass Gott sie ihm nicht vorenthalten wird. Dass der Mensch die Sündenvergebung Gottes wollen kann und auch tatsächlich empfängt, dies wurde als das spezifische Werk des Heiligen Geistes beschrieben.

Ohne das Zum-Ziel-Kommen Gottes beim Menschen durch das Werk des Heiligen Geistes gibt es weder μετάνοια noch Sündenvergebung. Wer sich dem Wirken des Heiligen Geistes verschließt, dem kann Gott nicht vergeben. Die Sünde wider den Heiligen Geist ist das Verharren in der Sünde, das Sich-Verweigern gegenüber der Befreiung durch den Heiligen Geist. Unter der Annahme, dass Gott die Befreiung aus der Sünde nieman-

---

[77] Oder auch die ἁμαρτία πρὸς θάνατον, 1Joh 5,16.

dem gegen dessen Willen aufzwingt, ist die Sünde des Sich-gegen-den-Heiligen-Geist-Verschließens logisch unvergebbar.[78]

Im gleichen Sinn versteht Hasitschka das johanneische Gegensatzpaar ἀφίημι – κρατέω:

„Doch kann ihr [der Jünger] Wirken als Gesandte Jesu ... auch Ablehnung, Widerstand und Verhärtung des Herzens hervorrufen ... Sie ‚können' die durch sie aufgewiesene Sünde nicht vergeben, wenn einer nicht bereit ist, Vergebung zu empfangen, wenn die Bereitschaft zum Glauben an Jesus fehlt. Ihr Wirken kann also ein Festhalten der Sünde zur Folge haben, wenn es nicht zur Hinwendung zu Jesus führt, sondern Abwendung von ihm provoziert."[79]

Wer sich der Befreiung aus der Sünde verweigert und sich nicht auf die μετάνοια einlassen will, dem *kann* Gott keine Sündenvergebung gewähren, da die konstitutiven Bedingungen dafür, dass Gottes Handeln an ihm „Sündenvergebung" genannt werden könnte, nicht erfüllt sind. Aber es handelt sich beim Verharren des Menschen in der Sünde um mehr als die technische Ausdrucksweise vom Nicht-Erfüllen konstitutiver Bedingungen nahe legt. Es handelt sich dabei um eine Zurückweisung von Gottes Geist, eine „Beleidigung" Gottes, eine fortgesetzte Verletzung der Beziehung zu Gott.[80] Und noch in einer zweiten Hinsicht lässt sich die Aussage verschärfen. Denn die μετάνοια des Menschen ist ja, wie bereits ausgeführt, nicht nur eine der konstitutiven Bedingungen von Vergebung, sie ist zugleich die anthropologische Vollzugsweise der Sündenvergebung. Es handelt sich also nicht um ein zweistufiges Verfahren von der Form: *Wenn* der Mensch nicht umkehrt, *dann* kann Gott nicht vergeben; sondern mehr noch: *Indem* sich der Mensch der Sündenvergebung verweigert, ist diese bereits verspielt, ist doch die μετάνοια, die willentliche Bereitschaft zur Annahme der Sündenvergebung, die Gestalt, in der sich die Sündenvergebung am Menschen vollzieht.

Kirche als Sprachrohr Gottes

Die Vollmacht der Kirche kann in keiner Weise darin bestehen, jemandem in Gottes Namen Vergebung zuzusprechen, der diese Vergebung gar nicht will. Nicht einmal Gott könnte ihr diese Vollmacht gewähren, da es sich nach dem hier vertretenen Verständnis von Vergebung um eine logische

---

[78] Vgl. ebenso JONES, Embodying Forgiveness, 194: Die unvergebbare Sünde ist die Weigerung, seine Vergebungsbedürftigkeit anzuerkennen.

[79] HASITSCHKA, Befreiung von Sünde nach dem Johannesevangelium, 409.

[80] Ähnlich wird im Zusammenhang der zwischenmenschlichen Kommunikation geschildert werden, dass fehlende Schuldeinsicht und Reue ein Festhalten an der moralisch verletzenden Botschaft und damit eine fortgesetzte moralische Verletzung bedeuten; vgl. Kapitel 4.5.4, insbesondere der Abschnitt „Nicht-Reaktion und die Erneuerung der verletzenden Botschaft".

Unmöglichkeit handelt. Kann aber die Kirche jemandem Vergebung vorenthalten, der die konstitutiven Bedingungen für Vergebung erfüllt, der also seine Sünde einsieht, bekennt, sich von der Sünde ab- und Gott zuwenden will? Anders gefragt: Kann es geschehen, dass Gott jemandem vergeben will, aber wenn die Kirche Vergebung verweigert, vergibt auch Gott nicht? Und auch nach dem umgekehrten Fall gilt es zu fragen: Kann es geschehen, dass Gott jemandem, der aufrichtig seine Vergebung sucht, diese vorenthalten will, aber wenn die Kirche vergibt, „gilt" ihre Vergebung als die Gottes?

Bei der letzten Frage ist einzuhaken, und zwar muss allererst gefragt werden, ob es überhaupt denkbar ist, dass Gott in so einem Fall Vergebung vorenthalten wollte.

Mit den konstitutiven Bedingungen der Vergebung sind nicht nur die notwendigen, sondern auch die hinreichenden Bedingungen von Vergebung genannt. Sind sämtliche konstitutiven Bedingungen erfüllt, wird die Vergebung wirklich. In einem Fall, wo es um *Sünde* geht, also um eine Verletzung der Beziehung zwischen Gott und einem Menschen, und wo die *Reue* des sündigen Menschen gegeben ist, in einem solchen Fall könnte die Vergebung nur noch an der konstitutiven Bedingung der *Versöhnlichkeit* Gottes scheitern. Doch besteht kein Anlass, an der Versöhnlichkeit Gottes zu zweifeln. Wenngleich Gottes Vergebung nicht „bedingungslos" ist in dem Sinne, dass sie nicht nicht auf konstitutiven Bedingungen gründet[81], so hat sich doch Gott in Jesu Handeln und Verkündigung als ein Gott erwiesen, der nicht nachtragend ist oder in narzisstischer Weise am Gekränktsein festhält, sondern der aktiv das Verlorene sucht, der selber initiativ ist, um den Abgewandten für seine Liebe zu gewinnen.[82] Und nur dieser Initiative, dem aktiven Vergebungswillen Gottes, ist es zu verdanken, dass der andere überhaupt zur μετάνοια gelangte. Mit anderen Worten: Die Versöhnlichkeit Gottes, welche Bedingung ist für das Zustandekommen der Sündenvergebung, ist bereits Bedingung dafür, dass der Mensch zur μετάνοια gelangt.[83] Gottes Verweigerung der Vergebung für einen reuigen Menschen müsste demnach mit einem abrupten Wechsel der

---

[81] Vgl. dazu Kapitel 6.1–2.

[82] Dem liebenden Werben um den andern, der einen verletzte, hat KIERKEGAARD ein eindrückliches Denkmal gesetzt im 8. Kapitel („Der Sieg der Versöhnlichkeit in Liebe, welche den Überwundenen gewinnt") der zweiten Folge in „Die Taten der Liebe". (So lautet nach Ansicht maßgeblicher Kierkegaard-Interpretinnen und -Interpreten die treffende Wiedergabe des dänischen Originaltitels: Kjerlighedens Gjerninger. In der existenzialistisch angehauchten Übersetzung von GERDES aus dem Jahre 1966, aus der ich zitiere, lautet der Titel „Der Liebe Tun". Die im Jahr 2004 erschienene Auswahlübersetzung von WIMMER trägt den Titel „Werke der Liebe".)

[83] Oder anders gesagt: „Der Glaube ist das anthropologische Korrelat der Selbstwirksamkeit Gottes, nicht deren Bedingung" (DALFERTH, Wirkendes Wort, 141).

Haltung Gottes erklärt werden oder wäre gar kurzerhand ein Selbstwiderspruch. Es ist nicht davon auszugehen, dass Gott sein Vergebungswerk im Menschen beginnt und ihn zur Reue führt, um sein Werk an ihm dann nicht auch zu vollenden.

Gottes Verweigerung der Vergebung für einen reuigen Menschen ist also zumindest extrem unwahrscheinlich. Sie ist aber nicht nur dies. Denn die an einem zeitlichen Ablauf orientierte Vorstellung, dass der Mensch zuerst zur Reue gelangt und anschließend Gott vor der Entscheidung steht, ob er ihm vergeben will, passt nicht auf das, was in der Sündenvergebung geschieht. Sie ist dem zwischenmenschlichen Vergebungsgeschehen entlehnt, wo erstens die Versöhnlichkeit der verletzten Person nicht vorausgesetzt werden kann, und, vor allem, wo diese Versöhnlichkeit nicht Bedingung für das Auftreten von Reue bei dem Urheber der moralischen Verletzung ist. Wenn aber Gott einen Menschen zur Reue führt, dann ist dies bereits Teil seines Vergebungshandelns am Menschen.[84] Wenn sich der Mensch in der μετάνοια von der Sünde abwendet, dann bedeutet dies zugleich seine Hinkehr zu Gott, die Gott gewiss nichts ins Leere laufen lassen wird.

Für die Vergebungsvollmacht der Kirche bedeutet dies nun aber nicht nur, dass sie dort, wo die konstitutiven Bedingungen der Sündenvergebung *nicht* erfüllt sind, Vergebung nicht gewähren kann. Sondern es bedeutet ebenso, dass sie dort, wo die konstitutiven Bedingungen der Sündenvergebung *erfüllt* sind, Vergebung nicht vorenthalten kann, wenn sie denn wirklich als *Kirche*, als σῶμα Χριστοῦ, handelt.[85] Man könnte einwenden, dass damit von der „Vollmacht" nichts übrigbleibt, die Kirche wäre nurmehr „Sprachrohr" Gottes. Aber vielleicht ist die Rede von der Vollmacht auch gar nicht in erster Linie an diejenigen gerichtet, welche sich in der Rolle sehen, Gottes Vergebung *auszusprechen*, sondern an jene, welche um Gottes Vergebung *bitten*. Ihnen ist sie eine Zusage, dass der Vergebungszuspruch der Kirche ein darstellender Akt[86] der Vergebung Gottes

---

[84] Vgl. Kapitel 2.4.

[85] Ich vertrete damit für die Vergebungsvollmacht dieselbe Auffassung wie FRETTLÖH (Theologie des Segens, 378) in Bezug auf den Segen: „Die Wirksamkeit menschlicher Segenspraxis steht und fällt damit, daß es ihr um den Segen im *Namen* und *Auftrag* Gottes geht. Daraus folgt zum einen, daß keinem die Zusage des göttlichen Segens vorenthalten werden darf, den Gott selbst seines Segens gewürdigt hat. Zum anderen hat menschliches Segnen seine Grenze dort, wo Gott seinen Segen verweigert."

[86] Würde man die Vergebungsvollmacht der Kirche dahingehend verstehen, als könnte die Kirche von sich aus Gottes Vergebung zusprechen oder vorenthalten, und damit die Vergebung(-sverweigerung) in Geltung setzen, müsste der kirchliche Vergebungszuspruch als ein *performativer* Akt verstanden werden. Gegen diese Auffassung bezieht DALFERTH (Wirkendes Wort, 139) mit Recht deutlich Stellung: „Christliche Verkündigung ist kein – in Schleiermachers Sinn – wirkendes, sondern ein rein darstellendes

ist. Gottes Vergebung bekommt für sie damit eine sinnlich wahrnehmbare Gestalt, tritt hörbar in ihr Leben. Damit ginge es beim Vollmachtszuspruch nicht um die Macht der Kirche, gar als Institution verstanden, sondern stünde die seelsorgerliche Dimension, der Dienst am sündenbeladenen Menschen, im Mittelpunkt.

3.3.2 Wort und Sakrament

Die Kirche hat die Vollmacht und den Auftrag, Gottes Sündenvergebung den Menschen zuzusprechen. Sie tut dies in der Verkündigung, im seelsorgerlichen Gespräch oder in der Beichte, und ebenso sind die Sakramente, Taufe und Abendmahl, Darstellungen (Schleiermacher) oder Zeichen (Luther) der Sündenvergebung Gottes.[87] So heißt es in Luthers Großem Katechismus: „Darümb ist alles yn der Christenheit dazu geordnet, das man da teglich eitel vergebung der sunden durch wort und zeichen hole, unser gewissen zutroesten und auffrichten, so lang wir hie leben."[88]

Bedeutet dies, dass Menschen nur in der Kirche Sündenvergebung erlangen können? Wenn die Frage so verstanden wird, ob Menschen nur vermittels einer bestimmten gesellschaftlichen Institution Sündenvergebung bekommen können, ist sie zu verneinen. Gottes Vergebung ist nicht an einen institutionellen Apparat gebunden; und auch nicht an bestimmte Handlungsvollzüge wie Taufe, Abendmahl, Beichte oder Predigt. Es gibt Menschen, an denen keinerlei kirchliche „Amtshandlungen" vollzogen wurden, und die der Vergebung Gottes dennoch von ganzem Herzen gewiss sein dürfen. Und umgekehrt sind die Taufe oder die Teilnahme am Abendmahl keine Garanten dafür, dass Gott vergeben hat.[89] Andernfalls läge ihnen ein magisches Verständnis der sündenvergebenden Kraft Gottes zugrunde.

Handeln, weil sie nichts will, als daß Gottes Wort sich selbst zur Wirkung bringt." Und ebd., 139f: „Daß Gottes Wort zur Wirkung kommt, läßt sich nicht sprechaktanalytisch durch entsprechende Bedingungen regeln ... Versuche, das von Luther thematisierte verbum efficax im Anschluß an J.L. Austins Sprechaktanalysen als performatives Sprechhandeln zu charakterisieren, ... stellen ... nicht hinreichend in Rechnung, daß die Wirksamkeit performativen Handelns und Sprechens am Bestehen sozialer Konventionen hängt, die Wirkkraft des Gotteswortes aber gerade nicht."

[87] Damit ist natürlich längst nicht alles über die Bedeutung der Sakramente gesagt. Ich konzentriere mich hier jedoch ausschließlich auf den Aspekt der Sündenvergebung.

[88] LUTHER, WA 30/1,190,26–29. BSLK 658,28–34: „Quocirca omnia in christianitate eo adornata sunt, ut quotidie meras peccatorum condonationes auferamus et verbis et signis ad hoc constitutis ad consolandam et erigendam conscientiam, quamdiu in hac vita futuri sumus."

[89] In der Säuglingstaufe ist dies besonders augenfällig. Es gilt aber ebenso für die Erwachsenentaufe, weswegen die Säuglingstaufe theologisch nicht problematischer sein muss als die Erwachsenentaufe.

Die Frage lässt sich indes auch anders verstehen, lässt sich auf die *ecclesia invisibilis* statt die *ecclesia visibilis* beziehen. Wenn die Frage dementsprechend lautet, ob Sündenvergebung nur in der Zugehörigkeit zum σῶμα Χριστοῦ zu erlangen ist, dann muss die Antwort Ja lauten. Aber wie bei der μετάνοια ist sogleich zu betonen, dass die Zugehörigkeit zum σῶμα Χριστοῦ nicht eine vom Menschen zu erfüllende Vorbedingung ist, sondern vielmehr Teil des sündenvergebenden Handelns Gottes am Menschen. Gott vergibt dem Menschen seine Sünde nicht, ohne ihn zugleich dem σῶμα Χριστοῦ einzugliedern. Er entnimmt ihn nicht der Sünde und entlässt ihn in den luftleeren Raum, sondern setzt ihn zu sich in Beziehung, welche eben die Beziehung des σῶμα Χριστοῦ zu Gott ist. Und wiewohl dieser σῶμα Χριστοῦ sich nicht einfach mit einer historisch gewachsenen und gesellschaftlich organisierten Institution gleichsetzen lässt, so ist die *ecclesia visibilis* doch auch nicht bedeutungslos, und zwar aus verschiedenen Gründen, von denen ich drei hervorheben möchte.

Zum *ersten* ist der in Wort und Sakrament ergehende Zuspruch der Sündenvergebung zwar nicht identisch mit Gottes Sündenvergebung selbst, sondern, wie erwähnt, deren „Darstellung" oder „Zeichen". Aber man sei vorsichtig damit zu sagen, er sei „nur" Darstellung oder Zeichen. In Wort und Sakrament nimmt die ansonsten unanschauliche Sündenvergebung sinnlich wahrnehmbare (hör-, sicht- und schmeckbare) Gestalt an, und diese sollen wir „nicht verachten"[90]. Die Anschaulichkeit ist nicht notwendig für die Erlangung der Sündenvergebung, wohl aber in ihrer Bedeutung für die Erlangung der Vergebungs*gewissheit* nicht zu unterschätzen.

Ein *zweites* Argument ergibt sich aus dem hier vertretenen Verständnis von Sünde und Sündenvergebung als *Beziehungsbegriffen*. Sündenvergebung meint die Überwindung der Sünde als der Störung der Beziehung zwischen Gott und Mensch, und somit die Wiederherstellung der Gemeinschaft zwischen Gott und Mensch. Nun ist Sünde ein Begriff, der die gestörte Beziehung zu *Gott* bezeichnet; aber die Beziehung des Menschen zu Gott ist nicht unabhängig davon zu denken, wie er seine Beziehungen zu den Mitmenschen gestaltet. Begeht er eine moralische Verletzung gegenüber seinen Mitmenschen, beschädigt er damit auch seine Beziehung zu Gott.[91] Dieser Zusammenhang zwischen der Beziehung zu Gott und der Beziehung zu den Menschen braucht indes nicht als Einbahnstraße gedacht zu werden. Es ist nicht nur so, dass, wenn sich in der Beziehung zu den Menschen etwas verändert, dies Auswirkungen auf die Beziehung zu Gott hat, sondern das umgekehrte ist ebenfalls wahrscheinlich. Wenn Gott in

---

[90] LUTHER, WA 37,177,14f (Predigt am 19. Oktober 1533).
[91] Vgl. Kapitel 1.2.

der Sündenvergebung den Menschen aus der Vereinzelung unter der Sünde zur Gemeinschaft mit ihm befreit, so würde es – zurückhaltend ausgedrückt – merkwürdig anmuten, wenn der Mensch im zwischenmenschlichen Umgang in einem Zustand der Vereinzelung verharren und sich gegenüber menschlicher Gemeinschaft verschließen würde. Die Kirche ist dabei die Gemeinschaft *der* Menschen, die Gottes Sündenvergebung für ihr Leben annehmen und sich davon zur Gemeinschaft mit Gott und Mitmenschen befreien lassen. Dass sie zusammenfinden und sich nicht nur je für sich, sondern *gemeinsam* im Empfang von Wort und Sakrament und im Beten des Unservater unter Gottes Vergebung stellen, erscheint in dieser Perspektive zumindest naheliegend.

Und einen *dritten* Punkt möchte ich in diesem Zusammenhang noch anführen. Wenn ich Gottes Sündenvergebung für mein Leben in Anspruch nehme, dann führt mich das nicht nur deshalb in die Gemeinschaft mit anderen, die sich Gottes Vergebung ebenfalls gefallen lassen, weil sie gewissermaßen „Gleichgesinnte" wären. Wenn es sich nur darum handeln würde, dann würde mein Eintritt in die kirchliche Gemeinschaft nur allzu rasch in Enttäuschung münden angesichts dessen, wie schmal die Basis der Übereinstimmung in allen übrigen Lebensbereichen ist und angesichts der charakterlichen Schwächen und moralischen Unzulänglichkeiten derjenigen, die der Gemeinschaft angehören. Wenn ich aber Gottes Vergebung für mich in Anspruch nehme – und wie gezeigt, handelt es sich dabei nicht um einen einmaligen Vorgang, sondern um etwas, das fortwährend geschieht –, dann heißt dies, dass ich mir zuerst einmal meiner *eigenen* ständigen Angewiesenheit auf Vergebung bewusst bin. Die Unzulänglichkeiten anderer können mich daher nicht grundsätzlich überraschen, wiewohl deren konkrete Ausprägung es vielleicht dennoch vermag, und vor allem: wiewohl sie mich dennoch verletzen können, wenn ich davon persönlich betroffen bin. Die Gefahr ist klein, in der Gemeinschaft der *ecclesia visibilis* zu einer schwärmerischen Auffassung von der Sündlosigkeit der Glaubenden zu gelangen. Dies ist nicht ein Grund, sich von der Kirche abzuwenden, sondern sich die eigene Situation des *simul iustus et peccator* vor Augen zu führen. Somit führt nicht nur die Sündenvergebung den Menschen in die Kirche, sondern es führt auch die Kirche den Menschen zur Sündenvergebung. Und sie tut dies nicht nur, indem sie in Wort und Sakrament den Zuspruch der Sündenvergebung erteilt, und sie tut es auch nicht nur, indem die Fehler der anderen mich auf meine eigene Fehlerhaftigkeit und mein eigenes Angewiesensein auf Vergebung verweisen, sondern noch auf einem anderen Wege, den Luther eindringlich beschrieben hat:

„Nu hat uns Gott mancherley weise, weg und stege furgestellt dadurch wir die gnade und vergebung der sunde ergreiffen, Als erstlich die Tauff und Sacrament, item (wie jtzt gesagt) das gebete, jtem die absolutio und allhie unser vergebung, das wir ja reichlich versorget weren und allenthalben gnade und barmhertzigkeit finden konnen, Denn wo woltestu sie neher suchen denn bey deinem nehesten, bey dem du teglich lebest und auch teglich ursach gnug hast solche vergebung zu uben, denn es kan nicht feilen das du nicht soltest viel und offt beleidigt werden, Also das wir nicht allein jnn der kirchen odder bey dem priester, sondern mitten jnn unserm leben ein teglich Sacrament odder Tauffe haben ein bruder am andern und ein jglicher daheim jnn seinem hausse, Denn wenn du die verheissung durch dis werck ergreiffest, so hastu eben das das du jnn der tauffe uber komest. ... Das solt dich bewegen das du solch werck von hertzen gerne thetest und Gott dazu danckest, das du solcher gnaden werd bist, Soltestu doch bis an der welt ende darnach lauffen und alle dein gut darumb verzeeren, wie wir zuvor umb den ertichten Ablas gethan haben. Wer nu das nicht will annemen, der mus ein schendlich verflucht mensch sein, Sonderlich wo er solch gnade horet und erkennet, und dennoch so kropfisch und hallstarrig bleibt, das er nicht wil vergeben, Damit er beide tauff und Sacrament und alle ander auff ein mal verleurt, Denn sie sind alle an einander gebunden, das wer eines hat der soll sie alle haben odder keines behalten."[92]

Diese Worte Luthers werfen Fragen nach dem *Verhältnis* von göttlicher und zwischenmenschlicher Vergebung auf. Bevor ich diese Fragen im dritten Teil aufnehme, wende ich mich im zweiten Teil der zwischenmenschlichen Vergebung zu.

---

[92] LUTHER, WA 32,424,26–37 und 425,10–18 (Wochenpredigten über Matthäus 5–7, 1530–1532; hier zu Mt 6,14f).

Zusammenfassung

Gott will dem Menschen seine Sünde vergeben. Gott will es nicht nur, er kann es auch. Und Gott will und kann es nicht nur, er tut es auch. Dies wird im Alten wie im Neuen Testament auf vielfältige Art und Weise bezeugt und in verschiedenen Zusammenhängen entfaltet. Dennoch wurde und wird Gottes Vergebung immer wieder mit unterschiedlichen Argumenten in Zweifel gezogen. So wird etwa gefragt, ob göttliche Vergebung vereinbar sei mit der göttlichen Eigenschaft der Gerechtigkeit, oder ob Gott nicht anmaßend handle, wenn er Vergebung gewähre für etwas, das ein Mensch seinem Mitmenschen angetan hat.

In der Auseinandersetzung mit solchen Anfragen hängt alles davon ab, was unter ‚Sünde' und ‚Vergebung' verstanden wird und in welcher Weise Gott und seine Beziehung zum Menschen gedacht werden. Ich habe Sünde und Vergebung als Beziehungsbegriffe eingeführt. ‚Sünde' meint die Störung der Beziehung zwischen Gott und Mensch, die einerseits in einem den göttlichen Willen missachtenden menschlichen Tun ihre Ursache hat, aber mehr noch in der menschlichen Nichtanerkennung Gottes, in seiner Missachtung des göttlichen *Beziehungs*willens, in der Selbst-Verweigerung des Menschen Gott gegenüber. Wie reagiert Gott auf diese Beziehungsverweigerung des Menschen? Zunächst ist zu sagen, wie Gott *nicht* darauf reagiert: Die menschliche Gleichgültigkeit ihm gegenüber ist Gott nicht gleichgültig; „Gott" ist nicht ein anderer Name für das stoische Prinzip der Unerschütterlichkeit und Aseität. Die menschliche Ablehnung Gottes führt aber auch nicht dazu, dass Gott den Menschen enttäuscht und gekränkt von sich stoßen würde – das wäre auch gar nicht „nötig", da die Sünde ja gerade darin besteht, dass sich der Mensch bereits selbst von Gott abgewendet hat. Und Gott setzt auch nicht seine Macht ein, um den Menschen zwangsweise in die Beziehung zu ihm zurückzuführen. Sondern Gott bemüht sich um den Menschen, sucht den Menschen herauszulösen aus dem entstellenden Einfluss, welchen die Sünde auf sein Erkennen, sein Wollen, sein Fühlen und sein Handeln ausübt. Gott tut dies nicht unter Umgehung oder mittels der Unterdrückung des menschlichen Willens, er tut es aber ebenso wenig unter Mitwirkung eines von der Sünde verschont gebliebenen Überrests an freiem Willen beim Menschen, sondern er tut es allererst in der Befreiung des menschlichen Willens aus der Sünde. Die Reue oder Umkehr des Menschen sind Ausdruck des freien, nämlich des von der Sünde befreiten Willens des Menschen, der nun seine Sünde als

Sünde und Gott als Gott zu erkennen vermag, der sich Gott nicht mehr verweigert, sondern sich im Glauben auf das Beziehungsangebot Gottes einlässt. Sündenvergebung ist die Wiederherstellung der durch die Sünde gestörten Beziehung des Menschen zu Gott. Sündenvergebung meint das Ganze des Heilsgeschehens in der Perspektive der personalen Beziehung zwischen Gott und Mensch.

II. Zwischenmenschliche Vergebung

Im ersten Teil der Untersuchung wurde ein trinitätstheologisches Verständnis von Vergebung entfaltet, welche ihren Grund darin hat, dass Gott (der „Vater") die Menschen seiner Schöpfung liebt, sie aus der Sünde befreien will und ihre Gemeinschaft sucht; dass Gott (der „Sohn") sich den Menschen zu erkennen gegeben hat als der er ist und erkannt werden will, d.h. als Gott, der die Menschen seiner Schöpfung liebt, sie aus der Sünde befreien will und ihre Gemeinschaft sucht; und dass Gott (der „Heilige Geist") beim Menschen dahingehend zum Ziel kommt, dass der Mensch sich Gottes Liebe gefallen lässt und sie erwidert, dass er sein Sein in der Sünde erkennt und sich daraus befreien lässt und dass er sich hineinnehmen lässt in die Gemeinschaft mit Gott.

Die aus der Sünde befreiten Menschen werden aber nicht nur zur Gemeinschaft mit Gott geführt, sondern in der Gemeinschaft mit Gott sind sie zugleich in Gemeinschaft mit allen Menschen, die aus der Macht der Sünde befreit in Gemeinschaft mit Gott stehen. Als Menschen, die um der Sünde Macht, und zugleich um der Sünde Ohnmacht im Gegenüber Gottes, wissen, stehen sie im Auftrag und der Vollmacht des Heiligen Geistes, auch anderen Menschen Gottes Sündenvergebung zuzusprechen.

Konzentrierten sich die Ausführungen der trinitätstheologischen Analyse der Vergebung auf das Verhältnis zwischen Gott und Mensch, so geriet in den ekklesiologischen Überlegungen zur Vergebung die zwischenmenschliche Beziehung mit ins Blickfeld, freilich erst in Bezug auf die *Sünden*vergebung, *die* Vergebung also, die Gott dem Menschen gewährt.

Kirche ist aber nicht nur die Gemeinschaft derer, die aus der empfangenen Sündenvergebung Gottes leben und im Auftrag stehen, diese andern zuzusprechen. Kirche ist immer auch eine Gemeinschaft von Menschen, die aneinander schuldig werden, auf die Vergebung anderer angewiesen sind und selber angefragt sind zu vergeben – wie es in jedem zwischenmenschlichen Zusammenleben der Fall ist. Um die zwischenmenschliche Vergebung geht es in diesem zweiten Teil der Untersuchung. Ethische Überlegungen zur moralischen Gemeinschaft, zu Schuld und dem Umgang mit erlittenen Verletzungen gehören ebenso hierher wie die Frage nach den konstitutiven Bedingungen von Vergebung.

Zwischenmenschliche Vergebung ist eine (nicht die einzig) mögliche Reaktion auf eine erlittene schuldhafte Handlung eines andern. Damit ist verschiedenes vorausgesetzt:
– Zwischenmenschliche Vergebung bezieht sich auf Schuld – nicht auf Sünde. Zwischenmenschliche Vergebung ist etwas anderes als Sündenvergebung, und doch werden beide „Vergebung" genannt. Das wirft Fragen auf nach den Gemeinsamkeiten und Unterschieden und nach dem Zusammenhang zwischen göttlicher Sündenvergebung und zwischenmenschlicher Vergebung von Schuld. Diese werden im dritten Teil aufgenommen werden (Kapitel 8 und 9).
– Zwischenmenschliche Vergebung bezieht sich auf Schuld – nicht auf ein Verhalten oder Handlungen, die dem andern nicht als seine Schuld angerechnet werden können. Das wirft Fragen auf nach dem Verständnis von Schuld und moralischer Verantwortung und nach den Bedingungen von Vergebung (Kapitel 6.3).
– Zwischenmenschliche Vergebung bezieht sich auf eine schuldhafte Handlung, von welcher die vergebende Person persönlich betroffen ist. Das wirft Fragen auf nach der Zuständigkeit für Vergebung (Kapitel 6.4).
– Zwischenmenschliche Vergebung bezieht sich auf die schuldhafte Handlung eines andern. Das wirft die Frage auf, ob es auch Selbstvergebung oder kollektive Vergebung geben kann. Diese Fragen werden nur am Rande berührt werden.[1]

Bevor diesen Fragen nachgegangen werden kann, ist eine grundsätzliche Klärung dessen nötig, was unter Schuld[2] und zwischenmenschlicher Vergebung zu verstehen ist. Das Ergebnis ist abhängig davon, im Rahmen

---

[1] Vgl. Kapitel 6.4.2. Ich halte die zwischen verschiedenen Individuen gewährte Vergebung für den paradigmatischen Fall menschlicher Vergebung. Bei der Selbstvergebung und der kollektiven Vergebung handelt es sich m.E. um Handlungsmuster, die sich ein Stück weit in Entsprechung zur zwischenmenschlichen Vergebung verstehen, aber sich doch nicht ganz darunter fassen lassen. Die Reichweite und Grenzen dieser Entsprechung zu beschreiben wäre eine weiterführende Aufgabe, welche von einem klaren Begriff zwischenmenschlicher Vergebung auszugehen hätte. Letzteren zu erarbeiten ist das hier verfolgte Ziel; diese Arbeit liefert die Grundlagen für eine Untersuchung der Selbstvergebung und der kollektiven Vergebung, führt diese jedoch selbst nicht durch.

[2] Ethisch sind zwei Aspekte der Schuld zu berücksichtigen (wobei im moraltheoretischen Kontext meist nicht von Schuld gesprochen wird, sondern vom moralisch Schlechten): Zum einen geht es um die Zusammengehörigkeit von Schuld(fähigkeit) und moralischer Verantwortung und damit um die Frage, wem überhaupt moralische Verantwortung zugeschrieben werden kann. Zum andern stellt sich die Frage, was als moralisch schlecht anzusehen ist, wobei die Antwort je nach Moraltheorie verschieden ausfällt. Ich werde den Begriff ‚Schuld' vorerst beibehalten.

welcher Moraltheorie[3] nach Schuld und Vergebung gefragt wird. In Kapitel 4 werde ich zunächst kurz einige Moraltheorien skizzieren und ihr Verständnis von Schuld und Vergebung vorstellen[4]. Mein Unbehagen an den Konsequenzen, welche die gängigen moraltheoretischen Rahmenkonzeptionen für das Vergebungsverständnis haben, führt mich dazu, mein Verständnis von Schuld und Vergebung darzulegen und es einzubetten in moraltheoretische Überlegungen, welche eine gewisse Nähe zu kantianischen Vorstellungen aufweisen, ohne sich vollständig darunter subsumieren zu lassen (4.5).

---

[3] Ich setze voraus, dass es sich bei Schuld und Vergebung um moralische Konzepte handelt – und nicht etwa um rein psychologische Vorgänge, wie zum Beispiel dem Umgang mit subjektiven Schuldgefühlen.
[4] „Vorstellen" darf an dieser Stelle durchaus im doppelten Wortsinn verstanden werden. Ich werde vorstellen (darlegen) wie ich mir vorstelle (ausdenke), dass gewisse Moraltheorien ‚Vergebung' denken müssten, wenn sie sie denken würden. Ich bin bis jetzt kaum auf ausformulierte Vergebungsverständnisse im Rahmen ausformulierter Moraltheorien gestoßen.

Kapitel 4

Der moraltheoretische Rahmen zum Verständnis von Schuld und Vergebung

4.1 Schuld und Vergebung im Rahmen konsequenzialistischer Moraltheorien

„Der Utilitarismus ist eine konsequentialistische Moraltheorie, welche die moralische Qualität von Handlungen bzw. Regeln nach deren Folgen bemißt: Eine Handlung bzw. Regel ist dann moralisch richtig, wenn sie gute Folgen nach sich zieht."[1]

Die Besonderheit konsequenzialistischer Ansätze liegt darin, dass sie nicht von einem eigenständigen moralisch Guten ausgehen. Vielmehr geht es um das *prudentiell* Gute, das, was gut ist *für jemanden*, welches je nach Spielform des Konsequenzialismus im Erlangen von Glück (verstanden als subjektivem Wohlbefinden) oder in der Befriedigung von Präferenzen zu sehen ist. Das moralisch Gute ist nicht etwas, das sich vom prudentiell Guten unterscheidet oder diesem womöglich gegenübersteht, sondern ergibt sich allein aus der Forderung, das prudentiell Gute zu fördern, genauer, aus der Forderung,

„das moralische Ziel aller unserer Handlungen könne nur in dem größtmöglichen Übergewicht von [prudentiell] guten gegenüber [prudentiell] schlechten Folgen (bzw. in dem geringstmöglichen Übergewicht von schlechten gegenüber guten Folgen) liegen"[2].

Dahinter steht die Vorstellung der moralischen Gemeinschaft als einer Art Super-Organismus oder Super-Person[3], deren Glück oder Leiden die

---

[1] WOLF/SCHABER, Analytische Moralphilosophie, 46.

[2] FRANKENA, Analytische Ethik, 54.

[3] Den Ausdruck „Super-Organismus" verwendet beispielsweise PARFIT (Reasons and Persons, 331) im Zusammenhang mit einer Kritik am Utilitarismus, die er zurückweist: „It is clearly a mistake to ignore the fact that we live different lives. And mankind is not a super-organism." Ich halte gleichwohl daran fest und teile die Einschätzung von RAWLS (Theorie der Gerechtigkeit, 45; meine Hervorhebungen): „Der natürlichste Weg zum Utilitarismus (wenn auch gewiß nicht der einzige) ist also die *Übertragung des Prinzips der vernünftigen Entscheidung für den Einzelmenschen auf die Gesellschaft als ganze*. Angesichts dessen ist die Stellung des unparteiischen Beobachters und die Betonung des Mitgefühls in der Geschichte des utilitaristischen Denkens leicht zu verstehen. Denn bei der Übertragung des Prinzips für den einzelnen auf die Gesellschaft wird unsere Vorstel-

Summe des Glücks oder des Leidens aller Einzelpersonen ist. Die Forderung, die guten Folgen zu maximieren (oder in der Variante des negativen Utilitarismus: die schlechten Folgen zu minimieren) bezieht sich nicht auf das Wohl eines Einzelnen, sondern auf das Gesamtwohl, die Nutzensumme des Superorganismus.

Wenn nun jemand eine andere Person schädigt, so verringert er das Gesamtwohl und wird also am Superorganismus schuldig. Zwar hat das persönlich betroffene Opfer den Schaden, gleichwohl kommt es im Konsequenzialismus nicht als Individuum ins Blickfeld. Das wird auch daran deutlich, dass aus konsequenzialistischer Sicht nur dann überhaupt von Schuld die Rede sein kann, wenn der Schaden für das Opfer größer ist als der Nutzen für jemand anderes, da nur dann eine Verringerung des Gesamtnutzens stattfindet. Der Konsequenzialismus kann Schuld nicht interpersonal verstehen, sondern schuldig wird jemand nur gegenüber dem Superorganismus.

Die Regel, wonach ich diejenige Person um Vergebung bitten muss, an der ich schuldig geworden bin, hätte im Konsequenzialismus zur Folge, dass nur die gesamte moralische Gemeinschaft als Superorganismus in der Position wäre, Vergebung zu gewähren. Das wirft ähnliche Fragen auf wie jene, die sich im Zusammenhang mit kollektiver Schuld und kollektiver Vergebung stellen. Davon abgesehen ist im Konsequenzialismus die moralische Gemeinschaft nur in dem Sinne als Superorganismus gedacht, als in ihr der Nutzen und Schaden aller Individuen summiert und gegeneinander aufgerechnet werden, nicht aber in dem Sinne, dass der Superorganismus als Handlungssubjekt[4] gesehen wird, das etwa Vergebung gewähren könnte. Ich stelle deshalb die Frage nach der Vergebung durch den Superorganismus zur Seite und konzentriere mich auf das Individuum, welches von der Tat persönlich betroffen ist.

Soll die persönlich betroffene Person Vergebung gewähren? Diese Frage stellt sich im konsequenzialistischen Kontext fast unabhängig davon, um welche Tat es geht. Entscheidend ist allein, ob das Gesamtwohl eher durch Vergeben oder eher durch eine andere Reaktion maximiert wird. Moralisch richtig ist diejenige Reaktion, welche am besten dem Gesamtnutzen dient. Auch das Problem, ob Reue aufseiten des Täters nötig ist, um zu vergeben, stellt sich nur in der Weise, dass die Nutzenbilanz für Vergebung in Reaktion auf Reue vielleicht anders ausfällt als für Vergebung ohne Reue. Wenn man zur Einschätzung gelangt, dass Vergebung ohne die

---

lungskraft angeleitet durch den Begriff des unparteiischen Beobachters und durch das Sich-in-den-anderen-Hineinversetzen. Diesen Beobachter läßt man die Bedürfnisse aller Menschen in ein stimmiges System bringen und aus den vielen *eine einzige Person* machen."

[4] Ich ziehe daher den Ausdruck Superorganismus dem Ausdruck Superperson vor.

Reue der schuldigen Person wirkungslos ist oder diese womöglich gar in ihrem unmoralischen Verhalten bestärkt, dann wäre aus konsequenzialistischer Sicht Reue als Vorbedingung für Vergebung zu fordern, da eine Vergebung ohne Reue dem Gesamtnutzen abträglich wäre.

Mir ist bislang keine konsequenzialistische ethische Theorie der Vergebung bekannt. Dafür sind folgenorientierte Argumentationen umso häufiger im Kontext psychologischer Beschäftigung mit der Vergebung anzutreffen. [5] So schreibt etwa Richard P. Fitzgibbons in der Einleitung zu seinem Aufsatz: „This article presents the cognitive and emotive uses of forgiveness as a psychotherapeutic technique which enables patients to release anger without inflicting harm on others."[6] Und nicht genug damit, dass andern kein Schaden zugefügt wird, die so verstandene Vergebung hat auch eine Reihe positiver Folgen für die vergebende Person selbst:

„Forgiveness 1) helps individuals forget the painful experience of their past and frees them from the subtle control of individuals and events from the past; 2) faciliates the reconciliation of relationships more than the expression of anger; and 3) decreases the likelihood that anger will be misdirected in later loving relationships and lessens the fear of being punished because of unconscious violent impulses"[7]

– wie auch für die Person, welche Vergebung empfängt: „Forgiveness frees others from their guilt, expedites the resolution of depressive episodes, and leads to a decrease in anxiety as anger is released."[8]

Auch wenn ich Fitzgibbons Verständnis von Vergebung als Selbstbefreiung vom Gefühl des Zorns nicht teile, so ließen sich doch manche der von ihm angeführten positiven Auswirkungen auch für Vergebung, wie ich sie verstehe, aussagen. Nur ist damit die Frage der Angemessenheit oder moralischen Richtigkeit von Vergebung nicht bereits beantwortet. Schwerer wiegt jedoch, dass weder Fitzgibbons mit seiner Sicht von Vergebung als einer solipsistisch anwendbaren Technik der Psychohygiene noch der Utilitarismus mit seiner Fokussierung auf den Superorganismus in den Blick bekommen, dass sich Schuld und Vergebung im Rahmen moralischer *Beziehungen von Individuen* ereignen, die konkret in der Zeit stattfinden und in denen reagiert wird auf Handlungen und Verhaltensweisen des andern. Der relationale, interpersonale Charakter von Schuld und Vergebung bleibt außer Betracht.

---

[5] Diese sind üblicherweise nicht auf den Gesamtnutzen ausgerichtet, sondern bedenken den Nutzen für die vergebende Person und/oder die Vergebung empfangende Person.
[6] FITZGIBBONS, The Cognitive and Emotive Uses, 629.
[7] Ebd., 630.
[8] Ebd.

4.2 Schuld und Vergebung im Rahmen vertragstheoretischer Modelle

Anders als im Konsequenzialismus richtet sich in hobbesianischen[9] Vertragstheorien das Augenmerk auf das Individuum, das als individueller Nutzenmaximierer gesehen wird. Die Personen im „Naturzustand", im fiktiven vertragslosen Zustand, sind Egoisten, die nur ihre eigenen Interessen im Blick haben. Da aber der vertragslose Zustand, den Hobbes als Krieg aller gegen alle beschreibt, für jeden viele Risiken und Einschränkungen mit sich bringt, ist der Egoist zur Maximierung des eigenen Nutzens daran interessiert, mit den anderen Egoisten einen Kooperationsvertrag auszuhandeln.

Die möglichen Beziehungen zwischen einem Individuum A und einem Individuum B lassen sich schematisch wie folgt darstellen (die Ziffern bezeichnen den Nutzenwert)[10]:

A/B	B kooperiert	B kooperiert nicht
A kooperiert	3/3	1/4
A kooperiert nicht	4/1	2/2

Der vertragslose Zustand ist der Zustand, in welchem sich weder A noch B kooperativ verhalten. Er ist für beide nicht ganz ohne Nutzen, doch ist für beide eine Nutzensteigerung erreichbar, wenn sie sich zur wechselseitigen Kooperation entschließen. Das (kurzfristige) Nutzenmaximum erreicht ein Individuum A allerdings weder im vertragslosen Zustand noch im Zustand wechselseitiger Kooperation, sondern dann, wenn sich das Gegenüber B im Vertragszustand an den Vertrag hält, A sich aber nicht daran hält. Diese Konstellation ist als das Trittbrettfahrerproblem bekannt. Sie kann jedoch nicht von dauerhafter Natur sein, da B als Egoist eher den Vertrag aufkündigen als diesen Zustand hinnehmen wird. Es handelt sich also beim Trittbrettfahrer-Nutzenmaximum um ein fiktives, bzw. nur punktuell erreichba-

---

[9] Ein moderner Vertreter einer hobbesianischen Vertragstheorie wäre etwa GAUTHIER (Morals by Agreement), nicht aber John Rawls. Dieser verbindet Elemente der Vertragstheorie mit dem Kantianismus in der Weise, dass ihm die Vertragsvorstellung hauptsächlich zur Erläuterung des Kantianismus dient und keine eigenständige moraltheoretische Bedeutung hat. SCHABER (WOLF/SCHABER, Analytische Moralphilosophie, 57) kommt deshalb zum Schluss: „Auf das vertragstheoretische Element könnte Rawls auch gänzlich verzichten." Oder in RAWLS' eigenen Worten (Theorie der Gerechtigkeit, 163): „Es ergibt sich also die wichtige Folgerung, daß die Parteien keinen Anlaß zu Verhandlungen im üblichen Sinne haben."

[10] Vgl. dazu NIDA-RÜMELINS Darstellung des Naturzustandes als Gefangenendilemma (Bellum omnium contra omnes). Das Schema ist – leicht modifiziert – diesem Aufsatz entnommen (ebd., 119).

res Maximum. Das längerfristige Maximum ist nur im Zustand wechselseitiger Kooperation realisierbar.

Der Zustand einseitiger Kooperation führt zu extrem ungleicher Nutzenverteilung und ist äußerst ungerecht. Der Naturzustand sowie der Vertragszustand sind beide soweit gerecht, als in ihnen für alle grundsätzlich die gleichen Chancen bestehen und die gleichen Regeln gelten. Es muss betont werden, dass die Personen im vertragstheoretischen Modell nicht deshalb die einseitige Kooperation meiden, weil sie die darin enthaltene Ungerechtigkeit ablehnen, sondern nur deshalb, weil sie befürchten müssen, damit längerfristig ihren eigenen Interessen zu schaden. Wäre ihnen um die Gerechtigkeit zu tun, verhielten sie sich als moralische Menschen, was in Vertragstheorien nicht vorgesehen ist. Streng genommen ist das vertragstheoretische Modell gar keine Moraltheorie, sondern erklärt, dass das, was wir für moralische Grundsätze halten (wie z.B. Gerechtigkeit) in Wahrheit Strategien der erfolgreichen individuellen Nutzenmaximierung sind. Da ich zwischenmenschliche Schuld und Vergebung als *moralische* Konzepte betrachte, kann von ihnen im Rahmen vertragstheoretischer Erwägungen nur in Anführungszeichen die Rede sein.

Im vertragslosen Zustand wird niemand „schuldig", da alles erlaubt ist, was dem eigenen Nutzen dient. Im Kooperationszustand ist „Schuld" zu verstehen als ein Verstoß gegen die Kooperationsregeln, mit welchem sich A auf Kosten von B einen ihm im Kooperationszustand nicht zustehenden Nutzen verschafft. B hat verschiedene Möglichkeiten, darauf zu reagieren. Rein hypothetisch ist die Option, diesen Zustand zu tolerieren. Als Egoist, der B nach vertragstheoretischer Annahme ist, wird es nicht dazu kommen. Realistischer wäre, dass B den Vertrag aufkündigt, was eine Rückkehr in den Naturzustand bedeutet. Gemessen am funktionierenden Vertragszustand ist dies aber weder für A noch für B eine erstrebenswerte Aussicht. Am ehesten ist daher zu erwarten, dass B am Kooperationszustand festhalten will, verbunden mit gewissen Auflagen gegenüber A, die bezwecken sollen, dass A aus dem Vertragsbruch keine großen Vorteile genießt und zu keinen weiteren Vertragsbrüchen motiviert wird. Diese Reaktion ist es auch, die im Rahmen eines vertragstheoretischen Modells am ehesten als „Vergebung" bezeichnet werden könnte. (Das Tolerieren des Ungleichgewichts wäre keine „Vergebung", sondern eher ein „duldendes Verzeihen".) Ungeachtet, ob man unter Reue die Einsicht von A in das eigene Fehlverhalten versteht, oder seine Bereitschaft, zukünftiges Fehlverhalten vermeiden zu wollen, oder Wiedergutmachungsbestrebungen, oder all dies zusammen – auch im vertragstheoretischen Modell lässt sich sagen, dass „Reue" für die Vergebung nötig ist. Bloß dass es sich bei A's Einsicht nicht um Schuldgefühle handelt, da er die Regeln ja aus Kalkül gebrochen hat. Vielmehr bezieht sich seine Einsicht darauf, dass sein Kalkül nicht aufgegangen ist und er besser daran tut, ins wechselseitige Kooperationsverhältnis zurückzukehren als in den vertragslosen Zustand gestoßen zu werden. Damit B sich überhaupt darauf einlässt, wird zumindest die Versicherung von A's Seite, den Kooperationsvertrag in Zukunft zu erfüllen, nötig sein, und wohl auch eine Wiedergutmachung von der Art, dass A den unter Missachtung der Kooperationsregeln erlangten Nutzen (oder eine stellvertretende Gegenleistung) an B abtritt. Dass B seinerseits sich auf die „Vergebung" einlässt, hat nichts damit zu tun, dass B ein geringerer Egoist wäre als A, sondern ist wie bei A zu erwarten als Ergebnis der individuellen Kosten-Nutzen-Analyse.

„Vergebung" im vertragstheoretischen Modell ist damit eine amoralische Reaktion auf ebenfalls amoralisch verstandene „Schuld". Sie dient der Wiederherstellung des Kooperationszustandes, der den Interessen von A und B am meisten dient und den beide aus egoistischen Motiven anstreben, nachdem A's Versuch der individuellen Nutzenmaximierung durch einseitigen Kooperationsbruch gescheitert ist.

4.3 Schuld und Vergebung im Rahmen der kantischen Ethik

4.3.1 Grundideen und Grundbegriffe der kantischen Ethik

„Nun kann man die Geschicklichkeit in der Wahl der Mittel zu seinem eigenen größten Wohlsein *Klugheit* ... nennen. Also ist der Imperativ, der sich auf die Wahl der Mittel zur eigenen Glückseligkeit bezieht, d. i. die Vorschrift der Klugheit, noch immer *hypothetisch*; die Handlung wird nicht schlechthin, sondern nur als Mittel zu einer anderen Absicht geboten."[11]

Unter diesem Urteil, das Kant in der „Grundlegung zur Metaphysik der Sitten" ausspricht, steht offenkundig die Vertragstheorie. Doch auch im Konsequenzialismus geht es um die „Geschicklichkeit in der Wahl der Mittel", wenn auch nicht „zu seinem eigenen größten Wohlsein", sondern zum Wohlsein des Ganzen. Die Zweck-Mittel-Relation indes genügt, um den Konsequenzialismus ebenfalls dem hypothetischen Imperativ zuzuordnen.[12] Nach Kant können somit weder Vertragstheorie noch Konsequen-

---

[11] KANT, Grundlegung, Werkausgabe VII, 45.
[12] Vgl. dazu weitere Äußerungen KANTS: „Jene [die hypothetischen Imperative] stellen die praktische Notwendigkeit einer möglichen Handlung als Mittel, zu etwas anderem, was man will (oder doch möglich ist, daß man es wolle), zu gelangen, vor" (ebd., 43); „Der hypothetische Imperativ sagt also nur, daß die Handlung zu irgend einer *möglichen* oder *wirklichen* Absicht gut sei" (ebd.); „Die Zwecke, die sich ein vernünftiges Wesen als *Wirkungen* seiner Handlung nach Belieben vorsetzt (materiale Zwecke), sind insgesamt nur relativ; denn nur bloß ihr Verhältnis auf ein besonders geartetes

zialismus für sich beanspruchen, *Moral*theorien zu sein. Moralisches Handeln orientiert sich Kant zufolge nicht an hypothetischen Imperativen, sondern an einem kategorischen Imperativ; eine Moral*theorie* unternimmt dementsprechend nicht die Ausformulierung bestimmter hypothetischer Imperative, sondern formuliert einen kategorischen Imperativ.

Wodurch zeichnet sich der kategorische Imperativ aus?

„Endlich gibt es einen Imperativ, der, ohne irgend eine andere durch ein gewisses Verhalten zu erreichende Absicht als Bedingung zum Grunde zu legen, dieses Verhalten unmittelbar gebietet. Dieser Imperativ ist *kategorisch*. Er betrifft nicht die Materie der Handlung und das, was aus ihr erfolgen soll, sondern die Form und das Prinzip, woraus sie selbst folgt, und das Wesentlich-Gute derselben besteht in der Gesinnung, der Erfolg mag sein, welcher er wolle. Dieser Imperativ mag der der *Sittlichkeit* heißen."[13]

Begehrungsvermögen des Subjekts gibt ihnen den Wert, der daher keine allgemeine für alle vernünftige Wesen, und auch nicht für jedes Wollen gültige und notwendige Prinzipien, d.i. praktische Gesetze, an die Hand geben kann. Daher sind alle diese relative Zwecke nur der Grund von hypothetischen Imperativen" (ebd., 59).

[13] Ebd., 45. Das Wort „Gesinnung", das Kant hier verwendet, hat ein (gemessen an seiner Bedeutung in Kants Schriften) unverhältnismäßiges Gewicht und eine verzerrende Bedeutung erhalten durch MAX WEBERS Gegenüberstellung von „Gesinnungsethik" und „Verantwortungsethik" (Politik als Beruf) und durch die Wiederaufnahme der Begriffe durch HANS JONAS (Das Prinzip Verantwortung). Herangezogen wird oftmals das berühmt-berüchtigte Beispiel, wo jemand einen anderen mit einer Lüge vor dessen Mörder schützen und ihm damit das Leben retten könnte, und wo Kant zum Urteil gelangt, auch in einem solchen Fall sei lügen moralisch nicht erlaubt (vgl. KANTS Schrift „Über ein vermeintes Recht aus Menschenliebe zu lügen"). Das Beispiel ist zugegebenermaßen problematisch; hier wie auch bei anderen Beispielen zeigt sich Kant nicht von seiner stärksten Seite. Ich bezweifle allerdings, dass dieses Beispiel zur Illustration von Kants Begriff der „Gesinnung" herangezogen werden sollte. Es dient m.E. vielmehr dazu zu zeigen, dass die Anwendung des kategorischen Imperativs keine Güterabwägung zulässt.

Kants Gegenüberstellung lautet nicht „entweder die rechte Gesinnung haben oder recht handeln" (wie Kantkritiker es manchmal haben wollen), sondern „entweder aus der rechten Gesinnung heraus handeln oder aus anderen Motiven (wie Eigennutz, Furcht vor Strafe, Hoffnung auf Belohnung usw.) handeln". In Kants eigenen Worten: „Die Ethik ist also eine Philosophie der guten Gesinnung und *nicht bloß* der guten Handlung" (KANT, Ethik, 90; meine Hervorhebung). Oder ausführlicher in einer Passage in der Tugendlehre: „Obzwar die Angemessenheit der Handlungen zum Rechte (ein rechtlicher Mensch zu sein) nichts Verdienstliches ist, so ist doch die der Maxime solcher Handlungen, als Pflichten, d.i. die *Achtung* fürs Recht *verdienstlich*. Denn der Mensch *macht* sich dadurch das Recht der Menschheit, oder auch der Menschen, *zum Zweck*" (KANT, Tugendlehre, Werkausgabe VIII, 521).

In seiner Vorlesung über Ethik verwendet Kant eine Definition von „Gesinnung", in welcher diese explizit auf die Handlungsgründe bezogen wird: „Die Ethik ist also eine Philosophie der Gesinnung und eben dadurch ist sie eine praktische Philosophie, denn die Gesinnungen sind die Grundsätze unserer Handlungen; die Gesinnungen sind die Verknüpfung unserer Handlungen mit den Bewegungsgründen" (KANT, Ethik, 89).

Im Unterschied zum hypothetischen Imperativ orientiert sich der kategorische also nicht an äußeren Zwecken, sondern er hat seinen Zweck in sich selbst, er ist ein „selbständiger Zweck"[14], ein „Zweck an sich selbst":

„Gesetzt aber, es gäbe etwas, *dessen Dasein an sich selbst* einen absoluten Wert hat, was als *Zweck an sich selbst,* ein Grund bestimmter Gesetze sein könnte, so würde in ihm, und nur in ihm allein, der Grund eines möglichen kategorischen Imperativs, d. i. praktischen Gesetzes, liegen."[15]

Kant fährt fort:

„Nun sage ich: der Mensch, und überhaupt jedes vernünftige Wesen, *existiert* als Zweck an sich selbst, *nicht bloß als Mittel* zum beliebigen Gebrauche für diesen oder jenen Willen, sondern muß in allen seinen, sowohl auf sich selbst, als auch auf andere vernünftige Wesen gerichteten Handlungen jederzeit *zugleich als Zweck* betrachtet werden."[16]

So gelangt Kant schließlich zu seiner dritten Formulierung des kategorischen Imperativs: *„Handle so, daß du die Menschheit, sowohl in deiner Person, als in der Person eines jeden andern, jederzeit zugleich als Zweck, niemals bloß als Mittel brauchest."*[17]

Eine Schlüsselrolle in Kants Auslegung des kategorischen Imperativs kommt den Begriffen ‚Würde' und ‚Achtung' zu.

„*Achtung*, die ich für andere trage, oder die ein anderer von mir fordern kann …, ist also die Anerkennung einer *Würde* … an anderen Menschen, d. i. eines Werts, der keinen Preis hat"[18]. „Ein jeder Mensch hat rechtmäßigen Anspruch auf Achtung von seinen

---

[14] „Da aber, in der Idee eines ohne einschränkende Bedingung (der Erreichung dieses oder jenes Zwecks) schlechterdings guten Willens, durchaus von allem zu *bewirkenden* Zwecke abstrahiert werden muß (als der jeden Willen nur relativ gut machen würde), so wird der Zweck hier nicht als ein zu bewirkender, *sondern selbständiger* Zweck, mithin nur negativ, gedacht werden müssen, d. i. dem niemals zuwider gehandelt, der also niemals bloß als Mittel, sondern jederzeit zugleich als Zweck in jedem Wollen geschätzt werden muß" (KANT, Grundlegung, Werkausgabe VII, 71).

[15] Ebd., 59.

[16] Ebd., 59f. Kant führt weiter aus, dass alle „Gegenstände der Neigungen" nur einen bedingten, und alle „vernunftlosen Wesen" – Kant nennt sie „Sachen" – nur einen relativen Wert als Mittel haben, sie sind bloß wertvoll „für jemanden", dienen bloß einem „subjektiven Zweck". Die Neigungen selbst sind für ihn ganz ohne Wert. Einzig vernünftige Wesen – Kant spricht von „Personen" – gelten als „objektive Zwecke", die absoluten Wert besitzen und Achtung verdienen (ebd., 60).

[17] Ebd., 61. Nach Kant drückt diese dritte Formulierung das gleiche Gesetz aus, wie die erste und zweite Formulierung, jedoch so, dass dadurch „eine Idee der Vernunft der Anschauung … und dadurch dem Gefühle näher zu bringen" ist (ebd., 69). Zudem kann gesagt werden, dass „each formulation is intended to represent some characteristic feature of rational principles. In particular, ‚humanity' is argued to be the appropriate material for a rational principle, just as universality is its appropriate form" (KORSGAARD, Kant's Formula of Humanity, 106f).

[18] KANT, Religion, Werkausgabe VIII, 600. Vgl. zur Unterscheidung von Preis und Würde auch die folgenden Äußerungen KANTS (Grundlegung, Werkausgabe VII, 68):

Nebenmenschen, und *wechselseitig* ist er dazu auch gegen jeden anderen verbunden. Die Menschheit selbst ist eine Würde".[19]

Die Würde des andern oder die eigene Würde zu achten ist gleichbedeutend mit der dritten Formulierung des kategorischen Imperativs, die Menschheit in der Person des andern oder in der eigenen Person nie nur als Mittel zu gebrauchen.

Es stellt sich die Frage, worin die Würde einer Person liegt. Was wird verletzt, wenn eine Person in ihrer Würde verletzt wird?

„Nun ist Moralität die Bedingung, unter der allein ein vernünftiges Wesen Zweck an sich selbst sein kann; weil nur durch sie es möglich ist, ein gesetzgebendes Glied im Reiche der Zwecke zu sein. Also ist Sittlichkeit und die Menschheit, so fern sie derselben fähig ist, dasjenige, was allein Würde hat."[20]

Mit anderen Worten: Wird eine Person in ihrer Würde verletzt, wird sie in ihrer Moralität, in ihrer Eigenschaft als moralisches Wesen verletzt.

Eine zentrale Rolle in Kants Ethik spielen die Begriffe ‚Vernunft', ‚Autonomie', ‚Moralität' und ‚guter Wille'. Während sie immer wieder zur wechselseitigen Erläuterung herangezogen werden und manchmal nahezu gleichbedeutend erscheinen, lässt sich doch eine gewisse innere Ordnung feststellen. Nur ein Wesen, das einen Willen besitzt, ist zur Freiheit fähig, wie Kant sie versteht, d.h. zur negativen Freiheit, sich von seinen Neigungen zu distanzieren, und zur positiven Freiheit, sich das moralische Gesetz zu geben. Vernunft und (die Idee[21] der) Freiheit sind Bedingung für Auto-

---

„Im Reiche der Zwecke hat alles entweder einen *Preis,* oder eine *Würde.* Was einen Preis hat, an dessen Stelle kann auch etwas anderes, als *Äquivalent,* gesetzt werden; was dagegen über allen Preis erhaben ist, mithin kein Äquivalent verstattet, das hat eine Würde." Und ebenda: „… das aber, was die Bedingung ausmacht, unter der allein etwas Zweck an sich selbst sein kann, hat nicht bloß einen relativen Wert, d. i. einen Preis, sondern einen innern Wert, d. i. *Würde.*"

[19] KANT, Tugendlehre, Werkausgabe VIII, 600.
[20] KANT, Grundlegung, Werkausgabe VII, 68.
[21] Ebd., 83: „Nun behaupte ich: daß wir jedem vernünftigen Wesen, das einen Willen hat, notwendig auch die Idee der Freiheit leihen müssen, unter der es allein handle. Denn in einem solchen Wesen denken wir uns eine Vernunft, die praktisch ist, d. i. Kausalität in Ansehung ihrer Objekte hat. Nun kann man sich unmöglich eine Vernunft denken, die mit ihrem eigenen Bewußtsein in Ansehung ihrer Urteile anderwärts her eine Lenkung empfinge, denn alsdenn würde das Subjekt nicht seiner Vernunft, sondern einem Antriebe, die Bestimmung der Urteilskraft zuschreiben. Sie muß sich selbst als Urheberin ihrer Prinzipien ansehen, unbhängig von fremden Einflüssen, folglich muß sie als praktische Vernunft, oder als Wille eines vernünftigen Wesens, von ihr selbst als frei angesehen werden; d. i. der Wille desselben kann nur unter der Idee der Freiheit ein eigener Wille sein, und muß also in praktischer Absicht allen vernünftigen Wesen beigelegt werden."
KORSGAARD (The Formula of Humanity, 109) weist noch auf folgendes hin: „Human *freedom* is realized in the adoption of humanity as an end in itself, for the one thing that

nomie, diese ist wiederum Bedingung für Moralität, welche ihrerseits Bedingung ist für den absoluten Wert, die Würde. Wer diese Bedingungen erfüllt, dem kommt absoluter Wert zu, der besitzt Würde, der ist nach Kant eine „Person". Nur Personen kommen als *Subjekte* der Moral in Frage, da nur sie zur Autonomie und damit zur Moralität fähig sind. Da Moralität formal durch den kategorischen Imperativ bestimmt wird und dieser verlangt, die Menschheit einer Person nie nur als Mittel zu brauchen, oder anders gesagt, die Würde einer Person zu achten, kommen auch als *Objekte* der Moral nur Personen in Betracht.

4.3.2 Schuld

Schuldhaft – oder in Kants Terminologie: lasterhaft[22] – handelt nach dem Verständnis kantischer Ethik, wer als vernünftiges und zurechnungsfähiges Wesen, d.h. als Person, dem kategorischen Imperativ zuwiderhandelt. Wann handelt jemand dem kategorischen Imperativ zuwider? Nach der dritten Formulierung des kategorischen Imperativs ist dies dann der Fall, wenn jemand sich selbst oder einem andern nicht die Achtung zukommen lässt, die ihm als Person gebührt, wenn er ihn nicht als Zweck an sich, sondern als bloßes Mittel für andere Zwecke betrachtet und behandelt. Nach der ersten Formulierung ist dies dann der Fall, wenn jemand nicht widerspruchsfrei die Universalisierbarkeit seiner Handlung wollen kann. Kant bringt selber das Beispiel dessen, der mit einem lügenhaften Versprechen erreicht, dass ihm Geld geliehen wird.[23] Das Gewünschte erreicht er nur deshalb, weil seinem Versprechen, das Geld zurückzuzahlen, geglaubt wird, und geglaubt wird ihm nur deshalb, weil Versprechen üblicherweise eingehalten werden. Würde sich seine Praxis des lügenhaften Versprechens

---

no one can be compelled to do by another is to adopt a particular end". Während für Korsgaard die Betonung darauf liegt, dass in der Annahme der Menschheit als eines Selbstzwecks die menschliche *Freiheit* realisiert wird, ist in unserem Zusammenhang wichtig, festzuhalten, dass sie da allererst *realisiert* wird. Mit anderen Worten: Wohl muss die *Idee* der Freiheit jedem vernünftigen, willensbegabten Wesen zugeschrieben werden, *realisiert* wird und *erweisen* tut sich diese Freiheit erst in ihrer Anwendung, das heißt im Gebrauch der Autonomie und das wiederum heißt in der Annahme der Menschheit als eines Zwecks an sich.

[22] „Aber die Unterlassung der Pflicht, die aus der schuldigen *Achtung* für jeden Menschen überhaupt hervorgeht, ist *Laster* (vitium)" (KANT, Tugendlehre, Werkausgabe VIII, 603). Wenn ein Mensch eine unrechte Handlung begeht, dann handelt er, ethisch gesprochen, lasterhaft, oder macht er sich, rechtlich gesprochen, juridisch schuldig; moralisch schuldig wird er nach Kant dagegen nicht erst durch die Handlung, sondern bereits durch die Absicht, lasterhaft zu handeln: „Ethisch ist er aber schuldig, wenn er nur den Gedanken gehabt hat, die Handlung zu begehen. ... Wenn also einer seine Gesinnungen nicht bessert, so bleibt er immer ethisch schuldig der Verbrechen, die er nicht begangen hat" (KANT, Ethik, 269).

[23] KANT, Grundlegung, Werkausgabe VII, 52f.

als allgemeines Gesetz durchsetzen, so würde ein abgegebenes Versprechen nichts mehr bewirken und er könnte sein Ziel nicht erreichen. Würde er mit einem lügenhaften Versprechen Geld erlangen wollen und gleichzeitig die Universalisierbarkeit seiner Handlung wollen, würde er sich in einen praktischen[24] Widerspruch verwickeln.

Die erste und die dritte Formulierung des kategorischen Imperativs liefern nicht zwei verschiedene Antworten auf die Frage, was moralisch schuldhaft sei. Vielmehr lassen sich ihre Antworten verbinden:

„This way of looking at the test also shows us one sense in which violations of the universal law test imply that you are using others as mere means. If you do something that only works because most people do not do it, their actions are making your action work."[25]

Der kategorische Imperativ formuliert eine negative Pflicht[26]: Andere in ihrer Würde nicht verletzen, sie nicht geringachten und schon gar nicht verachten.

„Andere *verachten* (contemnere), d. i. ihnen die dem Menschen überhaupt schuldige Achtung weigern, ist auf alle Fälle pflichtwidrig; denn es sind Menschen. Sie vergleichungsweise mit anderen innerlich *geringschätzen* (despicatui habere) ist zwar bisweilen unvermeidlich, aber die äußere Bezeigung der Geringschätzung ist doch Beleidigung. ... Nichts desto weniger kann ich selbst dem Lasterhaften als Menschen nicht alle Achtung versagen, die ihm wenigstens in der Qualität eines Menschen nicht entzogen werden kann; ob er zwar durch seine Tat sich derselben unwürdig macht."[27]

Schuldig macht sich demnach, wer andere verachtet oder ihnen seine Geringschätzung ausdrückt. Als Beispiele für „die Pflichten der Achtung für andere Menschen verletzende Laster(n)" nennt Kant den Hochmut, die üble Nachrede und die Verhöhnung.[28]

---

[24] KORSGAARD verteidigt überzeugend die These, dass es Kant bei der ersten Formulierung des kategorischen Imperativs um die Vermeidung eines praktischen (und nicht primär eines logischen oder teleologischen) Widerspruchs zu tun ist; vgl. dazu ihren Aufsatz „Kant's Formula of Universal Law".

[25] Ebd., 93.

[26] KANT, Tugendlehre, Werkausgabe VIII, 606: „... das liegt aber schon in dem Begriffe der Achtung, so wie wir sie gegen andere Menschen zu beweisen verbunden sind, welche nur eine *negative* Pflicht ist. – Ich bin nicht verbunden, andere (bloß als Menschen betrachtet), zu *verehren*, d. i. ihnen *positive* Hochachtung zu beweisen". Kant charakterisiert die sich aus dem kategorischen Imperativ ergebende negative Pflicht zugleich als Tugendpflicht (ebd., 586): „Auch wird die Pflicht der freien Achtung gegen andere, weil sie eigentlich nur negativ ist (sich nicht über andere zu erheben), und so der Rechtspflicht, niemanden das Seine zu schmälern, analog, obgleich als bloße Tugendpflicht verhältnisweise gegen die Liebespflicht für *enge*, die letztere also als *weite* Pflicht angesehn."

[27] Ebd., 601.

[28] Ebd., 603ff.

4.3.3 Vergebung

Welchen Platz nimmt in Kants Ethik die Vergebung, als einer möglichen Reaktion einem schuldig gewordenen Mitmenschen gegenüber, ein? Obwohl es scheinen möchte, dass – jedenfalls in einem bestimmten Sinn verstandene und vielleicht an gewisse Bedingungen geknüpfte – Vergebung eine gute Möglichkeit wäre, dem, der an mir schuldig geworden ist, auszudrücken, dass ich ihn weiterhin als Menschen achte, verliert Kant kaum ein Wort darüber. Wo es doch geschieht, äußert er sich vorwiegend kritisch oder ablehnend.

In seiner *Vorlesung über Ethik* betont Kant vereinzelt die Wichtigkeit von *Reue*, setzt aber immer gleich hinzu, dass sie nur dann von Nutzen ist, wenn sie zu einem veränderten Handeln und zu Wiedergutmachung führt.

> „Das Gewissen ist müßig, wenn es keine Bestrebung hervorbringt, das auszuüben, was zur Satisfaktion des moralischen Gesetzes erfordert wird, und wenn man auch noch so viel Reue bezeigt, so hilft sie nichts, wenn man nicht das leistet, was man nach dem moralischen Gesetz schuldig ist. Denn selbst *in foro humano* ist ja die Schuld nicht durch die Reue, sondern durch die Zahlung befriedigt. Es müssen daher Prediger vor dem Krankenbette darauf dringen, daß die Leute zwar die Übertretungen der Pflichten gegen sich selbst bereuen, weil sie nicht mehr zu ersetzen sind, aber daß sie, wenn sie einem anderen Unrecht getan haben, es wirklich zu ersetzen suchen, denn alles Winseln und Heulen hilft nichts, so wenig *in foro divino* als *humano*."[29]

Von Vergebung ist hier nicht die Rede und es ist fraglich, wo sie ihren Platz hätte. Kant scheint davon auszugehen, dass die einzige richtige Reaktion auf eine Verletzung der Pflichten gegen andere die Wiedergutmachung darstellt und Vergebung sich dann erübrigt, wohingegen bei Pflichtverletzungen gegen sich selbst keine Wiedergutmachung möglich ist, die Schuld daher offen bleibt und das Bewusstsein dafür in der Reue wachgehalten wird.

In der *Rechtslehre* der *Metaphysik der Sitten* schreibt Kant über das richterliche Straf- und Begnadigungsrecht.[30] Während er dem Strafrecht etliche Seiten widmet, kann er das Begnadigungsrecht in fünf Sätzen abhandeln. Kants Einstellung dem Begnadigungsrecht gegenüber ist äußerst kritisch. Er schreibt, es sei „wohl unter allen Rechten des Souveräns das schlüpfrigste, um den Glanz seiner Hoheit zu beweisen, und dadurch doch in hohem Grade Unrecht zu thun"[31]. Straflosigkeit sei das größte Unrecht, das der Souverän den Opfern antun könne. Einzig, wenn er selbst der von der Tat Betroffene sei, könne er das Begnadigungsrecht anwenden, und auch dann nur, wenn der Allgemeinheit daraus kein Sicherheitsrisiko erwachse. Zwar dürfen Begnadigung und Vergebung nicht in eins gesetzt

---

[29] KANT, Ethik, 164.
[30] KANT, Rechtslehre, Werkausgabe VIII, 452ff.
[31] Ebd., 459f.

werden, dennoch lässt sich eine Vermutung anstellen darüber, was Kant zur Vergebung sagen würde: Nämlich dass niemand im Namen eines andern vergeben dürfe, weil er damit dem Opfer Unrecht tue, und dass er als selbst Betroffner nur dann vergeben dürfe, wenn damit nicht die Moral geschwächt wird.

Am ehesten lässt sich Kants Einstellung zur Vergebung erahnen, wenn wir seine Äußerungen zu Rechtfertigung und Vergebung in *Die Religion innerhalb der Grenzen der reinen Vernunft* ansehen. Hier geht es nicht um das juristische Problem der Begnadigung, auch nicht primär um das moralische Problem der Vergebung, sondern um das theologische Problem der Rechtfertigung oder Sündenvergebung, das von Kant vorwiegend in moralischer Hinsicht behandelt wird. Seine Fragestellung lautet, wie sich göttliche Gerechtigkeit (Schuld verlangt Bestrafung) und göttliche Vergebung (Befreiung von Schuld und Strafe) vernünftig zusammendenken lassen. Problematisch ist ihm dies auf dem Hintergrund der Voraussetzungen, dass sich Sündenschuld erstens nicht aufheben lässt, wie auch immer der Mensch seinen Lebenswandel gebessert haben mag[32], und sie sich zweitens nicht übertragen lässt, auch nicht auf einen Unschuldigen, der freiwillig sie zu übernehmen bereit wäre[33]. Kant versucht in zwei Schritten eine Lösung des Problems. In einem ersten Schritt hält er fest, dass sich der göttliche Richterspruch nicht auf einzelne Handlungen bezieht, sondern auf die Gesinnung[34], in (beschränkter) Entsprechung zur theologischen Unterscheidung von Tatsünden und Ursünde. In einem zweiten Schritt nimmt er die paulinische Metapher vom „neuen Menschen" auf:

„Die Sinnesänderung ist nämlich ein Ausgang vom Bösen, und ein Eintritt ins Gute, das Ablegen des alten, und das Anziehen des neuen Menschen, da das Subjekt der Sünde

---

[32] KANT, Religion, Werkausgabe VIII, 726: „Wie es auch mit der Annehmung einer guten Gesinnung an ihm zugegangen sein mag und sogar, wie beharrlich er auch darin in einem ihr gemäßen Lebenswandel fortfahre, *so fing er doch vom Bösen an*, und diese Verschuldung ist ihm nie auszulöschen möglich. Daß er nach seiner Herzensänderung keine neue Schulden mehr macht, kann er nicht dafür ansehen, als ob er dadurch die alten bezahlt habe."

[33] Ebd., 726f: „Diese …Schuld … ist keine *transmissible* Verbindlichkeit, die etwa, wie eine Geldschuld (bei der es dem Gläubiger einerlei ist, ob der Schuldner selbst, oder ein anderer für ihn bezahlt), auf einen andern übertragen werden kann, sondern die *allerpersönlichste*, nämlich eine Sündenschuld, die nur der Strafbare, nicht der Unschuldige, er mag auch noch so großmütig sein, sie für jenen übernehmen zu wollen, tragen kann."

[34] Ebd., 727: „Der Richterausspruch eines Herzenskündigers muß als ein solcher gedacht werden, der aus der allgemeinen Gesinnung des Angeklagten, nicht aus den Erscheinungen derselben, den vom Gesetz abweichenden, oder damit zusammenstimmenden Handlungen gezogen worden."

(mithin auch alle Neigungen, sofern sie dazu verleiten) abstirbt, um der Gerechtigkeit zu leben."³⁵

Vor der Sinnesänderung stellt sich für Kant die Frage der Vergebung nicht; der „alte Mensch" ist Adressat für Gottes gerechte Strafe. Nach der Sinnesänderung kann sich Kant zufolge die Frage der Bestrafung nicht mehr stellen; der „neue Mensch" darf nicht bestraft werden für etwas, das ein anderer – nämlich der „alte Mensch" – getan hat.³⁶ Wenn sich Vergebung und Bestrafung weder vor noch nach der Sinnesänderung mit Gottes Gerechtigkeit zusammendenken lassen, bleibt nur eine Lösung: „so würde sie als *in* dem Zustande der Sinnesänderung selbst ihr angemessen und ausgeübt gedacht werden müssen"³⁷. Die Bestrafung für das begangene Unrecht, bzw. die vergangene unmoralische Gesinnung erfolgt *in* der Sinnesänderung, im Schmerz, den der neue Mensch beim Übergang über die Taten und die Gesinnung des alten Menschen, der er gewesen ist, empfindet, und in der Übernahme der Sündenfolgen, welche dem alten Menschen eine berechtigte Strafe gewesen wären, der neue Mensch dagegen nun als „Prüfung und Übung seiner Gesinnung zum Guten" anzunehmen bereit ist.³⁸

So sieht Kant den Nachweis erbracht, dass sich göttliche Vergebung und göttliche Gerechtigkeit vernünftig zusammendenken lassen, allerdings „nur unter der Voraussetzung der gänzlichen Herzensänderung"³⁹. An diesem letzten Punkt ist Kant besonders gelegen, damit die Rechtfertigungslehre nicht zu einer Schwächung der moralischen Gesinnung oder Anstrengung verleitet.⁴⁰

---

³⁵ Ebd., 728.
³⁶ GIBBS (Fear of Forgiveness, 330) weist auf die Schwierigkeit dieser „Lösung" hin: „If we were really two people (old person and new), then this solution would involve vicarious atonement, and would lead to corrupting our autonomy. On the other hand, if we are not really two people, then there is no meaning to the solution where a person allows her/himself to suffer."
³⁷ KANT, Religion, Werkausgabe VIII, 728.
³⁸ Ebd., 730.
³⁹ Ebd., 731.
⁴⁰ Etwas später in der *Religion* geht KANT ausführlich auf das Verhältnis zwischen menschlichem und göttlichem Beitrag zur Rechtfertigung des Menschen ein. Den Beitrag des Menschen sieht er darin, „was er selbst tun kann und soll, nämlich in einem neuen seiner Pflicht gemäßen Leben zu wandeln" (ebd., 778), dieser ist für ihn eine „praktisch[e] und zwar rein moralisch[e]" Notwendigkeit (ebd., 781); den Beitrag Gottes sieht er darin, „was er [i.e. der Mensch] selbst nicht tun kann, nämlich seine geschehene [sic] Handlungen rechtlich (vor einem göttlichen Richter) ungeschehen zu machen" (ebd., 778), dieser ist „allenfalls bloß für den theoretischen Begriff notwendig; wir können die Entsündigung uns nicht anders *begreiflich machen*" (ebd., 781). Für Kant ist klar, dass Gottes Beitrag nur als Ergänzung zum zuvor erfolgten menschlichen Einsatz gedacht werden kann und darf: „(M)an muß mit allen Kräften der heiligen Gesinnung eines Gott wohlgefälligen Lebenswandels nachstreben, um glauben zu können, daß die (uns schon

Was bedeutet dies alles für die zwischenmenschliche Vergebung? Es könnte bedeuten, dass Vergebung in jedem Fall unangebracht oder gar unmöglich ist[41]: Der Mensch *vor* der Sinnesänderung ist kein angemessener Adressat von Vergebung, da Vergebung ohne Sinnesänderung unmoralisch ist, über geschehenes Unrecht hinweg geht und damit neues Unrecht hervorruft. Dem Menschen *nach* der Sinnesänderung kann ebenfalls nicht vergeben werden, da einem Menschen nur vergeben werden kann, was ihm auch zugerechnet werden kann, dem neuen Menschen aber die Taten des alten Menschen nicht angerechnet werden. So sieht es jedenfalls Joanna North: „The sinful person he once was will be punished while the new person he has become will not." Und sie kommt zum Schluss:

„This ingenious solution creates many problems of personal identity, and makes forgiveness redundant. If I repent, and in so doing, become a new man, asking for forgiveness seems to be a matter of asking for a response aimed at a person who no longer exists. But if this is really so, then there can be no point in asking for forgiveness, and the person

---

durch die Vernunft versicherte) Liebe desselben zur Menschheit, sofern sie seinem Willen nach allem ihrem Vermögen nachstrebt, in Rücksicht auf die redliche Gesinnung, den Mangel der Tat, auf welche Art es auch sei, ergänzen werde" (ebd., 783). Die umgekehrte Reihenfolge (im theologischen Sprachgebrauch: das Indikativ-Imperativ-Schema) hält Kant für unverständlich und in moralischer Hinsicht gefährlich. Bemerkenswert ist jedoch, dass Kant an anderer Stelle durchaus die Indikativ-Imperativ-Reihenfolge vertritt (ebd., 862): „Ich gestehe, daß ich mich in den Ausdruck ... nicht wohl finden kann: Ein gewisses Volk ... ist zur Freiheit nicht reif; die Leibeigenen eines Gutseigentümers sind zur Freiheit noch nicht reif; und so auch, die Menschen überhaupt sind zur Glaubensfreiheit noch nicht reif. Nach einer solchen Voraussetzung aber wird die Freiheit nie eintreten; denn man kann zu dieser nicht *reifen*, wenn man nicht zuvor in Freiheit gesetzt worden ist (man muß frei sein, um sich seiner Kräfte in der Freiheit zweckmäßig bedienen zu können)".

Einige Jahre später, in der Schlusspassage der *Tugendlehre*, unternimmt Kant einen neuerlichen Versuch, das Verhältnis von göttlicher Gnade und Gerechtigkeit zu formulieren. Er formuliert das Paradox, dass Gott in seiner Gnade die Menschheit geschaffen hat, in seiner Gerechtigkeit diese aber für ihre Schuld bestrafen muss und sie darum gerechterweise auslöschen müsste, was seiner Gnade widerspräche. In seinem Aufsatz „Fear of Forgiveness: Kant and the Paradox of Mercy" unterzieht GIBBS diesen Abschnitt einer Kritik und schlägt einen gegenteiligen Ausweg aus dem Paradox vor: Nicht Gnade zu sehen als ein Prinzip, das von der Gerechtigkeit begrenzt wird, sondern umgekehrt, Gerechtigkeit zu sehen als ein Prinzip, das von der Gnade begrenzt wird. Seine Schlussfolgerung aus Kants Argumentation lautet: „The paradox of mercy is simply that the continued existence of the world displays the fact that God forgives us" (ebd., 332).

[41] Das Urteil von Gibbs (ebd., 330) lautet: „This is a thinly veiled attempt to make a person the forgiver of himself, through moral improvement." Ich selbst sehe es eher so, dass Vergebung als etwas, worum ein Mensch bitten und das ein anderer Mensch oder Gott gewähren kann, für Kant suspekt oder sinnlos ist. Wenn schon ist Vergebung für Kant etwas, das sich bei der „Herzensänderung" von selbst vollzieht, von niemandem gewährt oder vorenthalten werden kann. Um Vergebung zu bitten ohne Herzensänderung ist unmoralisch, bei oder nach der Herzensänderung darum zu bitten unnötig.

who is asked for forgivenss can only aim his response at a metaphysical shadow. If forgiveness is to be coherent we should reject this account of repentance."[42]

North berücksichtigt indes nicht, dass Kant in der *Religion* von Rechtfertigung und nicht von zwischenmenschlicher Vergebung spricht.[43] Ich bezweifle, dass sich Kants Ausführungen zur Rechtfertigung so ohne weiteres auf die zwischenmenschliche Vergebung übertragen lassen. Eine Bemerkung über den alten und den neuen Menschen lässt mich stutzen:

„Ob er also gleich *physisch* (seinem empirischen Charakter als Sinnenwesen nach, betrachtet) eben derselbe strafbare Mensch ist, *und als solcher vor einem moralischen Gerichtshofe, mithin auch von ihm selbst gerichtet werden muß*, so ist er doch in seiner neuen Gesinnung (als intelligibles Wesen) vor einem göttlichen Richter, vor welchem diese die Tat vertritt, *moralisch* ein anderer".[44]

Die Beurteilung des Menschen nach seiner Gesinnung (und nur nach der Gesinnung lässt sich von einem alten und einem neuen Menschen sprechen) ist nur Gott möglich und steht nur Gott zu – nicht den Mitmenschen, ja nicht einmal dem betreffenden Menschen selbst. Im Bereich der intra- und interpersonalen Beziehung ist der Mensch nach seinen Taten zu beurteilen, und hier gilt wohl eher das, was Shriver über Kants Ethik bemerkt: Der Mensch sei fähig zu moralischem Handeln („Ich soll, darum kann ich"), wenn er auch faktisch nie vollkommen moralisch handelt; es gebe keine Entschuldigung oder Vergebung für unmoralisches Handeln. Von außen (von Gott oder andern Menschen) Hilfe für die Korrektur der eigenen begangenen Unrechtstaten zu erwarten sei unmoralisch.[45]

Es gibt jedoch zumindest eine Stelle in der *Tugendlehre*, wo Kant nicht einem dergestalten Rigorismus frönt, sondern einer versöhnlichen Haltung das Wort redet. Er sagt, dass keine Strafe aus Hass verhängt werden darf und erinnert daran, dass jeder Mensch „von eigener Schuld genug auf sich sitzen hat". Daraus folgert er:

„Daher ist *Versöhnlichkeit* (placibilitas) Menschenpflicht; womit doch die *sanfte Duldsamkeit* der Beleidigungen (mitis iniuriarum patientia) nicht verwechselt werden muß, als Entsagung auf harte (rigorosa) Mittel, um der fortgesetzten Beleidigung anderer vorzu-

---

[42] NORTH, Wrongdoing and Forgiveness, 500.
[43] North ist damit nicht alleine. Auch HABER (Forgiveness, 96) liest ohne erkennbare Bedenken Kants Rechtfertigungslehre als Aussagen zur zwischenmenschlichen Vergebung.
[44] KANT, Religion, Werkausgabe VIII, 729; zweite Hervorhebung von mir.
[45] Für Kant gelte: „(T)he capability of the individual to reason and act morally is so unassailable that there is everything to blame and nothing to excuse – or forgive – in immoral behavior ... Indeed it is immoral to expect from outside of the self either human or divine help for the correction of one's past mistakes" (SHRIVER, An Ethic For Enemies, 60f).

beugen; denn das wäre Wegwerfung seiner Rechte unter die Füße anderer, und Verletzung der Pflicht der Menschen gegen sich selbst."[46]

Die Haltung der Versöhnlichkeit verzichtet demnach nicht auf Bestrafung, wo diese zur Vorbeugung weiteren Unrechts nötig erscheint. Worin Versöhnlichkeit positiv besteht, sagt Kant nicht. Möglicherweise ist sie zu sehen in einer Haltung, die dem andern sein begangenes – und sowohl bereutes als auch gesühntes oder wiedergutgemachtes – Unrecht nicht länger nachträgt.

Zusammenfassend ist damit zu Kants Vergebungsverständnis folgendes zu sagen: Während Kant sich sehr knapp und überwiegend ablehnend zur juristischen Idee der Begnadigung äußert und den theologischen *locus* der Rechtfertigung mit einem nicht unproblematischen Dreh in sein System zu integrieren vermag, findet zwischenmenschliche Vergebung bei Kant nahezu überhaupt keine Beachtung. Es scheint, dass Kant Vergebung versteht als eine Befreiung von Schuld und von Strafe. Ersteres ist nach Kant unmöglich – Geschehenes kann nicht ungeschehen gemacht werden –, letzteres ist nach Kant unmoralisch. So bleibt für Vergebung kein Raum. Lediglich eine allgemeine Haltung der Versöhnlichkeit findet Gunst in Kants Augen.

4.4 Vergebung bei Strawson und Murphy/Hampton

Keine der vorgestellten „klassischen" Moraltheorien betrachtet die moraltheoretische Erläuterung der Vergebung als ein Kernanliegen und entsprechend lassen sich nur wenig bis gar keine Äußerungen dazu finden. Zwar lässt sich hypothetisch rekonstruieren, was Vergebung im Rahmen der jeweiligen Moraltheorie bedeuten müsste, doch kommt dabei wenig Hilfreiches zu Tage.

Am ausführlichsten wurde die Moraltheorie Kants behandelt. Das liegt daran, dass auf ihr zwei Ansätze fußen, welche ihrerseits die Grundlage meiner eigenen Überlegungen bilden, auf die ich im Abschnitt „Moralische Kommunikation" (4.5) zu sprechen komme. Es sind dies in erster Linie die Gedanken Peter F. Strawsons zu moralischen Gefühlen und menschlichen reaktiven Haltungen, wie er sie in seinem bahnbrechenden Aufsatz „Freedom and Resentment"[47] darlegt, und sodann die Ausführungen von Jeffrie Murphy und Jean Hampton[48]. Ich werde deshalb als erstes das in

---

[46] KANT, Tugendlehre, Werkausgabe VIII, 599.
[47] Erschienen 1962 in Proceedings of the British Academy 48; in deutscher Übersetzung 1978 unter dem Titel „Freiheit und Übelnehmen".
[48] Sowohl Murphy als auch Hampton beziehen sich immer wieder auf Kant, wenngleich Hampton oftmals gewisse Vorbehalte erkennen lässt.

Strawsons Aufsatz enthaltene Konzept moralischer Reaktionen vorstellen und mich dann dem Buch „Forgiveness and Mercy" von Jeffrie Murphy und Jean Hampton zuwenden.

4.4.1 Peter F. Strawson: Freedom and Resentment

Absicht von Peter F. Strawsons Aufsatz ist es, Kompatibilisten (jene, die meinen, die These des Determinismus sei mit Begriffen wie moralischer Verpflichtung und Verantwortlichkeit und mit Praktiken wie denen des Strafens oder Tadelns vereinbar; Strawson nennt sie „Optimisten") und Inkompatibilisten (welche die Unvereinbarkeit behaupten; Strawson nennt sie „Pessimisten") miteinander zu versöhnen. Er versucht dies jedoch nicht auf direktem Wege, sondern über einen Umweg:

> „Ich will, mindestens zuerst, über etwas anderes sprechen: über die nicht-distanzierten Haltungen und Reaktionen von Menschen, die direkt in handelnder Wechselbeziehung miteinander stehen; über die Haltungen und Reaktionen von beleidigten Parteien und von Nutznießern; von solchen Dingen wie Dankbarkeit, Übelnehmen, Vergebung, Liebe und verletzten Gefühlen."[49]

Er möchte

> „etwas vor unser Bewußtsein (zu) halten, das leicht vergessen wird, wenn wir uns mit Philosophie beschäftigen, besonders wenn wir es in unserem kühlen, zeitgenössischen Stil tun, nämlich was es eigentlich heißt, in gewöhnlichen Beziehungen mit anderen Personen zu stehen, von den intimsten bis zu den beiläufigsten"[50].

In diesen Beziehungen erwarten wir im Allgemeinen ein gewisses Maß an Wohlwollen oder Rücksicht. Die erfüllte oder enttäuschte Erwartung ruft in uns bestimmte Gefühle und Haltungen hervor, Strawson spricht in diesem Zusammenhang von reaktiven Haltungen:

> „Was ich als die teilnehmenden reaktiven Haltungen bezeichnet habe, sind wesentlich natürliche menschliche Reaktionen auf den guten oder bösen Willen oder die Gleichgültigkeit anderer uns gegenüber, wie sie in ihren Haltungen und Handlungen sich zeigt."[51]

Als Reaktion auf den Willen oder die Absicht des andern fällt sie unterschiedlich aus, je nach dem, welchen Willen ich in einer Handlung zum Ausdruck gebracht sehe:

> „Wenn jemand unabsichtlich auf meine Hand tritt, während er versucht, mir zu helfen, mag der Schmerz nicht weniger scharf sein, als wenn er in verächtlicher Nichtbeachtung meiner Existenz oder mit einem böswilligen Wunsch, mich zu verletzen, darauf tritt. Aber ich würde es im allgemeinen im zweiten Fall in einer Art und zu einem Grad übelnehmen wie im ersten Fall nicht."[52]

---

[49] STRAWSON, Freiheit und Übelnehmen, 205.
[50] Ebd., 208.
[51] Ebd., 212.
[52] Ebd., 206.

Während die Haltung der Ignoranz oder der Böswilligkeit unsere Reaktion des Übelnehmens verstärkt, gibt es auch Umstände, in denen unsere Reaktion des Übelnehmens abgeschwächt oder außer Kraft gesetzt wird. Strawson teilt diese in zwei Gruppen ein: In der *zweiten Gruppe* wird der Handelnde als jemand angesehen, der für sein Handeln (derzeit oder jederzeit) nicht verantwortlich ist und demgegenüber es darum unangemessen wäre, eine gewöhnliche reaktive Haltung einzunehmen. Das ist etwa dann der Fall, wenn außergewöhnliche Umstände vorliegen[53] oder wenn die Umstände zwar normal, hingegen der Handelnde selbst „psychologisch abnormal", „moralisch unterentwickelt"[54] ist. Demgegenüber wird in der *ersten Gruppe* dem *Handelnden* seine Verantwortlichkeit *nicht* abgesprochen, er wird weiterhin als ein angemessener Adressat unserer reaktiven Haltungen betrachtet. Hingegen ist, wie Strawson sagt, die *Kränkung* eine, „im Hinblick auf die eine bestimmte von diesen Haltungen unangemessen ist"[55]. Dies ist der Fall bei Handlungen, bei denen sich nahe legt,

„daß die Tatsache der Kränkung durchaus verträglich war damit, daß die Haltung und die Absichten des Handelnden gerade so sind, wie wir es fordern. Der Handelnde wußte nur nichts von der Kränkung, die er verursachte, oder er hatte durch Zwang sein Gleichgewicht verloren, oder er mußte die Kränkung widerstrebend verursachen aus Gründen, von denen man akzeptiert, daß sie gewichtiger sind als sein Widerstreben"[56].

Strawson fährt fort:

„Das Angebot solcher Verteidigungen durch den Handelnden und ihre Annahme durch den Leidenden ist etwas, was sich in keiner Weise im Gegensatz zu oder außerhalb des Kontextes von gewöhnlichen Beziehungen zwischen Personen und der Manifestation gewöhnlicher reaktiver Haltungen befindet. Da manche Dinge fehlgehen und Situationen kompliziert sind, ist es ein essentielles und integrales Element in dem Austausch von Handlungen, der das Leben dieser Beziehungen bildet."[57]

Es geht dabei um das alltägliche Angebot und die Annahme von Entschuldigungsgründen; mit Recht spricht Strawson hier nicht von Vergebung.

Wenn, wie in der zuerst geschilderten zweiten Gruppe, unsere reaktiven Haltungen gegenüber dem Handelnden außer Kraft gesetzt werden, nehmen wir das ein, was Strawson eine „objektive Haltung" nennt:

„Die objektive Haltung gegenüber einem anderen menschlichen Wesen annehmen heißt, es vielleicht als Objekt einer sozialen Taktik sehen oder als Gegenstand für etwas, das in sehr ausgedehntem Sinn Behandlung genannt werden könnte, oder als etwas, das man sicherlich in Rechnung stellen muß, etwas zu Dirigierendes oder zu Handhabendes oder zu

---

[53] Strawson nennt Fälle, in denen wir sagen, „‚Er war in letzter Zeit sehr angespannt', ‚Er handelte unter dem Einfluß einer Hypnose'" (ebd., 210).
[54] Ebd.
[55] Ebd., 209.
[56] Ebd.
[57] Ebd.

Heilendes oder zu Trainierendes, vielleicht einfach zu Vermeidendes, obwohl *dieses* Gerundivum nicht auf Fälle von Objektivität der Haltung beschränkt ist. Die objektive Haltung kann auf viele Weisen emotional getönt sein, aber nicht auf alle Weisen: sie kann Ekel oder Furcht einschließen, sie kann Mitleid oder sogar Liebe einschließen, obgleich nicht alle Arten von Liebe. Aber sie kann nicht die Reihe reaktiver Gefühle und Haltungen einschließen, die dazugehören, wenn man zusammen mit anderen in interpersonale menschliche Beziehungen eingebettet ist oder sich daran beteiligt; sie kann nicht einschließen Übelnehmen, Dankbarkeit, Vergebung, Zorn oder die Arten von Liebe, von der man sagen kann, daß zwei Erwachsene sie manchmal wechselseitig füreinander empfinden. Wenn Ihre Haltung gegenüber jemandem völlig objektiv ist, dann können Sie sich nicht mit ihm streiten, obwohl Sie mit ihm kämpfen können, und Sie können nicht vernünftig mit ihm argumentieren, obwohl Sie mit ihm sprechen oder sogar verhandeln können. Sie können höchstens vorgeben, mit ihm zu streiten oder vernünftig zu argumentieren."[58]

Strawsons Ausführungen zur objektiven Haltung habe ich in Länge zitiert, weil er darin Wichtiges mitteilt darüber, was Vergebung ist und was sie nicht ist. Vergebung ist nicht möglich verbunden mit einer objektiven Haltung, Vergebung gehört in den Bereich normaler reaktiver Haltungen. Vergebung ist – im Unterschied zur objektiven Haltung – keine Strategie, keine Taktik, keine Methode. Sowohl eine (moralisch oder psychologisch) konsequenzialistische Sicht auf Vergebung als auch das vertragstheoretische Verständnis von „Vergebung" wären als objektive Haltungen zu beurteilen. Am ehesten lassen sich Strawsons Überlegungen auf einem kantischen Hintergrund verstehen. Dem Gegenüber nicht in einer objektiven Haltung begegnen, sondern sich in einer Wechselbeziehung spontan und reaktiv engagieren, hat viel mit dem zu tun, was Kant mit der Achtung der Person als Selbstzweck meint. Die objektive Haltung einzunehmen ist nach Strawson nur dann angebracht, wenn der andere aus bestimmten Gründen nicht als vernünftiges und zurechnungsfähiges Wesen angesehen werden kann[59], d.h. in Kants Terminologie, keine Person ist. Während jedoch Kant dazu neigt, die zwischenmenschliche Beziehung abstrakt zu fassen als ideale Beziehung zwischen zwei vernünftigen Wesen, oder gar zwischen der Menschheit in meiner Person und der Menschheit in der Person des andern, und er da wenig überzeugend ist, wo er die Anwendung des kategrischen Imperativs an Beispielen zu veranschaulichen sucht, ist Strawsons

---

[58] Ebd., 211.
[59] Ebd., 214: „Als nächstes bemerkte ich, daß die teilnehmende Haltung und die persönlichen reaktiven Haltungen im allgemeinen dazu tendieren – und nach dem Urteil der Zivilisierten dazu tendieren sollten –, den objektiven Haltungen zu weichen, genau so weit, wie der Handelnde als einer gesehen wird, der durch tief verwurzelte psychologische Abnormalität – oder einfach dadurch, daß er ein Kind ist – von gewöhnlichen erwachsenen menschlichen Beziehungen ausgeschlossen ist. Aber es kann nicht die Konsequenz irgendeiner These sein, die nicht sich selbst widerspricht, daß Abnormalität die allgemeine Beschaffenheit ist."

Paradigma die gewöhnliche, lebendige Beziehung, in welcher Unachtsamkeiten, Fehler, Verletzungen, besondere Umstände, mangelndes Informiertsein usw. alltäglich sind, und es gelingt ihm entsprechend besser, die Alltagstauglichkeit seiner Überlegungen zu vermitteln. Dies wird gerade auch im Fall der Vergebung deutlich, welcher in Kants Vorstellung der idealen Beziehung kein Platz zukommt, während das Angewiesensein auf Vergebung und das Gewähren von Vergebung für Strawson normale zwischenmenschliche Vorgänge (und zwar von Personen und nur von Personen) sind.

Die reaktive Haltung des Übelnehmens und die reaktive Haltung des Vergebens stehen zueinander in einem Spannungsverhältnis. Wo das Übelnehmen ungebrochen lebendig ist, sagen wir im Allgemeinen nicht, jemand habe vergeben. Vergeben bedeutet aber, wie gezeigt, auch nicht, die reaktive Haltung des Übelnehmens zugunsten einer objektiven Haltung aufzugeben, und auch die Abschwächung des Übelnehmens aufgrund akzeptierter Entschuldigungsgründe ist nicht Vergebung. Wie also ist das Verhältnis zwischen Übelnehmen und Vergebung zu sehen?

„Um Vergebung bitten ist zum Teil anerkennen, daß die Haltung, die in unseren Handlungen zutage trat, so war, daß sie mit Recht übelgenommen werden könnte, und zum Teil, diese Haltung für die Zukunft zu verwerfen (oder mindestens für die unmittelbare Zukunft); und vergeben ist, das Verwerfen zu akzeptieren und zu versprechen, daß man nicht länger übelnimmt."[60]

Vergebung ist somit das (wie in jeder lebendigen Beziehung lediglich *vorläufig*) letzte Glied einer ganzen Kette teilnehmender Reaktionen. Auf eine verletzende Handlung reagiert die betroffene Person mit Übelnehmen, auf welches die handelnde Person mit einer Bitte um Vergebung reagiert (womit sie – rückwärtsgerichtet – das Recht der betroffenen Person auf Übelnehmen und das Unrecht der eigenen Tat anerkennt und – vorwärtsgerichtet – die Zusicherung einer Verhaltensänderung macht), worauf wiederum die betroffene Person Vergebung gewährt, d.h. die Ernsthaftigkeit und Glaubwürdigkeit der Vergebungsbitte anerkennt und der anderen Person neu ihr Vertrauen ausspricht.

Auf der Vergebung liegt nicht das Hauptaugenmerk Strawsons in seinem Aufsatz. In den wenigen Sätzen und Nebensätzen, die er der Vergebung widmet, steckt indes mehr als in manch langer Abhandlung zur Thematik und eröffnet er einen Zugang, von dem aus sich viele Fragen fast von selbst beantworten. Auf dem Hintergrund von Strawsons Verständnis von *resentment* und *indignation* als reaktiver Haltungen in zwischenmenschlichen Beziehungen ist schließlich auch der in Buchform vorlie-

---

[60] Ebd., 207.

gende Gedankenaustausch zwischen Jeffrie G. Murphy und Jean Hampton zu lesen.

4.4.2 Jeffrie Murphy, Jean Hampton: Forgiveness and Mercy

Hampton und Murphy beschäftigen sich intensiv mit den Phänomenen des Übelnehmens, des Hasses, der Vergeltung, der Vergebung und der Gnade. Sie entwickeln dabei nicht eine durchgehende gemeinsame Linie, sondern formulieren auch voneinander abweichende Positionen, insbesondere was die Einschätzung von gewissen Formen von Hass und was das Verständnis von Vergebung angeht.

Murphy bestimmt in seinem ersten Beitrag das Verhältnis von Übelnehmen und Vergebung zueinander und das Verhältnis beider je in Bezug auf die Moral. Ausgehend von Bishop Joseph Butlers Bestimmung von Vergebung als „forswearing of resentment"[61] hat er Vorbehalte gegenüber der Vergebung, insofern er dem Übelnehmen auch Positives abgewinnen kann, und sieht er wertvolle Eigenschaften oder Wirkungen der Vergebung, wenn er seinen Blick auf die dunklen Seiten des Übelnehmens richtet. So meint Murphy: „Resentment (perhaps even some hatred) is a good thing, for it is essentially tied to a non-controversially good thing – self-respect "[62] und folgert daraus: „... a too ready tendency to forgive may properly be regarded as a *vice* because it may be a sign that one lacks respect for oneself"[63]. Umgekehrt sieht er auch, dass „resentment can stand as a fatal obstacle to the restoration of equal moral relations among persons"[64], und das bedeutet, dass „(t)he person who cannot forgive is the person who cannot have friends or lovers"[65].

Murphy stellt rhetorisch die Frage: „If it is proper to feel *indignation* when I see third parties morally wronged, must it not be equally proper to feel *resentment* when I experience the moral wrong done to myself?"[66] Und er gibt die Antwort:

„If I count morally as much as anyone else (as I surely do), a failure to resent moral injuries done to me is a failure to care about the moral value incarnate in my own person

---

[61] BUTLER, Fifteen Sermons, London 1726, Sermon VIII „Upon Resentment", und Sermon IX „Upon Forgiveness of Injuries"; hier nach MURPHY/HAMPTON, Forgiveness and mercy, 15.

[62] MURPHY/HAMPTON, Forgiveness and mercy, 16; ausführlicher ebd.: „I am, in short, suggesting that the primary value defended by the passion of resentment is self-respect, that proper self-respect is essentially tied to the passion of resentment, and that a person who does not resent moral injuries done to him ... is almost necessarily a person lacking in self-respect."

[63] Ebd., 17.
[64] Ebd., 16f.
[65] Ebd., 17.
[66] Ebd., 18.

(that I am, in Kantian language, an end in myself) and thus a failure to care about the very rules of morality."[67]

Aus dieser moralischen Bestimmung des Übelnehmens heraus gelangt er nicht zu einem uneingeschränkten Lob der Vergebung, sondern zu einer Zustimmung mit Vorbehalten:

„Forgiveness is acceptable only in cases where it is consistent with self-respect, respect for others as responsible moral agents, and allegiance to the rules of morality (i.e., forgiveness must not involve complicity or acquiescence in wrongdoing)."[68]

Dem würden auch Kant und Strawson zustimmen. Was die „Achtung für andere als verantwortliche moralische Handelnde" angeht, würde Kant betonen wollen, dass Vergebung, welche diese Achtung vermissen lässt, unmoralisch ist, wogegen Strawsons Punkt, ohne Kant zu widersprechen, der wäre, dass Vergebung als reaktive Haltung überhaupt nur *möglich* ist, wo wir andere als für ihr Handeln moralisch verantwortliche Personen ansehen.

Ebenfalls in Übereinstimmung mit Strawson formuliert Murphy, dass Übelnehmen nicht einfach eine Reaktion auf eine Verletzung ist, sondern eine Reaktion auf eine spezifisch *moralische Verletzung*. Deutlicher aber noch als Strawson betont Murphy den *Kommunikationsaspekt* solcher moralischer Verletzungen:

„One reason we so deeply resent moral injuries done to us is not simply that they hurt us in some tangible or sensible way; it is because such injuries are also *messages* – symbolic communications. They are ways a wrongdoer has of saying to us, ‚I count but you do not,' ‚I can use you for my purposes,' or ‚I am here up high and you are there down below.' Intentional wrongdoing *insults* us and attempts (sometimes successfully) to *degrade* us – and thus it involves a kind of injury that is not merely tangible or sensible. It is moral injury, and we care about such injuries."[69]

Während Murphy mit Recht Übelnehmen als moralische Reaktion auf die Botschaft einer moralischen Verletzung sieht, steht er in Gefahr zu übersehen, dass Vergebung gleichermaßen eine Reaktion in einem Kommunikationsgeschehen ist. Murphy bestimmt Vergebung vor allem als ein Gefühl: „Forgiveness is primarily a matter of how I feel about you (not how I treat you), and thus I may forgive you in my heart of hearts or even after you are dead."[70] Diese Definition erhält eine Ausdifferenzierung lediglich mit Blick auf die moralische Legitimation von Vergebung: „Forgiveness is not the overcoming of resentment *simpliciter*; it is rather this: forswearing

---

[67] Ebd. Und MURPHY schickt voraus: „When we are willing to be doormats for others, we have, not love, but rather what the psychiatrist Karen Horney calls ‚morbid dependency'" (ebd.).
[68] Ebd., 19.
[69] Ebd., 25.
[70] Ebd., 21.

resentment on moral grounds."⁷¹ Es ist Hampton, die Murphy auf die Unangemessenheit eines dergestalt nicht beziehungsorientierten Verständnisses von Vergebung aufmerksam macht:

„... we typically think of forgiveness as an act which is ‚directed' at the wrongdoer, and not merely as some kind of internal emotional change inside the victim. ... So forgiveness must be defined so that it involves more than simply effecting certain psychological changes for moral reasons"⁷²

Die Definition, welche Hampton vorschlägt, lautet: „When someone bestows forgiveness upon a person, she grants him her approval of him as a person despite what he has done to her." Und sie fügt an: „It is therefore natural for her to communicate that approval to the wrongdoer and to seek to renew a relationship with him"⁷³.

Nach Hampton ist Vergebung ein prozesshaftes Geschehen. Wie Murphy ist sie der Auffassung, dass Vergebung die Überwindung von Übelnehmen beinhaltet, sie bestreitet jedoch, dass dies bereits die ganze Vergebung ist. In der Wiederherstellung des durch die moralische Verletzung beschädigten Selbstwertgefühls und in der Überwindung von Hass und Übelnehmen sieht Hampton die erste Phase des Vergebungsprozesses. Während der Hass (in seinen Formen *spite* und *malice*) so überwunden wird, dass er aufgegeben wird, wird das Übelnehmen lediglich „transzendiert" und entpersönlicht und macht der Entrüstung (*indignation*⁷⁴) Platz. In einer zweiten Phase werden dann auch noch die Entrüstung und allfällig vorhandener moralischer Hass (*moral hatred*) aufgegeben, so dass es zu dem kommen kann, was Hampton „change of heart" nennt und für sie Vergebung eigentlich ausmacht:

„The forgiver who previously saw the wrongdoer as someone bad or rotten or morally indecent to some degree has a change of heart when he ‚washes away' or disregards the wrongdoer's immoral actions or character traits in his ultimate moral judgement of her,

---

⁷¹ Ebd., 24.
⁷² Ebd., 36f.
⁷³ Ebd., 85.
⁷⁴ HAMPTON definiert *resentment* und *indignation* folgendermaßen: „... *indignation is the emotional protest against immoral treatment whose object is the defense of the value which this action violated,* whereas *resentment is an emotion whose object is the defiant reaffirmation of one's rank and value in the face of treatment calling them into question in one's own mind*" (ebd., 59). Anders als Strawson und Murphy kann Hampton damit das Wort *indignation* auch in Bezug auf persönlich Betroffene verwenden, nachdem diese die Verteidigung ihres Selbstwertgefühls erfolgreich abgeschlossen haben. Bei Strawson dagegen ist *resentment* die Reaktion der von einer Tat persönlich Betroffenen, während *indignation* die Reaktion der moralisch betroffenen Zuschauer ist (vgl. dazu die Ausführungen in Kapitel 6.4.1).

and comes to see her as still *decent*, *not* rotten as a person, and someone with whom he may be able to renew a relationship."[75]

Dem, was nach Murphy Vergebung ist, kommt nach Hampton im Vergebungsprozess lediglich vorbereitende Wirkung zu auf das hin, was ihrer Ansicht nach den Kern der Vergebung ausmacht. Den ganzen Vergebungsprozess zusammengefasst definiert sie so:

„Forgiveness is a change of heart towards the wrongdoer in which one drops any emotions of hatred or resentment towards him and his deed, takes a pro-attitude towards him and is disposed (under most conditions) to make the offer of reconciliation."[76]

Was braucht es, damit es zu Vergebung kommen kann? Aufseiten der vergebenden Person braucht es – sowohl nach Hamptons wie auch nach Murphys Verständnis von Vergebung – den Willen, Hass und Übelnehmen nicht zu nähren, sondern zu überwinden. Bei Hampton braucht es zusätzlich die Entscheidung, den Täter wieder als moralische Person anzusehen. Und zuallererst braucht es, nach Murphy und Hampton, ein intaktes oder wiederhergestelltes Selbstwertgefühl, damit Übelnehmen allererst empfunden und schließlich überwunden werden kann. Wer eine zugefügte moralische Verletzung gar nicht übelnimmt, hat nicht vergeben, sondern beweist einen eklatanten Mangel an Selbstachtung als Folge früherer, gravierender moralischer Verletzungen, welche das Selbstwertgefühl nachhaltig zu schädigen vermochten.[77] Eine andere Konstellation, in der eine moralische Verletzung nicht übelgenommen wird, liegt vor, wenn sich das Opfer dem

---

[75] Ebd., 83.
[76] Ebd., 157.
[77] Hampton nennt moralische Verletzungen (objektiv) „demeaning", erniedrigend. Unabhängig davon, welche Theorie des menschlichen Werts die betroffene Person vertritt, kann sie die moralische Verletzung als *demeaning* empfinden. Ist sie aber von einer nicht-egalitaristischen Werttheorie überzeugt (bzw. nicht restlos von einer egalitaristischen Werttheorie überzeugt), kann die erniedrigende Handlung bei ihr zusätzlich ein Gefühl auslösen, das Hampton „diminishment" nennt: Sie kann befürchten, die erniedrigende Handlung habe ihren – im Vergleich zu anderen Menschen oder zum Täter – tieferen Wert *enthüllt* oder einen solchen *bewirkt*. Ist dieses *diminishment* nachhaltig, wird sie spätere moralische Verletzungen weniger oder gar nicht als *demeaning* empfinden, da sie der Überzeugung ist, mit ihr als einer Person minderen Werts dürfe so umgesprungen werden. Hampton nennt das Beispiel einer Frau, die Opfer einer Vergewaltigung wurde und gegen den ihr bekannten Täter keine Anzeige erstattete, da sie dachte, „this was the sort of thing women had to ‚take' from men" (ebd., 49).
Umgekehrt wird eine Handlung, welche keine moralische Verletzung darstellt, von der betroffenen Person als vielleicht unangenehm, nicht aber als *demeaning* erfahren – es sei denn, die betroffene Person sei Anhängerin einer nicht-egalitaristischen Werttheorie und schreibe sich selbst einen besonders hohen Wert zu. Dann kann es geschehen, dass sie eine Handlung, die aus egalitaristischer Sicht nicht *demeaning* ist, als *demeaning* und auch als *diminishment* empfindet; Hampton führt das Beispiel einer weißen Südafrikanerin an, welche gezwungen ist, im Bus neben einer Schwarzen zu sitzen (ebd.).

Täter dermaßen überlegen fühlt, dass es ihm und dessen Handlungen keinerlei Einfluss auf das eigene Selbstwertgefühl zugesteht. In diesem Fall liegt keine gewöhnliche reaktive Beziehung vor, sondern das, was Strawson die „objektive Haltung" nennt. Da Vergebung in den Bereich der reaktiven Beziehungen gehört, kann auch in diesem Fall fehlenden Übelnehmens nicht von Vergebung gesprochen werden.

Was ist aufseiten des Täters nötig, damit Vergebung zugesprochen werden kann? Welches sind die „moral grounds", welche für Murphy die Überwindung von Übelnehmen angemessen machen? Murphy bespricht fünf Gründe für Vergebung:

„I will forgive the person who has willfully wronged me, because
1. he repented or had a change heart *or*
2. he meant well (his motives were good) *or*
3. he has suffered enough *or*
4. he has undergone humiliation (perhaps some ritual humiliation, e.g., the apology ritual of ‚I beg forgiveness') *or*
5. of old times' sake (e.g., ‚He has been a good and loyal friend to me in the past')."[78]

Für Murphy gemeinsam und entscheidend an allen fünf angeführten Gründen ist, dass sie Fälle im Blick haben, wo die handelnde Person und die Handlung unterschieden werden könnten; Murphy beruft sich dabei auf Augustins bekannte Formulierung, die Sünde zu hassen, nicht aber den Sünder. „But to the extent that the agent is separated from his evil act, forgiveness of *him* is possible without a tacit approval of his evil act."[79] Würde die vergebende Person mit ihrer Vergebung die Tat gutheißen, würde sie sich zu einer Komplizin der Unmoral machen; so aber, indem Tat und Täter unterschieden würden und Vergebung nur an den Täter gerichtet werde, sei Vergebung moralisch vertretbar. Was geschieht genau, wenn der Täter sich von seiner Tat distanziert? „Then the insulting message is no longer present – no longer endorsed by the wrongdoer. We can then join the wrongdoer in condemning the very act from which he now stands emotionally separated."[80] In diesen Sätzen liefert Murphy eine Analyse dessen, was in der Reue, der Bitte um Vergebung und der darauf folgenden Gewährung von Vergebung geschieht. Ich sehe jedoch nicht, wie sich diese Beschreibung auf die vier anderen Punkte von Murphys Liste anwenden lässt; bei keinem von ihnen distanziert sich der Täter selbst von seiner Tat.[81] Allenfalls nimmt die vergebende Person eine Un-

---

[78] Ebd., 24.
[79] Ebd., 24f.
[80] Ebd., 25.
[81] Auf den ersten Blick mag es scheinen, als sei Punkt 4 davon ausgenommen, ist doch darin die Bitte „I beg forgiveness" aufgeführt. Zu beachten ist aber, dass es sich dabei nur um ein Beispiel handelt; die Demütigung könnte auch anders zustande kommen, etwa von außen aufgezwungen werden. Und zudem geht es auch beim Beispiel der

terscheidung vor: Aber auf welcher Grundlage tut sie dies? Und womöglich tut sie es gar gegen den Willen des Täters? Mit Recht wendet Hampton gegen Murphys Punkte 3 und 4 ein: „Why should one welcome back someone who has suffered for a long time, or who has been humiliated, if he emerges from his punishment or his humiliation no more decent than when it began?"[82] Und zum Fall der „guten Absichten" (Murphys Punkt 2) bemerkt sie: „(I)f you realize that your assailant thought he was doing something *good* rather than bad for you, the harm he brought upon you can be said to be a mistake, so that he should really be excused for what he did."[83] Auf der Basis ihrer Definition von Vergebung anerkennt Hampton lediglich den ersten und letzten Punkt von Murphys Liste vorbehaltlos als Gründe für Vergebung:

„Repentance of course provides us excellent evidence of the decency of the wrongdoer, and one may also remember something or receive other information to indicate that the wrongdoer is not rotten after all (e.g., past friendship or some extenuating circumstance)."[84]

Und sie fügt einen weiteren, konsequenzialistisch orientierten Grund an:

„(E)ven if the wrongdoer hasn't separated himself from the immoral cause, forgiving him is warranted if the *forgiveness itself* would effect the separation by softening his hardened heart and thus breaking his rebellion against morality"[85].

Damit bewegt sich Vergebung auf dünnem Eis:

„(T)he forgiver does not wait for the wrongdoer to prove himself to be morally reborn in order to reassociate with him. Instead, the forgiver *trusts* that, although he has undergone

---

Bitte um Vergebung nur um die *Demütigung*, welcher sich der Bittende unterzieht, nicht darum, ob die Bitte Ausdruck eines Gesinnungswandels ist. Wäre letzteres der Fall, würde Punkt 4 mit Punkt 1 zusammenfallen.

[82] Ebd., 84.
[83] Ebd. Es sind viele Beispiele denkbar, wo Hamptons Einschätzung zutrifft, dass schlechte Folgen guter Absichten einen Fall für Entschuldigung statt für Vergebung abgeben; diese Beispiele enthalten dann ja auch nicht die erniedrigende Botschaft moralischer Verletzungen. Ich bin aber im Zweifel, ob das auch für Fälle von (ungerechtfertigtem) Paternalismus gilt, welche Murphy explizit mit im Blick hat. Wohl mag die Absicht hinter der Handlung sein, das Wohl des Betroffenen zu fördern, und verändert sich dadurch die Beurteilung seitens des Betroffenen; dennoch steckt etwas Abwertendes, eine erniedrigende Botschaft in der paternalistischen Haltung dessen, der meint, besser als ich selbst zu wissen, was gut für mich sei. Paternalismus gehört in den Bereich objektiver Haltungen, welche einem gesunden, zurechnungsfähigen, erwachsenen Menschen gegenüber unangemessen sind. Insofern ich mich selbst als im obigen Sinn „normalen" Menschen einschätze, reagiere ich auf paternalistische Haltungen mir gegenüber mit Übelnehmen und nicht mit einer Entschuldigung.
[84] Ebd., 84f.
[85] Ebd., 84.

no rebirth, he is still ‚good enough' despite what he has done. Forgiveness is thus the decision to see a wrongdoer in a new, more favorable light."[86]

Noch dünner wird das Eis gegen Ende von Hamptons letztem Beitrag:

„(T)he injunction to forgive is not merely the injunction to encourage oneself the reapproval of others based on real evidence of decency, but also the injunction to reapprove of others through faith in their decency *despite a lack of evidence for it*."[87]

An dieser Stelle geht es mir nicht darum, die Frage der Bedingungen für angemessene Vergebung zu besprechen; diese Diskussion wird später (in Kapitel 6) aufgenommen werden. Mich interessiert hier der Kommunikations- oder Dialogcharakter von Vergebung; oder, da Strawson von Vergebung als einer reaktiven Haltung spricht, der Reaktionscharakter von Vergebung. Was für eine Reaktion stellt Vergebung genau dar, und *worauf* reagiert sie? Für *Murphy* ist Vergebung die Überwindung des Gefühls des Übelnehmens und sie ist dann moralisch angemessen, wenn einer der genannten Gründe gegeben ist – Gründe, von denen die meisten wenig oder nichts mit der gegenwärtigen Beziehung zwischen Täter und Opfer zu haben müssen.[88] Wer vergibt, reagiert damit im Grunde genommen nicht auf den Täter, sondern lediglich auf die Gefühlsveränderung in sich selbst, auf das Auftreten von Übelnehmen. Es besteht keine Notwendigkeit, den Täter über die eigenen Gefühlsveränderungen (das Auftreten oder das Verschwinden von Übelnehmen) zu informieren. *Hampton* kritisiert an Murphys Vergebungsverständnis, dass es nicht beachtet, dass Vergebung auf jemanden „gerichtet" ist, jemandem „gewährt" wird, einen „Empfänger" hat. Für Hampton ist Vergebung nicht nur die Überwindung von Übelnehmen, sondern gehört auch eine Neubeurteilung des Täters dazu, eine neuerliche Anerkennung des Täters als moralischer Person. Und nicht nur die stillschweigende Neubeurteilung aufseiten des Opfers gehört dazu, sondern auch die Inkenntnissetzung des Täters über die erfolgte Anerkennung. Und in den meisten Fällen, betont Hampton, wird auch eine Wiederaufnahme der alten Beziehung dazu gehören.

Insofern als die erfolgte Vergebung dem Täter auch mitgeteilt wird, ist Hamptons Vergebungsverständnis „kommunikativer", stärker dialogorientiert als dasjenige Murphys. Dennoch meine ich, dass auch bei Hampton Vergebung nicht wirklich eine „Antwort", nicht eine Reaktion auf das Gegenüber ist. Dies gilt umso mehr, als die Neubeurteilung des Täters unabhängig von diesem vorgenommen wird, auch gegen jeden Augenschein

---

[86] Ebd.
[87] Ebd., 155; meine Hervorhebung.
[88] Wenn der Täter in einem anderen Zusammenhang gedemütigt wurde oder zu leiden hatte, verändert das nicht notwendigerweise seine Einstellung und Beziehung zum Opfer. Und wenn die Beziehung zwischen Täter und Opfer in der Vergangenheit einmal gut war, ändert das nichts daran, dass sie jetzt beschädigt ist.

einer Charakteränderung erfolgen kann oder gar soll. In diesem Punkt unterscheidet sich Hampton nicht von Murphy. Auch bei Hampton ist Vergebung *direkt* nur eine Reaktion des Opfers auf das eigene Übelnehmen (und damit *indirekt* eine Reaktion auf die moralische Verletzung durch den Täter). Die Vergebung soll dem „Empfänger" zwar mitgeteilt werden, aber „vorgenommen" wird sie allein von der vergebenden Person, ohne Wissen und Einverständnis des Täters wird dieser mit dem herbeigeführten „change of heart" der vergebenden Person zwangsbeglückt. Es handelt sich um eine Entscheidung[89] allein der vergebenden Person und ist damit nicht weniger monologisch als Vergebung bei Murphy.

4.5 Moralische Kommunikation

Der Konsequenzialismus ist außerstande, die Beziehungen von *Individuen* in den Blick zu nehmen. Der Vertragstheorie gelingt das zwar, sie fasst sie jedoch nicht als *moralische* Beziehungen von moralischen Personen auf.

Kant ist dagegen an Personen als moralischen Individuen interessiert, nicht jedoch an ihren alltäglichen *Beziehungen* zueinander. Diesen widmet sich Strawson und unternimmt dabei eine Analyse moralischer Gefühle als *reaktiver Haltungen*. Murphy und Hampton machen den bei Strawson implizit angelegten Gedanken der *moralischen Kommunikation* explizit, wenn Murphy von der Botschaft („message"[90]) moralischer Verletzungen spricht und Hampton Übelnehmen oder Vergeltung als Antwort („response"[91]) an die Adresse des Täters sieht.

Ich möchte im Folgenden die Linie von Kant über Strawson und Murphy/Hampton aufnehmen und weiterführen. Mir liegt daran, eine Möglichkeit zu finden, wie Schuld und Vergebung als *kommunikatives Interaktionsgeschehen von moralischen Personen, die miteinander in einer moralischen Beziehung stehen*, verstanden werden können. Während Murphy und Hampton den Gedanken der moralischen Kommunikation nur gerade in Bezug auf die moralische Verletzung und allenfalls noch auf Retribution als Reaktion auf die Verletzung andenken, möchte ich diesen Gedanken vertiefen und auf die Vergebung ausdehnen.[92]

---

[89] Vgl. die bereits oben angeführte Definition Hamptons: „Forgiveness is thus the *decision* to see a wrongdoer in a new, more favorable light" (ebd., 84; meine Hervorhebung).

[90] Ebd., 25.

[91] Ebd., 44; 144.

[92] Ich gelange dabei zu einem Vergebungsverständnis, das sich von demjenigen (bzw. denjenigen) Murphys und Hamptons deutlich unterscheidet. Gerade deshalb möchte ich betonen, dass ich den entscheidenden Anstoß zur Entwicklung meines Verständnisses von Vergebung als moralischer Kommunikation – neben Strawsons Aufsatz und Gesprä-

4.5.1 Die moralische Gemeinschaft

Menschen leben in Gemeinschaft mit anderen Menschen. Menschen sind auf andere Menschen angewiesen in ihrem täglichen Leben: Auf ihre Bereitschaft, sie nicht mutwillig zu schädigen, auf ihre Rücksicht, auf ihr praktisches Wohlwollen.[93] Aus diesem Angewiesensein heraus und aus der Erfahrung, dass die Mitmenschen sich üblicherweise so verhalten, dass sie diesen Bedürfnissen Rechnung tragen, bildet sich zunächst die deskriptive Erwartung, dass sie sich auch in Zukunft so verhalten werden, und schließlich die normative Erwartung, dass sie sich so verhalten sollen.[94] Wird eine berechtigte Erwartung enttäuscht, nimmt jemand auf meine Bedürfnisse keine Rücksicht oder versucht er gar, mir Schaden beizufügen, so reagiere ich darauf, indem ich mich moralisch verletzt fühle. Zusätzlich zum materiellen oder gesundheitlichen oder wie auch immer gearteten Nachteil, den ich von seinem Handeln davontrage, habe ich auch noch die Botschaft empfangen, ich sei es in seinen Augen nicht wert, dass auf meine Bedürfnisse Rücksicht genommen werde, die Mitteilung, meine Interessen zählten weniger als die seinen und mit mir könne beliebig umgesprungen werden. Diese Botschaft ist äußerst bedrohlich: Würde der betreffende Mitmensch oder würden gar alle meine Mitmenschen konsequent danach handeln, so müsste ich um Leib und Leben fürchten. Ich wäre ausgestoßen aus der moralischen Gemeinschaft, in welcher alle wissen um ihr wechselseitiges Angewiesensein auf die andern und diesem Umstand in ihrem Handeln wechselseitig Rechnung tragen. Ich wäre, hobbesianisch gesprochen, in den „Kriegszustand" versetzt. Es ist somit nur verständlich, wenn eine moralische Verletzung eine starke Reaktion in mir auslöst. Diese Reaktion ist im Falle einer intakten Selbstachtung die des Übelnehmens.[95]

---

chen mit Johannes Giesinger – dem schriftlichen Gedankenaustausch von Murphy und Hampton verdanke.

[93] Selbst wenn man sich einen Menschen vorstellen wollte, der allein auf einer einsamen Insel lebt, gilt doch, dass er auf andere Menschen zumindest angewiesen *war*: Auf Eltern, die ihm das Leben schenkten, auf Mitmenschen, die in den ersten Jahren seine Grundbedürfnisse stillten und bei denen er Verhaltensweisen erlernen konnte, mit welchen er später selber für sein Überleben sorgen konnte. Dies gehört mit zur *Natalität* des Menschen – ein Begriff, den Hannah Arendt in die philosophische Diskussion einführte und der viel zu lange unbeachtet geblieben ist (vgl. dazu auch STOPCZYK/PRAETORIUS, Art. Geburt/Natalität).

[94] Damit ist nicht behauptet, dies sei die einzige Art und Weise, wie sich Erwartungen bilden. Zur Unterscheidung der deskriptiven und normativen Erwartungen vgl. GIESINGER, Der Anfang der Geschichte, 400f.

[95] Den Zusammenhang zwischen der Reaktion des Übelnehmens und der enttäuschten normativen Erwartung drückt HABERMAS (Diskursethik, 58) folgendermaßen aus: „Entrüstung und Ressentiment richten sich gegen einen *bestimmten* Anderen, der unsere Integrität verletzt; aber den moralischen Charakter verdankt diese Empörung nicht dem Umstand, daß die Interaktion zwischen zwei einzelnen Personen gestört ist. Vielmehr ist es

4.5.2 Moralische Verletzung

Bis hierhin bewege ich mich weitgehend in dem Rahmen, der bereits von Strawson und Murphy/Hampton abgesteckt wurde, verlasse ihn jedoch, wenn ich im folgenden den bei Murphy und Hampton anzutreffenden Gedanken der moralischen Botschaft weiterdenke. Ausgangspunkt meiner weiteren Überlegungen ist die von Murphy und Hampton geäußerte Auffassung, dass das, was die *moralische* Verletzung einer schuldhaften Handlung ausmacht, die darin ausgedrückte *erniedrigende Botschaft* ist.

Eine Botschaft hat einen Mitteilenden und einen Adressaten[96], und wenn jener diesem eine Botschaft mitteilt, so handelt es sich um einen Akt der Kommunikation. Da es um eine moralische Botschaft geht, werde ich im Folgenden von *moralischer Kommunikation* sprechen. Kommunikation erschöpft sich normalerweise nicht im Mitteilen und Empfang einer einzigen Botschaft. Als Kommunikation bezeichnen wir üblicherweise den wechselseitigen Austausch von Botschaften, das Pingpong-Spiel, in welchem jemand mir eine Botschaft zuspielt, ich darauf mit einer Antwort reagiere und dies wiederum eine Reaktion beim andern auslöst, welche er mir mitteilt. Kommunizieren bedeutet im Allgemeinen nicht, allein in der Rolle des Adressaten oder allein in der Rolle des Mitteilenden zu stehen, sondern als „Mitspieler" aktiv am „Pingpong-Spiel" beteiligt zu sein.

4.5.3 Übelnehmen als Botschaft

Wenn wir diesen Gedanken ernst nehmen, dann erschöpft sich die moralische Kommunikation nicht darin, dass jemand eine erniedrigende Botschaft mitteilt. Auch das Übelnehmen ist ein kommunikativer Akt und

---

der Verstoß gegen eine zugrunde liegende *normative Erwartung*, die nicht nur für Ego und Alter, sondern für *alle Angehörigen* einer sozialen Gruppe, im Falle streng moralischer Normen sogar für alle zurechnungsfähigen Aktoren überhaupt, Geltung hat."

[96] Gebräuchlich sind auch die Ausdrücke „Sender" und „Empfänger", die aus der Sprache der Technik, z.B. der Funkübertragung, entlehnt sind. Dahinter steht oftmals eine repräsentationstheoretische Vorstellung von Kommunikation. So spricht etwa ECO (Semiotik, 57ff) davon, dass der Sender eine Botschaft codiert und diese vom Empfänger dann wieder decodiert werden muss. Ich halte den Nutzen der Repräsentationstheorie bei der Beschreibung und Erklärung von Kommunikation für äußerst begrenzt und versuche daher, die Ausdrücke „Sender" und „Empfänger" zu vermeiden. Wie es in manchen gebrauchstheoretischen Modellen in Anlehnung an den späten Wittgenstein üblich ist, ziehe ich die Ausdrücke „Sprecher" und „Hörer" vor. Da es sich bei der hier zu beschreibenden moralischen Kommunikation jedoch oftmals um nichtverbale Kommunikationsvorgänge handelt, sind auch diese Ausdrücke unzureichend. Ich behelfe mir damit, dass ich die Person, an welche die Botschaft gerichtet ist, je nach Zusammenhang als „Adressaten" oder „Betroffenen der Handlung" o.ä. umschreibe, und die Person, welche die Botschaft an den Adressaten richtet, einen „Mitteilenden", „Akteur" oder das „Subjekt der Handlung" o.ä. nenne.

richtet an den Täter die Botschaft, dass die von seiner Handlung betroffene Person sich davon moralisch verletzt fühlt und sie die erniedrigende Botschaft zurückweist. Die Botschaft des Übelnehmens ruft ihrerseits wiederum nach einer Reaktion vonseiten dessen, dem das Übelnehmen gilt. Auch diese Reaktion ist als *Antwort*, als Botschaft, als Teil des kommunikativen Prozesses zu sehen.

4.5.4 Reaktionen auf Übelnehmen

Somit steht nun der Urheber der moralisch verletzenden Botschaft in der Position, auf die Botschaft des Übelnehmens zu reagieren. Grundsätzlich stehen verschiedene Möglichkeiten offen: Er kann auf eine spezifische Reaktion verzichten, er kann die verletzende Botschaft explizit erneuern, er kann erklären, es sei keine verletzende Botschaft intendiert gewesen, oder er kann bedauern, die andere Person verletzt zu haben.

Nicht-Reaktion und die Erneuerung der verletzenden Botschaft

Hält der Urheber der verletzenden Botschaft es für unnötig, auf das Übelnehmen des von seiner Handlung Betroffenen zu reagieren, so enthält auch diese Nicht-Reaktion eine Botschaft: Die Botschaft nämlich, dass der Akteur an der verletzenden Botschaft seiner Handlung festhält. Drückte er mit seiner Handlung aus, dass ihm die Bedürfnisse des andern gleichgültig sind, so drückt er mit seiner Nicht-Reaktion auf dessen Übelnehmen aus, dass es ihn nicht kümmert, den andern verletzt zu haben – und erneuert damit implizit die verletzende Botschaft. Ähnliches geschieht, wenn er die verletzende Botschaft explizit erneuert. In beiden Fällen wird aufseiten des Betroffenen die moralische Verletzung wachgehalten und verstärkt. Die moralische Kommunikation ist in eine Sackgasse geraten, wo beide Seiten nur noch ihre Botschaft wiederholen und der Dialog nicht fortgesetzt werden kann.

Die Botschaft der Entschuldigung

Neben der moralisch unerfreulichen Möglichkeit, die verletzende Botschaft explizit oder durch ein Ignorieren des Übelnehmens zu erneuern, bieten sich dem Urheber der verletzenden Botschaft je nach Situation auch andere Reaktionsmöglichkeiten.

Es ist denkbar, dass er vom Übelnehmen überrascht wird. Er hatte nicht beabsichtigt, die andere Person zu verletzen und bemerkt erst durch ihr Übelnehmen, dass sich die Person durch seine Handlung erniedrigt fühlt.[97]

---

[97] Diese nicht ungewöhnliche Situation zeigt, dass es sich beim Übelnehmen tatsächlich um eine *Botschaft* handelt: Dem andern wird etwas mitgeteilt, das er ohne diese Botschaft vielleicht nicht gewusst hätte.

Er wollte die andere Person nicht verletzen und will auch jetzt nicht, dass sie verletzt sei. Es gibt verschiedene Konstellationen, in denen eine solche Situation auftreten kann, sie lassen sich in zumindest drei Gruppen zusammenfassen:

Zum *ersten* sind da die Fälle, wo jemand für sein Handeln nicht (voll) verantwortlich gemacht werden kann. Angenommen, ich sitze im Bus und plötzlich sagt eine Stimme laut: „Oh, was hat diese Frau für eine hässliche Nase!" Wenn ich diese Aussage auf mich beziehe, werde ich nicht nur peinlich berührt sein, sondern mich auch beleidigt fühlen. Nicht, weil ich bis anhin von der restlosen Schönheit meiner Nase überzeugt war, und auch nicht, weil ich annehme, dass mein Wert als Mensch vom Aussehen meiner Nase abhänge, sondern weil ich der Überzeugung bin, dass eine solche Bemerkung, welche mich der Lächerlichkeit preisgibt, nicht Ausdruck der mir als Person zukommenden Wertschätzung ist. Nehmen wir weiter an, mir falle spontan eine passende Antwort ein und spreche sie aus, noch während ich mich meinem Beleidiger zuwende. Er reagiert ganz verstört auf meine Antwort. Aufgrund seines Verhaltens wird mir klar, dass ich es mit einem geistig Behinderten zu tun habe. Augenblicklich fällt mein Übelnehmen in sich zusammen und ist mir die Unangemessenheit meiner Reaktion bewusst. Der Mann braucht sich für seine Aussage nicht zu entschuldigen – er *ist* (objektiv) entschuldigt als jemand, der für sein Tun nicht im vollen Sinn verantwortlich gemacht werden kann. Es ist auch nicht seine verstörte Reaktion, welche meinem Übelnehmen die Grundlage entzieht, sondern die Tatsache, dass er geistig behindert ist. Aber in diesem Fall ist es seine verstörte Reaktion, welche mir die Tatsache seiner Behinderung mitteilt, und ich werde versuchen, beschwichtigend zu antworten. Vermutlich werde *ich* es sein, die sich entschuldigt, nämlich für meine unangemessene spontane Reaktion.

Damit sind wir bei der *zweiten* Gruppe von Fällen: Wo jemand, dessen Verantwortlichkeit und Schuldfähigkeit nicht in Frage steht, eine andere Person unbeabsichtigt und unbemerkt verletzt. So kann es etwa geschehen, dass ich, ohne es zu bemerken, jemanden anremple, und die angerempelte Person hält es für einen Ausdruck meiner Geringschätzung ihr gegenüber, dass ich mich für meine Rempelei nicht einmal entschuldige. Oder ich helfe einer alten Nachbarin beim Aufräumen ihrer Wohnung, und beim Entsorgen einer ganzen Menge Gerümpel verschwindet auch ein ihr liebes Erinnerungsstück, das ich entweder inmitten des Gerümpels nicht gesehen hatte, oder das ich wohl gesehen, aber ebenfalls für Gerümpel gehalten hatte. Oder ein unerfahrener Arbeitgeber verfasst für eine Angestellte ein wie er meint rundum lobendes Arbeitszeugnis und benutzt dabei Wendungen wie: „Sie gab sich immer Mühe", „Es gab nie etwas zu beanstanden", und die Angestellte wird das Arbeitszeugnis empört zurückweisen, da sie diese Formulierungen für verschlüsselte Kritik hält. Es ließen sich viele Beispiele anführen; sie sind Bestandteil unseres Alltaglebens. All diesen Fällen gemeinsam ist, dass die handelnde Person eine war, die für ihr Handeln grundsätzlich und auch im konkreten Fall verantwortlich ist, und die grundsätzlich schuldfähig ist. Im konkreten Fall jedoch ist sie nicht schuldig, da sie etwa nicht über alle relevanten Informationen verfügt hatte (sie wusste nicht, dass sie jemanden angerempelt hatte, sie hatte das Erinnerungsstück nicht gesehen oder nicht als solches erkannt, der Arbeitgeber wusste nicht, dass bei Arbeitszeugnissen auch mit verdeckten Botschaften gearbeitet wird usw., und wir nehmen an, dass in all diesen Fällen keine grobe Fahrlässigkeit mit im Spiel war). Auch ein Bankangestellter, der unter vorgehaltener Pistole gezwungen wird, den Schlüssel zum Banksafe herauszurücken, macht sich nicht schuldig. Erfährt der Bankdirektor nur, sein Angestellter habe jemandem den Schlüssel zum Banksafe ausgehändigt, wird er dies dem Angestellten übelnehmen und ihn dafür zur Rede stellen. Der Angestellte wird die Botschaft des Übelnehmens zurückweisen und dem Bankdirektor die Situation erklären. Dass er unter äußerem Zwang gehandelt hatte, ist ein Entschuldigungsgrund, welchen der Bankdirektor annehmen wird und der seinem Übelnehmen die Grundlage entzieht.

Für sein Tun entschuldigt ist jemand, der entweder für sein Tun nicht verantwortlich und damit auch nicht schuldfähig ist (die erste Gruppe von Fällen), oder der zwar für sein Tun verantwortlich und grundsätzlich schuldfähig ist, im konkreten Fall aber nicht schuldig ist, da ein Entschuldigungsgrund vorliegt (die zweite Gruppe von Fällen). Zu den Entschuldigungsgründen, die allgemein akzeptiert sind, zählen unter anderem innerer oder äußerer Zwang, Mangel an Informationen oder Tatsachenwissen, und Unvorhersehbarkeit der Folgen.

Die *dritte* Gruppe umfasst schließlich jene Fälle, wo jemand eine Handlung als moralisch verletzend interpretiert, die vom Handelnden nicht so gemeint war und auch von den meisten Menschen nicht so interpretiert werden würde. Es gibt Menschen, die keine sachliche Kritik entgegennehmen können, ohne sogleich in den Grundfesten ihres Selbstvertrauens erschüttert zu werden. Es gibt Menschen, die aus jeder Bemerkung, auch jeder unterbliebenen Bemerkung, jeder Geste, jedem Blick, eine Botschaft herauslesen, von der sie sich in Frage gestellt fühlen. Solche Menschen fühlen sich im Grunde genommen ständig moralisch verletzt. Ihr Gefühl des moralisch Verletztseins beruht aber – aus der Außenperspektive betrachtet – nicht auf bestimmten verletzenden Handlungen eines Gegenübers, sondern auf einer ungefestigten Identität, einem Selbstwertgefühl, das ins Wanken gerät, nicht nur, wenn ein Sturm daran rüttelt, sondern auch dann, wenn ein zarter Lufthauch es streift, oder selbst bei absoluter

Windstille. In diesen Fällen kann die handelnde Person nicht entschuldigt werden: Sie ist verantwortlich, sie ist schuldfähig, sie handelte ohne äußeren und inneren Zwang und verfügte über alle relevanten Informationen. Sie kann nicht entschuldigt werden, und sie braucht sich auch nicht zu entschuldigen, da von Schuld auch *prima facie* keine Rede sein kann. Während in der zweiten Gruppe von Fällen die handelnde Person sagen kann: „Es tut mir Leid, dass ich dich mit meiner Bemerkung verletzt habe. Ich wusste eben nicht, dass ... [Entschuldigungsgrund]", kann sie in der dritten Gruppe von Fällen höchstens sagen (wird es aber klugerweise wohl nicht tun): „Es tut mir Leid für dich, wenn dein Selbstvertrauen so schwach ist, dass du dich von einer solchen Bemerkung verletzt fühlst."

Der Arbeitgeber, der ungewollt eine doppelbödige Aussage ins Arbeitszeugnis schreibt, verfügt über mangelhafte Kenntnisse der Gebrauchsregeln von Arbeitszeugnisformeln, wohingegen der Mangel an Kenntnis der Gebrauchsregeln gewisser Aussagen in der dritten Gruppe von Fällen auf der Seite der interpretierenden Person liegt. In der zweiten wie in der dritten Gruppe von Fällen lässt sich die Botschaft manchmal richtig stellen: Der Arbeitgeber sollte sich entschuldigen und das Zeugnis neu schreiben, so dass es die beabsichtigte Botschaft in aller wünschbaren Eindeutigkeit enthält; und wer es mit einem überempfindlichen Gegenüber zu tun hat, braucht sich zwar nicht zu entschuldigen, kann aber ebenfalls versuchen, die intendierte Botschaft neu zur Geltung zu bringen.

Der Kommunikationsprozess verläuft in diesen Fällen folgendermaßen: Eine erste Person tut etwas, das von der betroffenen Person als moralisch verletzend interpretiert wird, genauer: Sie interpretiert die Handlung dahingehend, dass diese eine moralisch verletzende Botschaft ausdrücke. Die Person, die sich moralisch verletzt fühlt, reagiert auf die Botschaft der Handlung mit Übelnehmen. Die erste Person empfängt die Botschaft, dass sich die zweite Person moralisch verletzt fühlt und reagiert darauf, indem sie das Missverständnis zu beheben sucht: Sie teilt der zweiten Person mit, dass sie mit ihrer Handlung eine andere Botschaft mitzuteilen beabsichtigt hatte, oder sie anerkennt zwar, dass ihre Handlung so war, dass sie als verletzend interpretiert werden konnte, weist aber darauf hin, dass nicht eine Geringschätzung der anderen Person, sondern besondere Umstände, welche als Entschuldigungsgrund dienen, den Handlungsgrund ausmachten. Es kann auch sein, dass nicht die erste Person selbst diese Informationen mitteilt, sondern die zweite Person diese auf anderem Wege erhält. Davon unabhängig wird die zweite Person, sofern sie den Entschuldigungsgrund als solchen akzeptiert oder der neu formulierten Botschaft traut, ihr Übelnehmen fallen lassen, da es keine angemessene Reaktion darstellt, wenn keine moralisch verletzende Botschaft geäußert wurde.

Die Botschaft der Reue

Was aber ist mit Fällen, wo sehr wohl eine verletzende Botschaft geäußert wurde? Mit Fällen, die nicht die Eindeutigkeit der bisher besprochenen Konstellationen besitzen, wo entweder in voller Absicht eine verletzende Botschaft geäußert und daran festgehalten wird oder gar keine verletzende Botschaft mit im Spiel ist? Ich erinnere an den Grundgedanken, Moral kommunikativ zu verstehen[98], als wechselseitigen Austausch von moralischen Botschaften und von Reaktionen, die sich darauf beziehen. Wenn wir den Gedanken der Kommunikation ernst nehmen, dann müssen wir mit Situationen rechnen, in denen die Botschaft des Übelnehmens beim Adressaten etwas bewirkt – dass er die Botschaft nicht nur ignoriert oder nicht nur ein Missverständnis aufklärt, sondern in ihm eine Veränderung geschieht.

Angenommen, ich bewerbe mich auf eine ausgeschriebene Arbeitsstelle und liege gut im Rennen. Ich könnte sogar davon ausgehen, die Stelle zu bekommen, wäre da nicht noch ein bestimmter Mitbewerber, der gleich gute Voraussetzungen mitbringt. Es gelingt mir, im richtigen Moment – natürlich nicht beim Arbeitgeber direkt, aber so, dass es ihm zugetragen werden muss – eine Bemerkung über meinen Mitbewerber zu platzieren, eine Aussage über seine Person, welche zwar nicht direkt unwahr ist, aber weder den Arbeitgeber noch sonst jemanden etwas angeht. Meine Bemerkung entfaltet die gewünschte Wirkung, beim Arbeitgeber ist ein Zweifel gesät über die Integrität und Verlässlichkeit meines Mitbewerbers; dieser kleine Zweifel gibt schließlich den Ausschlag, dass ich die Anstellung erhalte. Ich weiß zwar selber, dass mein Handeln nicht gerade von der feinen Art ist, aber ich halte mich nicht lange auf bei dem Gedanken, sondern lege mir die Sache zurecht, indem ich mir sage, die Arbeitsstelle sei für mich eben besonders wichtig, außerdem hätte es auch sonst geschehen

---

[98] Anders als Habermas in seinem Aufsatz zur Diskursethik oder Rawls in der „Theorie der Gerechtigkeit" denke ich dabei nicht an eine argumentative Verständigung über Moral. Die Kommunikation der Verhandlungspartner unter dem „veil of ignorance" bei Rawls ist virtuell: Erstens handelt es sich beim Schleier des Nichtwissens um eine fiktive Situation, und zweitens ist der unter den von Rawls skizzierten Bedingungen stattfindende Dialog in dem Sinne ideal oder „perfekt", dass sein Verlauf und das Ergebnis vorhersagbar sind. Damit braucht der Dialog aber gar nicht mehr stattzufinden, sondern ist „simulierbar" im Kopf jedes moralisch reflektierenden Individuums.
Im Unterschied dazu verstehe ich in dieser Untersuchung unter „moralischer Kommunikation" einen real stattfindenden, menschlich unvollkommenen Kommunikationsprozess, in welchem in Worten oder Handlungen moralische Botschaften ausgedrückt werden, Botschaften also über die Wertschätzung der anderen Person. Ein Mindestmaß an akzeptierten gemeinsamen moralischen Normen und Erwartungen (das Thema von Rawls und Habermas also) ist darin bereits vorausgesetzt, wenn in der moralischen Kommunikation Verständigung glücken soll.

können, dass ich und nicht er für die Stelle ausgewählt werde und ohnehin sei meine Bemerkung vielleicht ohne Einfluss auf den Entscheid des Arbeitgebers gewesen usw. Es gelingt mir, mich soweit über die moralische Qualität meiner Handlung zu betrügen, dass ich nicht sonderlich von einem schlechten Gewissen bedrängt werde.

Nehmen wir aber weiter an, mein Mitbewerber erfahre von jemandem, was ich getan habe. Die Niederlage, die er bis dahin mit Fassung getragen hatte, sieht er plötzlich in einem anderen Licht. Er ist empört über mein Vorgehen, er ist enttäuscht von mir als Person, er will unter diesen Voraussetzungen nichts mehr mit mir zu tun haben, und er gibt mir all dies zu verstehen. Seine Reaktion setzt bei mir etwas in Bewegung, das ich bis dahin halbwegs erfolgreich verhindern konnte. Sagte ich mir vorher, dass die Stelle für ihn wohl nicht so wichtig sei wie für mich, erfahre ich nun, dass sie auch ihm viel bedeutet hätte. Versuchte ich mir einzureden, die Bemerkung sei mir eben nur so herausgeschlüpft und vermutlich ohne Einfluss auf den Entscheid des Arbeitgebers geblieben, so muss ich merken, dass mein Mitbewerber meine Bemerkung als gefühlskalte Taktik einstuft, die sehr wohl zum Ziel führte. Und bemühte ich mich um eine Interpretation meiner Handlung, welche mir erlaubte, mich selbst weiterhin als moralische Person zu achten, so macht mir der andere unmissverständlich klar, dass er mit „jemandem wie mir" nichts zu tun haben will.

Das ist eine klare Botschaft. Wäre ich von der Unrechtmäßigkeit seiner Reaktion überzeugt, müsste ich sie als moralisch verletzend empfinden. So aber schmerzt sie ebenfalls – nicht wegen ihrer Unangemessenheit, sondern weil ich eingestehen muss, dass sie angemessen ist. Auch in diesem Fall wird mein Selbstwertgefühl erschüttert – aber nicht, weil der andere mich moralisch verletzt hätte, sondern weil ich selbst so gehandelt habe, dass es mit meinem Selbstbild als moralischer Person nicht vereinbar ist. Das Gefühl der *Scham* setzt ein. Nach Strawson gehört die Scham zu den *selbstreaktiven* Haltungen. Ich reagiere mit der Scham auf mich selbst, auf meine verwerfliche Handlung, ich schäme mich *meiner*. Die Scham als selbstreaktive Haltung hätte auch ohne des andern Reaktion des Übelnehmens auftreten können; sie ist eine Folge meiner Einsicht in die Verwerflichkeit meiner Handlung. In diesem Fall war es jedoch so, dass erst seine Reaktion in mir die Einsicht freisetzte, welche Scham in mir auslöste. Obwohl Scham nicht eine Reaktion auf des andern Übelnehmen, sondern auf meine Schuldeinsicht ist, hat sie doch auch einen beziehungsorientierten Aspekt: Ich schäme mich meiner *vor dem andern*. Ich brauche es ihn nicht wissen zu lassen, er braucht von meiner Scham nichts zu erfahren, aber dennoch ist es so, dass ich mich *vor ihm* schäme. Ich hatte praktisch meine Interessen über die seinen gestellt und damit mich selbst über ihn gestellt – und muss nun erkennen, dass ich, was die moralische Integrität angeht, unter ihm stehe: Ich bin es, nicht er, die sich ihr Verhalten vorwerfen lassen muss und mit der man nichts mehr zu tun haben will.

Scham gehört zu den Gefühlen, welche wir nicht gerne wach halten. Ich spreche nicht von der Scham, welche Privates privat zu halten weiß, sondern von der oben beschriebenen Scham, die sich einstellt, wenn ich einsehen muss, dass ich moralisch versagt habe.[99] Weshalb wir das Gefühl der Scham am liebsten gleich wieder los wären, lässt sich leicht erklären: Die meisten Menschen sehen sich selbst als Personen, welche moralische Werte hochhalten und ihnen nachleben (oder nachzuleben versuchen). Unsere Identität besteht jedoch nicht nur und nicht einmal vornehmlich aus dem, was wir selbst von uns denken. Weit mehr noch konstituiert sich unsere praktische Identität in dem, was wir tun. In unserem Handeln legen wir fest, wer wir sind. Wer ständig lügt, ist ein Lügner, mag er sich vor sich selbst noch so viele Ausreden zurechtlegen. Eine stabile Identität ist dann gegeben, wenn Handeln und Selbstbild übereinstimmen.[100] Das be-

---

[99] Beiden Formen der Scham gemeinsam ist, dass sie einen Bereich schützen, von dem sie nicht wollen, dass er öffentlich wird – auch meine Schuld halte ich lieber geheim.

Die Fähigkeit, sich für begangenes Unrecht schämen zu können, ist positiv zu bewerten: Sie ist einerseits Ausdruck dessen, dass die Person, welche sich schämt, die moralischen Maßstäbe nicht aufgegeben hat, auch wenn sie sich eines Fehlverhaltens schuldig gemacht hat, und sie ist zudem ein wichtiger Antrieb für eine Bereinigung der Beziehung zu der von der Handlung betroffenen Person und ein Antrieb für eine Verhaltensänderung in der Zukunft.

Vgl. zum Gefühl der Scham den bemerkenswerten Aufsatz von VELLEMAN, „The Genesis of Shame", worin sich die folgende Definition findet (ebd., 50): "(S)hame is the anxious sense of being compromised in one's self-presentation in a way that threatens one's social recognition as a self-presenting person".

[100] Vgl. dazu ebd., 35: „By contrast, our capacity to resist desires enables us to choose which desires our behavior will express. And we tend to make these choices cumulatively and consistently over time. That is, we gradually compile a profile of the tastes, interests, and commitments on which we are willing to act, and we tend to enact that motivational profile while also resisting inclinations and impulses incompatible with it. This recension of our motivational natures becomes our outward face, insofar as it defines the shape of our behavior." Gerade weil wir *wählen* können, welches Verhalten wir zu unserer praktischen Identität machen wollen, liegt in unserem Handeln ein kommunikativer Aspekt. Und aus demselben Grunde ist es auch möglich, mit seinem Verhalten zu „lügen"; etwas, das Tiere nicht oder nur in sehr beschränktem Ausmaße können. Dass wir unsere praktische Identität willentlich mitgestalten, impliziert die Möglichkeit, unehrlich zu sein, ist aber nicht bereits selbst als Unehrlichkeit anzusehen, wie Velleman zu Recht betont (ebd., 37): „Note, then, that self-presentation is not a dishonest activity, since your public image purports to be exactly what it is: the socially visible face of a being who is presenting it as a target for social interaction. Even aspects of your image that aren't specifically meant to be recognized as such are not necessarily dishonest. There is nothing dishonest about choosing not to scratch wherever and whenever it itches. Although you don't make all of your itches overt, in the manner of a dog, you aren't falsely pretending to be less itchy than a dog; you aren't pretending, in other words, that the itches you

deutet nicht, dass keine Veränderungen möglich sind. Es gehört zur Definition des Handelns, dass es aus Gründen geschieht; dadurch unterscheidet es sich von bloßem Verhalten. Wenn Veränderungen aus akzeptierten Gründen geschehen, dann bleiben sie nachvollziehbar, das Selbstbild kann sich in kontrollierter Weise anpassen und die Identität ist nicht gefährdet.[101] Wenn ich mich jedoch selbst als Person sehe, die sich andern gegenüber fair und anständig verhält und dann einen Mitbewerber unfair diskreditiere, bekommt mein Selbstbild Risse, meine Identität kommt ins Wanken. Ich möchte mich weiterhin als moralische Person sehen, aber mit meinem Handeln bin ich dabei, mich auf etwas anderes festzulegen. Dieser Gegensatz erzeugt eine Spannung, die ich nur aufheben kann, wenn ich entweder mein Selbstbild anpasse oder meine Handlung korrigiere. *Scham* ist nun das Gefühl einer Person, welche moralische Maßstäbe akzeptiert und sich selbst sieht als Person, die diesen Maßstäben nachzuleben versucht, aber feststellen muss, dass ihr Handeln mit diesen Maßstäben unvereinbar ist.[102] Sie hält aber weiterhin an ihren Maßstäben fest und möchte sich auch selbst weiterhin als moralische Person sehen. Wenn sie ihr Handeln nicht einfach leugnet oder umdeutet, dann schämt sie sich dessen, dass sie sich mit ihrem Handeln auf eine unmoralische Identität festzulegen begonnen hat. *Sie schämt sich ihrer selbst als der unmoralischen Person, die sie nicht sein möchte.*

Diese Scham möchte sie so schnell als möglich wieder loswerden. Sie will die Spannung, die ihre Identität zu zerreißen droht, abbauen. Dazu muss sie ihr unmoralisches Handeln, soweit das möglich ist, korrigieren und zusehen, dass sie sich in ihrem weiteren Handeln wieder auf eine moralische Identität festlegt. Zutiefst weiß sie aber, dass ein Makel bestehen bleibt; alle zukünftigen guten Handlungen und auch alle Wiedergutmachungsversuche machen ihre schlechte Handlung nicht ungeschehen. Es gehört fortan zu ihrer praktischen Identität, dass sie mindestens einmal etwas Bestimmtes getan hat, wofür sie sich schämt. Und darum gehört zur Scham auch, dass die handelnde Person wünscht, sie hätte die Handlung nie begangen; sie bereut, getan zu haben, was sie tat.

Als die moralische Person, für die sie sich nicht nur halten möchte, sondern die sie – weitgehend – auch tatsächlich *ist*, beschränkt sich ihre

---

scratch are the only ones you have. You know that the only possible audience for such a pretense would never be taken in by it, since other free agents are perfectly familiar with the possibility of choosing to scratch an itch."

[101] Vgl. dazu GIESINGER, Der Anfang der Geschichte, 397.

[102] Den eigenen Maßstäben nicht *vollkommen* zu genügen, verursacht normalerweise keinen Bruch in der Identität. Wir wissen, dass wir unseren Maßstäben nicht vollauf nachleben und können dies in unser Selbstbild integrieren, ohne deswegen die Maßstäbe ändern zu müssen. Schwierig wird dies jedoch dann, wenn wir in einer Weise handeln, die unseren Maßstäben und unserem Selbstbild entgegensteht.

Reaktion jedoch nicht auf die selbstreaktive Haltung der Scham. Es trifft sie auch, ihr Gegenüber verletzt zu sehen. Sie empfindet Mitgefühl und ein Gefühl des Schmerzes, selbst die Urheberin jener Verletzung zu sein. Sie wünscht sich auch in Bezug auf ihr Gegenüber, sie hätte die verletzende Handlung nie begangen und ist bemüht, den Schaden soweit als möglich wieder gutzumachen.

Sowohl die selbstreaktive Haltung der Scham als auch die reaktive Haltung des Mitgefühls gehören zur moralisch angemessenen Reaktion. Die zweite Haltung ist (als Reaktion der Urheberin der Verletzung) ohne die erste schwer vorstellbar, und die erste ohne die zweite machte eher den Eindruck einer egoistischen Selbstversicherung der eigenen Moralität als den einer genuin moralischen Reaktion. Die erste Haltung braucht aber nicht notwendig so interpretiert zu werden, sondern kann, kantianisch gesprochen, auch Ausdruck der Achtung vor der Moralität in der eigenen Person sein. Dann aber wird sie wohl mit der zweiten Haltung zusammengehen – es sei denn, der andere weiß nichts von meiner Handlung oder interpretierte sie bislang nicht als moralisch verletzend und reagiert darum auch nicht verletzt. Ich kann aber davon ausgehen, dass er, ein intaktes Selbstwertgefühl vorausgesetzt, verletzt *wäre*, wüsste er um meine Handlung und meine dahinter stehende Haltung und Absicht. Auch in einem solchen Fall kann es mir um des andern willen Leid tun, ihn nicht mit der gebührenden Wertschätzung behandelt zu haben, es ist dann ein Mitgefühl, dass sich auf die objektive Erniedrigung, nicht auf das subjektive Gefühl der Erniedrigung des andern richtet.

Beide Reaktionen, die Scham und das Mitgefühl gemeinsam führen dazu, dass die schuldig gewordene Person versuchen wird, die verletzende Botschaft in Zukunft nicht zu erneuern und die nicht mehr rückgängig zu machende Botschaft zurückzunehmen, indem sie eingesteht, dass ihre Handlung verwerflich war und die darin enthaltene Botschaft mit Recht als verletzend empfunden wurde.[103] Sie wird eine neue moralische Botschaft aussenden, welche zum Ausdruck bringt, dass ihr Gegenüber Wertschätzung verdient und sie ihm diese entgegenbringt. Sie wird sich bemühen, die Beziehung zwischen ihnen, welche durch ihre verletzende Handlung Schaden genommen hat, wiederherzustellen. All dies wird sie versuchen, motiviert von den moralischen Reaktionen des Mitgefühls und der Scham. Auch andere Motive werden dabei möglicherweise eine Rolle spielen, prudentielle Überlegungen wie die, dass es in meinem Eigeninteresse ist, dass der andere nicht schlecht über mich denkt und dass unsere Beziehung

---

[103] Hier liegt auch der grundlegende Unterschied zwischen der Reue und einer Entschuldigung. In der Reue bzw. in der Bitte um Vergebung bringe ich nicht Gründe vor, weshalb ich oder mein Handeln (vollständig) entschuldbar seien, sondern ich übernehme die Verantwortung für mein Handeln und gestehe meine Schuld ein.

wieder funktioniert. Solche Motive sind menschlich, und sie sind moralisch unproblematisch, solange sie nicht das Übergewicht ausmachen in der Entscheidungsfindung.

Anders sieht es aus, wenn sich jemand nur von prudentiellen Überlegungen leiten lässt, wenn also keine „echte" Reue, sondern nur eine egoistisch motivierte „Zweckreue" den Beweggrund für eine Rücknahme der Botschaft und eine Verhaltensänderung abgibt, oder nochmals anders formuliert, wenn es der handelnden Person nicht Leid tut, ihr Gegenüber verletzt zu haben, sondern es ihr nur Leid tut, „erwischt" worden zu sein. In diesem Fall wird die entwertende Botschaft nicht wirklich zurückgenommen, die handelnde Person benutzt ihr Gegenüber als Mittel zur Erfüllung ihrer Zwecke und bleibt ihm, kantianisch gesprochen, weiterhin die Wertschätzung schuldig, die ihm als „Zweck an sich" gebührt.

Echte Reue umfasst ein Schuldeingeständnis, ein Bedauern über die Tat und deren Folgen, Scham über sich selbst, Zurücknahme der verletzenden Botschaft und das Einnehmen einer wertschätzenden Haltung. Zwar kann dies alles geschehen, ohne dass der andere davon erfährt – es kann dies sogar sinnvoll sein, etwa im angesprochenen Fall, wo der andere aus Unkenntnis meiner Handlung oder Handlungsmotive sie mir gar nicht übelnimmt und ich ihm mit einer Mitteilung meiner Reue subjektiv die Verletzung allererst zufügen müsste. Im Sinne der moralischen Kommunikation wird es jedoch meistens so sein, dass auch die Reaktion der Reue eine *Botschaft* an den andern ist; eine Botschaft, die wie auch die vorhergehenden moralischen Botschaften nicht notwendigerweise verbal formuliert wird, sondern auch im Handeln ausgedrückt werden kann. So wie die verletzende Botschaft oder das Übelnehmen in einer Handlung zum Ausdruck kommen können, kann dies auch die wertschätzende Botschaft tun. Aber nur, wenn ich meine Botschaft der Reue dem andern auch tatsächlich, verbal oder handelnd, *mitteile* und nicht für mich behalte, hat er eine Möglichkeit, darauf zu reagieren und den Dialog fortzusetzen.

Enthielt die verletzende Handlung eine Botschaft der Selbstüberhebung oder der Erniedrigung und Verachtung des andern, so enthält die Reue eine gegenteilige Botschaft. Mit der Botschaft der Reue teile ich dem andern nicht nur mit, dass ich meine Meinung geändert habe, etwa wie ich ihm mitteilen könnte, ich hätte ein neues Fahrrad. Und ich drücke auch nicht nur wie oben beschrieben meine gegenwärtige Wertschätzung für ihn aus. Sondern ich teile ihm auch mit, dass es mir Leid tut, die andere Ansicht je vertreten und ihn damit verletzt zu haben, ich anerkenne, dass es moralisch *falsch* war, jene Ansicht zu haben und bekenne damit, dass *ich* eine Person bin, die moralisch falsch gehandelt hat. Ein solches Eingeständnis lässt sich schwerlich mit Überheblichkeit verbinden. Vielmehr enthält es eine

Botschaft der *Selbsterniedrigung*, die zwar nicht auf meinen Wert als Person bezogen ist, aber doch zumindest ein Urteil ausdrückt über meine gegenwärtige moralische Integrität. Unter anderem wegen dieser Selbsterniedrigung fällt es so schwer, Reue zu äußern und um Vergebung zu bitten.[104] Ein weiterer Grund, weshalb uns diese schwer fallen, ist, dass wir uns damit in Abhängigkeit des andern begeben. Die Äußerung der Reue enthält ja nicht nur die Botschaft der Selbsterniedrigung, sie enthält auch eine Selbstempfehlung, einen *Appell* an den andern: Mich wieder als moralisches Wesen anzuerkennen. Als Evidenz meiner moralischen Integrität – gegen die in der Handlung liegende Evidenz meiner Immoralität – habe ich nur meine Reue anzubieten.[105] Ich möchte von dem Menschen, bei welchem ich mich moralisch in Misskredit gebracht habe, wieder als moralisch angesehen werden. Ich kann dies jedoch nicht von ihm fordern, schließlich stehe ich in seiner Schuld; ich kann ihn nur darum bitten und begebe mich damit wie bei jeder Bitte ein Stück weit in Abhängigkeit.[106]

---

[104] So betont auch MÜLLER-FAHRENHOLZ (Vergebung macht frei, 34), Reue gehe einher mit dem „Schmerz der Entblößung" und gelangt zum Schluss: „Reue ist nichts für Schwächlinge."

[105] Weitere Faktoren mögen diese Evidenz verstärken, Versuche der Wiedergutmachung etwa. Wiedergutmachendes Handeln für sich genommen enthält jedoch keine eindeutige Botschaft. Wiedergutmachung kann auch unter Zwang, z.B. auf richterliche Anweisung hin, erfolgen und sagt damit nichts aus über die moralische Integrität dessen, der die Wiedergutmachung leistet. Geschieht die Wiedergutmachung freiwillig, ohne Druck und Zwang, dann sind wir geneigt, sie als Hinweis auf eine moralische Einstellung zu nehmen, aber eben nur insofern wir sie auch als *Botschaft* interpretieren, als Rücknahme der erniedrigenden Botschaft und als Ausdruck der Anerkennung der Würde des Gegenübers, kurz: als Botschaft der Reue. Sollten wir später feststellen, der andere habe die Wiedergutmachung nur geleistet, weil er bspw. eine politische Karriere anstrebt und bemüht war, alles zu beseitigen, woraus ihm in der öffentlichen Meinung ein Strick gedreht werden könnte, dann böte seine Wiedergutmachung keinen Grund, seine moralische Integrität höher einzuschätzen als unmittelbar nach der verletzenden Tat.

[106] Die verletzende Handlung ist unmoralisch, aber im Moment der Stärke, der Selbstüberhebung kümmere ich mich nicht darum, ich fühle mich im Recht oder an kein moralisches Gesetz gebunden. Die Reue dagegen ist eine moralische Regung, aber ich fühle mich unmoralisch, da ich mir im Moment der Reue die Immoralität meiner begangenen Tat eingestehe. Das Verhältnis zwischen der tatsächlichen Moralität meiner Handlung und der moralischen Selbsteinschätzung ist so gesehen ein merkwürdig chiastisches. Dieser Chiasmus lässt sich auch mit dem Begriff der Autonomie verdeutlichen: Während der verletzenden Handlung fühle ich mich vielleicht stark und unabhängig, fühle ich mich autonom – bin es aber im kantischen Sinn des Wortes „Autonomie" gerade nicht. Umgekehrt begebe ich mich mit der Bitte um Vergebung in eine gewisse Abhängigkeit, fühle mich schwach – dabei zeugt gerade meine Reue von meiner Autonomie, von der freien Unterordnung meines Willens unter die Moralität.

4.5.5 Die Botschaft der Vergebung

Bei dem angesprochenen Appell, bei der in der Botschaft der Reue enthaltenen Bitte, handelt es sich um die Bitte um Vergebung. Die schuldig gewordene Person bittet darum, wieder als moralischer Mensch angesehen zu werden, und Vergebung zu gewähren bedeutet, diese Bitte zu erfüllen und neu sein Vertrauen in die moralische Integrität des andern zu setzen. Dieses Verständnis von Vergebung als erneuertem Vertrauen in die moralische Integrität des andern ist ein Stück weit gleichlaufend mit Hamptons Definition von Vergebung: „The forgiver who previously saw the wrongdoer as someone bad or rotten or morally indecent to some degree … comes to see her as still *decent*, *not* rotten as a person".[107]

Doch es bestehen auch gewichtige Unterschiede. Anders als Hampton sehe ich Vergebung eingebunden in den Kommunikationsprozess, den ich moralische Kommunikation nenne. Am Anfang steht die verletzende Botschaft, auf welche die verletzte Person mit Übelnehmen reagiert. Die erste Person bereut ihre Tat, worauf die zweite Person vor der Entscheidung steht, wie sie auf diese neue Botschaft reagieren will. Die Inhalte dieser ausgetauschten Botschaften lauten kurz zusammengefasst folgendermaßen: Die erste Person teilt der zweiten mit, dass sie sie geringschätzt. Die zweite Person weist diese Geringschätzung zurück, besteht auf ihrer menschlichen Würde und qualifiziert das Handeln der ersten Person als unmoralisch. Die erste Person übernimmt dieses Urteil, distanziert sich von ihrer Botschaft der Geringschätzung und wünscht, moralisch nicht nach ihrer zurückliegenden Botschaft der Geringschätzung, sondern neu nach ihrer jetzigen Botschaft der Wertschätzung beurteilt zu werden. Die zweite Person muss nun entscheiden, ob sie diesem Wunsch entsprechen will. Zu vergeben hieße demnach, diesem Wunsch nachzukommen und auf der Basis der durch die Botschaft der Reue veränderten Ausgangslage eine Neubeurteilung vorzunehmen.

Wichtig daran sind mir vor allem drei Dinge. *Erstens* ist die vergebende Person eingebunden in den Prozess der moralischen Kommunikation. Sie monologisiert nicht, sondern sie *antwortet*. Sie reagiert nicht primär auf sich selbst, sondern sie reagiert auf die Botschaft des andern. Vergebung ist eine reaktive Haltung, keine selbstreaktive Haltung![108] Bei Murphy dagegen reagiert die vergebende Person auf ihr eigenes Übelnehmen und handelt damit selbstreaktiv. Auch nach Hampton ist Vergebung eine selbstreaktive Haltung. Hampton sagt ausdrücklich, dass der Entschluss der vergebenden Person, den Täter in einem andern Licht zu sehen, unab-

---

[107] MURPHY/HAMPTON, 83. Hervorzuheben ist, dass es um eine Neubeurteilung der Person, nicht der Tat geht.

[108] Vom Problem der Selbstvergebung sei hier abgesehen.

hängig davon erfolgt, ob der Täter Anhaltspunkte dafür liefert, dass diese veränderte Sicht auf ihn gerechtfertigt sein könnte. Für Hampton scheint dabei die Überzeugung zugrunde zu liegen, dass wir einen Glauben an die moralische Integrität, oder zumindest an einen Überrest moralischer Integrität, aller Menschen aufrecht zu erhalten hätten, ganz gleich, was gewisse Menschen sich zuschulden kommen lassen und ganz gleich auch, ob sich diese Menschen von ihren Taten distanzieren oder nicht. Nach dieser Überzeugung ist zu leben, unabhängig davon, ob jemand mir Anlass zum Übelnehmen bietet oder nicht. Beim Übelnehmen aber bin ich daran, meinen Glauben an die moralische Integrität des Täters (teilweise oder vollständig) aufzugeben; ich erinnere mich daran, dass ich diesen Glauben aufrechterhalten sollte und versuche, ihn zu erneuern. Die vergebende Person reagiert damit nicht auf den Täter, und sie reagiert auch nicht eigentlich auf ihr Übelnehmen, sondern in ihrem Übelnehmen bemerkt sie, dass ihr Glaube an die moralische Integrität aller Mensche Risse bekommen hat und sie beeilt sich, ihr Bekenntnis zur moralischen Integrität aller zu erneuern. Als Person mit einem unbedingten Glauben an die moralische Integrität aller Menschen reagiert sie mit der Vergebung auf das Brüchigwerden dieses Glaubens.

Anders als Hampton und Murphy, jedoch in Übereinstimmung mit Strawson, sehe ich Vergebung nicht als selbstreaktive, sondern als reaktive Haltung. Die vergebende Person reagiert auf eine Botschaft des Täters. Vergebung reagiert aber nicht direkt auf die Botschaft der moralischen Verletzung, sondern auf die Botschaft, dass der Täter seine verletzende Botschaft zurücknimmt, und jene habe ich die Botschaft der Reue genannt. Damit sind wir beim *zweiten* Punkt. Denn anders als bei Murphy und Hampton kommt damit der *Reue* eine herausragende Bedeutung zu. Wohl wird Reue auch von Murphy und Hampton hochgehalten: Bei Murphy führt sie die Liste der Punkte an, welche er als „moral grounds" einer moralisch angemessenen Vergebung sieht, und Hampton betont, dass insbesondere die Reue des Täters einen starken Hinweis auf seine moralische Integrität liefere. Bei beiden jedoch kommt der Reue keine ausschließliche Bedeutung zu. Murphy anerkennt neben der Reue noch weitere „moral grounds" (welche nicht zwingend eine Veränderung aufseiten des Täters beinhalten), und Hampton kann gegen Ende ihrer Ausführungen gar ganz auf die Berücksichtigung der tatsächlichen Gegebenheiten verzichten. Hamptons Überzeugung, am Glauben an die moralische Integrität aller Menschen sei unbedingt festzuhalten, scheint aus zwei Quellen gespeist: Zum einen aus einer Interpretation von Kants Forderung, die Würde aller Menschen (welche nach Kant in der Moralität liegt) zu achten, zum andern aus ihrem

Verständnis christlicher Nächstenliebe.[109] Auch sonst ist oftmals die Vorstellung anzutreffen, es sei eine besondere Qualität *christlicher* Vergebung, dass sie *bedingungslos* gewährt wird. Auf diesen Punkt werde ich später ausführlich zu sprechen kommen (Kapitel 6.2). An dieser Stelle genügt es festzuhalten, dass im Rahmen des hier vertretenen Verständnisses von Vergebung als reaktiver Haltung eingebettet in den Prozess moralischer Kommunikation die Berücksichtigung der Reaktion des Täters, die Botschaft der Reue also, eine wichtige Rolle spielt.

Drittens ist hervorzuheben, dass es bei der Neubeurteilung um eine *Neubeurteilung der Person, nicht der Tat* geht. Anne Minas führt in ihrem Aufsatz „God and Forgiveness" verschiedene Lesarten der Definition von Vergebung als „Urteilsrevision" an. Wenn die Urteilsrevision verstanden wird als simple „retraction or modification of a previous adverse moral

---

[109] Hampton verweist in diesem Teil ihrer Ausführungen nicht ausdrücklich auf Kant. Sofern sie ihre Überzeugung tatsächlich als kantisch ansehen sollte, unterliegt sie vermutlich einem Irrtum. Ihr scheint eine Verwechslung der kantischen „Moralität" mit dem, was ich die „moralische Integrität" nenne, zu unterlaufen. Als „moralische Integrität" bezeichne ich die praktische Identität des Menschen als eines moralisch Handelnden; wenn Kant von der „Moralität" spricht, meint er dagegen, vereinfacht gesagt, die grundsätzliche Fähigkeit des Menschen, moralisch zu handeln, also das moralisch Gute um seiner selbst willen zu wollen. Am Glauben an die Moralität aller Personen ist unbedingt festzuhalten, auch wenn sie sich unmoralisch verhalten; und daraus folgt, dass ich auch jemandem, der mich moralisch verletzt, die Achtung als menschlichem Wesen nicht versagen darf. Das ist aber nicht gleichbedeutend damit, ihn entgegen besserem Wissen als *tatsächlich* moralisch Gesinnten und Handelnden anzusehen. Vergebung bedeutet weder die Erneuerung des Vertrauens in die *Moralität* des andern (denn dieses Vertrauen ist auch dann gefordert, wenn Vergebung nicht möglich ist), noch die Selbsttäuschung über die tatsächliche moralische Integrität eines unmoralischen Menschen (eine solche Selbsttäuschung ist nicht erstrebenswert), sondern sie ist die im moralischen Handeln des andern begründete Erneuerung meines Vertrauens, dass der andere mir als moralisch gesinnter Mensch begegnet.
Nicht nur von Kants Moralitätsbegriff, sondern auch vom christlichen Verständnis der Nächstenliebe her scheint mir Hamptons Vergebungsauffassung unangebracht. Vgl. dazu beispielhaft LUTHER, WA 34/1,444,4–9 (Predigt an Exaudi (21. Mai) 1531 nachmittags über 1. Petrus 4,8; Nachschrift Rörer): „Audis, quod in terris sint homines, die uns schedlich sind, die sich an uns versundigen, die nicht recht thun. Pater noster dicit. Non debeo dicere, quod bene fecerint, sed contra. Aber das ich drumb sol zornig sein, ein neid und has drauff werffen, das ist nicht christlich, sed: condonabo hoc, non facito magis, Ego patiar et condonabo, besser dich." Übersetzung nach WAGNER, Vom Bösen erlöst, 451: „*Du hörst [aus dem Worte Gottes], daß es auf der Welt Menschen gibt*, die uns schedlich sind, die sich an uns versundigen, die nicht recht thun. *Das Vaterunser sagt es. Ich darf nicht sagen, daß sie gut gehandelt haben, sondern [muß] das Gegenteil [sagen]*. Aber das ich darumb sol zornig sein, ein neid und has drauff werffen, das ist nicht christlich, *sondern [christlich ist]: Ich werde [dir] das verzeihen, [was du getan hast,] tu es nicht mehr, ich soll es aushalten und werde es vergeben, [aber] besser dich.*"

judgment about the act in question"[110], dann muss zumindest eines der beiden Urteile falsch sein. Die Aufgabe eines falschen Urteils zugunsten eines richtigen Urteils ist jedoch schwerlich Vergebung zu nennen. Nicht wesentlich anders liegt der Fall, wenn neue Tatsachen ans Licht kommen, welche eine Neubeurteilung der Situation erforderlich machen. Minas erzählt folgendes Beispiel:

„‚I didn't understand the situation fully', the forgiver says. ‚At first I could see no reason for your firing Smith. But since then I have learned he has had his hand in the till, and has been malicious towards his subordinates, etc. I now see you were quite right in letting him go.'"[111]

Auch hier bedeutet die Neubeurteilung die Revision eines früheren falschen Urteils; im Unterschied zum ersten Fall erfolgt die Neubeurteilung nicht beliebig und gibt der Informationsmangel einen Entschuldigungsgrund ab für die frühere Fehlbeurteilung. Aber auch hier ist die Korrektur einer Fehlbeurteilung nicht Vergebung zu nennen. Die weiteren Beispiele, die Minas in diesem Zusammenhang anführt, sind Fälle, wo entweder keine moralische Schuld vorliegt oder mit einer Haltung der „condonation", der duldenden Verzeihung darüber hinweggegangen wird. Auch diese lassen sich nicht mit dem hier vertretenen Verständnis von Vergebung in Einklang bringen. Minas führt schließlich auch noch den Fall an, wo der Täter Reue zeigt und um eine Neubeurteilung bittet. Ihr Verständnis von Reue entspricht weitgehend dem meinigen: „This repentance would be an overt expression of the agent's realization of having done wrong, his having the appropriate feelings about his actions, and his resolve not to repeat them."[112] Der Täter hofft auf eine Neubeurteilung seiner selbst als moralisch Handelndem. Seine Botschaft lautet: „He is not the wrongdoer he once was, but has a new, reformed character."[113] Gemeinsam mit dem reuigen Täter kann die moralisch verletzte Person seine Handlung als unmoralisch beurteilen; sie braucht dieses Urteil nicht zu revidieren, wenn sie ihm vergibt, sondern seine Anerkennung dieses Urteils ist eine wichtige Bedingung dafür, dass sie ihm vergeben kann. Vielmehr beurteilt sie den *Täter* neu, sie sieht in ihm nicht mehr nur eine Person, die zu unmoralischem Handeln, sondern auch eine Person, die zur moralischen Reaktion der Reue fähig ist. Aber obwohl es vermutlich zutreffend ist, dass der Täter auch zum Zeitpunkt der Tat *nicht nur* ein unmoralisch Handelnder war – wahrscheinlich hatte er während seines Lebens auch etliche moralisch lobenswerte Handlungen vollbracht und empfand er selbst während seiner Handlung gewisse moralische Vorbehalte – ist die Situation den-

---

[110] MINAS, God and Forgiveness, 138.
[111] Ebd., 139.
[112] Ebd., 142.
[113] Ebd.

noch eine andere als in Minas' Beispiel, wo der Arbeitgeber seinen Angestellten Smith entlässt. Die Tatsache, dass Smith sich an der Ladenkasse zu schaffen gemacht und die ihm Unterstellten schlecht behandelt hatte, war von Anfang an gegeben, jedoch der beurteilenden Person nicht bekannt gewesen. Hingegen übermittelt die Botschaft der Reue nicht nur die neue Information einer alten Tatsache, sondern ist die Reue selbst eine neue Tatsache, welche eine Neubeurteilung erforderlich macht[114] – wie auch seinerzeit die verletzende Botschaft eine (negative) Neubeurteilung nach sich gezogen hatte.

Es ist nichts Ungewöhnliches, dass wir eine Person nach ihren Handlungen beurteilen und wir beim Auftreten neuer, für uns überraschender Handlungen eine Neubeurteilung vornehmen. Weiter oben, in Zusammenhang mit der Scham, wurde gesagt, wie wir in unserem Handeln unsere praktische Identität festlegen als Menschen, die so handeln. Von diesem Verständnis praktischer Identität (in der Selbst- oder Fremdwahrnehmung) her lässt sich leicht verstehen, weshalb Handlungen, welche nicht zum bisherigen Bild der handelnden Person passen wollen, entweder nach einer nachvollziehbaren Begründung oder nach einer Neubeurteilung rufen.

Zusammenfassend lässt sich sagen, dass nach dem hier vertretenen Verständnis Vergebung eine moralisch angebrachte, aber nicht einforderbare Reaktion ist auf die Botschaft der Reue, mit welcher der Täter seine ursprüngliche, moralisch verletzende Botschaft zurücknimmt. Wenn ich vergebe, halte ich fest an meinem Urteil der Tat als einer moralisch verwerflichen Tat. In der Botschaft der Reue teilt mir der Täter mit, dass er gemeinsam mit mir seine Tat verurteilt, und dies gibt die Grundlage dafür ab, dass ich mein Urteil über ihn als moralische Person revidieren kann. Ich gewinne Vertrauen zurück in seine moralische Integrität, was mir ermöglicht, die Beziehung zu ihm wieder aufzunehmen.[115]

---

[114] „(F)orgiveness, in the sense of reversal of judgment, is granted because new facts have come to light which should affect an assessment of the situation" (ebd., 139).

[115] Auf die Frage, ob eine Wiederaufnahme der Beziehung *zwingend* zur Vergebung dazugehört, werde ich später (Kapitel 5.1.6) eingehen.

Kapitel 5

Der Sprechakt „Ich vergebe dir"

Im vorhergehenden Kapitel habe ich die Auffassung vertreten, dass es sich bei der moralischen Verletzung, bei der Reaktion des Übelnehmens, der Reue und der Vergebung um Akte moralischer Kommunikation handelt. Der Kommunikationsaspekt ist am offensichtlichsten, wo die Haltungen in einem Sprechakt zum Ausdruck gebracht werden, wenn etwa Reue ausgedrückt wird mit dem Satz „Ich bitte dich um Vergebung" und wenn die Antwort darauf lautet „Ich vergebe dir". Auch wenn sich die Akte moralischer Kommunikation nicht in Worten ausdrücken, handelt es sich dennoch um kommunikative Vorgänge, die sich entsprechend untersuchen lassen. Am einfachsten lässt sich diese Untersuchung aber bewerkstelligen, wenn wir von den *Sprechakten* ausgehen, in welchen sich die Haltungen typischerweise äußern.

Der Begriff ‚Sprechakt' drückt aus, dass Sprechen und Handeln einander nicht gegenüber stehen, sondern dass wir auch mit Worten Handlungen vollziehen.[1] Für die Untersuchung dessen, was wir im Sprechakt „Ich vergebe dir" tun, erweisen sich insbesondere die Überlegungen John L. Austins[2] und John R. Searles[3] als hilfreich.

5.1 Austin

5.1.1 Einleitung

Die seinerzeit in der analytischen Philosophie vorherrschende Annahme lautete, dass der propositionale Gehalt von Aussagen den Kern dessen ausmache, worum es beim Sprechen geht, oder jedenfalls den Kern dessen,

---

[1] Vgl. den englischen Titel, unter welchem AUSTINS Vorlesungen publiziert wurden: „How to do things with Words" (1962).

[2] AUSTIN, Zur Theorie der Sprechakte. Im Unterschied zum englischen Originaltitel (vgl. vorige Anmerkung) suggeriert der deutsche Titel, Austin habe eine fertige *Theorie* der Sprechakte vorgelegt. Davon ist Austin weit entfernt. Aus Gründen der Einfachheit werde ich aber dennoch hin und wieder die Ausdrücke „Sprechakttheorie" oder „sprechakttheoretisch" verwenden.

[3] SEARLE, Sprechakte. Ein sprachphilosophischer Essay. (Die Erstausgabe erschien 1969 unter dem Titel „Speech acts".)

was beim Sprechen von philosophischem Interesse sei. Bei Beschreibungen (Feststellungen, Behauptungen) sei dieser propositionale Gehalt am ehesten in Reinform vertreten, wogegen andere Äußerungsformen wie Fragen, Aufforderungen, Bevollmächtigungen oder Ernennungen problematisch oder gar unsinnig erschienen. Austin ging ursprünglich von dieser Unterscheidung aus. Er nannte die (scheinbar und angeblich) rein propositionalen Äußerungen „konstative Äußerungen"[4] und hob davon die „performativen Äußerungen"[5] ab, in welchen wir nicht nur etwas sagen (beschreiben), sondern zugleich etwas tun. Seine Ausgangsfrage lautete, wie sich die konstativen von den performativen Äußerungen unterscheiden. Im Laufe seiner Untersuchungen zeigte sich immer deutlicher, dass auch konstative Äußerungen eine performative Rolle spielen, und dass auch performative Äußerungen einen propositionalen Gehalt haben. Die ursprüngliche Unterscheidung von konstativen und performativen Äußerungen fiel in sich zusammen. Wichtig wurde dagegen die Unterscheidung der verschiedenen Rollen eines Sprechaktes, Austin nannte sie den lokutionären, den illokutionären und den perlokutionären Akt (dazu unten mehr, 5.1.3–4). Davon ausgehend ließ sich feststellen, dass wir bei konstativen Äußerungen insbesondere auf den lokutionären Akt achten, bei performativen Äußerungen dagegen auf den illokutionären.[6] Bei performativen Äußerungen, beziehungsweise bezüglich der illokutionären Rolle eines Sprechaktes lautet die hauptsächliche Frage nicht, ob die Äußerung wahr oder falsch ist, sondern ob sie glückt oder verunglückt. Austin erstellte eine Liste verschiedener Regeln, welche erfüllt sein müssen, damit der Sprechakt glücken kann (5.1.5). Die Ausformulierung dieser Regeln für den Sprechakt „Ich vergebe dir" (5.1.6) schlägt gleichzeitig eine Brücke zum nachfolgenden Kapitel über die konstitutiven Bedingungen der Vergebung (Kapitel 6).

Bei der Anwendung der Sprechaktanalyse auf die Vergebung betrete ich nicht völliges Neuland. 1991 veröffentlichte Joram G. Haber ein Buch

---

[4] „Nicht alle wahren und falschen Aussagen sind Beschreibungen, und aus diesem Grunde ziehe ich den Ausdruck ‚konstative Äußerung' [constative] vor" (AUSTIN, Zur Theorie der Sprechakte, 27).

[5] „Ich schlage als Namen ‚performativer Satz' oder ‚performative Äußerung' vor. ... Der Name stammt natürlich von ‚to perform', ‚vollziehen': man ‚vollzieht' Handlungen. Er soll andeuten, daß jemand, der eine solche Äußerung tut, damit eine Handlung vollzieht – man faßt die Äußerung gewöhnlich nicht einfach als bloßes Sagen auf" (ebd., 29f).

[6] „Bei der konstativen Äußerung sehen wir von den illokutionären (und erst recht von den perlokutionären) Aspekten des Sprechaktes ab und beschränken uns auf den lokutionären. ... Bei der performativen Äußerung achten wir so ausschließlich wie möglich auf ihre illokutionäre Rolle und lassen die Dimension der Entsprechung zu den Tatsachen beiseite" (ebd., 164).

unter dem Titel „Forgiveness", worin Austins Sprechaktanalyse erhebliche Bedeutung zukommt. Auch wenn ich in etlichen Punkten zu anderen Ergebnissen komme, so ist der Weg von Haber doch bereits vorgespurt.[7] Neuland tut sich mir dagegen da auf, wo ich, meinem Verständnis von moralischer Kommunikation entsprechend, die sprechaktanalytische Untersuchung auch auf die moralische Verletzung, das Übelnehmen und die Reue ausdehne und diese miteinander und mit der Vergebung in Verbindung bringe. Auf diesem Wege erfährt das Verständnis von Vergebung als moralischer Kommunikation überraschende Unterstützung (5.1.7).

Zwei Dinge sind an dieser Stelle anzumerken, die für die nachfolgenden Ausführungen im Auge zu behalten sind: Erstens gehe ich bei allen zu besprechenden Äußerungen der Vergebung, der Reue usw. davon aus, dass sie unter „normalen" Kommunikationsumständen geäußert werden in dem Sinne, dass nicht ein Schauspieler auf der Bühne sie spricht, sie nicht Teil einer Gedichtrezitation oder eines Zitates sind.[8] Und zweitens möchte ich nochmals betonen, dass die Bedeutung der performativen Äußerung „Ich vergebe dir" für die Vergebung begrenzt ist: „(E)s ist alles andere als üblich (wenn es überhaupt vorkommt), daß *nur* das Äußern der Worte nötig ist, wenn die Handlung vollzogen sein soll."[9] Und, ebenso wichtig: „Die Handlung kann auf andere Weise als mit der performativen Äußerung vollzogen werden; und jedenfalls müssen die Umstände, weitere Handlungen eingeschlossen, passen."[10]

5.1.2 Die performative Äußerung „Ich vergebe dir"

Ich gehe im folgenden davon aus, dass der Satz „Ich vergebe dir" als performative Äußerung aufzufassen ist, dass also dabei nicht der lokutionäre, sondern der illokutionäre (und perlokutionäre!) Aspekt im Vordergrund steht, oder nochmals anders ausgedrückt, dass die entscheidende Frage bei dieser Äußerung nicht lautet, ob sie wahr oder falsch ist, sondern ob sie glückt oder verunglückt. Was mit diesen abstrakten Formulierungen gemeint ist, wird deutlich, wenn wir der Äußerung „Ich vergebe dir" die Äußerung „Ich setze mich" gegenüberstellen. Ich kann sagen „Ich setze mich" und gleichzeitig etwas anderes tun, nämlich das tun, was ich gesagt

---

[7] Von geringem Nutzen für meine Untersuchung ist dagegen Beardsleys Auseinandersetzung mit Brand Blanshard (BEARDSLEY, Understanding and Forgiveness), ganz zu schweigen von Blanshards Replik, in welcher er Beardsley fast durchgängig missversteht (BLANSHARD, Reply to Elizabeth L. Beardsley). In 5.2.2 setze ich mich mit Haber und Beardsley im Detail auseinander.

[8] Austin spricht in diesem Zusammenhang von einem „nicht ernsthaften" oder „parasitären" Gebrauch der Sprache; vgl. z.B. AUSTIN, Zur Theorie der Sprechakte, 121.

[9] Ebd., 31.

[10] Ebd.

habe, d.h. mich setzen (aber das ist etwas anderes, als zu *sagen*, ich setze mich) – oder ich kann es nicht tun, und dann sagen wir, meine Aussage sei falsch gewesen. Bei der Äußerung „Ich vergebe dir" kann ich dagegen nicht gleichzeitig auch noch vergeben oder nicht, sondern *indem* ich „Ich vergebe dir" äußere, vergebe ich „dir". Möglicherweise handle ich unredlich, ohne die zur Vergebung gehörenden Absichten, oder ich äußere den Satz ironisch, was dazu führt, dass die Äußerung „verunglückt". Aber das ist nicht dasselbe, wie wenn ich sage, „Ich setze mich" und bleibe stehen oder sitze bereits.

Austin bietet vier Tests an zur Überprüfung, wie eine Äußerung im Einzelfall verwendet wird:

1. „Ein Test wäre, ob man sinnvoll fragen kann: ‚Tut er es *wirklich*?'"[11] Wir können sinnvoll fragen „Setzt sie sich wirklich?", nicht aber „Vergibt sie wirklich?"

2. „Ein zweiter Test wäre, ob man es tun kann, ohne dabei etwas zu sagen"[12]. Dieser Test bringt für die Vergebung kein eindeutiges Ergebnis. Zwar ist offensichtlich, dass der Satz „Ich vergebe dir" für das Vergeben eine größere Wichtigkeit hat als der Satz „Ich setze mich" für das Sich-Setzen. Aber es ist auch ein Gewähren von Vergebung denkbar, wo dieser Satz nicht geäußert wird – eine Möglichkeit, die Austin selbst grundsätzlich anerkennt.[13] Er nennt nicht Vergebung, aber stillschweigende Zustimmung als einen Zweifelsfall: „Hier tritt ein außersprachliches Verhalten an der Stelle einer performativen Handlung auf; das läßt am zweiten Test zweifeln!"[14]

3. „Zumindest in einigen Fällen wäre als dritter Test die Frage brauchbar, ob wir vor dem fraglichen Verb ein Adverb wie ‚absichtlich' oder eine Wendung wie ‚Ich bin bereit' einsetzen können; denn wenn die Äußerung eine Handlung darstellt, dann sollten wir doch wohl gelegentlich imstande sein, sie absichtlich zu tun oder bereit sein, sie zu tun."[15] Dies ist bei der Vergebung durchaus der Fall, Sätze wie „Ich habe dir absichtlich vergeben" oder „Ich bin bereit, dir zu vergeben", klingen in unseren Ohren nicht merkwürdig. Und wenn doch, dann klingt der erste Satz merkwürdig, weil er als tautologisch aufgefasst werden kann, die Frage hervorruft: „Ja was denn sonst?" Das ist allerdings nur im Rahmen eines bestimmten Vergebungsverständnisses so, dem Verständnis von Vergebung als einer

---

[11] Ebd., 99.
[12] Ebd.
[13] Vgl. Anmerkung 10.
[14] AUSTIN, Zur Theorie der Sprechakte, 99.
[15] Ebd.

Handlung. Wird Vergebung verstanden als Vergessen[16] oder als zufälliges oder zeitbedingtes[17] Abhandenkommen negativer Gefühle, dann lässt sich nicht sagen: „Ich habe absichtlich vergessen, was du getan hast" und auch nicht: „Mein Ärger ist absichtlich verflogen."
4. „Ein vierter Test wäre die Frage, ob die Äußerung im eigentlichen Sinne falsch sein kann ... oder aber nur an Unredlichkeit ... leiden kann"[18]. Ich habe bereits festgestellt, dass die Äußerung „Ich vergebe dir" nicht im gleichen Sinne wahr oder falsch sein kann wie „Ich setze mich". Dagegen können wir eine Vergebungsäußerung als unredlich ansehen, wenn die vergebende Person die zur Vergebung gehörenden Absichten und Verhaltensweisen vermissen lässt.

Die Äußerung „Ich vergebe dir" besteht drei von Austins vier Tests einwandfrei und versagt zumindest nicht vollständig beim zweiten Test, bei welchem Austin selbst Bedenken anmeldet. Der performative Charakter von „Ich vergebe dir" ist damit hinlänglich erwiesen. Wenden wir uns nun den verschiedenen Rollen eines Sprechaktes zu.

5.1.3 Lokutionär, illokutionär, perlokutionär

Austin unterscheidet drei verschiedene Akte, die mit dem Sprechakt vollzogen werden. *Lokutionär* nennt er den Akt, „*daß* man etwas sagt"[19], *illokutionär* den Akt, „den man vollzieht, *indem* man etwas sagt"[20] und *perlokutionär* den Akt, der getan wird „mit dem Plan, in der Absicht, zu dem Zweck"[21], „gewisse Wirkungen auf die Gefühle, Gedanken oder Handlungen des oder der Hörer, des Sprechers oder anderer Personen"[22] hervorzurufen. Der lokutionäre und der illokutionäre Akt sind leicht zu fassen, etwas schwieriger verhält es sich beim perlokutionären Akt. Austin liefert keine abschließende Definition des perlokutionären Aktes. Er führt aber zwei Beispiele an, in welchen der Unterschied zwischen Lokution, Illokution und Perlokution deutlich wird. Das zweite Beispiel sieht folgendermaßen aus[23]:

„Akt (A), Lokution
   Er hat zu mir gesagt: ‚Das kannst du nicht tun!'
Akt (B), Illokution
   Er hat dagegen protestiert, daß ich das täte.

---

[16] Als passives Vergessen im Gegensatz zu passivem Erinnern. Nicht als aktive Bemühung, nicht aktiv zu erinnern.
[17] Im Sinne der Redewendung „Zeit heilt alle Wunden."
[18] Ebd., 100.
[19] Ebd., 117.
[20] Ebd.
[21] Ebd., 118.
[22] Ebd.
[23] Ebd., 119.

Akt (C), Perlokution
 (C.a) Er hat mir Einhalt geboten.
 (C.b) Er hat mich davon abgehalten, mich zur Besinnung gebracht, mich gestört."

(C.a) nennt einen Fall, wo der illokutionäre Akt nur indirekt vorkommt, in (C.b) kommt er gar nicht mehr vor.[24]

Angewendet auf den Sprechakt der Vergebung lässt sich die Unterscheidung so darstellen:
 Akt (A), Lokution
  Sie hat zu mir gesagt: „Ich vergebe dir."
 Akt (B), Illokution
  Sie hat mir vergeben.
 Akt (C), Perlokution
  (C.a) Sie hat mich davon überzeugt, dass sie mir meine Tat nicht länger übelnimmt.
  (C.b) Sie hat mir ermöglicht, ihr wieder unter die Augen zu treten. Sie hat meinen Seelenfrieden wiederhergestellt. Sie hat sich mir als warmherzige Person gezeigt.

Unter (C) nicht erwähnt sind „Folgewirkungen" wie etwa, dass die vergebende Person nicht länger übelnehmen will, oder dass die vergebende Person die andere als moralischen Menschen anerkennt, oder dass die schuldig gewordene Person nicht mehr um Vergebung zu bitten braucht. Diese Wirkungen sind solche, „welche zum illokutionären Akt gehören und z.B. erreicht werden, wenn der Sprecher – wie beim Versprechen – auf etwas festgelegt wird"[25]. Bei der Perlokution geht es dagegen um Wirkungen, welche nicht *per definitionem* zum entsprechenden illokutionären Akt gehören.[26]

Nach Austin gehören der lokutionäre und der illokutionäre Akt für gewöhnlich zusammen: „Einen lokutionären Akt vollziehen heißt im allgemeinen auch und eo ipso einen *illokutionären* ... Akt vollziehen"[27].

---

[24] Ebd.

[25] Ebd., 120.

[26] In diesem Sinne ist der ersten Satz unter (C.b) zu präzisieren: Würde das „mir ermöglicht" verstanden als *Erlaubnis* der vergebenden Person, gehörte es zum illokutionären Akt, wird es dagegen verstanden als die wiedererlangte subjektive oder psychologische (diesbezügliche) Freiheit der Vergebung empfangenden Person, dann gehört es zur Perlokution. Vgl. dazu auch die folgenden Ausführungen Austins (ebd., 133): „Ohne daß eine gewisse Wirkung erzielt wird, glückt der illokutionäre Akt nicht, wird er nicht erfolgreich vollzogen. Das ist etwas anderes, als daß der illokutionäre Akt darin bestünde, daß gewisse Wirkungen erzielt werden. Man kann nicht sagen, ich hätte jemanden gewarnt, ohne daß er hört, was ich sage, und es in gewisser Weise auffaßt. ... Im allgemeinen besteht die Wirkung darin, daß Bedeutung und Rolle der Äußerung verstanden werden. Zum Vollzug eines illokutionären Aktes gehört daher, daß man *verstanden* wird."

[27] Ebd., 116.

Weniger eng ist die Verbindung zum perlokutionären Akt: „Wer einen lokutionären und damit einen illokutionären Akt vollzieht, *kann* in einem dritten Sinne (C) auch noch eine weitere Handlung vollziehen."[28] Dass ein illokutionärer Akt Wirkungen im oben präzisierten Sinne hat, ist „oft, ja gewöhnlich"[29] der Fall; aber diese Wirkungen können auch unbeabsichtigt sein. Nur die *beabsichtigten* Wirkungen können zur Perlokution gezählt werden.[30] Nur das Verfolgen einer Absicht, nicht das zufällige Hervorbringen von Wirkungen kann als *Handlung* bezeichnet werden. Und das braucht nicht bei jedem illokutionären Akt der Fall zu sein.

Beim Sprechakt der Vergebung scheint mir indes offensichtlich, dass er für gewöhnlich auch perlokutionär ist, weiterreichende Wirkungen hervorrufen will. Welche Wirkungen das sind, kann im Einzelfall unterschiedlich aussehen, sie lassen sich nicht definieren – denn wie gesagt: Wirkungen, welche *per definitionem* oder *per conventionem* zum Sprechakt „Ich vergebe dir" gehören, sind nicht dem perlokutionären, sondern dem illokutionären Akt zuzuzählen. Die beabsichtigten Wirkungen dürfen also, um zum perlokutionären Akt zu gehören, nicht mit den zum illokutionären Akt gehörenden Wirkungen identisch sein. Sie dürfen diesen aber auch nicht entgegenlaufen, sonst würde der Sprechakt verunglücken, und es könnte ebenfalls nicht mehr von der Perlokution *dieses* Sprechaktes die Rede sein. Sagte jemand zu mir „Ich vergebe dir", nicht in der Absicht, mir Vergebung zuzusprechen, sondern in der Absicht, mich zu demütigen oder eine verkappte Schuldzuweisung zu machen, dann kann er diese Wirkung zwar vielleicht erzielen, der Sprechakt „Ich vergebe dir" ist jedoch verunglückt. Wie unten (5.1.5) auszuführen sein wird, handelt es sich hierbei um einen *Missbrauch* der Äußerung „Ich vergebe dir".

5.1.4 Die illokutionäre Rolle der Äußerung „Ich vergebe dir"

Austin teilt performative Äußerungen in verschiedene Gruppen ein, die nach ihren illokutionären Rollen unterschieden sind. Austin empfiehlt selbst, die Einteilung mit Vorsicht zu genießen[31], und tatsächlich ist der Nutzen dieser Unterscheidung weit weniger offensichtlich als bei der Unterscheidung von performativen und konstativen Äußerungen, oder der Unterscheidung des lokutionären, illokutionären und perlokutionären Aktes, oder der noch zu behandelnden Unterscheidung verschiedener Un-

---

[28] Ebd., 118.
[29] Ebd.
[30] Vgl. ebd., 123f.
[31] Ebd., 168–170. „Wir müssen uns von vornherein darüber klar sein, daß es zahllose unklare Fälle, zahllose Grenzfälle und Überschneidungen geben kann" (ebd., 170). Die stärksten Zweifel hegt Austin bezüglich der konduktiven und der expositiven Äußerungen.

glücksfälle. Doch ganz ohne Ergebnis bleibt die Anwendung der Unterscheidung illokutionärer Rollen auf die Äußerung „Ich vergebe dir" nicht: Die Frage, zu welcher Gruppe die Vergebungsäußerung gehört, ermöglicht erstens ein kontrolliertes Nachdenken über die Rolle(n) dieser Äußerung. Und ein Blick auf Austins Liste[32] konduktiver Verben regt zweitens zu einer sprechaktanalytischen Reformulierung dessen an, was über moralische Verletzung, Übelnehmen, Reue und Vergebung als Akte moralischer Kommunikation gesagt wurde. Aus diesem Grund lohnt es sich, die illokutionären Rollen näher anzusehen.

Austin unterscheidet fünf Gruppen performativer Äußerungen: Verdiktive, exerzitive, kommissive, konduktive und expositive Äußerungen.[33]
In welche Gruppe gehört die Äußerung „Ich vergebe dir"? In besonderer Weise bietet sich die Gruppe der konduktiven Äußerungen (*behabitives*) an:

„Bei konduktiven Äußerungen geht es um die Reaktion auf das Verhalten und das Schicksal anderer Leute und um Einstellungen sowie den Ausdruck von Einstellungen gegenüber dem vergangenen oder unmittelbar bevorstehenden Verhalten eines andern."[34]

Diese Beschreibung passt auf Vergebung dann besonders gut, wenn sie als reaktive Haltung im Rahmen einer kommunikativen Moraltheorie verstanden wird. Wenn ich jemandem vergebe, reagiere ich damit auf das Verhalten (die Reue, die Bitte um Vergebung) dessen, der mir gegenüber schuldig geworden ist, und ich nehme dem andern gegenüber eine andere Einstellung an (ich betrachtet ihn nicht mehr, oder nicht mehr hauptsächlich, als denjenigen, der mich moralisch verletzt hat, sondern als jemanden, der die Botschaft der moralischen Verletzung zurück genommen hat und mich in angemessener Weise moralisch respektiert). Mit der Äußerung „Ich vergebe dir" drücke ich meine neue Einstellung ihm gegenüber aus.
Damit lege ich mich dem andern gegenüber zugleich auf ein bestimmtes Verhalten fest; es wäre beispielsweise unangemessen, den andern ständig an seine Verfehlung zu erinnern, nachdem ich ihm vergeben habe. Hier zeigt sich eine – für konduktive Äußerungen typische[35] – Nähe zu den

---

[32] Bzw. die Liste des deutschen Übersetzers EIKE VON SAVIGNY; er hat Austins Liste erheblich modifiziert mit der folgenden Begründung (ebd., 202): „Die Änderungen in dieser und den folgenden Listen ergeben sich aus den unterschiedlichen Bedeutungsfächern der englischen und der deutschen Verben." Die Liste der konduktiven Äußerungen hat er darüber hinaus um Verben ergänzt, welche sich in Austins Liste nicht finden, die für meine Fragestellung jedoch von besonderem Interesse sind: „seine Hochachtung bezeugen" und „bereuen". Dazu unten (5.1.7) mehr.
[33] Ebd., 169.
[34] Ebd., 178.
[35] Vgl. ebd., 179.

kommissiven Äußerungen[36]. Und da es so ist, dass für eine an mir begangene moralische Verletzung nur ich diejenige bin, die vergeben darf, kann Vergeben auch als Ausübung eines (nicht formal verstandenen) Rechts oder einer Autorität gesehen werden und damit in die Nähe exerzitiver Äußerungen[37] rücken.

In Austins[38] Listen der Verben, die sich den Gruppen illokutionärer Rollen zuweisen lassen, taucht „vergeben" beziehungsweise „forgive" nirgends auf. Hingegen tauchen einige Verben auf, deren von Vergebung unterschiedene Rolle sich mit Austins Charakterisierung der Gruppen näher bestimmen lässt. In der Liste der Beispiele verdiktiver Äußerungen[39] etwa finden sich die Verben „freisprechen", „schuldig sprechen" „(jdn. für etw.) verantwortlich machen".[40] Zwar muss jemand schuldig sein, und das heißt zugleich: für seine Tat verantwortlich sein, damit ihm vergeben werden kann; und insofern wird mit der Vergebung seine Schuld und Verantwortung implizit anerkannt. Das ist aber nicht dasselbe, wie wenn eine Richterin die verdiktive Äußerung tut, „Ich spreche xy schuldig", oder wenn ein Hausmeister jemanden für die zerbrochene Fensterscheibe verantwortlich macht. Bei verdiktiven Äußerungen geht es um ein Urteil; ein solches ist beim Vergeben zwar ebenfalls impliziert, doch steht es nicht im Mittelpunkt der konduktiven Äußerung.

In der Liste exerzitiver Äußerungen finden sich die Verben „verzeihen" und „begnadigen".[41] Diese Verben, wie auch das englische „pardon", für welches sie stehen[42], weisen eine erhebliche Bedeutungsbreite auf. Austins Erläuterungen zu den exerzitiven Äußerungen machen jedoch deutlich, wie sie zu verstehen sind: „Sie [die exerzitive Äußerung] ist eine

---

[36] Ebd., 169: „Typische kommissive Äußerungen sind Versprechen oder sonstiges Übernehmen von Verpflichtungen; man legt sich damit auf Handlungen fest. Willens- und Absichtserklärungen gehören ebenfalls dazu, und auch Dinge, die nichts recht Genaues sind, nennen wir sie Parteinahme, wie Sichanschließen. Die Zusammenhänge zu den verdiktiven und exerzitiven Äußerungen sind deutlich."
[37] Ebd.: „Mit den exerzitiven Äußerungen übt man Macht, Rechte oder Einfluß aus. Hierher gehören zum Beispiel Ernennen, Stimmen (für), Anweisen, Drängen, Ratgeben, Warnen und so weiter."
[38] Bzw. Savignys; vgl. Anmerkung 32.
[39] Ebd.: „Die Paradebeispiele für verdiktive Äußerungen sind, wie der Name sagt, Urteile einer Jury oder eines Schiedsrichters (typischer noch eines Linienrichters). Sie brauchen aber nicht endgültig zu sein; hierher gehören zum Beispiel auch Schätzen, Bewerten, Taxieren. Im wesentlichen handelt es sich darum, über eine Frage zu entscheiden – sie betreffe Werte oder Tatsachen –, über die man aus unterschiedlichen Gründen nur schwer Gewißheit erlangen kann."
[40] Ebd., 171. Es finden sich keine genauen Entsprechungen in der originalen englischsprachigen Liste Austins (vgl. ebd., 202).
[41] Ebd., 173.
[42] Vgl. die Originalliste mit den englischen Ausdrücken: ebd., 203.

Entscheidung, daß etwas so und so sein solle, und kein Urteil, es sei so; ... sie ist Strafausspruch im Unterschied zum Schuldspruch." Damit hebt er die exerzitiven Äußerungen von den verdiktiven ab. Deutlich wird aber zugleich, dass Vergebung weder das eine noch das andere ist. Vergebung impliziert einen (verdiktiven) Schuldspruch, aber es geht ihr nicht um den Schuldspruch. Und Vergebung ist kein (exerzitiver) Strafausspruch, auch nicht der Ausspruch, dass keine Strafe erfolgen soll. Zwar *kann* Vergebung letzteren Ausspruch implizieren, aber auch hierum geht es bei der Vergebung nicht eigentlich; und zudem *muss* sie keinen Strafausspruch implizieren, sondern kann unabhängig von anderweitig zu beurteilendem Strafmaß gewährt oder vorenthalten werden. Schließlich ist es auch so, dass die Kompetenz, Vergebung zu gewähren, nicht dieselbe zu sein braucht, wie diejenige, zu strafen oder zu begnadigen. „Pardon" ist hier wohl verstanden als „von einer Strafe absehen", was in den deutschen Verben ausdifferenziert wird als ein Akt, der amtliche Autorität benötigt („begnadigen") oder auch ohne eine solche erfolgen kann („verzeihen").

Die Äußerung „Ich vergebe dir" lässt sich also den Konduktiven zurechnen und somit geht es darin „um die Reaktion auf Verhaltensweisen und um Verhaltensweisen anderen gegenüber, und ihr Sinn ist, Einstellungen und Gefühle auszudrücken"[43]. Einstellungen und Gefühle sind „von außen" nicht ohne weiteres erkennbar. Daraus ergeben sich zwei Konsequenzen, die zwar auch für andere illokutionäre Rollen gelten, für Konduktive aber in besonderem Maße:

Erstens: Weil andere uns unsere Gefühle und Einstellungen nicht ansehen können, müssen wir sie „ausdrücken". Das hat nicht notwendigerweise verbal zu geschehen, aber es muss in einer für andere verstehbaren Weise geschehen.[44]

---

[43] Ebd., 102.
[44] „Es gibt im menschlichen Leben eine große Zahl von Situationen – wo zum Beispiel jemand eine bestimmte Handlung vollzogen hat –, angesichts deren es allgemein als richtig gilt, wenn man ein bestimmtes ‚Gefühl' (sit venia verbo) hat, etwas Bestimmtes ‚wünscht' oder eine bestimmte Einstellung annimmt; und zwar sind das Situationen, auf die man natürlicherweise so wie erwartet reagiert (oder wir das jedenfalls gern glauben). Natürlich hat man das fragliche Gefühl, bzw. den Wunsch gewöhnlich auch; und da uns andere unsere Gefühle und Wünsche nicht so ohne weiteres anmerken, möchten wir ihnen im allgemeinen gern sagen, daß wir sie haben. Verständlich, daß es ... unerläßlich wird, diese Gefühle ‚auszudrücken', wenn wir sie haben, und sie schließlich, wenn sie am Platz sind, sogar immer ausdrücken, gleich ob wir überhaupt etwas fühlen, worüber wir berichten könnten" (ebd., 98). Austin formuliert hier den Übergang von der praktischen Notwendigkeit, seine Gefühle auszudrücken, zur konventionalisierten Gefühlsäußerung hin zur reinen Höflichkeitsfloskel.

Zweitens: Weil andere uns unsere Gefühle und Einstellungen nicht ansehen können, ist es verhältnismäßig leicht, sie mit einer unzutreffenden Gefühlsäußerung über unsere „wahren Gefühle" zu täuschen. Darum gilt für die konduktiven Äußerungen, dass sie „in der üblichen Weise Unglücksfällen ausgesetzt [sind], besonders jedoch der Unredlichkeit"[45].

Welche Regeln Austin für das Glücken eines performativen Sprechaktes aufstellt, und wie diese Regeln angewendet auf die Vergebungsäußerung konkret aussehen, damit befassen sich der nächste und übernächste Abschnitt.

5.1.5 Wie der Sprechakt verunglücken kann

Wenn Austin vom Glücken oder Verunglücken eines Sprechaktes spricht, trägt er damit zwei Umständen Rechnung: Erstens dem Umstand, dass es beim performativen Sprechakt nicht primär um die Unterscheidung von wahr und falsch geht, dass aber dennoch auch beim performativen Sprechakt etwas schief gehen kann. Und zweitens dem Umstand, dass es dafür, dass es *nicht* schief geht, mehr braucht als nur das Aussprechen bestimmter Wörter.

„Außer daß man die Wörter der performativen Äußerung aussprechen muß, müssen in der Regel eine ganze Menge anderer Dinge in Ordnung sein und richtig ablaufen, damit man sagen kann, wir hätten unsere Handlung glücklich zustande gebracht."[46]

Die Bedingungen[47], welche für das Glücken eines performativen Sprechaktes erfüllt sein müssen, fasst Austin in sechs Regeln zusammen. Wenn nicht alle Regeln erfüllt sind, dann verunglückt der Sprechakt. Je nach dem, welche Regel verletzt wurde, handelt es sich um eine andere Art Unglücksfall.

Austins sechs Regeln lauten folgendermaßen:[48]

---

[45] Ebd., 179.
[46] Ebd., 36.
[47] Austin spricht wahlweise von Bedingungen oder Regeln, ohne die Begriffe scharf zu unterscheiden.
Eine weitere Differenzierungsmöglichkeit bietet DALFERTH, Religiöse Rede von Gott, 198: „*Voraussetzungen* nenne ich dabei diejenigen Bedingungen, die erfüllt sein müssen, damit diese Sprechhandlung überhaupt vorliegt; *Bedingungen* dagegen diejenigen, die über das Gelingen bzw. Mißlingen der Sprechhandlung zu entscheiden erlauben. Mit dieser Differenzierung soll der wichtige Unterschied erfaßt werden zwischen dem, daß eine Sprechhandlung *nicht*, und dem, daß sie *mißglückt* vorliegt." Ich verwende den Begriff ‚Bedingungen' teilweise auch im weiteren Sinn, so dass er sowohl Bedingungen i.e.S. als auch Voraussetzungen umfasst. Grob gesagt ist es wohl so, dass nach Dalferths Unterscheidung die in Austins Regel A.2 erfassten Bedingungen „Voraussetzungen" zu nennen wären, wogegen B und Γ die Geltungsbedingungen angeben.
[48] AUSTIN, Zur Theorie der Sprechakte, 37.

„(A.1) Es muß ein übliches konventionales Verfahren mit einem bestimmten konventionalen Ergebnis geben; zu dem Verfahren gehört, daß bestimmte Personen unter bestimmten Umständen bestimmte Wörter äußern.
(A.2) Die betroffenen Personen und Umstände müssen im gegebenen Fall für die Berufung auf das besondere Verfahren passen, auf welches man sich beruft.
(B.1) Alle Beteiligten müssen das Verfahren korrekt
(B.2) und vollständig durchführen.
(Γ.1) Wenn, wie oft, das Verfahren für Leute gedacht ist, die bestimmte Meinungen und Gefühle haben, oder wenn es der Festlegung eines der Teilnehmer auf ein bestimmtes späteres Verhalten dient, dann muß, wer am Verfahren teilnimmt und sich darauf beruft, diese Meinungen und Gefühle wirklich haben, und die Teilnehmer müssen die Absicht haben, sich so und nicht anders zu verhalten,
(Γ.2) und sie müssen sich dann auch so verhalten."

Die Regeln sind von Austin in drei mit griechischen Buchstaben bezeichnete Gruppen unterteilt; diese Unterteilung bezieht sich darauf, zu welcher Art von Unglücksfall der jeweilige Regelverstoß führt. Zunächst unterscheidet Austin Verstöße gegen die A- und B-Regeln von solchen gegen die Γ-Regeln. Erstere führen dazu, dass die Handlung gar nicht zustande kommt, Austin spricht von einem „Versager" („misfire").[49] Ein solcher tritt ein, beispielsweise wenn bei einer Trauung eine der beiden heiratswilligen Personen schon verheiratet ist, oder wenn statt der Pfarrerin der Mesner die Zeremonie durchführt.[50] Bei einer Verletzung der Γ-Regeln dagegen kommt die Handlung zwar zustande, aber es handelt sich um einen „Missbrauch" („abuse") des Verfahrens.[51] Um beim Beispiel des Heiratens zu bleiben, wäre das dann der Fall, wenn eine der beiden heiratswilligen Personen unter Vorgaukelung von Gefühlen wie Liebe und Absichten wie Familiengründung in Wahrheit nur auf das Vermögen des andern aus ist. Wenn sie dann vor dem Traualtar stehen, kommt die Trauung wohl zustande, aber das Verfahren wurde missbraucht.

Weiter unterscheidet Austin die A- und B-Fälle. Verstöße gegen die beiden A-Regeln nennt er „Fehlberufungen" („misinvocations") auf ein Verfahren und führt aus: „(E)ntweder *gibt* es, ganz vage ausgedrückt, kein solches Verfahren; oder das fragliche Verfahren kann nicht so angewendet

---

[49] Ebd., 38.
[50] Zu beachten ist, worauf Austin bei den „Versager"-Unglücksfällen eigens hinweist (ebd., 39): „Zwei Schlußbemerkungen darüber, daß eine Handlung nichtig oder unwirksam ist. Natürlich bedeutet das nicht, daß man gar nichts getan hat – im Gegenteil, sogar eine ganze Menge: höchst interessanter Weise haben wir ein Vergehen der Bigamie begangen. Aber wir haben eben nicht die beabsichtigte Handlung zustande gebracht, nämlich zu heiraten. Denn trotz seines Namens heiratet der Bigamist nicht zweimal. ... Zweitens heißt ‚unwirksam' hier nicht ‚ohne Folgen, ohne Ergebnisse, ohne Konsequenzen'."
[51] Ebd., 38.

werden, wie es versucht wird."[52] Verstöße gegen die B-Regeln nennt er „Fehlausführungen" („misexecutions"). Hier ist es nach Austin „wesentlich, daß es das Verfahren durchaus gibt und daß es auch anwendbar ist, daß wir aber die Zeremonie verpfuschen und uns damit mehr oder weniger gräßliche Konsequenzen einhandeln".[53]

Die nachfolgende Tabelle Austins bietet einen Überblick über die möglichen Unglücksfälle:[54]

Unglücksfälle

A,B Versager (Die unternommene Handlung kommt nicht zustande)				Γ Mißbräuche (Die Handlung kommt zustande, ist aber unehrlich)	
A Fehlberufung (Die Handlung kommt nicht in Frage)		B Fehlausführung (Die Handlung wird verdorben)			
A.1	A.2	B.1	B.2	Γ.1	Γ.2
?	Fehlanwendung	Trübung	Lücke	Unredlichkeit	?

Wie scharf ist die Unterscheidung der Unglücksfälle? Oder anders gefragt: „Schließen die Gruppen von Unglücksfällen sich aus?" Austins Antwort darauf:

„(a) Nein in dem Sinne, daß wir zwei Fehler auf einmal machen können. (Wir können einem Esel das nicht ernst gemeinte Versprechen geben, ihm eine Möhre zu schenken.)
(b) Nein in dem wichtigeren Sinne, daß die Arten, auf die etwas schiefgehen kann, ‚ineinander übergehen' und ‚sich überschneiden' und die Unterscheidung zwischen ihnen in mehreren Hinsichten ‚willkürlich' ist."[55]

Mit dieser Bemerkung im Ohr machen wir uns nun daran, die Regeln auf die Vergebungsäußerung anzuwenden und die Unglücksfälle zu konkretisieren.

5.1.6 Regeln für das Glücken der Äußerung „Ich vergebe dir"

A.1 Die Ausformulierung von Austins erster Regel für die Vergebung bereitet einige Schwierigkeiten. Eine Schwierigkeit liegt darin zu bestimmen,

---

[52] Ebd., 39.
[53] Ebd.
[54] Ebd., 40.
[55] Ebd., 44.

was das „übliche konventionale Verfahren" für Vergebung ist und welches „bestimmte konventionale Ergebnis" es zeitigt. Zum andern stellt sich die Frage, ob es bei der Vergebung zutrifft, dass in dem Verfahren bestimmte Wörter geäußert werden müssen.

Es ist klar, dass in Bezug auf die Vergebung und den Sprechakt der Vergebung Konventionen eine große Bedeutung zukommt. Vergebung „gibt" es nicht einfach, sondern es ist über Konventionen geregelt, wie wir den entsprechenden Handlungstyp verstehen und anhand welcher Merkmale wir ihn von anderen Handlungstypen, etwa duldendem Verzeihen oder Versprechen, unterscheiden. Aufgrund von Konventionen weiß die vergebende Person, dass sie vergibt, und aufgrund von Konventionen versteht die Vergebung empfangende Person, dass ihr vergeben wird. Diese Konventionen sind aber nicht starr, und dabei handelt es sich um keine Besonderheit der Vergebung:

„Es gehört zum Wesen eines jeden Verfahrens, daß seine Grenzen (und damit natürlich seine ‚präzise' Definition) unklar bleiben. Immer gibt es schwierige Fälle und Grenzfälle, wo die bisherige Geschichte des konventionalen Verfahrens keinen endgültigen Aufschluß darüber gibt, ob ein so und so gelagerter Fall in seinen Anwendungsbereich fällt."[56]

Anders ausgedrückt: ‚Vergebung' ist ein unscharfer Begriff, seine Anwendung auf bestimmte Handlungen ist in manchen Fällen diskutabel. Dementsprechend können Versuche, die zur Vergebung gehörenden Konventionen auszuformulieren, unterschiedlich ausfallen. Nach dem hier vertretenen Vergebungsverständnis lassen sich die zur Vergebungsäußerung gehörenden Konventionen wie folgt formulieren: *Vergebung ist eine Reaktion auf das Verhalten eines andern, der an mir schuldig geworden ist, sich jetzt von seiner moralisch verletzenden Botschaft distanziert und die Verantwortung für sein Tun übernimmt; mit dem Ergebnis, dass ich dem andern sein Tun nicht länger übelnehme und ihn nicht länger mit seiner unmoralischen Tat identifiziere. Der andere darf von mir erwarten, wieder als moralischer Mensch angesehen und entsprechend behandelt zu werden.*[57]

---

[56] Ebd., 51.

[57] Wie gesagt, würden die zur Vergebung gehörenden Konventionen ganz anders lauten, wenn Vertreter anderer Vergebungsauffassungen sie formulierten. Entsprechend gibt es kaum einen Punkt an meiner Ausformulierung, der nicht von irgendeiner Seite infrage gestellt würde. So wird etwa gefragt, ob Vergebung sich wirklich auf das Verhalten eines andern beziehen muss, oder ob nicht auch Selbstvergebung möglich sei. Ob sich Vergebung auf Schuld beziehen muss, oder ob nicht auch Vergebung von Unglücksfällen denkbar sei, oder ob nicht die Befreiung von Schuld*gefühlen* (auch solchen, die objektiv gesehen ungerechtfertigt sind) „Vergebung" genannt werden könne. Es wird infrage gestellt, dass Reue vorliegen muss. Bei den Ergebnissen wird gefragt, ob es sich überhaupt um ein auf den andern bezogenes Ergebnis zu handeln braucht, oder ob das Ergebnis der

Als zweite Schwierigkeit erwähnte ich Austins Behauptung, zum Verfahren gehöre, dass bestimmte Wörter geäußert werden müssten. Wie verträgt sich diese Behauptung mit der von mir gemachten Aussage, die Handlung könne auch nichtsprachlich vollzogen werden?

Als erstes ist dazu zu sagen, dass Austin selbst mehrmals grundsätzlich anerkennt, dass das Äußern bestimmter Worte für das Zustandekommen einer Handlung in vielen Fällen nicht zwingend *nötig* ist und dass es in vermutlich allen Fällen für das Zustandekommen einer Handlung nicht *genügt*. Die performative Äußerung ist also weder eine notwendige noch eine hinreichende Bedingung für das Glücken der Handlung als solcher, wohl aber ist sie notwendig für das Glücken der Handlung als *Sprechhandlung*.[58] Wie wichtig ist es für das Glücken einer performativen Äußerung, dass dabei *bestimmte* Wörter geäußert werden? Eine Vergebungszusage ist am einfachsten als solche identifizierbar, wenn die Sprecherin sagt: „Ich vergebe dir". Aber angenommen, sie empfängt die Bitte um Vergebung und erwidert darauf: „Lass gut sein, ich bin dir nicht mehr böse. Ich sehe, dass es dir wirklich Leid tut, und damit ist die Sache für mich erledigt und soll es auch für dich sein." Hat sie damit nicht ebenso vergeben wie im ersten Fall? Austin spricht in diesem Zusammenhang von „*implizit* performativen Äußerungen"[59]. Er anerkennt, dass diese mit praktisch demselben Ergebnis wie eine explizit performative Äußerung benutzt werden können, weist aber darauf hin, dass sie größeren Interpretationsspielraum bieten.[60] Die mittels eines Sprechaktes vollzogene Handlung kann sogar ganz ohne Worte zustande gebracht werden; aber auch dann ist sie auf Konventionen angewiesen, wenn sie verstanden werden soll. Was Austin im Folgenden über das Warnen sagt, gilt in gleicher Weise für die Vergebung:

Vergebung nicht eher ausschließlich in psychohygienischen Wirkungen auf die vergebende Person zu sehen ist.

Es geht mir in diesem Abschnitt in erster Linie um den Beitrag der Sprechaktanalyse zum Vergebungsverständnis und nicht um die Ausformulierung eines bestimmten Vergebungsverständnisses. Mit den von meinem Verständnis abweichenden Auffassungen trete ich jeweils dort ins Gespräch, wo es um den entsprechenden Punkt (also Schuld, Reue usw.) geht.

[58] Diese Feststellung ist natürlich trivial, aber sie ist darum am Platz, weil Austin ausdrücklich Regeln aufstellt nicht für das Glücken von bestimmten nichtsprachlichen Handlungen, sondern für das Glücken performativer Äußerungen.

[59] Ebd., 52.

[60] Ebd.: „Aber natürlich ist es ebenso augenscheinlich wie wichtig, daß wir mit der Äußerung ‚Gehen Sie!' unter Umständen mit praktisch demselben Ergebnis wie die Äußerung ‚Ich befehle Ihnen zu gehen' benutzen können; und wenn wir später sagen wollen, was damit getan ist, dann werden wir ohne Zögern in beiden Fällen sagen, er habe mir befohlen zu gehen. Je nach Umständen kann aber unklar sein ..., ob mit der Äußerung ein Befehl zum Gehen gegeben wird (oder gegeben werden soll) oder bloß ein Rat oder ob ein Ersuchen ausgesprochen werden soll oder wer weiß was."

„Illokutionäre Akte sind konventional; perlokutionäre Akte sind das *nicht*. Handlungen *beider* Arten können außersprachlich zustande kommen; genauer heißt das: Man kann mit außersprachlichen Mitteln Handlungen vollziehen, die zum Beispiel dem illokutionären Akt des Warnens oder dem perlokutionären Akt des Überzeugens gleichwertig sind. Damit man die Handlung in diesem Fall mit dem Namen eines illokutionären Aktes (etwa ‚Warnen') bezeichnen kann, muß sie eine *konventionale* außersprachliche Handlung sein. Perlokutionäre Akte sind dagegen nicht konventional; allerdings kann man konventionale Handlungen benutzen, um den perlokutionären Akt zustande zu bringen."[61]

Wenden wir uns Austins zweiter Regel zu.

A.2 Was ist zu sagen über die Personen und Umstände, welche für die Berufung auf Vergebung passen müssen? Die Antwort darauf wurde bereits in der Ausformulierung der Regel A.1 angedeutet.

Vergebung bezieht sich auf eine moralische Verletzung („Schuld"). Vergebung kann nur von jemandem erbeten und gewährt werden, der von der moralischen Verletzung persönlich betroffen („Opfer") ist und diese übelnimmt. Vergebung kann nur jemandem gewährt und von jemandem empfangen werden, der moralisch verantwortlicher Urheber der moralischen Verletzung („Täter") ist, seine Schuld anerkennt und eine veränderte Einstellung („Reue") erkennen lässt.

Auch hier gilt, dass sich diese Konkretisierung aus dem im Rahmen einer kommunikativen Moraltheorie entwickelten Vergebungsverständnis ergibt, dass aber keiner der Punkte unumstritten ist.[62]

Nach meinem Vergebungsverständnis kommt Vergebung nicht zustande, bzw. versagt der Sprechakt „Ich vergebe dir", wenn er von jemandem geäußert wird, der von der moralischen Verletzung nicht persönlich betroffen ist, also etwa, wenn ich Hitler seine Greueltaten vergeben wollte. Vergebung kommt auch dann nicht zustande, wenn ich als persönlich Betroffene einer moralischen Verletzung diese jemand anderem als dem Täter vergeben wollte, oder wenn die zur Debatte stehende Tat keine moralische Verletzung, sondern ein Unfall oder eine moralisch akzeptable Handlung mit für mich unliebsamen Konsequenzen war.

B.1 Das Vergebungsverfahren muss von allen Beteiligten korrekt durchgeführt werden. Dazu gehört, dass die vergebende Person sich so ausdrückt, dass sie verstanden wird – aus diesem Grunde scheitern implizit performative Äußerungen oft an dieser Regel. Dazu gehört auch, dass die Bitte um Vergebung und die Antwort „Ich vergebe dir" nicht ironisch

---

[61] Ebd., 137. Ich stelle mir vor, dass in der Beziehung zweier Freundinnen, wo eine die andere verletzt hat und um Vergebung bittet, eine Umarmung als eine außersprachliche, perlokutionär erzielte Vergebungszusage angesehen werden darf.

[62] Was unter Schuld, persönlicher Betroffenheit oder Reue zu verstehen ist, wird später (Kapitel 5.1.7; 5.3.3; 6.3–5) erläutert.

geäußert werden, oder mit aggressivem Unterton, und so weiter. In all diesen Fällen entsteht eine Trübung, und auch hier scheitert das gesamte Verfahren.

B.2 Das Vergebungsverfahren muss von allen Beteiligten vollständig durchgeführt werden, sonst entsteht eine Lücke, welche wiederum das ganze Verfahren zunichte macht. Das wäre dann der Fall, wenn jemand zu mir sagt: „Ich bitte dich um Vergebung", aber ich ignoriere die Bitte; oder wenn ich zu jemandem sage, der an mir schuldig geworden ist: „Ich vergebe dir", aber der Betreffende will meine Vergebung gar nicht, weil er seine Schuld nicht einsieht, oder sie einsieht, aber nicht bereut.[63]

Γ.1 Diese Regel bezieht sich in besonderer Weise auf jene illokutionären Akte, welche den konduktiven Äußerungen zugerechnet werden. Wer vergibt, muss die passenden Meinungen und Gefühle wirklich haben und die Absicht haben, sich so zu verhalten, wie es zur Vergebung gehört. Welches aber sind die passenden Meinungen, Gefühle und Absichten, und lassen sich diese überhaupt verordnen?

Wer vergibt, bekundet damit eine Änderung der Einstellung und der Haltung gegenüber der Person, die an ihm schuldig geworden ist. Diese Änderung erfolgt nicht willkürlich, sondern aufgrund einer veränderten Ausgangslage, die sich daraus ergibt, dass die schuldig gewordene Person ihr Unrecht einsieht und sich selbst davon distanziert. Sie hält damit die verletzende Botschaft nicht aufrecht, sondern gibt sie im Gegenteil auf zugunsten einer Botschaft der moralischen Wertschätzung. Wer vergibt, anerkennt, dass die Vergebung empfangende Person diesen Wechsel vollzogen hat und beurteilt sie neu als jemanden, der nicht eine moralisch verletzende Botschaft vertritt.

Wer dagegen vergibt, ohne zu glauben, dass die andere Person sich von der moralisch verletzenden Botschaft distanziert hat, oder wer unter Anerkennung der veränderten moralischen Haltung der anderen Person vergibt, sie aber dennoch weiterhin vorwiegend nach der zurückliegenden verletzenden Botschaft beurteilt, muss sich Unredlichkeit vorwerfen lassen. Ein Fall von Unredlichkeit liegt meines Erachtens jedoch nicht vor, wenn das Wissen um die begangene moralische Verletzung in angemessener Weise[64]

---

[63] Ob Reue für das Glücken der Vergebungs(sprech)handlung wirklich eine notwendige Bedingung ist, gehört in der Vergebungsdebatte zu den besonders umstrittenen Punkten. Ich werde meine Auffassung später (Kapitel 6.5) verteidigen; an dieser Stelle geht es mir nur um die Ausformulierung von Austins Regeln.

[64] Zur Angemessenheit der Beurteilung gehört die Berücksichtigung aller Erfahrungen mit der betreffenden Person, und das heißt, die Berücksichtigung sowohl der Verletzung als auch der Reue. In vielen Fällen wird es so sein, dass eine kürzer zurückliegende Handlung (die Botschaft moralischer Wertschätzung) bei der Beurteilung stärker zu ge-

in die Gesamtbeurteilung der Person miteinfließt und zu einer gewissen Vorsicht im Umgang mit dieser Person führt, welche in Beziehungen, in denen keine moralischen Verletzungen stattgefunden haben, unterbleiben kann. Vergebung ist nicht gleichbedeutend mit Vergessen, sie setzt dieses weder voraus noch muss es auf dem Fuße folgen.

Um Unredlichkeit handelt es sich nach meinem Dafürhalten auch dann nicht, wenn gewisse „negative Gefühle" weiterhin vorhanden sind.[65] Wer die Bestimmung von Vergebung zu sehr auf das Vorhandensein oder die Abwesenheit bestimmter Gefühle gründet, begibt sich in absehbare Schwierigkeiten. Ich kann beispielsweise nicht einfach beschließen, nicht mehr verärgert zu sein; ich kann vielleicht mit suggestiven Übungen versuchen, mir einzubilden, ich sei nicht mehr verärgert, aber das schließt nicht aus, dass mich die Verärgerung doch wieder einholt; oder der Ärger kann tatsächlich verflogen sein, und sich unverhofft wieder zurückmelden. Angenommen, ich vergebe jemandem in Abwesenheit des Gefühls von Verärgerung, und das Gefühl kehrt etwas später wieder zurück – war dann die Vergebung unredlich? Oder wird sie rückwirkend zunichte gemacht? Muss ich zum andern sagen: „Tut mir leid, zuerst dachte ich, ich hätte dir vergeben, aber jetzt merke ich, dass ich dir doch noch nicht vergeben habe; warte, bis mein Ärger endgültig verfolgen ist!"[66] Das scheint wenig zufriedenstellend.

Ich würde statt von Gefühlen eher von *Haltungen* sprechen.[67] Es ist angemessen, auf eine moralische Verletzung mit der Haltung des Übelneh-

---

wichten ist als eine länger zurückliegende (die Botschaft moralischer Missachtung). Und ebenfalls von Bedeutung wird die Frage sein, ob es sich bei der moralischen Verletzung um einen Einzelfall handelt oder um wiederholte Verletzungen bzw. eine während langer Zeit eingenommene Haltung. Ein Einzelfall wird viel leichter durch eine Botschaft der Reue auszutarieren sein als notorische Verletzungen, welche womöglich schon mehrfach bereut und bald darauf dennoch wiederholt wurden.

[65] Damit begebe ich mich in Widerspruch zum verbreiteten Verständnis von Vergebung als Überwindung negativer Gefühle. Exemplarisch sei RICHARDS (Forgiveness, 79) angeführt: „[Forgiveness] amounts to abandoning all hard feelings founded on the incident".

[66] Vor dem Hintergrund einer solchen Vergebungsauffassung wird der Ausspruch SOLONS verständlich, den HABER (Forgiveness, 23) anführt: „Call no man forgiven until the forgiver is dead."

[67] Ich verbinde damit nicht eine Geringschätzung der Rolle der Gefühle im Vergebungsprozess, sondern eher ein bestimmtes Verständnis von Gefühlen, das Gefühle nicht in einem Gegensatz zu kognitiven Vorgängen oder zu Vernunft sieht, und das ich im Begriff ‚Haltungen' besser ausgedrückt finde. Ohne mich hier auf die weitläufige Diskussion um den Charakter und die Bedeutung von Gefühlen für die Moral einlassen zu können, schließe ich mich der Auffassung von ROBERTS an, der Gefühle als „concern-based construals" (Emotions, 64) beschreibt. Er befindet sich in einer gewissen Nähe zu kognitivistischen Gefühlstheorien, wie sie seit einiger Zeit für die Ethik an Bedeutung gewinnen (vgl. beispielsweise WILLIAMS, Sittlichkeit und Gefühl; LYONS, Emotions; DE

mens zu reagieren. Und ebenso ist es angemessen, als Reaktion auf die Botschaft der Reue die Haltung des Übelnehmens aufzugeben. Wenn ich die Haltung des Übelnehmens aufgebe, schließt das nicht aus, dass bei einer Erinnerung an die erlittene moralische Verletzung auch eine Erinnerung an das Gefühl des Verletztseins wachgerufen wird, die mehr als nur eine Erinnerung ist, oder dass ein Gefühl der Verärgerung über die erfahrene Zumutung oder selbst ein Gefühl des Hasses sich zurückmeldet. Ich gestehe mir zu, dass Wunden Zeit brauchen, um zu verheilen. Aber wenn ich die Haltung des Übelnehmens aufgebe, dann halte ich diese Gefühle und Erinnerungen nicht *absichtlich* wach, ich *kultiviere* die Verärgerung nicht, ich reiße die verheilenden Wunden nicht wieder auf. Wenn ich die Haltung des Übelnehmens aufgebe, dann nehme ich dem andern gegenüber eine Haltung ein, welche die Heilung der Verletzung nicht voraussetzt, aber in gewisser Weise vorwegnimmt. Und ich anerkenne, dass der andere seinen Beitrag zur Heilung der mir zugefügten Verletzung geleistet hat.

Zu betonen ist in diesem Zusammenhang, dass es um eine veränderte Beurteilung des *Täters* geht, nicht der Tat. Die Tat bleibt eine moralisch verletzende Tat, sie hat sich durch die Reue des Täters qualitativ nicht verändert. Hingegen hat sich der Täter verändert, er ist nicht mehr als jemand anzusehen, der eine moralisch verletzende Botschaft aufrecht erhält, und deshalb ist es angemessen, ihm nicht mehr mit Übelnehmen zu begegnen.

Die Haltung des Übelnehmens aufgeben ist die negative Formulierung der internen Konsequenz von Vergebung. Positiv gewendet lautet sie, den andern als moralischen Menschen anzuerkennen, als Menschen, der in Übereinstimmung mit der moralisch gebotenen Haltung der Wertschätzung lebt und handelt. Dazu gehört, dem andern auch in entsprechender Weise zu begegnen. Ich muss die *Absicht* haben, ihm und andern seine Verfehlung nicht ständig vorzuhalten, ihm nicht mit (einem Übermaß an) Misstrauen zu begegnen, mit ihm einen normalen zwischenmenschlichen Umgang zu pflegen, und

Γ.2 ich muss mich diesen Absichten entsprechend verhalten.

Gehört dazu auch, wie im Zusammenhang mit der Vergebung oft zu hören oder zu lesen ist, eine „Wiederherstellung" oder „Wiederaufnahme der Beziehung"? Angenommen, ein Mann betrügt seine Frau und sie reicht daraufhin die Scheidung ein. Später bekundet er glaubhaft Reue und bittet sie um Vergebung. Gewährt sie Vergebung nur dann in nicht-missbräuchlicher Weise, wenn sie zugleich bereit ist, ihn wieder zu heiraten? Mir

---

SOUSA, Die Rationalität des Gefühls; NUSSBAUM, Emotionen als Urteile, sowie DIES., Upheavels of Thought), grenzt sich aber zugleich begründet gegen eine zu starke Betonung der Bedeutung von Urteilen oder Überzeugungen ab (ROBERTS, Emotions, 83ff; DERS., Spirituality, 19ff).

erscheint das wenig plausibel – und möglicherweise ist es auch nicht das, was der Mann will. Vielleicht leben sowohl er als auch seine Ex-Frau glücklich in neuen Partnerschaften, und das einzige, was ihn noch quält, ist das Bewusstsein, dass er damals mit seiner Untreue seine Frau verletzte. Er möchte, soweit das möglich ist, die Sache „in Ordnung bringen", er möchte seiner Ex-Frau sagen, dass er seine Schuld anerkennt, und dass es ihm Leid tut, sie verletzt zu haben, und er hofft, von ihr zu hören, dass für sie die Sache damit ihr Bewenden hat. Zwei weitere Einwände gegen das Verständnis von Vergebung als Wiederherstellung der Beziehung oder „reacceptance" werden von Richards formuliert:

„To forgive him for having done X is not to forgive him for everything he has done. So, we are not here equating forgiving with ‚re-accepting' ... A broader difficulty with seeing forgiveness as reacceptance is that some wrongdoers were not ‚accepted' to begin with: there is no relationship to reestablish."[68]

Meine Haltung in dieser Frage ergibt sich aus der Bestimmung der zu vergebenden Schuld als Verletzung der *moralischen* Beziehung. Eine konkrete Beziehungsform wie eine Freundschaft oder Ehe sie darstellen, kann auf vielerlei Weisen gestört oder gar zerstört werden, wovon die moralische Verletzung nur eine Möglichkeit unter anderen darstellt. Hingegen kennt die moralische Beziehung nur eine Art von Störung, nämlich eben die moralische Verletzung. Wenn ich mich moralisch verletzend verhalte, bringe ich damit eine Störung in die moralische Beziehung zu der von meinem Tun betroffenen Person. Wenn sie mir vergibt, bedeutet dies, dass die moralische Beziehung zwischen uns wiederhergestellt ist: Ich achte sie wieder ihrem absoluten Wert als Person entsprechend, und sie anerkennt mich wieder als moralisch gesinnte und handelnde Person. Austins Regel Γ.2 zufolge muss sie mir auch in einer Weise begegnen, welche dieser Anerkenntnis entspricht; aber damit ist nicht zwingend die Aufnahme oder Wiederaufnahme einer *bestimmten* Beziehungsform wie zum Beispiel einer Freundschaft oder einer ehelichen Gemeinschaft verbunden. Ich spreche deshalb im Zusammenhang mit der Vergebung nur von der Wiederherstellung der *moralischen* Beziehung.

5.1.7 Moralische Verletzung, Übelnehmen und Reue

Ich sehe Vergebung als einen Akt moralischer Kommunikation. In diesem Bezugsrahmen bietet sich die sprechaktanalytische Betrachtung in besonderer Weise an. Vergebung ist jedoch kein isolierter Akt, sondern eingebettet in ein umfassendes Kommunikationsgeschehen. Auch auf die anderen Akte, welche zu diesem Kommunikationsgeschehen gehören, lassen sich Austins Regeln anwenden. Nachfolgend versuche ich dies für die

---

[68] RICHARDS, Forgiveness, 79.

moralische Verletzung, das Übelnehmen und die Reue; damit werden zugleich die für die Vergebung unter A.2 genannten Bedingungen erläutert. Ich konzentriere mich auf eine Ausformulierung von Austins Regeln A.2 und Γ.1, da sich die anderen Regeln mehr oder weniger von selbst verstehen.

Die moralische Verletzung

Die Botschaft der moralischen Verletzung kann sprachlich oder nichtsprachlich erfolgen. Auch dann, wenn sie sich sprachlich artikuliert, handelt es sich zumeist nicht um eine performative Äußerung. Wir kennen keine performative Äußerung, die lautet: „Ich versage dir meine Wertschätzung", oder: „Ich beleidige dich"[69], oder: „Ich verletze dich moralisch". Einen Grenzfall stellt möglicherweise die Äußerung „Ich verachte dich" dar. Aber auch wenn wir diesen Grenzfall anerkennen, müssen wir doch zugeben, dass sich moralische Verletzungen im seltensten Fall dieser Äußerung bedienen. Die Verbindung zwischen der moralischen Verletzung und einer bestimmten Äußerung ist also in jedem Fall viel loser als dies für die von Austin untersuchten performativen Äußerungen gilt. Bei der Anwendung von Austins Regeln auf die moralische Verletzung handelt es sich somit um eine Übertragung. Austin geht es um die Frage, was wir tun, wenn wir etwas sagen. Meine Fragestellung bei der Analyse moralischer Verletzungen als moralischer Botschaften ist in gewissem Sinne die umgekehrte: Die Frage nämlich, was wir sagen (ausdrücken, mitteilen), wenn wir etwas tun. Wenn ich beim Bahnhof ein fremdes Fahrrad benütze, um ein paar Minuten früher zu Hause zu sein, und dort das Fahrrad am Straßenrand liegen lasse, so „sage" ich mit dieser Handlung, dass ich mein momentanes Interesse geringfügiger Zeitersparnis höher gewichte als das Recht des andern auf sein Eigentum. Aber insofern ich mit meiner Handlung etwas „sage", insofern also meine Handlung eine Botschaft enthält, lässt sich diese Botschaft auch wieder unter Austins Fragestellung analysieren, was ich mit meiner Botschaft tue. Was ich tue, ist ein Fahrrad zu stehlen. Was ich damit „sage", ist, dass mir die legitimen Interessen des andern gleichgültig sind. Und was ich mit dieser Botschaft wiederum tue, ist, dem andern die ihm zukommende moralische Wertschätzung zu verweigern, oder anders ausgedrückt, ihn moralisch zu verletzen. Abgekürzt ließe sich auch sagen, dass sich nicht nur das, was wir sagen, sondern auch das, was wir tun, unter der Frage betrachten lässt, was wir damit tun. Auch in Bezug auf eine dergestalte Interpretation von Handlungen, die nicht Sprechhandlungen sind, spielen Konventionen eine wichtige Rolle. Der andere wird meinen Fahrraddiebstahl nur deshalb als moralische Verletzung

---

[69] Vgl. dazu AUSTIN, Zur Theorie der Sprechakte, 51.

interpretieren, weil im Kontext unserer Kultur das Recht auf Privateigentum (juristisch und moralisch) anerkannt ist.

Damit es sich bei meinem Fahrraddiebstahl aber tatsächlich um eine moralische Verletzung handelt, müssen einige Bedingungen erfüllt sein, die unter Austins Regel A.2 zu erfassen wären: Meine Handlung muss nicht nur gemäß den geltenden, mir und dem Bestohlenen bekannten Konventionen moralisch falsch sein. Sie muss auch eine *Handlung* sein in dem Sinne, dass sie von einer moralisch verantwortlichen Person (erwachsen, zurechnungsfähig usw.) mit Absicht ausgeführt wurde. Die Absicht braucht nicht primär die zu sein, den andern zu schädigen oder zu verletzen. Im Fall des Fahrraddiebstahls weiß ich vermutlich nicht einmal, wessen Fahrrad ich entwende, und habe auch kein direktes Interesse daran, jemandem etwas Schlechtes zuzufügen. Meine Handlung ist einzig von eigennützigen Motiven geleitet. Es genügt indes, dass ich damit den Schaden eines andern absichtlich in Kauf nehme. Hingegen handelt es sich nicht um eine moralische Verletzung (und wir sprechen auch nicht von Diebstahl), wenn ich aus Versehen das Fahrrad des andern für den Heimweg benütze, weil es meinem eigenen, ebenfalls beim Bahnhof abgestellten Fahrrad zum Verwechseln ähnlich sieht, oder wenn ich in der Absicht handle, dem andern damit etwas Gutes zu tun, oder wenn ich zur Tat gezwungen wurde.

Ein Teil dessen, was für die Vergebungsäußerung als Regel A.2 formuliert wurde[70], lässt sich demnach unter dem Stichwort der moralischen Verletzung zusammenfassen.

Übelnehmen

Für das Übelnehmen sind zwei Dinge hervorzuheben, damit die Haltung des Übelnehmens nicht einem „misfire" zum Opfer fällt.[71] Das Übelnehmen muss sich erstens auf eine tatsächliche moralische Verletzung beziehen, und damit gelten für die betreffende Handlung die vorhin geschilderten Bedingungen; und zweitens muss die übelnehmende Person von der moralischen Verletzung persönlich betroffen sein. Angenommen, jemand beobachtet meinen Fahrraddiebstahl, und er erkennt, dass es sich dabei um einen *Diebstahl* handelt. Er ist nicht der Besitzer des Fahrrads, gleichwohl reagiert er mit Entrüstung auf meine unmoralische Tat. Er nimmt die Haltung (moralischer) Empörung ein, welche nach Strawson das unpersönli-

---

[70] Wie es etwa bei HABER (Forgiveness, 6) geschieht: „X did A. A was wrong. X was responsible for doing A."

[71] Es handelt sich hierbei wiederum um eine Übertragung von Austins Äußerungen über Sprechhandlungen auf die Ebene nichtsprachlicher Handlungen.

che Analogon des Übelnehmens darstellt.[72] Der Grund, weshalb seine Haltung die der Empörung und nicht die des Übelnehmens ist, liegt darin, dass er von meiner Tat nicht persönlich betroffen ist. Als moralischer Mensch, der danach trachtet, andern mit Wertschätzung zu begegnen, stößt er sich daran, wie ich mich um die Rechte und Interessen des von mir Bestohlenen foutiere und ist insofern von meiner Handlung ebenfalls betroffen. Aber er ist nicht *persönlich* betroffen, sondern *moralisch* betroffen.[73] Nur die *persönliche* Betroffenheit gibt jedoch die Grundlage für die Haltung des Übelnehmens ab, und nur wer übelnimmt, kann vergeben.

Die übelnehmende Person sieht den Urheber der moralischen Verletzung als jemanden, der ihr nicht die ihr zukommende moralische Wertschätzung entgegenbringt. Dies hat zur Folge, dass die moralische Beziehung zwischen beiden gestört ist. Objektiv gesehen und auch subjektiv aus Sicht des Täters ist dies natürlich nicht erst durch das Übelnehmen, sondern bereits durch die moralische Verletzung der Fall. Das Übelnehmen ist die Reaktion, die sich einstellt, wenn die Botschaft der moralischen Verletzung auch tatsächlich „angekommen" ist und verstanden wurde. Erst dann kann die von der moralischen Verletzung persönlich betroffene Person die Störung der moralischen Beziehung erkennen. Übelnehmen ist demnach die Anerkenntnis der Störung durch die betroffene Person.

Reue

Übelnehmen ist eine Reaktion des „Opfers" auf die Einsicht, dass ihm eine moralische Verletzung zugefügt wurde; Strawson spricht von einer „reaktiven Haltung". Reue ist eine Reaktion des „Täters" auf die Einsicht, dass er eine moralische Verletzung begangen hat; Strawson spricht von einer „selbstreaktiven Haltung".

In einem schwachen Sinn muss der Täter die Einsicht schon während der Handlung besessen haben, da sonst nicht von einer mit Absicht begangenen moralischen Verletzung die Rede sein kann. In der Reue aber *weiß* er nicht nur, dass seine Handlung nach allgemeinem Maßstab moralisch falsch war, sondern er *anerkennt* sie als moralisch falsch, er übernimmt und anerkennt den allgemeinen moralischen Maßstab als seinen eigenen, nach welchem er sein Handeln ausrichten will. Das schließt mit ein, dass er die Botschaft der Geringschätzung, die er nun als moralisch falsch anerkennt, aufgibt, und stattdessen eine Haltung moralischer Wertschätzung

---

[72] STRAWSON, Freiheit und Übelnehmen, 217f: „... die einfühlenden oder stellvertretenden oder unpersönlichen oder unbeteiligten oder verallgemeinerten Analoga der reaktiven Haltungen ... Sie sind Reaktionen auf die Qualität des Willens anderer nicht uns gegenüber, sondern anderen gegenüber."

[73] Vgl. dazu Kapitel 6.4.1–2.

gegenüber dem „Opfer" einnimmt. Er anerkennt dessen Haltung des Übelnehmens als angemessen, er anerkennt, dass die moralische Beziehung gestört ist und dass er der Urheber dieser Störung ist. Und er hat den Wunsch, dass die Störung behoben werden möge.

Bei der moralischen Verletzung und der Reaktion des Übelnehmens stellt sich die Frage der *Aufrichtigkeit* kaum. Anders bei der Reue. Was ist mit Fällen, wo der Täter zum Opfer sagt: „Es tut mir Leid", oder: „Ich bereue, was ich dir angetan habe", oder eindeutiger performativ: „Ich bitte dich um Vergebung" – aber er bereut seine Handlung gar nicht, sondern ärgert sich nur darüber, erwischt worden zu sein und möchte die unangenehmen Konsequenzen, die sich ihm daraus ergeben, so rasch als möglich aus der Welt schaffen? Nach Austin gehören die passenden Gefühle und Absichten – welche über die Aufrichtigkeit einer Äußerung entscheiden – zu den Γ-Regeln. Das heißt, dass auch bei einer unaufrichtigen Reuebezeugung diese zustande kommt, sie ist nicht „ungültig", wenngleich sie dennoch verunglückt. Die Widersprüchlichkeit einer unaufrichtigen Reuebezeugung ist besonders eklatant. Denn während die Botschaft der Reuebezeugung lautet: „Ich bringe dir jetzt die angemessene Wertschätzung entgegen und anerkenne, dass meine frühere Geringschätzung moralisch falsch war", ist die tatsächliche Haltung, welche der unaufrichtige Reuige einnimmt, die gegenteilige: Sein unaufrichtiger Umgang mit dem andern ist Ausdruck seiner fortdauernden Geringschätzung des andern. Wenn der andere die Unaufrichtigkeit erkennt, dann hat er keinen Grund, ihm Vergebung zu gewähren. Vielmehr hat er Grund, sich in seiner Haltung des Übelnehmens bestärkt zu fühlen, wird ihm doch mit *wiederholter* Geringschätzung begegnet. Und selbst wenn er den Satz aussprächte: „Ich vergebe dir", fiele dieser einem „misfire" zum Opfer, muss doch die vergebende Person von der aufrichtigen Reue der Vergebung empfangenden Person überzeugt sein, damit Vergebung zustande kommen kann.

Was aber, wenn der Vergebende die Unaufrichtigkeit der Reue nicht erkennt und Vergebung gewährt? Auch dann wird seine Vergebungszusage zu einem „misfire", da aufrichtige Reue, gemäß dem hier vertretenen Verständnis von Vergebung, zu den unter die Regel A.2 fallenden Bedingungen von Vergebung gehört und diese Bedingung *objektiv* nicht erfüllt ist. Zwar wird der Vergebende meinen, er habe vergeben und sich, wenn er selber aufrichtig ist, entsprechend verhalten; aber wenn er nachträglich die Unaufrichtigkeit der Bitte um Vergebung bemerkt, wird für ihn sein Vergebungszuspruch hinfällig. In Bezug auf die ursprüngliche moralische Verletzung wird das alte Übelnehmen wieder „in Kraft gesetzt", und zusätzlich empfindet er neues Übelnehmen in Bezug auf die neuerliche moralische Verletzung, die er durch die Unaufrichtigkeit erlitten hat. Die Vergebung ist „ungültig", so wie eine Ehe ungültig ist oder für ungültig erklärt werden kann, bei der ein Ehepartner über den Gesundheitszustand oder den Zivilstand des andern absichtlich getäuscht wurde.

Ich betone dies deshalb, da es zunächst scheinen mag, als habe die Frage der Aufrichtigkeit bei Austin einen schwachen Stand, wenn sie „nur" unter die Γ-Regeln fällt und die Handlung auch ohne sie zustande kommt. Nimmt man aber auch die Folgehandlungen beziehungsweise Folgereaktionen mit in Betracht, sieht die Sache wieder anders aus. Zwar kommt die Bitte um Vergebung trotz ihrer Unaufrichtigkeit zustande, aber das von ihr angestrebte Ziel verfehlt sie dennoch, da die erwünschte Vergebung nicht zustande kommt, gar nicht zustande kommen *kann*.

Die Sache lässt sich auch ohne Bezugnahme auf Austins Regeln formulieren; vielleicht tritt der springende Punkt dabei deutlicher zutage. Reue oder die Bitte um Vergebung ist die Botschaft des Täters, dass er seine Haltung moralischer Geringschätzung aufgegeben hat zugunsten der Haltung moralischer Wertschätzung, verbunden mit dem Wunsch nach einer Aufhebung der Störung der moralischen Beziehung, und das heißt, dem Wunsch, vom andern wieder als moralischer Mensch angesehen zu werden. Vergebung ist die Antwort auf Reue, in welcher diesem Wunsch entsprochen wird. Erreicht nun der unaufrichtige Reuige, dass der andere ihm Vergebung gewährt, so weiß er doch, dass der andere ihn nur aufgrund seiner Täuschung für einen moralischen Menschen hält, nicht aber aufgrund dessen, was er wirklich ist. Das dürfte ähnlich befriedigend sein wie der Versuch eines verzweifelten Verehrers, die Liebe seiner Angebeteten dadurch zu erlangen, dass er sich ihr als jemand anderer hinstellt als er wirklich ist.[74] Will der unaufrichtige Reuige dagegen vom andern nicht einmal als moralischer Mensch wieder anerkannt werden, sondern geht es womöglich nur um gewisse praktische Vorteile, oder gar um eine Wiederherstellung der Arglosigkeit des andern, um ihn noch einmal schädigen zu können, dann erreichen der Missbrauch und die Täuschung einen weiteren Höhepunkt. Im ersten Fall will er Vergebung erlangen, wenn auch mit unaufrichtigen Mitteln; er *kann* sie aber nicht erlangen, da Vergebung nicht bedeutet, dass der Vergebende den andern für moralisch „hält" (auch wenn dies die subjektive Gestalt der Vergebung ist), sondern dass der Vergebende die *tatsächliche* moralische Integrität des andern anerkennt. Im zweiten Fall ist nicht nur die Bitte um Vergebung unaufrichtig, sondern ist auch das, was der vorgeblich Reuige erlangen will, gar nicht Vergebung. Hingegen ist das, was er erlangen will, etwas, das er am ehesten dann erreicht, wenn er den andern dazu bringt, ihm zu „vergeben". Dass der andere ihm nur aufgrund einer Täuschung „vergibt", ist ihm dabei gleichgültig, solange er die Täuschung aufrechterhalten kann.

---

[74] Wie etwa Zeus in Kleists Amphytrion.

5.2 Austins „Wirkungsgeschichte"

5.2.1 Einwände

Es gibt Stimmen, welche Einwände äußern gegen die sprechaktanalytische Betrachtung von Vergebung. Bei genauerem Hinsehen muss eher von einem Missverstehen der von Austin vorgetragenen Überlegungen zu den Sprechakten als von Einwänden gegen dieselbe gesprochen werden.

Zwei dieser Stimmen kommen in diesem Abschnitt zu Wort und werden einer detaillierten Kritik unterzogen. Martin P. Golding und R.S. Downie betonen beide vermeintlich kritisch, dass die Äußerung „Ich vergebe dir" keine hinreichende Bedingung für Vergebung sei und stellen in Frage, dass es sich um eine notwendige Bedingung handelt. Austin würde dem jedoch, wie gezeigt, vollumfänglich zustimmen. Darüber hinaus lassen Golding und Downie ein Verständnis von Vergebung erkennen, das nicht unwidersprochen bleiben soll.

Martin P. Golding

In Goldings Aufsatz „Forgiveness and Regret", der später für die nähere Bestimmung von ‚Reue' von Nutzen sein wird,[75] findet sich der nachfolgende Abschnitt:

„[1.] We should not always identify forgiving with the verbal performance of saying ‚I forgive you.' [2.] Here [in einem vorausgehenden Beispiel Goldings], the acceptance is the forgiving, not merely the result of it. It is not at all like the announcement of an official act of pardon, about which one may hope that it will be followed by acceptance or reacceptance of the offender into the community (although this may be acceptance in a somewhat different yet related sense). [3.] This is not to deny, of course, that saying ‚I forgive you' sometimes works a kind of verbal magic and alters attitudes. [4.] The fact that forgiving is not always to be identified with the verbal performance, however, raises the further question as to whether verbal communication of forgiveness is always (ever?) necessary. Certainly, in the interpersonal situation, the wrongdoer usually looks for, wants, a *sign* that forgiveness has been granted. Such forgiveness can of course be *shown* in the behavior of the injured party toward the wrongdoer, and sometimes it can be identified with that behavior (but whether this is the case may depend on the prior relations of the parties). Moreover, to the extent that forgiving involves a change of attitude toward the wrongdoer, it also seems that forgiving should not be identified with the verbal performance."[76]

Was ist hierzu aus sprechaktanalytischer Perspektive zu sagen?

[1.] Zunächst einmal ist Vergebung nicht „not always", sondern niemals mit einer bestimmten Äußerung (vollständig) identifizierbar. Vielmehr ist es so, dass die Äußerung „Ich vergebe dir" *per conventionem* dazu geeig-

---

[75] Vgl. Kapitel 6.5.2.
[76] GOLDING, Forgiveness and Regret, 125; meine Nummerierung.

net ist, den illokutionären Akt des Vergebens auszuführen – aber nur, wenn alle dazugehörenden Regeln erfüllt sind, insbesondere, wenn die Personen, die Umstände und die dazugehörigen Absichten stimmen. Wenn die Umstände nicht stimmen, wird keine Vergebung gewährt, auch wenn „Ich vergebe dir" geäußert wird.

[2.] Golding insistiert, dass die Annahme oder Akzeptanz des andern nicht als Ergebnis von Vergebung, sondern als Vergebung selbst anzusehen ist. Abgesehen davon, dass sein Beispiel[77] wenig hilfreich ist, da es nicht von Vergebung handelt, kann auch dieser Punkt nicht als Einwand gelten. Will man eine (näher zu bestimmende) Annahme des andern als zum „Kern" der Vergebung gehörend sehen, dann lässt sich diese problemlos in Austins Γ-Regeln integrieren: Wer „Ich vergebe dir" sagt, muss (Γ.1) die Absicht haben, den andern zu akzeptieren, und muss (Γ.2) danach handeln. Dagegen kann im Fall des „Pardon" die Akzeptanz des Straftäters durch die Gesellschaft als mögliche perlokutionäre Wirkung des amtlichen Straferlasses oder der Strafmilderung gesehen werden.

[3.] Die Charakterisierung einer Äußerung als „performativ" hat nichts mit magischen Wirkungen derselben zu tun. Ihre (illokutionäre) Wirkung, bzw. die Tatsache, dass mit der performativen Äußerung nicht nur etwas gesagt, sondern auch etwas getan wird, beruht nicht auf Zauberei, sondern auf Konventionen. Dass bei der Vergebung auch Haltungen sich ändern, ist – je nach dem, um welche Art von Änderung welcher Haltungen es sich handelt – als konventionaler Teil der illokutionären Rolle oder als nicht-konventionale Wirkung des perlokutionären Aktes anzusehen.

[4.] Als Begründung, weshalb Vergebung nicht mit einer bestimmten Äußerung identifiziert werden solle, führt Golding an, dass zur Vergebung „a change of attitude toward the wrongdoer" gehört. Ich stimme Golding in beiden Teilaussagen[78] zu, nicht aber ihrer Verknüpfung[79]. Austins Argumentationsweise sieht anders aus, und ich schließe mich ihr an: Zur Vergebung gehört eine Änderung der Haltung gegenüber dem Täter. Weil aber

---

[77] Ebd., 124: „He says: Forgive me for being so ugly. She says: I forgive you – that is, I accept you as you are (and as you will forever be)." Golding fügt an: „One must suspect that the request and the response are meant half-playfully." Das „Halb-Spielerische" an dieser „Vergebungs"-Äußerung liegt im metaphorischen Gebrauch des Wortes „Vergebung". Tatsächlich wird weder der illokutionäre Akt der Bitte um Vergebung noch des Gewährens von Vergebung vollbracht, sondern der illokutionäre Akt einer Liebeserklärung (oder ähnlich). Ungewollt liefert Golding damit selbst ein Beispiel dafür, dass die Äußerung „Ich vergebe dir" und der illokutionäre Akt des Vergebens nicht identisch sind.

[78] Vergebung soll nicht mit einer bestimmten Äußerung identifiziert werden; zur Vergebung gehört eine Änderung der Haltung gegenüber dem Täter.

[79] *Weil* eine Änderung der Haltung dazugehört, *darum* sei Vergebung nicht mit einer bestimmten Äußerung identifizierbar.

Haltungen nicht ohne weiteres erkennbar sind, brauchen wir Konventionen, die regeln, wie Haltungen kommuniziert werden können. Die zur Vergebung gehörende Haltung etwa wird – nicht ausschließlich, aber am unmissverständlichsten – in den Worten ‚Ich vergebe dir' geäußert. Die Vergebungsäußerung ist eben nicht nur ein „Zeichen", dass Vergebung gewährt wurde, sie „zeigt" sich auch nicht nur in einem bestimmten Verhalten, sondern die vergebende Person legt sich zugleich auf eine bestimmte Haltung fest – ähnlich wie bei einem Versprechen. Dazu sogleich mehr.

R.S. Downie

In seinem Aufsatz mit dem Titel „Forgiveness" verwendet Downie einige Mühe darauf, plausibel zu machen, dass es sich bei der Vergebungsäußerung *nicht* um eine performative Äußerung handle. Doch zuerst beschäftigt ihn die Frage, ob die Vergebungsäußerung eine hinreichende oder notwendige Bedingung von Vergebung sei:

> „[1.] It is not satisfactory to say that the mere uttering of the words ‚I forgive you' constitutes forgiveness. The uttering of these words or their equivalent, is certainly not sufficient to constitute forgiveness. Unless the words are accompanied by appropriate behaviour we shall say that A has not really forgiven B. [2.] In this respect forgiving differs from promising. Whereas the uttering of ‚I promise' does, at least in most circumstances, constitute a promise even although the appropriate behaviour is not forthcoming, the uttering of ‚I forgive' does not constitute forgiveness unless the appropriate behaviour is forthcoming. It is true that forgiving is like promising in that to say, ‚I forgive you', is to raise certain expectations which may or may not be fulfilled. But if the expectations are not fulfilled in the case of promising it is still true that a promise has been given, although a false one, whereas if they are not fulfilled in the case of forgiving we do not allow that there has been forgiveness at all. The uttering of a formula is therefore not a sufficient condition of forgiveness. [3.] It is doubtful, moreover, whether it is even a necessary condition. We can forgive a person without his knowledge or in his absence, merely by altering our attitudes and behaviour towards him."[80]

[1.] Zu Downies ersten Punkt ist dasselbe zu sagen wie bereits bei Golding. Der „Einwand" ist keiner, sondern formuliert nur, was sich aus sprechaktanalytischer Sicht von selbst versteht. Das angemessene Verhalten der vergebenden Person wird mit Austins Γ-Regeln erfasst.

[2.] Downie irrt sich, wenn er meint, ein angemessenes Verhalten gehöre nur zur Vergebung, nicht aber zum Versprechen. Wer jemandem Vergebung zuspricht, muss die Absicht haben, ihm in Zukunft nicht als einem Übeltäter, sondern als einem moralischen Menschen zu begegnen; wer ein Versprechen abgibt, muss die Absicht haben, es zu halten; und beide sollten sie nicht nur die Absicht haben, sondern auch danach handeln. Wer ohne die rechte Absicht Vergebung gewährt oder ein Versprechen abgibt,

---
[80] DOWNIE, Forgiveness, 131; meine Nummerierung.

macht sich der Unredlichkeit schuldig (Verstoß gegen Austins Regel Γ.1). Wer die Absicht (selbstverschuldet) nicht in die Tat umsetzt, begeht sowohl beim Vergeben wie beim Versprechen ein „breach of commitment", macht sich der Untreue schuldig (Verstoß gegen Austins Regel Γ.2). Beim einen wie beim andern Regelverstoß verunglücken Vergebung und Versprechen, und in *diesem* Sinne kann man mit Downie sagen: „Unless the words are accompanied by appropriate behaviour we shall say that A has not *really* forgiven B." Aber Vergebung ist dennoch zugesprochen und in diesem Sinne gewährt worden. Downie hat Unrecht, wenn er behauptet:

„But if the expectations are not fulfilled in the case of promising it is still true that a promise has been given, although a false one, whereas if they are not fulfilled in the case of forgiving we do not allow that there has been forgiveness at all."

Wem – unter Nicht-Verletzung der A- und B-Regeln – Vergebung gewährt wurde, darf sich als vergeben (*forgiven*) betrachten. Er braucht nicht zuerst Nachforschungen über die „wahren" Absichten, Gefühle und Haltungen der vergebenden Person anzustellen. Und auch wenn unübersehbare Anzeichen unpassender Absichten, Gefühle oder Haltungen bei der vergebenden Person auszumachen sind, braucht, wer bereits Vergebung empfangen hat, nicht nochmals um Vergebung zu bitten. Sind die A- und B-Regeln erfüllt, kommt die Handlung zustande; liegt ein Verstoß gegen eine der Γ-Regeln vor, ist nicht das Zustandekommen der Handlung in Frage gestellt, sondern die Handlung verunglückt auf andere Weise. Das ist beim Versprechen der Fall, ebenso wie bei der Vergebung.

[3.] Ich sagte bereits mehrfach, dass die verbale Vergebungsäußerung, auch aus sprechaktanalytischer Sicht, für das Zustandekommen von Vergebung nicht zwingend notwendig ist. Sie ist jedoch hilfreich, da sie weniger missverständlich als andere Mitteilungsformen ist. Dies ist an dieser Stelle jedoch nicht Downies Punkt. Ihm geht es nicht darum, ob Vergebung auch implizit oder nonverbal mitgeteilt werden könne, sondern er stellt die Notwendigkeit *jeglicher* Mitteilung von Vergebung in Abrede. Diese Auffassung ist Ausdruck eines (weit verbreiteten) einseitigen Verständnisses von Vergebung.[81] *Einseitig* ist dieses Vergebungsverständnis deshalb, weil es zur Vergebung nur eine Seite braucht, die Vergebung gewährende Seite; eine Vergebung empfangende Seite ist überflüssig. Diese mag abwesend sein, oder tot, oder in Unkenntnis über den Wandel der Gefühle und Haltungen der vergebenden Person, oder sie mag gar einer Vergebung ablehnend gegenüber stehen – das ist alles nicht von Bedeutung:

---

[81] Diese Einseitigkeit in Downies Vergebungsverständnis drückte sich bereits unter [2.] aus. Weil Downie nur die Vergebung gewährende Person berücksichtigt, misst er den Auswirkungen der Vergebungsbotschaft auf die Vergebung empfangende Person keine Bedeutung zu.

Vergebung ist ein Geschehen innerhalb der vergebenden Person, und es braucht dazu niemanden als diese selbst.

Es versteht sich von selbst, dass sich ein solcherart einseitiges Vergebungsverständnis im Rahmen einer kommunikativen Moraltheorie nicht vertreten lässt. Vergebung als Akt moralischer Kommunikation gelingt nur, wenn ein geeignetes Gegenüber da ist, um die Botschaft zu empfangen. Wer eine moralische Verletzung nicht bereut, ist ungeeignet, *Vergebung* zu empfangen, wer seine Tat bereut hat, jetzt aber abwesend oder tot ist, ist ungeeignet, Vergebung zu *empfangen*. Eine vergebungswillige Person kann im ersten Fall eine Haltung der Vergebungsbereitschaft einnehmen: Dem Zustandekommen von Vergebung soll von ihrer Seite her nichts im Wege stehen, sobald alle Bedingungen dafür erfüllt sind, dass es sich bei dem, was gewährt werden soll, auch tatsächlich um *Vergebung* handelt. Im zweiten Fall kann sie noch mehr tun: Sie kann Vergebung von ihrer Seite her aussprechen, aber die Vergebung zielt merkwürdig ins Leere. Sie kann den Akt der Vergebung gewissermaßen beginnen, aber nicht zuende führen.

Bis hierher bewegte sich Downies Argumentation in einem ähnlichen Rahmen wie diejenige Goldings. Nun aber lehnt er sich noch ein Stück weiter aus dem Fenster, wenn er den performativen Charakter der Vergebungsäußerung überhaupt in Frage stellt:

[4.] „If the uttering of the words ‚I forgive you', is neither a necessary nor a sufficient condition of forgiveness it is possible to maintain that ‚I forgive you' is never a performative utterance. [sic] at least in so far as it expresses the concept of forgiveness. ...[Es folgen Ausführungen zum „Pardon".] It is now possible to explain why ‚I pardon you' can be a performative utterance whereas ‚I forgive you' cannot. The first utterance can be a performative because uttered by the appropriate person in the appropriate context, it constitutes a pardon. When the monarch says, ‚I pardon you', he is in fact pardonning the offender. In other words, by uttering the formula he sets in motion the normative machinery whereby the offence will be overlooked: he himself need do no more in his official capacity. To say, ‚I forgive you', however, is not in a similar way to set anything in motion. The forgiver is merely signalling that he has the appropriate attitude and that the person being forgiven can expect the appropriate behaviour."[82]

[4.] An dieser Argumentation ist gleich mehreres schief. Beginnen wir mit dem „Pardon", das hier gemeint ist als der amtliche Akt, einem im strafrechtlichen Sinne schuldig Gewordenen Gnade, also Strafmilderung oder Straferlass, zu gewähren. Es trifft ganz und gar nicht zu, dass, wer Gnade gewährt, nichts zu tun braucht, als in der angemessenen Rolle und unter angemessenen Umständen die richtigen Worte zu äußern. Wenn er beispielsweise nichts dagegen unternimmt, wenn der Begnadigte weiterhin im

---

[82] Ebd., 131f.

Gefängnis festgehalten wird, oder wenn er gar einem Gefangenen Gnade gewährt, nur in der Absicht, nach dessen Freilassung ein Kopfgeld auf dessen Tötung auszusetzen, dann verunglückt der Gnadenakt wie jeder andere performative Akt beim Verstoß gegen eine Γ-Regel.[83]

Downie scheint der Auffassung zu sein, performative Akte zeichneten sich dadurch aus, dass auf die Äußerung nichts zu folgen braucht – das wurde bereits bei seinen Aussagen zum Versprechen deutlich. Es gibt aber nicht nur perlokutionäre Wirkungen eines performativen Sprechaktes, es gibt auch zur Sprechhandlung gehörende (illokutionäre) Absichten und Folgehandlungen. Diese sind in den Γ-Regeln erfasst. Und wie im Zusammenhang mit dem Versprechen bereits ausgeführt, sind die zur Vergebung gehörenden Absichten und Handlungen nicht „konstitutiver" als die zum Versprechen oder zur Gnade gehörenden Absichten und Handlungen. In allen Fällen sind sie Teil der Γ-Regeln, und nicht der A- oder B-Regeln; die Handlung kommt also auch bei einer Verletzung dieser Regeln dennoch zustande, wurde aber missbraucht.

Noch ein letzter Punkt: Wenn Downie die Gnade charakterisiert als „by uttering the formula he [der Monarch] sets in motion the normative machinery whereby the offence will be overlooked: he himself need do no more in his official capacity" und Vergebung dem mit folgenden Worten gegenüberstellt: „To say, ‚I forgive you', however, is not in a similar way to set anything in motion. The forgiver is merely signalling that he has the appropriate attitude and that the person being forgiven can expect the appropriate behaviour", dann beschreibt er nicht den Unterschied zwischen einer performativen und einer nicht-performativen Äußerung, sondern den Unterschied zwischen einer verdiktiven und einer konduktiven Äußerung; Verdiktive und Konduktive sind aber beide performative Äußerungen, bzw. zwei Gruppen von illokutionären Akten.

Kurz *zusammengefasst* lässt sich sagen, dass die Kritik Goldings und Downies an einer sprechaktanalytischen Betrachtungsweise von Vergebung Austins Ausführungen nicht trifft, sondern aus einem groben Missverstehen derselben entspringt.

5.2.2 Zustimmung

Es gibt nicht nur Einwände gegen eine sprechaktanalytische Herangehensweise an Vergebung, es gibt auch den Versuch, den sprechaktanalytischen Ansatz für die Analyse von Vergebung fruchtbar zu machen. Es sind mir allerdings nur wenige solche Versuche bekannt. Ansätze dazu finden sich in Elizabeth L. Beardsleys Aufsatz „Understanding and Forgiveness". Eine

---

[83] Ein kirchengeschichtliches Beispiel für einen ähnlichen Fall ist die Zusage des Kaisers an Luther, dessen Leben bei der Teilnahme am Reichstag in Worms zu schonen – um ihn beim Antreten der Heimreise für vogelfrei zu erklären.

ausführliche Aufnahme von Austins Theorie und Beardsleys Ansätzen ist in Joram G. Habers Buch „Forgiveness" enthalten.

Elizabeth L. Beardsley

Auf dem Hintergrund einer Auseinandersetzung mit Paul Blanshards Philosophie stellt Elizabeth L. Beardsley in ihrem Aufsatz „Understanding and Forgiveness" eine vergleichende Untersuchung über Verstehen und Vergebung an. Über Vergebung schreibt sie:

„What is needed is not a complete phenomenological account of the complex moral attitude of forgiveness, but something more limited in scope. I shall assume that an attitude cannot be characterized without referring to the judgments on which it is founded, and that *moral* attitudes are founded on *moral* judgments. In identifying such judgments it is immensely helpful, I think, to examine what it is to perform the illocutionary act of expressing the attitude in question.

In expressing forgiveness (E–F) of an agent X for his act A, a speaker S makes the following representations:
(1) that X did A;
(2) that A was wrong;
(3) that A was in some respect an offense against S;
(4) that (2) and (3) are good reasons for S to feel resentment toward X for A;
(5) that because of another consideration, S does not feel resentment toward X for A.
These five representations are the constitutive conditions for the illocutionary act of expressing forgiveness of X for A."[84]

Die von Beardsley aufgelisteten fünf konstitutiven Bedingungen von Vergebung ergeben zusammen eine Ausformulierung von Austins Regel A.2.[85] Sie charakterisieren, wie die in die Vergebung involvierten Personen und Umstände beschaffen sein müssen, damit Vergebung zustande kommen kann. Der von mir verwendete Ausdruck „moralische Verletzung" deckt Beardsleys Bedingungen (1)–(4) teilweise ab und umfasst zugleich ein spezifisches Verständnis moralischer Interaktion[86]. Die vierte Bedingung würde ich zugespitzter formulieren: Die Bedingungen (1)–(3)[87] geben nicht nur einen guten Grund ab für S, Übelnehmen zu empfinden, S reagiert auch tatsächlich mit Übelnehmen auf die ihr zugefügte moralische Verletzung. Übelnehmen ist ja nicht ein Gefühl, das sich mehr oder weniger zufällig einstellt oder auch ausbleiben kann; Übelnehmen ist eine Sichtweise der Situation, die auf einem bestimmten „concern" – nämlich

---

[84] BEARDSLEY, Understanding and Forgiveness, 249f.
[85] Es ließe sich diskutieren, ob Beardsleys fünfte Bedingung eher Austins Γ-Regeln zuzuzählen ist.
[86] Im Gegensatz zu Beardsleys allzu offener Formulierung „A was *in some respect* an offense against S".
[87] Die erste Bedingung muss auch dazugehören, wenn ein Grund dafür angegeben werden soll, warum Übelnehmen gegenüber X angemessen ist.

dem der Selbstachtung – beruht. Nur wer eine bestimmte Tat als eine ihm zugefügte moralische Verletzung ansieht, kann dem Täter dafür vergeben; eine Tat als moralische Verletzung und sich selbst als davon persönlich betroffen ansehen, heißt aber, sie übelnehmen. Wer eine moralische Verletzung nicht übelnimmt, sieht sie nicht als moralische Verletzung an. Entweder hat ihn die in der Tat enthaltene moralische Botschaft nicht erreicht, oder er ist aufgrund eines beschädigten Selbstwertgefühls, verbunden mit einer hierarchischen Theorie menschlichen Werts, nicht in der Lage, die Botschaft als unangemessen zurückzuweisen. Auch in diesen Fällen, wo es sich objektiv um eine moralische Verletzung handelt, und wo es angemessen wäre, mit Übelnehmen zu reagieren, kann doch der Betroffene nicht Vergebung gewähren, solange er leugnet, dass es sich um eine moralische Verletzung handelt. Die Bedingung (4) müsste daher nach meinem Dafürhalten lauten: S anerkennt (1)–(3) (das heißt: S anerkennt, dass ihm eine moralische Verletzung zugefügt wurde) und nimmt dem Täter X die Tat A übel.

Am erklärungsbedürftigsten ist Beardsleys fünfte Bedingung. Was heißt „because of another consideration"? Welche Art von „Erwägung" ist damit gemeint? Beardsley geht ausführlich auf diesen Punkt ein. Es geht ihr um ein moralisches Urteil (judgment J), welches Vergebung rechtfertigt. Sie untersucht drei Gruppen solcher Urteile und verwirft die ersten beiden, nämlich das Urteil, die Tat A sei gar nicht falsch gewesen, sowie das Urteil, dass es Entschuldigungsgründe dafür gibt, dass X A tat. Die dritte Gruppe moralischer Urteile findet jedoch ihre Zustimmung; sie nennt sie „the judgment that A was morally good"[88] und führt zwei Beispiele dafür an:

„(J4) ‚Because I now see that X really was trying to do what he thought was right, I forgive X for A.'
(J5) ‚Because I now see that X really wanted to be helpful, I forgive X for A.'"[89]

Beardsley kommentiert:

„These remarks do not state explicitly that the desire specified is morally good. We are entitled to assume, however, that it is because of their moral goodness that a conscientious desire (in J4) and a benevolent desire (in J5) are claimed as good reasons for forgiving X for A."[90]

Es stellt sich die Frage, wie das Urteil, die Handlung A sei moralisch gut, zusammenpasst mit Beardsleys zweiter Bedingung, welche lautet, A sei falsch. Beardsleys Antwort:

---

[88] Ebd., 251.
[89] Ebd.
[90] Ebd.

„Perhaps the best way to describe this situation is to say that the judgment that an act was wrong carries with it a rebuttable presumption that the act was not morally good. Judgments such as J4 and J5 rebut this presumption, and thus remove the reason for resenting X for A. But the absence of a reason for resentment is a good reason for withdrawing resentment. That is to say, for forgiving."[91]

Wenn es sich in den Beispielen J4 und J5 so verhält, dass die Tat A moralisch doch nicht falsch war, dann ist die zweite Bedingung für Vergebung nicht mehr erfüllt. Dem Übelnehmen, aber zugleich der Vergebung, ist die Grundlage entzogen. Merkwürdigerweise sieht dies Beardsley anders. Sie anerkennt die Tatsache zwar für das Urteil J1 „'Because I now see that A was not really wrong, I forgive X for A'"[92], welches sie wie folgt kommentiert:

„If my analysis of E–F is acceptable, J1 is incoherent, since its first clause contradicts one of the representations made in its second clause. The appropriate sequel to ‚A was not really wrong' is ‚There is nothing to forgive in what X did.'"[93]

Was dieses „not really wrong" in einem moralischen Urteil (um ein solches geht es schließlich auch nach Beardsley) anderes bedeuten soll als die in J4 und J5 gemachte Annahme, A sei „morally good", ist mir nicht einsehbar. Wenn das Urteil „A war nicht wirklich falsch" die Folge hat, dass „da nichts ist, was an dem, was X tat, zu vergeben wäre", dann muss dies doch erst recht gelten, wenn das Urteil über die Tat lautet „A war moralisch gut". Beardsley bestreitet dies, jedoch ohne Argumente vorzubringen.

Die Differenzen zu meinem Vergebungsverständnis sind derart offensichtlich, dass ich nicht darauf einzugehen brauche. Die Auseinandersetzung mit Beardsley ist aus zwei Gründen dennoch aufschlussreich: Erstens wird überdeutlich, dass der (in Beardsleys Fall lose) Anschluss an die Sprechakttheorie kaum inhaltliche Gemeinsamkeiten im Verständnis von Vergebung mit sich bringt; er bedeutet lediglich eine methodische Gemeinsamkeit. Zweitens stützt sich Haber in seiner Untersuchung weitgehend auf Beardsleys Bedingungen (1)–(5), lässt aber ein in sprechaktanalytischer wie auch in anderer Hinsicht weitaus differenzierteres Vergebungsverständnis erkennen.

Joram G. Haber

Haber geht davon aus, dass es sich bei der Äußerung „Ich vergebe dir" um eine performative Äußerung aus der Gruppe der Konduktive (*behabitives*) handelt.[94] Wer Vergebung gewährt, muss – ähnlich wie bei Beardsley – eine Reihe von Aussagen als wahr anerkennen:

---

[91] Ebd., 252.
[92] Ebd., 250.
[93] Ebd., 250.
[94] HABER, Forgiveness, 29ff.

„(1) X did A;
(2) A was wrong;
(3) X was responsible for doing A;
(4) S was personally injured by X's doing A;
(5) S resented being injured by X's doing A; and
(6) S has overcome his resentment for X's doing A, or is at least willing to try to overcome it."[95]

Ein paar Dinge fallen beim Vergleich mit Beardsleys Liste sogleich ins Auge: Unmissverständlicher als Beardsleys dritte Bedingung formulieren Habers Punkte (3) und (4) die Verantwortlichkeit des Täters und die persönliche Betroffenheit des Opfers. Habers fünfter Punkt entspricht meiner Umformulierung von Beardsleys vierter Bedingung. Und schließlich verzichtet Habers Punkt (6) auf Beardsleys unbefriedigende Formulierung, Übelnehmen werde „because of another consideration" nicht mehr empfunden, und lässt zugleich die Möglichkeit zu, dass Übelnehmen noch nicht überwunden ist, wenn wenigstens die Bereitschaft, dieses zu überwinden, vorhanden ist.

Habers Aussagen (1)–(5) stellen wiederum, wie bei Beardsley, eine auf Vergebung bezogene Ausformulierung von Austins Regel A.2 dar.[96] Wohin gehört die sechste Aussage? Haber diskutiert diese Frage ausführlich. Von den Aussagen (1)–(5) sagt er:

„These statements S must represent in expressing forgiveness, and they must be true to prevent a misfire. They are, to again quote William Alston, the judgment S must ‚take responsibility for holding' to express a state of mind linguistically."[97]

Mit Bezug auf die sechste Aussage fragt Haber: „Must this likewise be true to prevent a misfire? Or does its falsity result only in an abuse or breach of commitment? The answer is far from obvious."[98] Mir selbst erscheint die Antwort zwar durchaus „obvious", aber es ist eine andere Antwort als die, welche Haber auf die Frage gibt – womit vermutlich erwiesen wäre, dass sie eben doch nicht so offensichtlich ist. Nach Haber gehört die Aussage (6) ebenfalls zu Austins A- und B-Regeln[99]. Wenn S jemandem Vergebung zuspricht und dabei zumindest die Absicht und den Willen hat, sein Übelnehmen zu überwinden, dann „he *does* succeed in expressing forgiveness"[100], gibt er diese Absicht später wieder auf, begeht er einen „breach of commitment", verstößt dann also gegen eine der Γ-Regeln. Gewährt er Vergebung ohne auch nur die Absicht zu haben, sein Übelnehmen zu

---
[95] Ebd., 6.
[96] Vgl. ebd., 43.
[97] Ebd., 51.
[98] Ebd.
[99] Zu welcher Regel sagt Haber nicht.
[100] Ebd.

überwinden, dann gilt: „The locution misfires".[101] Haber begründet damit seine Auffassung nicht, sondern bietet lediglich Neuformulierungen derselben. Mir leuchten sie nicht ein. Nach meinem Dafürhalten gehören die Überwindung von Übelnehmen (und die Absicht dazu), ebenso wie die Haltung, den andern wieder als moralisch handelnden Menschen anzuerkennen, zu Austins Γ-Regeln. Auch wer ohne die dazugehörenden Absichten, die Angemessenheit der Umstände und Personen vorausgesetzt, Vergebung gewährt, bringt diesen Akt zustande. Die Vergebungsaussage führt eben nicht zu einem „misfire", einem Versager, sondern stellt einen „abuse", einen Missbrauch dar. Ich habe das bereits früher[102] begründet mit Blick auf die Vergebung empfangende Person: Wird ihr Vergebung zugesprochen, darf sie davon ausgehen, dass ihr vergeben ist. Sie braucht nicht erneut um Vergebung zu bitten und darf erwarten, als moralischer Mensch behandelt zu werden, unabhängig davon, ob die vergebende Person in ihren Absichten oder Haltungen redlich war. War sie es nicht, gereicht es *ihr* zum Vorwurf und nicht der Vergebung empfangenden Person. Wäre die Vergebung dagegen wegen unpassender Absichten der vergebenden Person ungültig, nicht zustande gekommen, ein „misfire", dann wäre weiterhin die Empfängerin der Vergebungsaussage in der Position, um ihre moralische Wiederanerkennung bemüht zu sein. Das wäre absurd. Wie bei Downie spielt auch bei Haber die Vergebung empfangende Person eine unbedeutende Rolle im Vergebungsprozess: „(F)orgiveness is *unilateral*. The wrongdoer need not be involved in any way for forgiveness to occur."[103] Zwar berücksichtigt Haber, dass die Vergebungszusage Auswirkungen auf die Vergebung empfangende Person hat, aber er schätzt sie falsch ein: „(W)hen S says ‚I forgive you', in addition to performing the illocutionary act of expressing forgiveness, he is also performing the perlocutionary act of inviting the listener to believe that he is forgiven."[104] Die von Haber angesprochene „Einladung" gehört gerade *nicht* zum perlokutionären Akt, sondern zum illokutionären Akt. Sie gehört *per conventionem* zur Vergebungsäußerung. Dass die vergebende Person damit den anderen womöglich dazu bringt, die Einladung *anzunehmen*, ist hingegen dem perlokutionären Akt zuzurechnen. Hier geht es nicht um Spitzfindigkeiten, sondern hier liegt möglicherweise die Erklärung dafür, weshalb Haber zur Annahme gelangen kann, das Überwinden von Übelnehmen (und die Absicht dazu) gehörten nicht zu Austins Γ-Regeln. Wer den andern einlädt, sich als *forgiven* zu betrachten, ohne die Absicht zu haben, ihm gegenüber die entsprechende Haltung einzunehmen, *missbraucht* die Vergebungsäußerung.

---

[101] Ebd., 52.
[102] Im Abschnitt über Downie, Kapitel 5.2.1.
[103] HABER, Forgiveness, 11.
[104] Ebd., 52.

Dennoch ist der andere „im Recht", wenn er sich als *forgiven* betrachtet. Der Fall ist ganz ähnlich wie beim Versprechen: Wenn jemand ein Versprechen abgibt ohne die Absicht, es zu halten, ist der andere trotzdem im Recht, wenn er ihn auf sein Versprechen behaftet. Wäre dagegen die Einladung an den andern, sich als *forgiven* zu betrachten, „nur" zum perlokutionären Akt gehörig, dann könnte sich der andere auf kein „Recht" berufen. Erinnern wir uns an Austins Beispiel für die Unterscheidung von Lokution, Illokution und Perlokution[105]: Der andere kann den Sprecher darauf behaften, dass er gegen die Handlung Protest eingelegt hat, er ist „im Recht", wenn er fortan den Sprecher ansieht als jemanden, der dagegen war, dass er die Handlung täte. Er ist aber nicht gleichermaßen „im Recht", sich von der Handlung abgehalten oder zur Besinnung gebracht oder gestört zu fühlen. Sollte plötzlich deutlich werden, dass der Sprecher *eigentlich* gar nichts dagegen hat, wenn er die Handlung tut, kann er nicht auf sein Recht pochen, gestört zu sein. Er würde sich damit nur lächerlich machen. Er macht sich aber nicht lächerlich, wenn er sagt: „Aber du hast doch protestiert! Wie passt das zusammen mit deiner jetzigen zustimmenden Haltung?" Und ebenso wenig macht er sich lächerlich, wenn er im Fall einer unredlichen Vergebungsäußerung sagen würde: „Aber du hast mir doch vergeben! Warum hältst du mir dennoch ständig meine früheren Fehler vor?"

Haber ist es selber nicht recht wohl bei seiner Einordnung der sechsten Aussage unter die A- und B-Regeln Austins. Er schreibt: „Admittedly, placing (6) among the conditions that are constitutive of expressing forgiveness does not fit neatly into Austin's scheme."[106] Dieses Eingeständnis führt ihn aber nicht zu einer Kurskorrektur, sondern zu einer Kritik an Austin: Es handle sich dabei nicht um ein Problem der Vergebung im Besonderen, sondern um eins von Austins Konduktiven im Allgemeinen.[107]

Noch etwas ist verdächtig bei Habers Einreihung der sechsten Aussage unter die A- und B-Regeln Austins. Wenn jemand vergibt in der Absicht, sein Übelnehmen zu überwinden, und er rückt später, nach zustande gekommener Vergebungsäußerung, von seiner Absicht ab, dann begeht er

---

[105] Austin, Zur Theorie der Sprechakte, 119 (vgl. Kapitel 5.1.3):
„Akt (A), Lokution
Er hat zu mir gesagt: ‚Das kannst du nicht tun!'
Akt (B), Illokution
Er hat dagegen protestiert, daß ich das täte.
Akt (C), Perlokution
(C.a) Er hat mir Einhalt geboten.
(C.b) Er hat mich davon abgehalten, mich zur Besinnung gebracht, mich gestört."
[106] HABER, Forgiveness, 53.
[107] Ebd.

laut Haber einen „breach of commitment"[108]. Das ist zumindest merkwürdig. Nach meinem Verständnis Austins resultiert der „breach of commitment", also der Verstoß gegen die Regel Γ.2, aus einer Nicht-Umsetzung der zu Γ.1 gehörigen Absichten und Haltungen. Die zu A.2 gehörigen Tatsachen sind jedoch nicht derart, dass sie nachträglich aufgegeben werden könnten. Dass X die Tat A begangen hat, dass X für seine Tat verantwortlich ist, dass S von X's Tat A persönlich betroffen ist, all diese Sachverhalte liegen in einem Geschehen in der Vergangenheit begründet und sind sowenig veränderbar als die Vergangenheit veränderbar zu sein pflegt. Niemand kann später bewirken, dass X für seine Tat A nicht mehr verantwortlich ist[109], und selbst wenn es möglich wäre, würden wir nicht sagen, es würde dadurch einer (Selbst-)Verpflichtung (zur Akzeptanz des andern als moralisch integrer Person) nicht nachgekommen.

Kurz: Ich teile Habers Auffassung, dass zur Vergebung zumindest die Absicht gehört, sein Übelnehmen zu überwinden. Ich sehe dies aber als Teil von Austins Regel Γ.1, und nicht als Teil der A- oder B-Regeln.

Dies ist nicht mein einziger Divergenzpunkt mit Haber. Von Bedeutung ist im Weiteren insbesondere Habers Ansicht zur Bedeutung der Reue für das Vergebungsgeschehen. Er schreibt:

„As I see it, the only acceptable reason to forgive a wrongdoer is that the wrongdoer has repented the wrong she did – has had a change of heart (*metanoia*) with respect to her wrongful action. By repenting, the wrongdoer repudiates the wrong that she did and vows not to repeat such wrongdoing again. This being so, we are then able to join her in resenting the very act from which she now stands separated, without compromising our self-respect."[110]

Diesen Sätzen Habers kann ich vollumfänglich zustimmen. Aber obwohl Haber Reue hier so stark gewichtet, gehört sie für ihn doch nicht zu den Grundbedingungen von Vergebung. Bereits in der Einleitung zu seinem Buch nimmt Haber die Position ein, bei der Vergebung sei zwischen „Wesen" („nature") und „Wert" („value") zu unterscheiden[111]. Nur wenn Vergebung aufgrund der Reue des Täters gewährt werde, sei sie moralisch gut, nur dann sei sie eine *Tugend*. Wenn sie aus anderen Gründen gewährt werde, dann sei sie keine moralische Tugend, aber es handle sich dennoch um Vergebung. Haber macht sich stark dafür, Vergebung als nichtwertenden Begriff zu verstehen, zu welchem die moralische Wertung erst sekundär hinzutritt. Mit einer Neuformulierung der sechsten Aussage ana-

---

[108] Ebd., 51.
[109] Man kann nachträglich *herausfinden*, dass X doch nicht verantwortlich war, aber das ist ein anderer Fall.
[110] HABER, Forgiveness, 90.
[111] Ebd., 5.

lysiert er ausdrücklich nicht Vergebung als solche, sondern nur *tugendhafte* Vergebung: „(6*) S has overcome his resentment for X's doing A or is at least willing to try to overcome it, *since X has repented his wrongful conduct.*"[112] In dieser Frage bin ich grundlegend anderer Auffassung. Ich meine, dass die Reue zu den – gemäß Austins Regel A.2 – angemessenen Umständen gehört, durch welche Vergebung allererst *Vergebung* ist. Anders als Haber verbinde ich damit nicht eine moralische Wertung der Vergebung. Es geht mir darum zu sagen, dass Vergebung als Reaktion auf die Reue des Täters etwas *wesentlich* anderes ist als eine Reaktion auf eine moralische Verletzung, welche vom Täter nicht bereut oder womöglich nicht einmal als solche anerkannt wird. Im Rahmen meiner moraltheoretischen Skizze, in welcher der Gedanke der moralischen Kommunikation zentral ist, lässt sich der Unterschied so verstehen, dass Vergebung als Reaktion auf Reue die Antwort auf eine andere Art von Frage oder Äußerung ist als wenn die Reue fehlt. Antwortet Vergebung im Fall der Reue auf die Frage „Was ich getan habe, war nicht gut. Es tut mir Leid, dich verletzt zu haben. Kannst du mir vergeben?", so ist es etwas ganz anderes zu reagieren auf einen Täter, der sagt: „Rutsch mir den Buckel runter." Zwar kann ich darauf ebenfalls sagen: „Ich vergebe dir", aber der Satz fällt einem „misfire" zum Opfer wie wenn ich auf die zweite Aussage antworten würde: „Ja, ich will dich heiraten." In beiden Fällen sind die Bedingungen nicht erfüllt dafür, dass der Satz das vollziehen kann, was konventionellerweise damit vollzogen wird. Dass es sich bei der Reaktion auf Reue um einen anderen Handlungstyp handelt als bei der Reaktion auf fehlende Reue (und nicht nur um einen anderen moralischen Wert desselben Handlungstyps), wird von Haber um ein Haar anerkannt, wenn er schreibt: „In the absence of repentance, forgiveness amounts to little more than condonation of wrongdoing."[113] Worin dieses „little more" zu sehen ist, erläutert Haber nicht. Meiner Meinung nach *ist* die „Vergebung" einer nichtbereuten Tat *condonation*, duldendes Verzeihen.

5.3 John R. Searle: Sprechakte

John R. Searle legt in „Sprechakte. Ein sprachphilosophischer Essay" eine Weiterentwicklung von Austins Ansätzen einer Sprechakttheorie vor. Am hilfreichsten für die Analyse der Äußerung „Ich vergebe dir" erweist sich dabei das dritte Kapitel über die Struktur illokutionärer Akte. Es steht unter folgender Fragestellung: „Welche Bedingungen sind notwendig und hinreichend, damit der Akt des Versprechens mittels der Äußerung eines

---

[112] Ebd., 7.
[113] Ebd., 90.

gegebenen Satzes erfolgreich und vollständig vollzogen wird?"[114] Was Searle dabei für das Versprechen entwickelt (5.3.1), lässt sich auch auf die Vergebung (5.3.2) sowie die der Vergebung vorausgehenden Akte moralischer Kommunikation (5.3.3) anwenden.

5.3.1 Das Versprechen – Bedingungen und Regeln

Searle untersucht zunächst die Bedingungen des Versprechens, und leitet davon die Regeln für den Gebrauch der Äußerung „Ich verspreche dir ..." ab.[115]

Er formuliert neun Bedingungen, die ich hier verkürzt wiedergebe.[116]

Die erste Bedingung lautet, dass „normale Eingabe- und Ausgabe-Bedingungen" gegeben sein müssen. Nur so ist sinnvolles Sprechen und Verstehen möglich. Sprecher und Zuhörer sind der gesprochenen Sprache mächtig, sie leiden unter keinen physischen Kommunikationsbehinderungen wie Taubheit, Kehlkopfentzündung usw., die Äußerungen sind „ernsthaft" in dem Sinne, dass es sich nicht um ein Spiel, eine Rezitation usw. handelt, und sie geschehen „aufrichtig" in dem Sinne, dass sie nicht metaphorisch oder sarkastisch usw. sind.

Die zweite und die dritte Bedingung nennt Searle „Bedingungen des propositionalen Gehalts". Sie formulieren, dass der Sprecher S die Proposition, dass p, ausdrückt und darin einen zukünftigen Akt A von S aussagt.

Die vierte und fünfte Bedingung sind die Einleitungsbedingungen. Für das Versprechen lauten sie folgendermaßen: „[Zuhörer] H sähe lieber S' Ausführung von A als die Unterlassung von A, und S glaubt, H sähe lieber seine Ausführung von A als die Unterlassung von A."[117] und: „Es ist sowohl für S als auch für H nicht offensichtlich, dass S bei normalem Verlauf der Ereignisse A ausführen wird."[118] Die vierte Bedingung macht den Unterschied zwischen einem Versprechen und einer Drohung aus. Die fünfte Bedingung, die Bedingung der Nicht-Offensichtlichkeit, gilt nicht nur für das Versprechen, sondern für so viele Arten von illokutionären Akten, dass Searle zur Auffassung gelangt, sie sei „als eine allgemeine

---

[114] SEARLE, Sprechakte, 84.

[115] Anders als Austin (vgl. z.B. AUSTIN, Zur Theorie der Sprechakte, 37) verwendet Searle die Begriffe ‚Bedingung' und ‚Regel' nicht synonymisch. Der Begriff ‚Bedingung' bezieht sich auf die mit dem Sprechakt zu vollziehende Handlung, ‚Regel' dagegen auf den Gebrauch der für den illokutionären Akt charakteristischen sprachlichen Mittel (vgl. z.B SEARLE, Sprechakte, 85). Beides hängt eng zusammen, dennoch ist die Unterscheidung möglich und sinnvoll. So geht es denn auch in Kapitel 6 nicht um „regellose Vergebung", wohl aber um die oftmals anzutreffende Forderung nach „bedingungsloser Vergebung".

[116] Vgl. SEARLE, Sprechakte, 88ff.

[117] Ebd., 89.

[118] Ebd., 91.

Bedingung illokutionärer Akte (und analog anderer Verhaltensweisen)"[119] anzusehen.

Die sechste Bedingung ist die Aufrichtigkeitsbedingung: „S beabsichtigt, A zu tun."[120]

Die siebente Bedingung nennt Searle die wesentliche Bedingung: „Es liegt in der Absicht von S, sich mit der Äußerung von T zur Ausführung von A zu verpflichten."[121]

Die achte Bedingung beschreibt, wie der Sprecher die in der siebenten Bedingung ausgedrückte Absicht erreicht. Er erreicht sie dadurch, dass der Zuhörer H versteht, dass S seine Äußerung als Versprechen meint, und dies geschieht, vereinfachend ausgedrückt, dadurch, dass sie eine gemeinsame Sprache sprechen, in welcher nach geltenden Regeln und Konventionen die Äußerung T als Übernahme einer Verpflichtung im Sinne eines Versprechens gilt.

Die neunte Bedingung schließlich lautet: „Die semantischen Regeln des Dialekts, den S und H sprechen, sind von solcher Beschaffenheit, daß T korrekt und aufrichtig dann und nur dann geäußert wird, wenn die Bedingungen 1–8 erfüllt sind."[122]

Mit Blick auf *unaufrichtige Versprechen*, die ja aber trotz ihrer Unaufrichtigkeit Versprechen sind, formuliert Searle die sechste Bedingung so um, dass S nicht die Absicht haben muss, A zu tun, sondern es genügt, wenn S beabsichtigt, „mit der Äußerung von T die Intention zur Ausführung von A anzuerkennen"[123].

Aus diesen Bedingungen für das Versprechen ergeben sich die „Regeln für den Gebrauch des Indikators der illokutionären Rolle"[124]. Die erste, achte und neunte Bedingung gelten für alle Arten illokutionärer Akte. Somit nehmen die Regeln für die Äußerung „Ich verspreche dir ..."[125] auf die Bedingungen 2 bis 7 Bezug.

Die erste Regel ist aus den Bedingungen 2 und 3 abgeleitet und heißt entsprechend die *Regel des propositionalen Gehalts*. Sie lautet: „V [d.i. das illokutionäre Mittel, welches ein Versprechen anzeigt] darf nur im

---

[119] Ebd., 111.
[120] Ebd., 92.
[121] Ebd., 93.
[122] Ebd., 94.
[123] Ebd., 96. Ebd: „Ein Zeichen dafür, daß bei dem Sprecher eine solche Anerkennung tatsächlich vorliegt, ist die Tatsache, daß er z. B. nicht, ohne daß es absurd klänge, folgenden Satz sagen könnte: ‚Ich verspreche, A zu tun, aber ich habe nicht die Absicht, es zu tun.'"
[124] Ebd.
[125] Genauer: die „semantischen Regeln für den Gebrauch eines jeden Mittels V, das als Indikator des Versprechens dient", ebd., 97.

Zusammenhang eines Satzes oder Diskursabschnittes T geäußert werden, dessen Äußerung einen zukünftigen Akt A des Sprechers S prädiziert."

Die zweite und dritte Regel ergeben sich aus den Einleitungsbedingungen und heißen *Einleitungsregeln*. Die zweite Regel lautet: „V darf nur geäußert werden, wenn der Zuhörer H S' Ausführung von A der Unterlassung von A vorziehen würde und wenn S glaubt, H würde S' Ausführung von A der Unterlassung von A vorziehen." Und die dritte Regel: „V darf nur geäußert werden, wenn es für S und H nicht offensichtlich ist, daß S bei normalem Verlauf der Ereignisse A tun wird."

Die vierte Regel ist die *Aufrichtigkeitsregel*: „V darf nur geäußert werden, wenn S die Ausführung von A beabsichtigt."

Die fünfte Regel ist die *wesentliche Regel*: „Die Äußerung von V gilt als Übernahme der Verpflichtung zur Ausführung von A."[126]

Die Unterscheidung der verschiedenen Regeln gilt auch für andere Typen illokutionärer Akte. Searle zeigt dies für eine ganze Reihe illokutionärer Akte.[127] Vergeben ist nicht darunter.

5.3.2 Regeln für den Gebrauch der Äußerung „Ich vergebe dir"

Wie sehen Searles Regeln angewendet auf die Vergebungsäußerung aus? Dies hängt davon ab, was unter „Vergebung" verstanden wird. Je nach Vergebungsverständnis, und je nach ethischer (oder psychologischer oder politischer) Rahmentheorie, in der es wurzelt, wird die Antwort anders ausfallen. Wie das jeweilige Vergebungsverständnis aussieht, kommt in der wesentlichen Regel zum Ausdruck. Sie hat definitorischen Charakter. Im Unterschied zu den anderen Regeln, welche die Form haben: „Äußere V nur, wenn x", hat die wesentliche Regel die Form konstitutiver Regeln: „Die Äußerung von V gilt als Y."[128]

Für das hier vertretene Vergebungsverständnis möchte ich die wesentliche Regel wie folgt formulieren: *Die Äußerung eines Mittels V, das als Indikator des Vergebens dient, gilt als Mitteilung an H, dass S die Störung der moralischen Beziehung zwischen S und H als behoben ansieht.* Die wesentliche Regel hat aber nur dann Gültigkeit, wenn auch die anderen Regeln[129] befolgt sind. Diese sehen für das Vergeben folgendermaßen aus:

---

[126] Alle Regeln zitiert nach ebd., 97.
[127] Ebd., 100ff.
[128] Ebd., 98.
[129] Mit Ausnahme der Aufrichtigkeitsregel; vgl. SEARLE, Sprechakte, 97.

Regel des propositionalen Gehalts	Vergangener Akt A von H.
Einleitungsregeln	1. S und H sind der Auffassung, dass H für A moralisch verantwortlich, A moralisch falsch und S von A persönlich betroffen ist. S nimmt H A übel. H bereut A, und S glaubt, dass H A aufrichtig bereut.
	2. Es ist sowohl für S als auch für H nicht offensichtlich, dass die Störung der moralischen Beziehung behoben ist.
Aufrichtigkeitsregel	S ist gewillt, die Störung der moralischen Beziehung von S und H als behoben zu betrachten.
Wesentliche Regel	Gilt als Mitteilung an H, dass S die Störung der moralischen Beziehung zwischen S und H als behoben ansieht.

Die Formulierung, bei der Vergebung werde die Störung der moralischen Beziehung zwischen S und H als behoben betrachtet, enthält einige Implikationen:
- S betrachtet H's Reue nicht nur, wie in der Einleitungsregel festgehalten, als aufrichtig, sondern auch als hinreichende Grundlage für eine Neubeurteilung von H, bzw. von H's moralischer Haltung gegenüber S.
- Indem S H's Reue als aufrichtig und hinreichend einschätzt, glaubt S, dass H sich von A und der darin ausgedrückten moralisch verletzenden Botschaft distanziert hat und dass H's gegenwärtige Haltung gegenüber S die der moralischen Wertschätzung ist.
- S ist der Auffassung, dass die Haltung des Übelnehmens gegenüber H nicht mehr angemessen ist und legt sich darauf fest, diese Haltung aufzugeben.

Die Äußerung der Vergebung weist, insofern sie eine Mitteilung an H ist, eine gewisse Nähe zu illokutionären Akten des Behauptens, Feststellens oder Bestätigens auf. Hinsichtlich des selbstverpflichtenden Charakters, der sich aus der letztgenannten Implikation ergibt, bestehen auch Berührungspunkte mit dem Akt des Versprechens.

5.3.3 Moralische Verletzung, Übelnehmen und Reue

Im Abschnitt über Austin führte ich bereits aus, wie jene Regeln, insbesondere Austins Regel A.2, auszusehen hätten für die Akte moralischer Kommunikation, welche der Vergebung vorausgehen. Für diese Akte, also für moralische Verletzung, Übelnehmen und Reue, sollen nun auch Searles Regeln Anwendung finden. Da es sich aber jedenfalls bei der moralischen

Verletzung und beim Übelnehmen nicht um Sprechakte zu handeln braucht, kann ich auch nicht die illokutionären Mittel ihrer Äußerung untersuchen. Stattdessen geht es um die vollzogene Handlung, und entsprechend ist nachfolgend auch nicht von den Regeln, sondern von den Bedingungen[130] der Handlung die Rede. Ich stelle die Bedingungen schematisch dar und füge ergänzende Erläuterungen an, wo ich es für nötig erachte.

Moralische Verletzung

Bedingung des propositionalen Gehalts	Gegenwärtiger oder vergangener Akt A von S.
Einleitungsbedingungen	1. S und H sind der Auffassung, dass S für A moralisch verantwortlich ist, dass A moralisch falsch ist und dass H von A persönlich betroffen ist.
	2. Es ist sowohl für S als auch für H nicht offensichtlich, dass H moralisch weniger wertzuschätzen oder moralisch unverletzlich ist.
Aufrichtigkeitsbedingung	S bringt der Person und den Interessen von H eine geringere moralische Wertschätzung entgegen als der Person und den Interessen von S (oder einer anderen Person).
Wesentliche Bedingung	Gilt als Ausdruck moralischer Geringschätzung gegenüber H.

Zum propositionalen Gehalt: Aus Sicht von S handelt es sich um einen *gegenwärtigen* Akt, da im Tun von A zugleich die moralisch verletzende Botschaft mitgeteilt wird. Wenn H erst nachträglich zur Erkenntnis gelangt, dass ein bestimmter Akt eine moralisch verletzende Botschaft enthielt, bezieht sich seine Erkenntnis auf einen *vergangenen* Akt.

Zur zweiten Einleitungsbedingung: Wären S und/oder H der Auffassung, dass H moralisch tatsächlich weniger wert sei, dann würden S und/oder H den Akt A nicht als moralisch verletzend interpretieren, sondern als H gemäß seinem inferioren moralischen Status zukommende Behandlung. Wären S und/oder H der Auffassung, dass H gegenüber S moralisch derart überlegen ist, dass S's moralische Wertschätzung für H ohne Bedeutung ist, würden S und/oder H den Akt A ebenfalls nicht als moralisch verletzend beurteilen.

Die Aufrichtigkeitsbedingung und die wesentliche Bedingung überschneiden sich.

---

[130] Vgl. Anmerkung 115.

Übelnehmen

Bedingung des propositionalen Gehalts	Vergangener Akt A von H.
Einleitungsbedingungen	1. S ist der Auffassung, dass A eine moralische Verletzung von S darstellt (das impliziert, dass H für A moralisch verantwortlich ist, dass A moralisch falsch ist und dass S von A persönlich betroffen ist).
	2. Es ist für S nicht offensichtlich, dass S entweder moralisch weniger wertzuschätzen ist oder aber dass S moralisch unverletzbar ist.
Aufrichtigkeitsbedingung	S ist von seinem absoluten moralischen Wert und der Unangemessenheit von A überzeugt.
Wesentliche Bedingung	Gilt als Verteidigung von S's moralischem Wert durch S gegenüber H und als Zurückweisung von A als moralisch unangemessen.

Müssen die Einleitungsbedingungen nur für S oder auch für H erfüllt sein? Anders als bei der moralischen Verletzung genügt es, wenn nur für S die Bedingungen erfüllt sind. Dies liegt daran, dass die moralische Verletzung einen Tatbestand zwischen S und H darstellt, eine Handlung von S und/oder von H als moralisch verletzend beurteilt werden kann, wohingegen Übelnehmen die Reaktion von S auf die Beurteilung einer Handlung als moralische Verletzung von S darstellt.

Reue, Bitte um Vergebung

Regel des propositionalen Gehalts	Vergangener Akt A von S.
Einleitungsregeln	1. S ist der Auffassung, dass A eine moralische Verletzung von H darstellt.
	2. Es ist für H nicht offensichtlich, welche moralische Haltung S gegenwärtig H gegenüber einnimmt und es ist sowohl für S als auch für H nicht offensichtlich, welche Haltung H zukünftig gegenüber S einnehmen wird.
Aufrichtigkeitsregel	S anerkennt seine Schuld und den absoluten moralischen Wert von H und wünscht eine Wiederherstellung der moralischen Beziehung zu H.

Wesentliche Regel	Gilt als Anerkennung der moralischen Unangemessenheit von A, der moralischen Verantwortlichkeit von S und des moralischen Werts von H und als Wunsch, die durch A hervorgerufene Störung der moralischen Beziehung zwischen S und H zu beseitigen.

Da sich Reue performativ in der Bitte um Vergebung äußern kann, werden hier wieder die *Regeln* des Gebrauchs des illokutionären Mittels zur Äußerung von Reue dargestellt.

Wiederum überschneiden sich die Aufrichtigkeitsregel und die wesentliche Regel.

Die Anerkennung des moralischen Werts von H impliziert die Zusage, moralische Verletzungen inskünftig zu unterlassen.

Zusammenhänge, Abhängigkeiten

Vergebung ist ein kommunikativer Akt in einem umfassenderen moralischen Kommunikationsgeschehen. Spätestens obige Übersicht über die weiteren zu diesem Kommunikationsgeschehen gehörenden Akte lässt verschiedene Abhängigkeiten deutlich werden.

Grundlegend ist die moralische Verletzung. Sie ist Bedingung für Übelnehmen, Reue und Vergebung. Ebenso ist in diesem Vergebungsverständnis Reue eindeutig bestimmbar als Bedingung von Vergebung. Wie steht es mit dem Übelnehmen? Ist des „Opfers" Haltung des Übelnehmens Bedingung dafür, dass der Täter seine Tat bereut? Es mag Fälle geben, wo der Täter erst durch des Opfers Botschaft des Übelnehmens zur Anerkenntnis des unmoralischen Charakters seiner Handlung und zur Reue gelangt. Aber eine *zwingende* Bedingung für seine Reue ist das Übelnehmen nicht. Der Täter kann zu einer angemessenen moralischen Einschätzung seiner Handlung und zur Reue auch dann gelangen, wenn er nicht weiß, wie die von seiner Handlung betroffene Person darauf reagiert, und er kann es auch dann, wenn die betroffene Person ihm die Handlung nicht übelnimmt, weil sie im Irrtum über die Voraussetzungen seiner Handlung ist.[131] Übelnehmen ist also keine notwendige Bedingung von Reue. Wie steht es aber mit dem Zusammenhang von Übelnehmen und Vergebung? Kann eine von einer moralischen Verletzung persönlich betroffene Person auch dann vergeben, wenn sie die Verletzung nicht übelnimmt? So wie ich Übelnehmen bestimmt habe, muss die Frage verneint werden. Vergebung ist nur möglich für eine moralische Verletzung und nur möglich durch diejenige

---

[131] Etwa dann, wenn die betroffene Person den Täter für unzurechnungsfähig hält, oder seine Handlung als ein Versehen oder für ein Naturereignis ansieht, oder wenn sie dem Täter wohlmeinende Absichten unterstellt.

5.3 John R. Searle: Sprechakte

Person, die von dieser Verletzung persönlich betroffen ist. Um eine Vergebungszusage „glücklich"[132] zu äußern, muss die vergebende Person den moralisch verletzenden Charakter der in Frage stehenden Handlung sowie die eigene persönliche Betroffenheit von der moralischen Verletzung anerkennen. Diese Anerkenntnis aber ist nach meinem Verständnis gleichbedeutend mit Übelnehmen. Als solche ist es Bedingung dafür, Vergebung aufrichtig gewähren zu können. Bittet mich jemand um Vergebung für eine Tat, von der ich der Überzeugung bin, dass nicht er sie begangen hat, und ich gewähre ihm trotzdem Vergebung, fiele meine Vergebungszusage einem „misfire" zum Opfer, da die zur Vergebung gehörenden Bedingungen nicht erfüllt sind. Zusätzlich machte ich mich aber eines Missbrauchs der Vergebungsäußerung schuldig, da ich Vergebung nicht mit der ihr zugehörigen Absicht gewährte, eine in meinen Augen tatsächlich gestörte moralische Beziehung wiederherzustellen. Ich handelte aus einer unpassenden Absicht heraus, etwa der Absicht, den andern von seinen falschen Schuldgefühlen zu entlasten, oder ihn dazu zu bringen, mir mit seinen Reuebezeugungen nicht weiter lästig zu sein, oder mich ohne persönliches Opfer „großzügig" geben zu können. Jede dieser beispielhaft genannten Absichten bedeutete eine Zweckentfremdung der Vergebungsäußerung und damit einen Missbrauch.

Schematisch dargestellt sehen die geschilderten Zusammenhänge so aus:

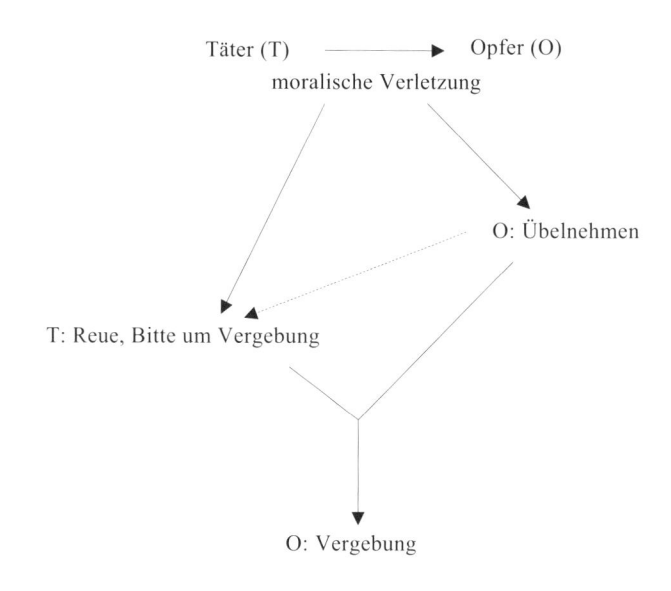

```
Täter (T) ─────────▶ Opfer (O)
         moralische Verletzung
                              │
                              ▼
                        O: Übelnehmen

T: Reue, Bitte um Vergebung

         O: Vergebung
```

---

[132] AUSTIN, Zur Theorie der Sprechakte, 37: „happy".

Vergebung hat Reue des Täters und Übelnehmen aufseiten des Opfers zur Bedingung, und damit gehört auch die moralische Verletzung zu den Bedingungen. Denn moralische Reue und Übelnehmen sind nur dann gerechtfertigt, wenn sie sich auf eine moralische Verletzung beziehen. Reue ist eine selbstreaktive Haltung des Täters auf seine unmoralische Tat, sie kann aber auch von des Opfers Botschaft des Übelnehmens mit angeregt sein, was im obigen Schema mit einer gestrichelten Verbindungslinie angedeutet wurde.

Was hier mit Searles theoretischen Mitteln für die Bedingungen von Vergebung herausgearbeitet wurde, entspricht im Ergebnis dem, was im Kapitel über moralische Kommunikation für den zur Vergebung führenden Kommunikationsprozess dargestellt wurde.[133]

5.4 Sprache und Wirklichkeit

In der Beurteilung seines sprechaktanalytisch geleiteten Modells von Vergebung hebt Haber hervor, dass Vergebung verstanden wird als ein intentionaler, regelgeleiteter Akt. Haber folgert daraus, dass sein Modell von Vergebung nicht der Kritik an Vergebungs*konzepten* unterliegt: „(I)t is easier to see that it [sc. forgiveness] is subject to the sort of errors that plague – not concepts – but actions in general."[134] Diese Gegenüberstellung ist irreführend. Zwar können bei der Vergebung als einer Handlung Fehler unterlaufen, wie sie bei Handlungen auftreten können. Aber: Womit Haber in seiner Untersuchung arbeitet, sind nicht Handlungen als solche, sondern ist ein Handlungs*konzept*. Dass er zwei Handlungen, welche sich in gewissen Punkten voneinander unterscheiden und in anderen Punkten Gemeinsamkeiten aufweisen, beide als „Vergebung" bezeichnen kann, liegt daran, dass er über ein Konzept dessen verfügt, welches die relevanten Punkte sind, in welchen Übereinstimmung vorhanden sein muss. Er legt diese Punkte sogar offen: X muss eine Tat A begangen haben und so weiter. Irrelevant sind dagegen andere Punkte, welche in Zusammenhang mit anderen Handlungskonzepten durchaus von Bedeutung sein können: Ob X ein Mann ist oder eine Frau, Sozialhilfeempfänger oder Multimillionärin und so weiter. Und weil Haber mit einem Handlungskonzept arbeitet, ist seine Arbeit selbstverständlich der Art von Fehlern und Kritik ausgesetzt, wie sie für Handlungskonzepte typisch sind.

In diesem Abschnitt geht es um das Verhältnis von Handlungen und Handlungskonzepten, oder, allgemeiner ausgedrückt, um das Verhältnis von Wirklichkeit und Sprache. Diese Thematik blickt auf eine lange philo-

---

[133] Vgl. Kapitel 4.5.
[134] HABER, Forgiveness, 53.

sophische Tradition zurück, und hat vermutlich eine nicht minder lange Zukunft philosophischer Erörterung vor sich. Es kann im Rahmen dieser Untersuchung nicht darum gehen, einen Überblick über die verzweigte Diskussion dieses Gegenstandes zu geben, geschweige denn, einen substanziellen Beitrag dazu beizusteuern. Es geht mir nur darum, einige Klärungen vorzunehmen, welche im bisherigen Verlauf der Untersuchung zurückgestellt wurden, und damit Kurzschlüssen der soeben zitierten Art vorzubeugen.

5.4.1 Sprechaktanalyse und Handlungskonzept

In der sprechakttheoretischen Analyse werden *Äußerungen* untersucht. Das erscheint zunächst harmloser als der Versuch, eine *Handlung* zu definieren. Im Grunde genommen tut die sprechakttheoretische Analyse jedoch genau dies, denn sie untersucht ja ihrem Selbstverständnis nach eine Äußerung gerade nicht nur unter dem Aspekt, dass etwas gesagt wird, oder dass eine Wort- oder Lautfolge in die Welt gesetzt wird, sondern es liegt ihr daran, dass mit der Äußerung zugleich etwas getan wird. Wenn also Austin Regeln dafür aufstellt, wann eine Äußerung „glückt", oder Searle Bedingungen dafür nennt, wann ein illokutionärer Akt „vollständig"[135] ist, dann bezeichnen sie damit nicht primär die Bedingungen für das Gelingen einer Äußerung, sondern die Bedingungen für das Gelingen der mit der Äußerung zu vollziehenden Handlung – nur dass sie dabei nicht beliebige Handlungen im Blick haben, sondern solche, die typischerweise mittels einer Äußerung vollzogen werden.

5.4.2 Sprachverständnis

Um aber angeben zu können, welches die Bedingungen für das Gelingen einer bestimmten Handlung sind, muss man einen Begriff von dieser Handlung haben. Woher aber wissen wir, welches die relevanten Bedingungen einer bestimmten Handlung sind? Woher weiß ich, dass es für das Konzept von Vergebung relevant ist, ob eine moralische Verletzung vorliegt, nicht aber, ob der Urheber der moralischen Verletzung stupsnasig ist? Searle befasst sich mit einer ganz ähnlichen Frage, der Frage nämlich, woher wir wissen, welches die relevanten Kriterien für einen bestimmten Begriff sind. Er untersucht folgendes Kriterium von Analytizität: „(E)ine Aussage ist analytisch dann und nur dann, wenn das erste Wort des Satzes, durch den die Aussage ausgedrückt wird, mit dem Buchstaben ‚A' beginnt."[136] Searle begründet, weshalb dieses Kriterium für Analytizität absurd ist und schreibt dann:

---

[135] SEARLE, Sprechakte, 84.
[136] Ebd., 16.

„Aber nun ergibt sich eine andere Frage: wenn wir wissen, daß das Kriterium inadäquat ist, und wenn wir Gründe für unsere Behauptung angeben können, daß es inadäquat ist – wie kommen wir zu diesem Wissen? Woher wissen wir eigentlich, daß die von uns angegebenen Gründe für das Problem relevant sind? Als Antwort möchte ich folgenden näher auszuführenden Vorschlag machen: Wir wissen das alles, weil wir wissen, was das Wort ‚analytisch' bedeutet. Wir wissen, welche Überlegungen wesentlich sind, um zu beurteilen, ob eine Aussage analytisch ist oder nicht, und wir wissen, daß Buchstabieren nicht dazu gehört. Aber genau diese Art Wissen konstituiert das Verständnis der Bedeutung des Wortes."[137]

Mit anderen Worten: Weil ich weiß, was das Wort „Vergebung" bedeutet, bin ich in der Lage, die Bedingungen für das Gelingen von Vergebung zu nennen. Aber wieso bin ich mir sicher zu wissen, was das Wort „Vergebung" bedeutet? Ich kann mich ja nicht darauf berufen, dass *alle* Sprecherinnen deutscher Sprache genau dasselbe unter diesem Wort verstehen wie ich – es ist bereits hinreichend deutlich geworden, dass sehr unterschiedliche Vergebungsvorstellungen in Umlauf sind. Ich kann mich nicht einmal darauf berufen, dass die *meisten* Sprecherinnen deutscher Sprache das Wort so benutzen wie ich; ich habe keine statistische Untersuchung vorzuweisen, die das belegen würde. Searles Antwort auf dieses Problem ist verblüffend einfach: Ich weiß, was das Wort „Vergebung" bedeutet, weil ich deutscher Muttersprache bin.[138] Und das heißt,

„daß ich, wenn ich für meine Muttersprache linguistische Charakterisierungen der oben dargestellten Art angebe, nicht das Verhalten einer Gruppe von Menschen, sondern Aspekte meiner Beherrschung einer regelgeleiteten Fähigkeit beschreibe"[139].

Wie kommt es dann aber, dass andere, die ebenfalls deutscher Muttersprache sind, das Wort „Vergebung" anders verwenden? Dazu Searle:

„Es ist möglich (stellt keinen Widerspruch dar), daß andere Leute, die meiner Meinung nach den gleichen Dialekt wie ich sprechen, andere Regeln internalisiert haben und daß folglich meine linguistischen Charakterisierungen mit ihren nicht übereinstimmen. Es ist aber unmöglich, daß die von mir für meine eigene Sprache angegebenen linguistischen Charakterisierungen der oben dargestellten Art falsche statistische Verallgemeinerungen unzureichender empirischer Daten sind, denn sie sind weder statistisch noch sonst in irgendeiner Weise empirische Verallgemeinerungen."[140]

Auch ohne vorgängige statistische Erhebungen darf ich also davon ausgehen, dass ich weiß, wie das Wort „Vergebung" in meiner Muttersprache zu verwenden ist, und ich bin in der Lage, Kriterien für Vergebung zu nen-

---

[137] Ebd., 16f.
[138] Ebd., 25: „Die ‚Rechtfertigung' für meine in solchen linguistischen Charakterisierungen ausgedrückten intuitiven Einsichten besteht einfach darin, daß ein bestimmter englischer Dialekt meine Muttersprache ist und ich folglich die Regeln dieses Dialektes beherrsche."
[139] Ebd., 24.
[140] Ebd., 25.

nen. Manchmal bin ich aber dennoch unsicher in der Beurteilung dessen, ob in einem bestimmten Fall von Vergebung zu sprechen ist oder nicht. Das kann daran liegen, dass ich es mit einem Grenzfall zu tun habe. Dazu äußert sich Searle wiederum in eindringlichen Worten:

> „Daß wir es [das Schwanken, ob ein Satz für analytisch gehalten werden soll oder nicht] als verwirrend empfinden, beweist aber in keiner Weise, daß wir über keinen adäquaten Begriff von Analytizität verfügen, sondern zeigt eher genau das Gegenteil. Wir könnten die Grenzfälle eines Begriffs nicht als Grenzfälle begreifen, wenn wir nicht den Begriff erfaßt hätten, von dem auszugehen ist. Wenn jemand nicht sicher ist, ob er den Begriff *Grün* auf ein Glas Chartreuse anwenden soll, so ist das genauso gut ein Beweis dafür, daß er weiß, was der Begriff beinhaltet, wie wenn er keinen Augenblick zögert, ihn auf einen saftigen Rasen anzuwenden oder auf frisch gefallenen Schnee nicht anzuwenden."[141]

5.4.3 Begriffe mit unscharfen Rändern

Die oben zurückgewiesene Annahme, wir müssten zuerst statistische Erhebungen über den Gebrauch eines Wortes anstellen, entspringt einem Missverstehen der berühmten Aussage des späteren Wittgensteins: „Die Bedeutung eines Wortes ist sein Gebrauch in der Sprache."[142] Ebenso berühmt ist Wittgensteins Begriff der „Familienähnlichkeiten"[143], mit welchem er die Art der Gemeinsamkeiten und Ähnlichkeiten zu erfassen suchte, die den verschiedenen Erscheinungen eigen sind, die unter ein und demselben Begriff zusammengefasst werden.[144] Wittgenstein spricht in diesem Zusammenhang auch von einem „Begriff mit verschwommenen Rändern"[145]. Wittgensteins diesbezügliche Überlegungen sind von Bedeutung gerade auch für eine Untersuchung über Vergebung. Sie sollten aber nicht so verstanden werden als rede Wittgenstein damit der Beliebigkeit das Wort, oder als müssten seine Einsichten zu einem Pessimismus in Be-

---

[141] Ebd., 18f.

[142] WITTGENSTEIN, Philosophische Untersuchungen, §43.

[143] Ebd., §67.

[144] „Betrachte z.B. einmal die Vorgänge, die wir ‚Spiele' nennen. Ich meine Brettspiele, Kartenspiele, Ballspiel, Kampfspiele usw. Was ist allen diesen gemeinsam? – Sag nicht: ‚Es muß ihnen etwas gemeinsam sein, sonst hießen sie nicht ‚Spiele'' – sondern schau, ob ihnen allen etwas gemeinsam ist. – Denn wenn du sie anschaust, wirst du zwar nicht etwas sehen, was allen gemeinsam wäre, aber du wirst Ähnlichkeiten, Verwandtschaften, sehen, und zwar eine ganze Reihe. Wie gesagt: denk nicht, sondern schau!" Ebd., §66.

[145] „Man kann sagen, der Begriff ‚Spiel' ist ein Begriff mit verschwommenen Rändern. – ‚Aber ist ein verschwommener Begriff überhaupt ein Begriff?' – Ist eine unscharfe Photographie überhaupt ein Bild eines Menschen? Ja, kann man ein unscharfes Bild immer mit Vorteil durch ein scharfes ersetzen? Ist das unscharfe nicht oft gerade das, was wir brauchen?" Ebd., §71.

zug auf die Durchführung einer Analyse eines unscharfen Begriffs führen. „Vielmehr", bemerkt Searle mit Recht,

„sollten wir daraus den Schluß ziehen, daß bestimmte Formen der Analyse – und besonders eine Analyse, deren Ziel die Auffindung notwendiger und hinreichender Bedingungen ist – (in verschiedenem Grad) die Idealisierung ihres Gegenstandes verlangen."[146]

Was dies nach Searle für das Versprechen bedeutet, gilt in gleicher Weise für meine Untersuchung der Vergebung:

„Randfälle oder Grenzfälle oder teilweise unvollständige Versprechen werde ich nicht berücksichtigen. Natürlich können dann unter Berufung auf die gewöhnliche Verwendung des Wortes ‚Versprechen' Gegenbeispiele angegeben werden, für die die Analyse nicht zutrifft. Einige solcher Gegenbeispiele werde ich diskutieren. Daß es sie gibt, bedeutet keine ‚Widerlegung' der Analyse; man muß vielmehr erklären, warum und in welcher Weise sie von den paradigmatischen Fällen des Versprechens abweichen."[147]

Ich beanspruche also nicht, mit dem, was ich über Vergebung schreibe, alles abzudecken, was je Vergebung genannt wurde. Ich arbeite mit einer „Idealisierung", mit einem *Paradigma* von Vergebung, von welchem ausgehend ich auch davon abweichende Fälle untersuchen kann. Das Aufstellen von Kriterien und das Benennen von Missverständnissen oder Missbräuchen ist nur möglich mit einem paradigmatischen Vergebungsverständnis, nicht aber mit der ganzen Breite dessen, was mit dem Wort „Vergebung" in Verbindung gebracht wird. Das bedeutet keine Leugnung oder Abwertung der Tatsache, dass der Begriff ‚Vergebung' alltagssprachlich einer mit „verschwommenen Rändern" ist. Es bedeutet aber eine Tatsache anzuerkennen, auf welche Wittgenstein ebenfalls Wert legte: Dass nämlich Genauigkeit relativ ist in Bezug auf den jeweiligen Zweck.[148] Für den alltagssprachlichen Gebrauch stellt die begriffliche Unschärfe von „Vergebung" üblicherweise kein Hindernis dar beim Erreichen des angestrebten Ziels, der Pflege zwischenmenschlicher Beziehungen. Das Ziel dieser Untersuchung ist dagegen ein anderes; hier geht es um eine Näherbestimmung von Vergebung, eine Analyse göttlicher und zwischenmenschlicher Vergebung, eine Abgrenzung gegen Missbräuche und Missverständnisse von Vergebung. Zur Erreichung dieses Ziels ist naturgemäß ein schärferer Ver-

---

[146] SEARLE, Sprechakte, 86.

[147] Ebd.

[148] „Wenn ich nun jemandem sage: ‚Du solltest pünktlicher zum Essen kommen; du weißt, daß es genau um ein Uhr anfängt' – ist hier von Genauigkeit eigentlich die Rede? weil man sagen kann: ‚Denk an die Zeitbestimmung im Laboratorium, oder auf der Sternwarte; da siehst du, was ‚Genauigkeit' bedeutet.' ‚Unexakt', das ist eigentlich ein Tadel, und ‚exakt' ein Lob. Und das heißt doch: das Unexakte erreicht sein Ziel nicht so vollkommen wie das Exaktere. Da kommt es also auf das an, was wir ‚das Ziel' nennen. Ist es unexakt, wenn ich den Abstand der Sonne von uns nicht auf 1 m genau angebe; und dem Tischler die Breite des Tisches nicht auf 0,001 mm?" WITTGENSTEIN, Philosophische Untersuchungen, §88.

gebungsbegriff vonnöten als in der Alltagssprache. Ich arbeite mit einem „Kernbegriff" von Vergebung, von welchem ausgehend ich auch Phänomene am alltagssprachlich unscharfen Rand der Frage unterziehen kann, welcherart ihre Beziehung zum Kernbegriff von Vergebung ist, und ob und inwiefern sie noch „Vergebung" zu nennen sind. Das bedeutet nun aber nicht, dass der Vergebungsbegriff, den ich im bisherigen Verlauf der Überlegungen entwickelt habe, „scharf" zu nenne wäre. Wohl sind die Ränder enger und auch schärfer gezogen als beim alltagssprachlichen Vergebungsbegriff; aber eben nur gerade so scharf als der zu erreichende Zweck es erfordert.

5.4.4 Natürliche und institutionelle Tatsachen

Zum weiteren Verständnis dessen, was den Charakter des Begriffs ‚Vergebung' ausmacht, dient Searles Unterscheidung natürlicher und institutioneller Tatsachen. Als natürliche Tatsachen bezeichnet Searle solche Tatsachen, die sich im Rahmen eines naturwissenschaftlichen Weltbildes leicht erklären lassen, Tatsachen, die den Sinneserfahrungen und empirischen Beobachtungen zugänglich sind. Daneben gibt es eine andere Art von Tatsachen, für deren Beschreibung die Begriffe eines naturwissenschaftlichen Weltbildes nicht ausreichen.[149] Searle nennt sie institutionelle Tatsachen:

„Es handelt sich bei ihnen um wirkliche Tatsachen, aber ihr Vorhandensein setzt, anders als das der natürlichen Tatsachen, die Existenz bestimmter menschlicher Institutionen voraus. Nur auf Grund der Institution des Heiratens bedeuten bestimmte Verhaltensformen Herrn Schmidts Heirat mit Fräulein Jones. ... Nur weil es die Institution des Geldes gibt, habe ich jetzt eine Fünfdollar-Note in der Hand. Gäbe es jene Institution nicht, so

---

[149] SEARLE führt ein sprechendes Beispiel an, die Beschreibung eines Football-Spiels im Bezugrahmen natürlicher Tatsachen (Sprechakte, 81f): „Stellen wir uns eine Gruppe bestens ausgebildeter Beobachter vor, die ein amerikanisches Fußballspiel allein mit Hilfe von Aussagen über natürliche Tatsachen beschrieben. Was könnte ihre Beschreibung enthalten? Nun, innerhalb bestimmter Grenzen könnte sie eine ganze Menge enthalten, und wenn sie statistische Techniken verwendeten, könnten sie sogar bestimmte ‚Gesetze' formulieren. Wir könnten uns zum Beispiel vorstellen, daß die Beobachter nach einer bestimmten Zeit das Gesetz periodischer Ballung entdeckten: In statistisch regelmäßigen Abständen drängen sich Organismen in gleichfarbigen Hemden zu ungefähr kreisförmigen Ballungen zusammen (the huddle, das Zusammendrängen der Spieler um den Mannschaftsführer). Und weiter: Kreisförmigen Ballungen folgen in ebenso regelmäßigen Abständen lineare Ballungen (die Mannschaften stellen sich für das Spiel auf), und linearen Ballungen folgt die gegenseitige Durchdringung dieser Ballungen. Solche Gesetze wären ihrem Wesen nach statistischer Art – womit nichts gegen sie gesagt ist. Aber gleichgültig, wieviele Daten dieser Art unsere Beobachter sammelten, und gleichgültig, wieviele induktive Verallgemeinerungen sie auf Grund der Daten aufstellten, sie hätten immer noch nicht das amerikanische Fußballspiel beschrieben."

hätte ich nichts weiter in der Hand als ein Stück Papier mit verschiedenen grauen und grünen Mustern."[150]

Und nur weil es die „Institution" der deutschen Sprache gibt, ist das, was ich soeben schreibe, ein Satz und nicht nur etwas Druckerschwärze auf Papier.

„Diese ‚Institutionen' stellen Systeme konstitutiver Regeln dar. Jeder institutionellen Tatsache liegt eine Regel bzw. ein System von Regeln von der Form ‚X gilt als Y im Kontext C' zugrunde."[151] Sprache beruht auf konstitutiven Regeln, Sprechakte stellen institutionelle Tatsachen dar. Es liegt mir aber daran zu betonen, dass nicht nur der Sprechakt „Ich vergebe dir" eine institutionelle Tatsache ist, sondern auch die damit vollzogene (aber auch anders vollziehbare) Handlung der Vergebung selbst. Vergebung ist keine natürliche Tatsache, auch wenn sie sich selbstverständlich – wie alle institutionellen Tatsachen – einer Reihe natürlicher Tatsachen bedient. Die geschulten Beobachter aus Searles Footballspiel-Beispiel könnten Vergebung niemals als solche beschreiben. Sie könnten vielleicht beschreiben, dass zwei Individuen zusammengetroffen sind, dass bei einem Individuum Wasser aus den Augen trat, und dass das andere Individuum dem ersten den Arm um die Schulter legte. Doch dass es sich dabei um eine Vergebungsszene handelt, entnehmen wir dieser Schilderung nicht. Ebenso sind auch Reue, Übelnehmen und moralische Verletzung institutionelle Tatsachen. Dass jemand gegen mein Schienbein tritt, ist eine natürliche Tatsache; dass sein Tritt gegen mein Schienbein, sofern er absichtlich und ohne Zwang usw. ausgeführt wurde, eine moralische Verletzung darstellt, ist eine institutionelle Tatsache: Sie beruht auf der konstitutiven Regel, dass ein solcher Tritt im Kontext einer absichtlich usw. ausgeführten Handlung als moralische Verletzung *gilt*.

Was aber als was gilt, ist eine Frage der Übereinkunft. Wenn ich sage, dass ein Handlungsmuster, das bestimmte Regeln erfüllt, als Vergebung gilt, und diese wiederum als Aufhebung einer Störung der moralischen Beziehung gilt, dann definiere ich damit Vergebung. Ich definiere damit aber nicht nur das Wort „Vergebung", sondern ich grenze zugleich ein Handlungsmuster gegen andere Handlungsmuster ab. Mit anderen Worten: Es ist nicht so, dass ich die Vergebungshandlung nur nicht richtig *benennen* könnte, weil ich das Wort nicht kenne, sondern ich könnte auch unabhängig von ihrer Benennung die Handlung gar nicht *verstehen* als das, was sie ihrer institutionellen Bedeutung nach ist. Dazu gehört nicht nur das Verständnis der institutionellen Tatsache, dass mit der Vergebung die moralische Beziehung wiederhergestellt wird. Es gehört auch ein Verständnis der weiteren, zur Vergebung gehörenden institutionellen Tatsachen dazu, ein

---
[150] Ebd., 80f.
[151] Ebd., 81.

Verständnis dessen, was die moralische Beziehung bestimmt, wie es zu einer Störung dieser Beziehung kommt und wie eine solche Störung wieder behoben werden kann.

5.4.5 Artikulierte Erfahrung

Mit diesen Ausführungen sollte etwas von dem deutlich geworden sein, was Peter Bieri für seine Überlegungen zur Willensfreiheit in Anspruch nimmt:

„Und schließlich hat sich gezeigt, daß es, obwohl der Streit zunächst wie ein Streit um Worte aussah, nicht darum ging, über die Verwendungsregeln von Wörtern, also sprachlichen Konventionen, zu rechten, sondern darum, über die Stimmigkeit von Ideen und ihren Beitrag zu unserer Erfahrung nachzudenken."[152]

Mein Nachdenken über die Vergebung kreist um die Frage, ob, bzw. in welcher gedanklichen Fassung die Idee der Vergebung konsistent ist und welchen Beitrag zur Erfahrung sie leistet. Falls mir jemand sollte nachweisen können (auch wenn meine Phantasie nicht ausreicht, mir vorzustellen, auf welchem Wege das geschehen könnte), dass das, was ich beschrieben habe, nicht Vergebung sei, wäre meine Antwort die, dass man es meinetwegen anders benennen mag, dass es aber in jedem Fall nicht nichts ist, sondern etwas, das Anhalt in unserer Erfahrung hat und unterscheidbar ist von anderen Erfahrungen, die ich dagegen abgegrenzt habe. Zur Stimmigkeit der Idee der Vergebung gehört beispielsweise, dass die Reue des Täters vorausgesetzt ist. Nicht weil die von der moralischen Verletzung betroffene Person vom Täter Reue verlangt, sondern weil die Idee der Vergebung als einer Wiederherstellung der moralischen Beziehung dies verlangt.[153]

„Alle Begriffe sind etwas, das wir *gemacht* oder *erfunden* haben, um unsere *Erfahrung* von der Welt und von uns zu artikulieren. Wenn wir sie analysieren und besser verstehen wollen, müssen wir uns deshalb mit dem Beitrag beschäftigen, den sie zur Artikulation unserer Erfahrung leisten."[154]

Welchen Beitrag zur Artikulation unserer Erfahrung leistet der Begriff der Vergebung? Zusammen mit den Begriffen ‚Schuld' und ‚Reue' ermöglicht uns der Begriff der Vergebung eine differenzierte Wahrnehmung der unterschiedlichen Erfahrungen, die wir in moralischen Beziehungen machen. Wir können uns besser orientieren in der Welt moralischer Interaktionen. Wir verstehen, warum wir beleidigt sind, wenn uns jemand Vergebung zuspricht für eine Handlung, an der wir nichts Verwerfliches finden. Wir verstehen, warum wir es übelnehmen, wenn jemand unsere berechtigten

---

[152] BIERI, Das Handwerk der Freiheit, 332.
[153] Dieser Gedanke wird im nächsten Kapitel ausgeführt.
[154] BIERI, Das Handwerk der Freiheit, 153.

Interessen mit Füßen tritt, und warum wir auf Reue großen Wert legen. Wir verstehen aber auch, warum es Überwindung braucht, Reue zu zeigen, und weshalb es schwierig sein kann, Vergebung zu gewähren. Mit anderen Worten: Ein klares Verständnis von moralischer Verletzung, Reue und Vergebung hilft uns, „uns in der erfahrbaren Welt zurechtzufinden"[155].

---

[155] Ebd., 155.

Kapitel 6

Die konstitutiven Bedingungen der Vergebung

„The uniqueness of Christian love, and likewise the uniqueness of Christian forgiveness, lies precisely in its unconditionality and that it maintains a constant unchanging relation between the believer and the trespasser."[1]

Meirlys Lewis drückt in diesen Worten eine in christlichen Kreisen weit verbreitete Ansicht aus: Christliche Vergebung kommt ohne Vorbedingungen aus, und es gehört gerade zu den herausragenden Vorzügen, zur Überlegenheit *christlicher* Vergebung, dass sie bedingungslos ist.[2] Lewis führt weiter aus:

„Christian forgiveness does not require the repentance of the one who is to be forgiven. It does not require reference to mitigating circumstances, to the possible ill consequences of forgiveness. It does not require a moral justification of itself."[3]

Lewis behauptet in diesen Sätzen nicht nur die Bedingungslosigkeit christlicher Vergebung, er enthebt sie auch der Notwendigkeit einer moralischen Rechtfertigung. Und schließlich lässt er ein problematisches Vergebungsverständnis erkennen, wenn er sagt, christliche Vergebung benötige nicht die Bezugnahme auf mildernde Umstände: *Vergebung überhaupt* benötigt diese Bezugnahme nicht, liefern mildernde Umstände doch keine Gründe für Vergebung, sondern Entschuldigungsgründe.

---

[1] LEWIS, On Forgiveness, 243. Lewis ist der Ansicht, mit diesen Sätzen nicht nur seine eigene Position, sondern zugleich jene Kierkegaards in „Die Taten der Liebe" wiederzugeben. Ich teile diese Auffassung nicht. KIERKEGAARD spricht mit Recht in diesem Zusammenhang nicht von (erreichter) Vergebung, sondern von Versöhnlichkeit, bzw. dem *Bedürfnis* zu vergeben (Der Liebe Tun, 369): „Es ist nicht im vollkommensten Sinne Versöhnlichkeit, daß man vergibt, wenn man um Vergebung gebeten wird, sondern es ist Versöhnlichkeit, daß man schon dann das Bedürfnis hat zu vergeben, wenn der andere vielleicht am wenigsten geneigt ist, Vergebung zu suchen." Zur Versöhnlichkeit vgl. auch Kapitel 6.5.3.

[2] Um nur ein weiteres Beispiel anzuführen: „This description implies that forgiveness must be unconditional: only an unconditional forgiveness can give expression to that confidence or trust that gives back to the wrongdoer his or her feelings of human worth or dignity. When one considers forgiveness a central characteristic of God, it is precisely this feature in the idea of forgiveness that is in focus. If God is absolute and unconditional love, then God's forgiveness cannot be anything less than absolute and unconditional." (BRÅKENHIELM, Forgiveness, 89.)

[3] LEWIS, On Forgiveness, 243.

Lewis irrt, wenn er meint, die Annahme bedingungsloser Vergebung sei ein christliches Privileg. Auch die Philosophin Joanna North redet der Bedingungslosigkeit von Vergebung das Wort: „One might even say that forgiveness is an unconditional response to the wrongdoer, for there is something *un*forgiving in the demand for guarantees."[4] Abgesehen davon, dass die Formulierung von Norths Begründung zirkulär ist, will sie damit wohl ausdrücken, dass es *hartherzig* sei, Bedingungen für Vergebung aufzustellen.

Bei der Rede von bedingungsloser Vergebung ist in der Regel unklar, was unter „bedingungslos" verstanden wird und was an Bedingungen verwerflich sein soll. Das führt dazu, dass auch bei Konzepten „bedingungsloser" Vergebung unter der Hand plötzlich doch Bedingungen eingeführt werden. Joanna North etwa geht ganz selbstverständlich (und mit Recht) davon aus, dass Vergebung das Vorhandensein von Schuld voraussetzt. Und sie bestimmt Vergebung als „a matter of a *willed* change of heart – the successful result of an active endeavour to replace bad thoughts with good, bitterness and anger with compassion and affection"[5]. Obwohl North damit von Schuld bei der Vergebung empfangenden Person und von einer willentlichen „Herzensänderung" seitens der vergebenden Person ausgeht, spricht sie dennoch von bedingungsloser Vergebung. Dies hat seinen Grund wohl darin, dass sie jene Bedingungen, welche in Bezug auf die schuldig gewordene Person üblicherweise diskutiert werden, für zwar hilfreich, nicht aber für zwingend hält:

„The repentance of the wrongdoer, his recognition of and regret for his action, and his willingness to make amends, although not essential preconditions of forgiveness, no doubt faciliate its progress. Retribution, again not essential, may also be helpful"[6].

Wie im vorangehenden Kapitel über den Sprechakt der Vergebung deutlich wurde, vertrete ich ein Vergebungsverständnis, in welchem den Bedingungen eine wichtige Rolle zukommt. Als zentrale Bedingungen dafür, dass Vergebung gewährt werden kann, bzw. dass es sich bei dem, was gewährt wird, um Vergebung handelt, wurden die moralische Verletzung, persönliche Betroffenheit, Übelnehmen und Reue genannt.

Bevor ich mich daran machen kann, die Bedingungen im Einzelnen zu untersuchen, stecke ich den Rahmen dessen ab, was im Folgenden unter „Bedingung" verstanden wird. Ich spreche von konstitutiven Bedingungen und grenze diese gegen normative Bedingungen ab (6.1). Diese Unterscheidung erweist sich als nützlich für die Näherbestimmung dessen, was mit der Rede von bedingungsloser Vergebung gemeint ist (6.2). Ich wende

---
[4] NORTH, Wrongdoing and Forgiveness, 505.
[5] Ebd., 506; vgl. auch ebd., 503.
[6] Ebd., 503.

mich dann der Frage zu, welches die konstitutiven Bedingungen der Vergebung aufseiten der schuldig gewordenen und aufseiten der vergebenden Person sind, mit anderen Worten, welche Bedingungen erfüllt sein müssen, damit Vergebung überhaupt Vergebung ist (6.3–6.5).

6.1 Konstitutive und regulative Regeln, konstitutive und normative Bedingungen

Searle unterscheidet zwei Arten von Regeln, die er die regulativen und die konstitutiven Regeln nennt. Searle schreibt:

„Die regulativen Regeln können wir zunächst als Regeln charakterisieren, die bereits bestehende oder unabhängig von ihnen existierende Verhaltensformen regeln – zum Beispiel regeln viele Anstandsregeln zwischenmenschliche Beziehungen, die unabhängig von jenen Regeln existieren. Konstitutive Regeln dagegen regeln nicht nur, sondern erzeugen oder prägen auch neue Formen des Verhaltens. Die Regeln für Fußball oder Schach zum Beispiel regeln nicht bloß das Fußball- oder Schachspiel, sondern sie schaffen überhaupt erst die Möglichkeit, solche Spiele zu spielen."[7]

Fußball- oder Schachspiel definieren sich weitgehend über ihre Regeln. Zwar können Regeln geändert oder neu eingeführt werden, aber nur, wenn alle nach gemeinsamen Regeln spielen, kann man sagen, sie spielten ein bestimmtes Spiel. Nehmen wir als Beispiel die folgende Regel: „Ein König ist dann schachmatt gesetzt, wenn er so angegriffen wird, daß er keinen Zug machen kann, ohne angegriffen zu sein"[8]. Searle kommentiert: „Daß solche Aussagen sich als analytische auffassen lassen, ist ein Anhaltspunkt dafür, daß die betreffende Regel konstitutiver Art ist."[9] Für konstitutive Regeln gilt deshalb: „Sie sind ihrem Wesen nach fast tautologisch"[10]. Anders die regulativen Regeln. Searle führt verschiedene Beispiele an, aus welchen der Unterschied zu den konstitutiven Regeln hervorgeht:

„‚Er trug beim Essen eine Krawatte‘, ‚Er hielt die Gabel in der rechten Hand‘ und ‚Er setzte sich‘ sind sämtlich Spezifikationen, die unabhängig davon möglich sind, ob überhaupt Regeln existieren, nach denen beim Essen Krawatten nötig sind oder die Gabel mit der rechten Hand benutzt werden muß."[11]

Charakteristisch für regulative Regeln ist, „daß sie die Form ‚Tue X‘ oder ‚Wenn Y, tue X‘ haben oder sich leicht in einer solchen paraphrasieren lassen"[12]. Von den konstitutiven Regeln „sind einige Regeln ebenfalls von

---

[7] SEARLE, Sprechakte, 54.
[8] Ebd., 55.
[9] Ebd., 56.
[10] Ebd., 55.
[11] Ebd., 58.
[12] Ebd., 56.

dieser Form, andere haben die Form ‚X gilt als Y' oder ‚X gilt als Y im Kontext C'"[13]. Auch regulative Regeln lassen sich leicht in diese Form umwandeln, nur ist damit etwas anderes gesagt: Im Falle konstitutiver Regeln wird mit dem Ausdruck „gilt als" eine Spezifikation vorgenommen, bei regulativen Regeln dagegen eine Bewertung.[14]

Dieser Unterschied lässt sich leicht an einem Beispiel verdeutlichen. Wenn jemand sagt: „Ich verspreche dir, dich bei der Polizei anzuzeigen", dann hat er mir nicht etwas versprochen, sondern mir gedroht. Es handelt sich deshalb nicht um ein Versprechen, weil die Einleitungsregel verletzt wurde, welche besagt, dass die Empfängerin des Versprechens die versprochene Handlung einer Unterlassung der Handlung vorziehen muss. Zwar lässt sich diese Regel in die für regulative Regeln typische Form bringen; man kann also sagen: „Versprich nur etwas, was die Empfängerin des Versprechens für erstrebenswert hält!" Aber dieser Imperativ hat nur äußerlich gesehen die Form einer regulativen Regel. Denn was mit ihm gesagt wird, ist nicht – wie bei regulativen Regeln –, dass ein Versprechen, welches diesem Befehl nicht folgt, tadelnswert wäre, sondern dass es – wie für konstitutive Regeln typisch – nicht mehr als Versprechen gilt.

Es besteht eine Verbindung zwischen Searles Unterscheidung konstitutiver und regulativer Regeln und seiner Unterscheidung natürlicher und institutioneller Tatsachen. Institutionelle Tatsachen beruhen auf konstitutiven Regeln; Searles Beispielsatz: „Ein König ist dann schachmatt gesetzt, wenn er so angegriffen wird, daß er keinen Zug machen kann, ohne angegriffen zu sein" ist nur auf dem Hintergrund eines Systems konstitutiver Regeln überhaupt verständlich. Dagegen ist sein anderer Beispielsatz „Er hielt die Gabel in der rechten Hand" problemlos verständlich ohne Bezugnahme auf konstitutive Regeln – wenn wir einmal davon absehen, dass Sprache selbst ein System konstitutiver Regeln darstellt. Der Satz beschreibt keine institutionelle Tatsache, sondern eine natürliche Tatsache.

Wie bereits früher[15] erläutert, gehört Vergebung zu den institutionellen Tatsachen und ist eingebettet in ein System konstitutiver Regeln. Dasselbe gilt für die moralische Verletzung, für Übelnehmen und Reue. Wir können

---

[13] Ebd.

[14] Ebd., 58: „Konstitutive Regeln, wie z.B. für Spiele, bilden dagegen die Grundlagen für Verhaltensspezifikationen, die ohne das Vorhandensein solcher Regeln nicht möglich wären. Allerdings dienen regulative Regeln häufig als Grundlage für die Bewertung von Verhaltensweisen – z.B. ‚Er war unverschämt', ‚Er handelte unmoralisch', ‚Er war freundlich' –, und vielleicht wären solche Bewertungen nicht möglich, wenn man dabei nicht auf jene Regeln zurückgreifen könnte. Aber Bewertungen sind keine Spezifikationen oder Beschreibungen in dem Sinne, wie ich diese Ausdrücke hier verwende. ‚Er hat für Wilkie gestimmt' und ‚Er hat einen Lauf um sämtliche Male auf einen Schlag erzielt' sind Spezifikationen, die ohne konstitutive Regeln unmöglich wären."

[15] Vgl. Kapitel 5.4.4.

sie nicht allein mit Hilfe natürlicher Tatsachen treffend beschreiben, sondern müssen auf das System konstitutiver Regeln Bezug nehmen, in welches sie eingebunden sind.

Searle spricht von regulativen und konstitutiven *Regeln*. Da es mir im folgenden nicht primär um den Gebrauch bestimmter sprachlicher Mittel geht, sondern um die – oftmals, aber nicht notwendig mit einem Sprechakt – zu vollziehende Handlung, spreche ich im folgenden nicht von Regeln, sondern von Bedingungen.[16] Ich folge damit auch dem gängigen Sprachgebrauch, wo jeweilen von bedingungsloser, nicht aber von regelloser Vergebung die Rede ist.

Der Begriff „konstitutive Bedingungen" ist geläufig. Meine Verwendung dieses Begriffs entspricht der von Searles „konstitutiven Regeln". Der Ausdruck „regulative Bedingungen" erscheint mir dagegen merkwürdig; ich ziehe den Ausdruck „normative Bedingungen" vor. Die normativen Bedingungen stellen *Forderungen* dar, die zu erfüllen sind, damit eine Handlung oder eine Sache eine bestimmte Bewertung erhält. Im Zusammenhang mit den konstitutiven Bedingungen erscheint der Ausdruck „Forderungen" wenig angebracht. Es ließe sich allenfalls sagen, dass die konstitutiven Bedingungen Forderungen darstellen, die erfüllt sein müssen, damit eine Handlung oder eine Sache (nicht eine bestimmte Bewertung erhält, sondern:) überhaupt diese Handlung bzw. diese Sache darstellt. Aber der Gebrauch des Wortes „Forderung" ist an dieser Stelle unpersönlich[17]: Es ist niemand da, der etwas fordert, sondern es handelt sich um eine Frage der Definition. Hinter den normativen Bedingungen stehen Personen oder Institutionen (wie die Moral oder der „Knigge"), welche diese Forderung vertreten. Anhand eines Beispiels ist der Unterschied einfach zu erkennen. Nehmen wir an, ein Kind sagt zu seinem Vater: „Ich möchte mein Mittagessen!", und der Vater antwortet: „Aber nein, Mittagessen gibt es nur am Mittag; setz dich, und iss jetzt dein Abendbrot!" Hier bezieht sich des Vaters Antwort auf eine konstitutive Bedingung des Mittagessens. Antwortet der Vater dagegen: „Nein, dein Mittagessen bekommst du erst, wenn du dein Zimmer aufgeräumt hast", dann stellt er eine normative Bedingung auf.

---

[16] Vgl. dazu Searles Unterscheidung von Bedingungen und Regeln: SEARLE, Sprechakte, 85; vgl. Kapitel 5, Anmerkung 115.

[17] Vgl. dazu BIERI, Das Handwerk der Freiheit, 250ff. Bieri entlarvt die sprachliche Suggestion, die sich dahinter verbirgt, wenn Wörter wie „Bedingung", „Notwendigkeit" oder „Abhängigkeit" für uns in unpersönlichen Zusammenhängen einen negativen Klang haben (ebd., 252): „Nüchterne, unpersönlich gemeinte Wörter werden mit Assoziationen unterlegt, die aus der Sphäre stammen, in der Menschen andere Menschen in ihrer Freiheit einschränken." Dieses sprachliche Missverständnis gehört wohl mit zum Hintergrund der Forderung nach bedingungsloser Vergebung.

6.2 Bedingungslose Vergebung?

Wer eine bedingungslose Vergebung propagiert, hat dabei nicht die konstitutiven Bedingungen im Blick. Das wäre ein widersinniges Unterfangen. Bei der Rede von bedingungsloser Vergebung geht es stets um eine Zurückweisung von normativen Bedingungen.

Haber vertritt ein Verständnis von Reue als normativer Bedingung von Vergebung. Er schreibt: „It is possible, for instance, to forgive a person where that person has not repudiated his attitude – where, for example, that person has died"[18]. Vergebung kann gewährt werden, auch wo keine Anzeichen von Reue erkennbar sind; Reue ist somit keine konstitutive Bedingung von Vergebung. Haber ergänzt: „As I see it, forgiving the dead can count as a virtue if there is evidence to believe that the deceased person *would have* repented, had time permitted."[19] Er formuliert damit eine normative Bedingung entsprechend Searles Beispiel „Er hielt die Gabel in der rechten Hand". Bezogen auf Searles Beispiel: Man kann auch mit der Gabel in der linken Hand essen, und niemand wird bestreiten, dass man isst, aber manche werden sagen, es sei *unanständig*, so zu essen. Entsprechend würde Haber sagen, man könne auch ohne Anzeichen von Reue vergeben, und es handle sich dabei wirklich um Vergebung, aber sie sei nicht als *Tugend* anzusehen, solange keine (potenzielle) Reue angenommen werden könne.

Auch die Verfechterinnen und Verfechter bedingungsloser Vergebung sehen in der Reue (um diese geht es zumeist bei der Rede von bedingungsloser Vergebung) eine normative Bedingung – als eine an den Urheber der moralischen Verletzung gerichtete Forderung, eine ihm auferlegte Last.[20] Im Unterschied zu Haber sehen sie diese Bedingung nicht als ein Kriterium tugendhafter Vergebung, sondern als Ausdruck von Hartherzigkeit oder ähnlichem. Den Verfechterinnen bedingungsloser Vergebung zufolge ist Vergebung vielmehr dann (je nach bewertendem Bezugsrahmen: moralisch oder christlich) lobenswert, wenn sie unter Verzicht auf jegliche (normative) Bedingungen gewährt wird. Die sogenannte Bedingungslosigkeit wird dann ihrerseits zur normativen Bedingung, unter welcher Vergebung eine positive Bewertung erfährt.

---

[18] HABER, Forgiveness, 12.

[19] Im Anmerkungsteil ebd., 114, Anmerkung 6. Im gleichen Sinn formuliert er, Vergebung sei eine Tugend „only if given for a moral reason", d.h. „a wrongdoer's *repentance* is alone appropriate" (ebd., 7).

[20] Das wird bei beiden eingangs zitierten Beispielen deutlich, wenn LEWIS schreibt: „Christian forgiveness does not *require* the repentance of the one who is to be forgiven" und North Bedingungen charakterisiert als „*demand* for guarantees" (meine Hervorhebungen).

Aber wie gesagt: Es kann dabei nur um normative Bedingungen gehen. Auch wer einer bedingungslosen Vergebung das Wort redet, operiert mit einem *bestimmten* Vergebungsverständnis, das zwingend auf konstitutiven Bedingungen gründet.[21]

Ich vertrete keine normativen Bedingungen von Vergebung. Es geht mir nicht um eine Bewertung, sondern um eine Analyse von Vergebung. Ich konzentriere mich auf die konstitutiven Bedingungen von Vergebung, auf das also, was meinem Verständnis nach den grundlegenden Charakter von Vergebung ausmacht – und dazu gehört m. E. unter anderem, dass sie eine Antwort auf die Botschaft der Reue ist. Im bisherigen Verlauf der Untersuchung beschränkte sich die Erläuterung der konstitutiven Bedingungen von Vergebung auf einige eingestreute Hinweise. Nachfolgend erläutere ich diese Bedingungen eingehender.

6.3 Schuld

Die reaktive Haltung der Vergebung bezieht sich auf eine moralische Verletzung, eine moralisch schuldhafte Handlung.[22] Schuld ist eine der konstitutiven Bedingungen dafür, dass von Vergebung die Rede sein kann. Damit andererseits von *Schuld* die Rede sein kann, müssen auch hier gewisse Bedingungen erfüllt sein. Welches sind die konstitutiven Bedingungen moralischer Schuld?

Jede Rückfrage nach den konstitutiven Bedingungen setzt einen Prozess in Gang, der prinzipiell endlos fortgeführt werden kann. Für jede Nennung einer konstitutiven Bedingung lässt sich wiederum nach deren konstitutiven Bedingungen fragen usw. Ich werde diese Linie soweit zurückverfolgen als es mir für die Bestimmung dessen, was moralische Schuld ausmacht, hilfreich erscheint. Um Vollständigkeit bemühe ich mich nicht, sie ist weder erreichbar noch nötig.

Es geht um *moralische* Schuld, d.h. um ein Fehlverhalten gemäß den Bewertungskriterien des Moralsystems – in (unscharfer) Abgrenzung gegen andere Bewertungssysteme wie etwa der Rechtssprechung. Ob ein Verhalten juristisch gesehen falsch ist, ist für die Vergebung irrelevant, sie

---

[21] Auch dies wurde bereits eingangs deutlich bei Norths Verständnis „bedingungsloser" Vergebung, welche sich auf Schuld bezieht und die Herzensänderung der vergebenden Person voraussetzt.
Wer Reue als normative Bedingung von Vergebung zurückweist, setzt zumeist voraus, dass es sich dabei zudem nicht um eine konstitituve Bedingung von Vergebung handelt.

[22] Ansätze, welche diese grundlegende Bedingung in Zweifel ziehen, arbeiten mit einem unhaltbaren Vergebungsverständnis. Vgl. dazu den Abschnitt über Beardsley in Kapitel 5.2.2.

bezieht sich auf ein Verhalten, das *moralisch* zu beanstanden ist. Dies ist nach dem hier vertretenen Moralverständnis dann der Fall, wenn in und mit diesem Verhalten eine moralisch verletzende Botschaft ausgedrückt wird, welche in einer Verweigerung der moralischen Achtung der anderen Person besteht. Damit – aus der Perspektive der handelnden Person – von einer „Botschaft" gesprochen werden kann, muss sie die Kriterien einer *Handlung* erfüllen.[23] Zur Handlung gehört, dass sie von jemandem in Gang gesetzt und vollzogen wird, dass sie also einen Täter oder Urheber[24] hat, im Unterschied zu rein kausal bedingten Geschehnissen wie etwa einem Sturz, oder einem Gewitter, oder einem Vulkanausbruch.[25] Der Unterschied zwischen einem solchen Geschehnis und einer Handlung liegt darin, dass die Handlung Ausdruck eines Willens ist.[26]

Damit wir von moralischer Schuld sprechen, genügt es aber nicht, dass jemand Urheber einer Handlung ist, die moralisch falsch ist. Er muss für seine Handlung auch moralisch *verantwortlich* sein. Zur Verantwortung gehört, „daß jemand die Regeln kannte, die Wahl hatte und sich zu der Tat entschied"[27]. Was heißt: „die Wahl hatte"? Damit ist die Handlungs- und Willensfreiheit angesprochen. Weder die Handlungs- noch die Willensfreiheit sind absolut und unbedingt. Sie sind zahlreichen Bedingungen und Begrenzungen unterworfen, die ihre Bestimmtheit ausmachen. Unbedingte Freiheit, so die Grundaussage von Bieri, wäre nicht Freiheit, sondern Beliebigkeit.

Handlungsfreiheit besteht darin, das, was man will, auch tun zu können[28] und auch etwas anderes tun zu können, vorausgesetzt, man wollte es – mit anderen Worten: einen Spielraum an Handlungsmöglichkeiten zu besitzen[29]. Es gibt verschiedene Arten von Spielräumen: Einen Spielraum an

---

[23] Bei der Erläuterung des Handlungsbegriffs und der Willensfreiheit folge ich weitgehend BIERIS Darstellung (Das Handwerk der Freiheit. Über die Entdeckung des eigenen Willens).

[24] Ebd., 31f.

[25] Ebd., 201.

[26] Ebd., 32; 201. „Ein Wille ist ein Wunsch, der handlungswirksam wird, wenn die Umstände es erlauben und nichts dazwischen kommt" (ebd., 41).

[27] Ebd., 206.

[28] Ebd., 44: „Das Ausmaß, in dem er [der Handelnde] frei ist, ist das Ausmaß, in dem er das, was er will, in die Tat umsetzen kann. Entsprechend ist der Mangel an Freiheit zu verstehen: Er liegt nicht darin, daß ein Verhalten von keinem Willen gelenkt wird; das bedeutet nur, daß es kein Tun ist. Was einen Handelnden unfrei macht, ist, daß in ihm ein Wille ist, der daran gehindert wird, in eine Handlung zu münden. So ist es beim Gelähmten, der aufstehen, und beim Gefangenen, der weglaufen will."

[29] Ebd., 45: „Es gibt für ihn [den Handelnden] einen *Spielraum möglicher Handlungen*. ... Er ist ein wichtiger Bestandteil unserer Idee von Handlungsfreiheit. Von einem, der frei ist, wollen wir sagen, daß das eine, was er *tatsächlich* tut, nicht das einzige ist,

6.3 Schuld

Gelegenheiten, welche die Welt für mich bereithält, einen Spielraum an Mitteln, um die sich bietenden Gelegenheiten zu nutzen, einen Spielraum an Fähigkeiten, um von den Mitteln und Gelegenheiten Gebrauch zu machen, und schließlich den Spielraum meines Willens, der darüber entscheidet, was ich tun will."[30]

Was nun den Spielraum des *Willens* betrifft, so mag es zunächst scheinen, als sei die Freiheit dann am größten, wenn der Spielraum am größten ist. Bieri formuliert den Gedanken wie folgt: „Er [der mit einem unbedingt freien Willen Begabte] muß in der Lage sein, unter identischen inneren und äußeren Bedingungen ganz Unterschiedliches zu wollen: *einfach so*."[31] „Ein Wille wäre nur dann frei, wenn er durch nichts bedingt wäre und also von nichts abhinge"[32] – weder von äußeren Umständen und Einflüssen, noch von inneren und äußeren Zwängen, noch von meinem Charakter, meinen Gedanken, Empfindungen, Phantasien und Erinnerungen.[33] Doch will ich einen derart beschaffenen „freien" Willen überhaupt? Es ist fraglich, wie weit ich einen Willen, der sich unabhängig von allem bildet, was mich als konkrete Person ausmacht, als *meinen* Willen wahrnehmen würde. Vielmehr würde ich ihn als einen fremden Willen erleben, der sich in mir ereignete und für den ich nicht mehr als den Schauplatz seines Auftretens abgäbe. Bei einem konsequenten Weiterdenken der Idee unbedingter Freiheit kommt also gerade das Gegenteil dessen heraus, was man in Ablehnung der Idee bedingter Freiheit zu verteidigen glaubte.[34]

Wie also dann ist der Spielraum des Willens zu beschreiben? Welches sind seine Grenzen und seine Bedingtheiten? Zunächst einmal hängt das, was ich will, von den äußeren Umständen ab, davon „welche Angebote die Welt für einen bereithält"[35].

„Das ist einfach deshalb so, weil jede Welt eine *bestimmte* Welt ist, die in ihrer Bestimmtheit Grenzen setzt und tausend Dinge ausschließt. Und wir *brauchen* diese

---

was er tun *könnte*. Ein frei Handelnder hat, bevor er schließlich zur Tat schreitet, in diesem Sinne eine *offene Zukunft* vor sich."

[30] Ebd., 47. Die Kreise dieser Spielräume sind immer enger gezogen und führen immer näher an das handelnde Individuum heran; vgl. ebd., 46ff.

[31] Ebd., 184.

[32] Ebd., 168.

[33] Ebd., 230.

[34] Ebd., 231: „Diese Konsequenz ist überraschend, denn sie bedeutet, daß ein unbedingt freier Wille exakt diejenigen Merkmale besäße, die nach unserer bisherigen Geschichte die *Unfreiheit* eines Willens ausmachen: Unbeeinflußbarkeit, fehlende Urheberschaft, Fremdheit."

[35] Ebd., 49.

Bestimmtheit und diese Grenzen, damit auch unser Wille jeweils ein *bestimmter* Wille sein kann."³⁶

Dann hat er auch zu tun mit meinen körperlichen Bedürfnissen, meinen Gefühlen, meiner Geschichte und meinem Charakter.³⁷ „Und das ist gut so; denn nur dadurch, daß ein Wille in einer Innenwelt mit festen Konturen verankert ist, ist er der Wille einer bestimmten Person, also überhaupt *jemandes* Wille."³⁸ Was wir als Willensfreiheit erleben, ist zumeist dies, dass wir *entscheiden* können. Wir können entscheiden, welcher unserer Wünsche handlungswirksam werden soll³⁹, wir werden von unseren Wünschen nicht einfach getrieben. Damit wir sagen können, dass *wir* entscheiden, darf es nicht so sein, dass die Entscheidungen rein zufällig in uns auftreten, sondern wir fällen unsere Entscheidungen aufgrund von Überlegungen, die wir anstellen. „Entscheiden ist Willensbildung durch Überlegen."⁴⁰ Wenn wir uns für etwas entscheiden, dann legen wir unseren Willen damit auf etwas fest. „Es liegt in der Natur von Entscheidungen, daß sie den Willen binden." Und: „Es macht die Freiheit eines Willens aus, daß er auf [diese] bestimmte Weise gebunden ist."⁴¹ Und das bedeutet: „Die Freiheit des Willens liegt darin, daß er auf ganz bestimmte Weise bedingt ist: durch unser Denken und Urteilen."⁴²

Die Kette der Bedingtheiten lässt sich daher wie folgt darstellen: Ich hätte anders gehandelt, wenn ich etwas anderes gewollt hätte; ich hätte etwas anderes gewollt, wenn ich anders entschieden hätte; ich hätte anders entschieden, wenn ich anders überlegt und geurteilt hätte – und dann? Es gibt Fälle, wo ich sagen mag: Ich hätte anders geurteilt, wenn ich mehr oder bessere Informationen besessen hätte; und ich mag bedauern, dass ich diese Informationen zum Zeitpunkt der Entscheidungsfindung nicht besaß. Aber wenn wir von diesen Fällen einmal absehen, was bleibt dann zu sagen? Ich hätte anders geurteilt, wenn ich anders gefühlt, andere Erfahrungen und Erinnerungen gehabt, einen anderen Charakter besessen hätte. Kurzum: Ich hätte anders geurteilt, wenn ich jemand anderer wäre als ich bin. Dass ich so überlege und urteile wie ich es tue, hat damit zu tun, dass ich bin, wer ich bin. Diese Bedingtheit meines Überlegens ist aber nicht etwas, das ich beklagen könnte, sondern wiederum die Voraussetzung da-

---

³⁶ Ebd., 50.
³⁷ Ebd., 51.
³⁸ Ebd., 52.
³⁹ Dieser Gedanke wurde insbesondere von FRANKFURT (Freedom of the Will and the Concept of a Person) ausgeführt.
⁴⁰ BIERI, Das Handwerk der Freiheit, 61. „In einer substantiellen Entscheidung geht es stets um die Frage, welche meiner Wünsche zu meinem Willen werden sollen und welche nicht" (ebd., 62).
⁴¹ Ebd., 82.
⁴² Ebd., 80; Hervorhebung getilgt.

für, dass es sich überhaupt um *mein* Überlegen handelt, darum, dass *ich* es bin, die im Entscheidungsprozess steht. In diesem Sinne gibt es „keinen Widerspruch zwischen Freiheit und Bedingtheit"[43].

Was dagegen im Widerspruch zur Freiheit steht, ist, wenn diese bestimmte Bedingtheit, die Verankerung meines Willens in meinen Überlegungen und meiner Person, nicht erfüllt ist oder übergangen wird. Das ist auf jeweils unterschiedliche Art und Weise der Fall bei jemandem, der zu keiner Willensbildung fähig sich von seinen Wünschen einfach treiben lässt[44], bei jemandem, der unter Hypnose oder aus Hörigkeit etwas tut[45], beim „gedanklichen Mitläufer" oder dem Opfer einer Gehirnwäsche[46], beim zwanghaften Willen[47], beim Unbeherrschten[48] und schließlich bei dem, der äußerem Zwang, etwa einer Erpressung ausgesetzt ist[49]. In all diesen Fällen ist nicht der freie Wille am Werk und deshalb machen wir die Betroffenen für ihr Tun auch nicht moralisch verantwortlich. Wir empfinden ihr Tun auch nicht als moralische Verletzung – nicht weil ihr Tun so wäre, dass es nicht als moralisch verletzend empfunden werden könnte, sondern weil wir bei ihnen selbst oder bei den Umständen die Bedingungen für eine moralische Verletzung nicht als erfüllt betrachten. Bieri hat stärker die juristische Bewertung im Blick, doch der Grundgedanke ist der gleiche:

> „Wenn wir sie zunächst [d.h. in Unkenntnis ihrer Willensunfreiheit] als Personen betrachtet haben, die es zu bestrafen gilt, so werden wir sie am Ende als Menschen sehen, die man heilen muß. Statt ins Gefängnis kommen sie in die Klinik. Damit haben wir ihnen gegenüber den Standpunkt der normativen Beurteilung aufgegeben und durch den Standpunkt der kausalen Erklärung und Beeinflussung ersetzt."[50]

Auf die moralische Ebene übertragen heißt dies: Wenn wir sie zunächst als Personen betrachtet haben, von denen wir Reue erwarten und die für Vergebung in Frage kommen, so werden wir sie am Ende als Menschen sehen, deren Verhalten es zu entschuldigen und für die mit Blick auf die Zukunft Vorkehrungen zu treffen gilt.

Umgekehrt ausgedrückt: Für Vergebung in Frage kommt nur ein unmoralisches Tun, das von einer Person begangen wurde, die aus freiem Willen und damit in moralischer Verantwortung handelte.

---

[43] Ebd., 159.
[44] Ebd., 84ff.
[45] Ebd., 90ff.
[46] Ebd., 93ff.
[47] Ebd., 96ff.
[48] Ebd., 107ff.
[49] Ebd., 110ff. „Der innere Zwang bedeutet, daß mit *mir* etwas nicht in Ordnung ist; im äußeren Zwang sehen wir etwas, das mit der *Welt* nicht in Ordnung ist" (ebd., 119).
[50] Ebd., 205.

6.4 Betroffenheit und Übelnehmen

Dies gilt für die Seite der Vergebung empfangenden Person. Auf der anderen Seite steht die Vergebung gewährende Person, und auch hier ist eine wichtige Bedingung zu nennen: Vergebung kann nur gewähren, wer von der moralischen Verletzung betroffen ist und sie übelnimmt.

Doch wer hat als von einer Tat „betroffen" zu gelten? Nur das unmittelbare Opfer? Oder auch mittelbar Geschädigte? Alle, die dem Opfer nahe stehen und mit ihm mitfühlen? Oder gar alle, die eine Verletzung der akzeptierten moralischen Normen nicht gleichgültig hinnehmen? Gilt die Bedingung der Betroffenheit absolut oder gibt es Ausnahmefälle?

Zur Klärung dieser Fragen untersuche ich zunächst verschiedene Ausformulierungen des Betroffenheitskriteriums (6.4.1), und nehme dann eine systematische Unterscheidung verschiedener Arten von Betroffenheit vor (6.4.2).

6.4.1 Wer ist betroffen?

Peter F. Strawson

Vergebung gehört für Strawson zu den persönlich-reaktiven Haltungen und bezieht sich auf etwas, das ich persönlich übelnehme. Davon zu unterscheiden ist die Ebene der moralisch-reaktiven Haltungen und der selbstreaktiven Haltungen. Die *moralisch-reaktiven Haltungen* sind „Reaktionen auf die Qualität des Willens anderer nicht uns gegenüber, sondern anderen gegenüber"[51]. Strawson nennt sie die „einfühlenden oder stellvertretenden oder unpersönlichen oder unbeteiligten oder verallgemeinerten Analoga der [persönlich-] reaktiven Haltungen"[52]. In Bezug auf das Übelnehmen beschreibt Strawson, wie die moralisch-reaktive Entsprechung aussieht:

> „So sagt man von einem, der das stellvertretende Analogon des Übelnehmens empfindet, er sei empört oder er mißbillige oder er sei moralisch empört oder er mißbillige moralisch. Was wir hier haben, ist sozusagen Übelnehmen im Namen eines anderen, wo das eigene Interesse und die eigene Würde nicht betroffen sind; und es ist dieser unpersönliche oder stellvertretende Charakter der Haltung, die ... ihr das Recht auf die Bestimmung ‚moralisch' gibt."[53]

Dies bedeutet nicht, dass die persönlich-reaktiven oder die selbst-reaktiven Haltungen unmoralisch wären, sondern dass sie als amoralisch oder vormoralisch gesehen werden. Mit dieser Qualifizierung lässt Strawson einen kantischen Hintergrund erkennen. Anders als Kant verbindet Strawson da-

---

[51] STRAWSON, Freiheit und Übelnehmen, 217f.
[52] Ebd., 217.
[53] Ebd., 218.

mit aber nicht eine Wertung, sondern gilt sein Hauptaugenmerk gerade den persönlich-reaktiven Haltungen.

Die *selbst-reaktiven Haltungen* sind „mit Forderungen an einen selbst für andere verbunden", und es gehören dazu

„solche Phänomene ... wie sich gebunden oder verpflichtet fühlen ..., Gewissensbisse empfinden, sich schuldig oder reumütig oder mindestens verantwortlich fühlen und die komplizierten Phänomene der Scham"[54].

Strawson sieht die moralisch- und die selbst-reaktiven Haltungen als „Analogon"[55] oder „Korrelat"[56] der persönlich-reaktiven Haltungen. Welches sind die entsprechenden Analoga der Vergebung? Eine „stellvertretende" Vergebung oder Vergebung „im Namen eines anderen", oder eine Vergebung, die ich mir selber gewähre, vertritt Strawson nirgends – aber ebenso wenig weist er sie als Möglichkeit zurück. Vermutlich würde Strawson dem Betroffenheitskriterium für Vergebung zustimmen und zwar primär im enger verstandenen Sinne als einer *persönlichen* Betroffenheit, welche der Vergebung als einer persönlich-reaktiven Haltung entspricht. Ob Strawson darüber hinaus auch bei einer moralisch- oder selbstreaktiven Haltung von „Vergebung" sprechen würde, muss offen bleiben; in jedem Fall handelte es sich um eine Übertragung, und ich halte es mit Blick auf das von Strawson ausgeführte Beispiel des Übelnehmens bzw. der Missbilligung und Scham für wahrscheinlich, dass er die moralisch- oder selbst-reaktive Entsprechung zur Vergebung nicht „Vergebung" nennen würde.

Aurel Kolnai

Aurel Kolnai unterscheidet drei Arten, wie jemand einer anderen Person Schaden zufügen kann; Kolnai spricht von „hurting", „wrongdoing" und „wronging". Als „hurting" bezeichnet er eine moralisch gerechtfertigte Handlung mit unangenehmen Folgen. Dies ist der schwächste Fall und hier gibt es nichts zu vergeben. Den stärksten Fall nennt er „wronging": „Ralph's hurting Fred illegitimately and behaving immorally towards Fred"[57]. Diese Situation ist „the classic case ... raising the problem of forgiveness"[58], denn Fred ist hier in einem starken Sinn persönlich betroffen von Ralphs Handlung. Zwischen diesen beiden Fällen steht das „wrongdoing": „Ralph commits moral transgressions which do not infringe Fred's rights and are not even indirectly calculated to hurt Fred"[59]. Wenn bei-

---

[54] Ebd., 219.
[55] Ebd., 218.
[56] Ebd., 219.
[57] KOLNAI, Forgiveness, 213.
[58] Ebd., 212f.
[59] Ebd., 212.

spielsweise Ralph einer Fred nahe stehenden Person etwas moralisch Schlechtes tut, handelt es sich dabei um ein „wronging" gegenüber jener Person. Gegenüber Fred, der als Freund mit ihr mitleidet, hat sich Ralph kein „wronging" zuschulden kommen lassen; er hatte nie die Absicht, Fred zu schädigen und wusste vielleicht nicht einmal, dass Fred jener Person nahe steht. Kann von Fred gesagt werden, dass er von Ralphs Handlung „betroffen" und in der Position ist, Vergebung zu gewähren? Kolnais Antwort auf diese Frage ist bewusst vorsichtig formuliert: „Fred is not strictly speaking the victim of an offence and the question of his forgiving or not forgiving does not properly arise."[60] Will Kolnai damit sagen, dass die Reaktion auf ein „wrongdoing" zwar nicht Vergebung im engeren Sinn sei, aber doch Vergebung im übertragenen Sinn – vielleicht ähnlich wie bei Strawsons Unterscheidung der persönlich- und der moralisch-reaktiven Ebenen? Zwei Gründe lassen sich gegen diese Interpretation anführen. Erstens finden wir keine Unterstützung für diese Lesart im weiteren Verlauf von Kolnais Ausführungen; vielmehr konzentriert sich Kolnai ganz auf den „klassischen" Fall von Vergebung, das „wronging". Das macht es wahrscheinlich, dass die vorsichtige Formulierung lediglich bedeutet, dass sich Kolnai nicht endgültig festlegen will. Zum zweiten ist die Unterscheidung zwischen „wronging" und „wrongdoing" eine andere als Strawsons Unterscheidung der persönlich-reaktiven und der moralisch-reaktiven Haltungen. Entscheidend für Strawsons Differenzierung ist die Wirkung einer Tat auf die davon Betroffenen (haben sie selber den Schaden, oder haben sie Mitgefühl mit jemand anderem, der den Schaden hat?), während es bei Kolnais Differenzierung um die Absicht der handelnden Person geht (wen wollte sie mit ihrer Handlung treffen?).

Jeffrie G. Murphy

Unter Berufung auf den Rechtsphilosophen Herbert Morris unterscheidet Jeffrie Murphy zwei verschiedene Arten von Betroffenheit: „Only the immediate victim of crime is in a position to resent a criminal in the first way; all the law-abiding citizens, however, may be in a position to resent the criminal (and thus be secondary victims) in the second way."[61] Diese Differenzierung meint in einer mehr juridischen Formulierung dasselbe wie Strawsons Unterscheidung persönlich-reaktiver und moralisch-reaktiver Haltungen.[62] Was bedeutet sie für die Frage, wer Vergebung gewähren darf? Murphys Verständnis von Vergebung als „overcoming of

---

[60] Ebd.
[61] MURPHY in MURPHY/HAMPTON, Forgiveness and mercy, 16.
[62] Mit dem nicht unwesentlichen Unterschied, dass nach Strawson die moralisch-reaktive Haltung nicht „resentment" heißt.

resentment"[63] legt die Annahme nahe, dass in erster Linie die persönlich Betroffenen Vergebung gewähren dürfen, in zweiter Linie aber auch die moralisch Betroffenen. Doch diese Annahme wird von Murphy nirgends bestätigt. Im Gegenteil: Etwas später nimmt Murphy die oben gemachte Aussage teilweise wieder zurück:

> „To use a legal term, I do not have *standing* to resent or forgive you unless I have myself been the victim of your wrongdoing. I may forgive you for embezzling my funds; but it would be ludicrous for me, for example, to claim that I had decided to forgive Hitler for what he did to the Jews. I lack the proper standing for this. Thus, I may legitimately resent (and hence consider forgiving) only wrong done *to me*."[64]

Hier vertritt Murphy die Auffassung, dass die Reaktion des Übelnehmens und entsprechend auch Vergebung als Überwindung von Übelnehmen nur den persönlich Betroffenen zukommt. Ob es für moralisch Betroffene eine Reaktionsweise analog der Vergebung gibt, dazu äußert sich Murphy ebenso wenig wie Strawson.

Howard J.N. Horsbrugh

Bereits in den einleitenden Bemerkungen seines Aufsatzes hält H.J.N. Horsbrugh fest:

> „Usually it is the forgiver who has been injured; and usually he forgives someone other than himself. ... When these rules are satisfied I shall say that the term ‚forgiveness' is being used in its regular, standard or paradigmatic sense; when they are broken I shall say that it is being used irregularly or anomalously."[65]

Horsbrugh diskutiert in seinem Aufsatz sowohl paradigmatische als auch „irreguläre" Fälle von Vergebung. Aus seiner Besprechung der abweichenden Fälle lässt sich erschließen, wie er das Betroffenheitskriterium versteht.

Zunächst analysiert er Situationen, „in which A talks of forgiving or not forgiving B for some injury that B has inflicted on a third party C"[66]. Horsbrugh unterscheidet zwei Gruppen derartiger Situationen. In der ersten Gruppe unterhält A keine persönliche Beziehung zu C, in der zweiten Gruppe besteht zwischen A und C eine enge Verbindung. In der *ersten* Gruppe lautet Horsbrughs Urteil über A in den Fällen, in denen sich A grundlos mit C identifiziert: „(H)e is misusing the language of forgiveness, and ... his misuse of it is such as to reflect unfavourably on his own moral sensitivity."[67] Sollte A beanspruchen, als *Mensch* von jeder Verletzung

---

[63] MURPHY/HAMPTON, Forgiveness and mercy, 24.
[64] Ebd., 21.
[65] HORSBRUGH, Forgiveness, 269.
[66] Ebd., 274.
[67] Ebd., 274f.

eines anderen Menschen mitverletzt zu sein, weist Horsbrugh diesen Anspruch zurück mit dem Einwand, ein solches Kriterium für Betroffenheit sei all-umfassend und umschließe sowohl Täter als auch Opfer.[68]

Für Horsbrugh steht fest, dass es persönliche Beziehungen gibt, „which make it inevitable that someone other than the immediate victim sustains a serious injury"[69]. In dieser *zweiten* Gruppe von Fällen, wo eine enge persönliche Beziehung zwischen A und C besteht, kommt es darauf an, *wofür* A Vergebung zu gewähren sucht. Vergibt A die Verletzung, die er selbst, durch die Verletzung von B, erlitten hat, dann handelt es sich um „normale" Vergebung. Bedingung dafür ist allerdings „that the first injury must lead to the second, and that the second is sufficiently severe not to be eclipsed by the first"[70]. Wollte A dagegen die Verletzung vergeben, die B erlitten hat, wäre das „absurd and immoral"[71].

6.4.2 Verschiedene Arten von Betroffenheit

Wenn das Betroffenheitskriterium anwendbar sein soll, muss deutlich werden, wer als „betroffen" gelten kann – deutlicher als dies bei den soeben vorgestellten Beiträgen der Fall ist. Zu diesem Zweck diskutiere ich verschiedene Arten von Betroffenheit mit Blick auf die Vergebungszuständigkeit. Ich beginne mit der Unterscheidung persönlicher und moralischer Betroffenheit, die bereits bei Strawson und Murphy eine Rolle spielte.

Persönlich und moralisch

Die Unterscheidung persönlicher und moralischer Betroffenheit entspricht Strawsons Unterscheidung persönlich- und moralisch-reaktiver Haltungen. Wer von einer moralischen Verletzung *persönlich* betroffen ist, kann eine persönlich-reaktive Haltung einnehmen wie die des Übelnehmens. Wenn sich Außenstehende, beispielsweise in der Situation von Passanten oder Zeitungsleserinnen, über eine moralische Verletzung empören, wenn sie sich darüber entsetzen, dass ein Mensch einem anderen Menschen etwas derartiges zufügen kann, wenn sie sich sorgen um die Menschlichkeit oder um die moralischen Grundlagen des gesellschaftlichen Zusammenlebens, dann reagieren auch sie mit einer Betroffenheit, die sich aber von der zuerst geschilderten Betroffenheit unterscheidet. Ihre *moralische* Betroffenheit löst auch bei ihnen eine Veränderung der Haltungen und Gefühle gegenüber der Urheberin der moralischen Verletzung aus, und es kann

---

[68] Horsbrugh scheint Strawsons Kategorien der persönlich- und der moralisch-reaktiven Haltungen nicht zu kennen. Diese erlauben einen differenzierteren Umgang mit A's Einstellung.
[69] Ebd., 275.
[70] Ebd., 276.
[71] Ebd., 275.

auch zwischen ihnen und der Täterin eine moralische Kommunikation oder Interaktion in Gang kommen, die Ähnlichkeiten mit dem Prozess der Vergebung aufweist. Ich halte es jedoch nicht für angemessen, in diesem Zusammenhang von Vergebung zu sprechen. Dazu unterscheiden sich die Gefühle, Haltungen und Reaktionen, die sich aus der moralischen Betroffenheit ergeben, zu stark von jenen, die der persönlichen Betroffenheit entspringen. Zudem berücksichtigt die Frage, wer Vergebung gewähren darf, wieder nur eine Seite, die der Vergebung gewährenden Person(en). Für die andere Seite, die schuldig gewordene Person, stellt sich die Frage anders: An wen sie sich mit ihrer Bitte um Vergebung wenden soll. Hätte sie ihre Bitte an alle – persönlich wie moralisch – Betroffenen, zu richten, würde ihr Unmögliches abverlangt.

Persönliche Betroffenheit ist eine konstitutive Bedingung dafür, Vergebung zu gewähren. Wer ohne persönlich betroffen zu sein, Vergebung (bzw. „Vergebung") gewährt, handelt anmaßend: Er macht von einem Recht Gebrauch, das ihm nicht zukommt. Und er missversteht, worum es in der Vergebung geht: Um die Wiederherstellung einer konkreten moralischen Beziehung zwischen Individuen.

Die Unterscheidung in persönliche und moralische Betroffenheit suggeriert eine Trennschärfe, die sie bei näherem Hinsehen nicht besitzt. Zwar schließt moralische Betroffenheit in vielen Fällen keine persönliche Betroffenheit mit ein, aber persönliche Betroffenheit schließt fast immer moralische Betroffenheit mit ein. Persönliche und moralische Betroffenheit können in beliebigen Mischungsverhältnissen auftreten. Ich kann voller Schmerz darüber sein, was mir angetan wurde, und dabei kümmert es mich vielleicht wenig, dass gleichzeitig auch die moralischen Grundwerte mit Füßen getreten wurden. Das Übelnehmen nimmt dann viel Raum ein, die moralische Empörung hält sich dagegen im Hintergrund. Oder ich kann die persönliche Verletzung relativ gelassen wegstecken, finde die Handlungsweise aber *grundsätzlich* inakzeptabel. Dann bin ich voller moralischer Empörung, das Übelnehmen ist aber nicht besonders ausgeprägt. Diese Mischformen sind indes theoretisch und praktisch unproblematisch. Was sich mit der Unterscheidung von persönlicher und moralischer Betroffenheit vornehmen lässt, ist nicht eine saubere Einteilung der Betroffenen in nur die eine oder nur die andere Kategorie, sondern eine Formulierung der Vergebungszuständigkeit: Nur wer (auch) persönlich betroffen ist, darf in eben dieser Rolle Vergebung gewähren. Vergebung ist nur möglich durch einen persönlich Betroffenen qua persönlich Betroffenen.

Direkt und indirekt

In F.M. Dostojewskijs Roman „Die Brüder Karamasow" schildert Iwan Karamasow eine schreckliche Begebenheit aus der Zeit der Leibeigenschaft: Ein reicher russischer Gutsbesitzer und General besitzt eine Meute von Hunden, mit denen er jeweils zur Jagd reitet. Eines Tages wirft ein achtjähriger Junge, Sohn eines Leibeigenen, beim Spielen einen Stein und verletzt den Lieblingshund des Generals am Bein. Der Junge wird dem General vorgeführt, und vor den Augen der Mutter und des ganzen Hofgesindes hetzt dieser die Hunde auf ihn und lässt sie ihn in Stücke reißen.[72]

Diese Szene wird in der Vergebungsliteratur immer wieder herangezogen als Standardbeispiel für die Unterscheidung zwischen direkter und indirekter Betroffenheit.[73] Der Junge ist vom Handeln des Generals direkt betroffen, die Mutter des Jungen ist indirekt betroffen. Daran knüpft die Frage an, ob nur der Junge als der direkt Betroffene oder auch die Mutter als indirekt Betroffene Vergebung gewähren darf. Und falls die Mutter Vergebung gewähren darf – *wofür* darf sie vergeben? Für das, was ihr als Mutter angetan wurde, oder auch für das, was ihrem Sohn widerfuhr?

Die Unterscheidung zwischen direkter und indirekter Betroffenheit ist auf den ersten Blick einleuchtend und intuitiv gestützt. Dennoch erscheint sie mir bei näherem Hinsehen plötzlich verwirrend. Ist die Mutter indirekt betroffen von dem, was ihrem Sohn angetan wurde oder von dem, was sie als Mutter erleidet? Ist sie von ihrem unsäglichen Mutterleid indirekt betroffen oder nicht doch eher direkt? Woraus ergibt sich der Charakter der Indirektheit – aus der Indirektheit des entstandenen Leides oder aus der Indirektheit der Intention des Handelnden? Aber: Gibt es das überhaupt, indirekte Absichten? Und falls man die Auffassung vertreten wollte, dass die Mutter nur das vergeben darf, was ihr angetan wurde: Wozu braucht es dann noch die Unterscheidung zwischen direkter und indirekter Betroffenheit?

So selbstverständlich die Unterscheidung zwischen direkter und indirekter Betroffenheit gehandhabt und auf die Frage der Vergebungszuständigkeit angewandt wird, so selbstverständlich werden die angeführten Fragen übergangen. Nachfolgend skizziere ich meine Annäherung an ein Verständnis indirekter Betroffenheit.

Wenn wir im Zusammenhang mit der Vergebungszuständigkeit von direkter und indirekter Betroffenheit sprechen, geht es um die persönliche Betroffenheit von einer *moralischen* Verletzung. Was den moralisch verletzenden Charakter einer Handlung ausmacht, ist nicht, dass jemand dabei zu Schaden kommt, sondern dass jemandem eine Botschaft moralischer

---

[72] DOSTOJEWSKIJ, Die Brüder Karamasow, 327f.
[73] Bzw. für die Frage, ob „Third-Party-Forgiveness" möglich und zulässig sei. So z.B. bei HABER (Forgiveness, 44), SHRIVER (An Ethic For Enemies, 63f) und JONES (Embodying Forgiveness, 292).

Geringschätzung mitgeteilt wird. Damit aber von einer Handlung und einer Botschaft die Rede sein kann, müssen sie von einer Person ausgehen, die für ihr Tun moralisch verantwortlich ist. Dies ergibt sich aus dem hier vertretenen Moralverständnis und dem, was im Abschnitt über Schuld (6.3) gesagt wurde.

Wir erhalten von Dostojewskij keinen Hinweis darauf, dass der General aus einem inneren oder äußeren Zwang heraus, unter Hypnose oder einer anderen Einschränkung seiner (notwendig bedingten) Willensfreiheit handelte. Gehen wir also davon aus, dass der General im Vollbesitz seiner Kräfte den von Überlegungen und Absichten geleiteten Entschluss fasste, den Jungen von seinen Hunden in Stücke reißen zu lassen – mit anderen Worten, dass er für sein Tun moralisch verantwortlich ist. Er fasst den Entschluss, er setzt ihn in die Tat um, am Ende stirbt der Junge einen grauenvollen Tod.

Der Junge hätte auf einem Waldspaziergang von einem Rudel hungriger Wölfe angefallen werden können, er hätte ebensoviel Angst ausgestanden und wäre unter ebenso vielen Schmerzen gestorben. Aber es könnte nicht von einer moralischen Verletzung die Rede sein, da in und hinter den Wölfen kein moralisch verantwortlicher Urheber der Tat steht. Hinter den Hunden dagegen steht der General mit seinem Befehl, und sein Handeln drückt grenzenlose Geringschätzung gegenüber dem Leben des Jungen aus. Der Junge ist nicht nur Opfer der Hundeattacke, er ist auch Empfänger der verachtenden Botschaft des Generals. Zweifellos: Es handelt sich um eine moralische Verletzung, und er ist davon persönlich und direkt betroffen.

Ich will mir die unerträglichen Qualen der Mutter, die dem schrecklichen Schauspiel beiwohnte, nicht ausmalen. Ich frage stattdessen, ob ihr Leiden sich „nur" auf die moralische (und physische und seelische) Verletzung ihres Sohnes *bezieht*, oder ob es *selbst* eine moralische Verletzung darstellt. Dazu möchte ich drei Ebenen oder Teilaspekte ihres Leidens unterscheiden. Zum ersten leidet sie mit, weil sie ihr Kind leiden sieht. Sie fühlt seine Angst mit, seine Schmerzen, sie gäbe alles, wenn sie ihm ersparen könnte, was ihm nicht erspart blieb. Das gilt ebenso, wenn sie einen Überfall wilder Wölfe hätte mitansehen müssen. Ihr Mitleiden richtet sich auf dieser ersten Ebene nicht auf das, was den spezifisch moralischen Charakter der Verletzung ausmacht und hat auch selber nicht *per se* den Charakter einer moralischen Verletzung. Der Junge ist direkt betroffen, die Mutter ist indirekt betroffen, aber diese Aussage bezieht sich nur auf die kausale Betroffenheit von einem Ereignis bzw. bestimmten Ereignisfolgen, es ist keine Aussage über die Betroffenheit von einer moralischen Verletzung.

Auf einer zweiten Ebene lässt sich der Mutter Reaktion auf die spezifisch moralische Verletzung des Jungen betrachten. Insofern der Junge die moralische Verletzung wahrnimmt und darunter leidet[74], bzw. insofern die Mutter annimmt, er tue dies, leidet sie auch hier mit ihm mit. Ihr Mitleiden bezieht sich auf eine moralische Verletzung, hat aber dadurch nicht bereits selbst den Charakter einer moralischen Verletzung. Zu dem mütterlichen Mitleiden mit den Leiden ihres Sohnes tritt noch eine weitere Reaktion auf die moralische Verletzung des Jungen: Moralische Empörung über die Menschenverachtung des Generals. Diese Empörung teilen wohl alle Umstehenden mit ihr, und auch als Leserin von Dostojewskijs Roman empfinde ich diese Empörung. Sie gehört jedoch zu den moralisch-reaktiven Haltungen, und nicht zu der persönlichen Betroffenheit, um die es hier geht.

Auf einer dritten Ebene wird der Mutter vielleicht bewusst, dass nicht nur hinter dem Leiden ihres Sohnes, sondern auch hinter ihrem Mutterleid ein moralisch verantwortlicher Urheber steht. Und zwar nicht nur in dem „indirekten" Sinne, dass ihr Mutterleid *Folge* ist einer durch einen moralisch verantwortlichen Urheber begangenen Handlung. Sondern auch in dem „direkten" Sinne, dass derselbe Urheber wissen konnte, dass sein Tun verheerende Auswirkungen haben würde auf jene, die dem Jungen persönlich verbunden sind. Er konnte es wissen, und dennoch gewichtete er seine persönlichen Interessen höher als das Interesse der Mutter. So hat sein Tun auch ihr gegenüber den Charakter einer moralischen Verletzung, für die er die moralische Verantwortung trägt. Ob ihm vor allem daran lag, den Jungen zu strafen (bzw. an dem Jungen die Verletzung seines Hundes zu „rächen") und er dabei das Leiden der Mutter und der übrigen Anwesenden „nur" mit in Kauf nahm, oder ob es ihm in erster Linie darum ging, die Mutter und die übrigen Umstehenden in Angst und Trauer zu versetzen und er den Jungen dazu als Mittel zum Zweck benützte, macht hier keinen grundlegenden Unterschied. In beiden Fällen handelt er sowohl gegenüber dem Jungen als auch der Mutter moralisch verletzend und trägt er dafür die moralische Verantwortung.

Die Mutter fühlt sich somit zu Recht vom Handeln des Generals persönlich betroffen und wir können jetzt auch sagen, im moralischen Sinne *direkt* betroffen. Sie kann auf das Tun des Generals mit Übelnehmen reagieren – genauer gesagt: darauf, was er *ihr* angetan hat. Darauf, was er ihrem Sohn angetan hat, kann sie mit moralischer Empörung, mit Mitleid ihrem Sohn gegenüber, mit Hass und Abscheu gegenüber dem General und vielen weiteren Gefühlen reagieren. Sie kann es ihm jedoch nicht im strengen Sinne übelnehmen, da diese Reaktion ihrem Sohn vorbehalten wäre.

---

[74] Das ist in diesem Fall hypothetisch, da er um sein nacktes Überleben rannte und die physischen und psychischen Aspekte dominierten; in anderen Fällen kann es aber durchaus so sein, dass die moralische Verletzung im Vordergrund steht und sich somit die Reaktion der Mutter hauptsächlich darauf richtet.

Wenn sie ihm aber übelnimmt, was er *ihr* angetan hat, nimmt sie ihm gleichwohl übel, was er ihrem Sohn angetan hat, denn dass er ihren Sohn ermordet hat, ist ja gerade das, was er ihr angetan hat. Wie lässt sich dieses Knäuel entwirren?

Es ist festzuhalten, dass es indirekte Handlungsfolgen gibt, nicht aber indirekte Absichten. Der Tod des Jungen ist eine direkte Handlungsfolge des Befehls des Generals, die Hunde auf den Jungen zu hetzen. Das Leiden der Mutter ist eine indirekte Handlungsfolge: Es folgt nicht direkt aus dem Befehl des Generals, sondern aus dem Sterben des Jungen, welches seinerseits auf den Befehl des Generals zurückgeht. Ob der General die Absicht hatte, den Jungen zu quälen und diese Absicht direkt verwirklichte, oder ob er die Absicht hatte, die Mutter zu quälen, und dieses Ziel mittels indirekter Handlungsfolgen verwirklichte: In beiden Fällen sind seine Absichten sowohl gegenüber dem Jungen als auch gegenüber der Mutter nicht indirekt zu nennen. Wenn er mit der Absicht handelte, den Jungen zu quälen, kann man in Bezug auf die Mutter von Absichten in dem *schwachen* Sinne sprechen, dass die Absicht, sie *nicht* zu quälen zu schwach ist, um Oberhand zu gewinnen über die Absicht, den Jungen (und damit indirekt auch die anderen) zu quälen. Auch hierfür trägt er die moralische Verantwortung.[75]

Von Direktheit oder Indirektheit kann also nur in Bezug auf die Handlungsfolgen, nicht in Bezug auf Handlungsziele oder moralische Verantwortung gesprochen werden. Ob eine Absicht mittels direkter oder indirekter Handlungsfolgen in die Tat umgesetzt wird, macht für die moralische Beurteilung wenig Unterschied. Hingegen machen wir in der Beurteilung einer Tat einen Unterschied, ob ihr eine Absicht im starken oder im

---

[75] Um ein anderes Beispiel anzuführen: Wenn ich mit einem Wagen mit 200 km/h durch ein Dorf rase und dabei jemanden überfahre, mag ich lange beteuern, es sei nicht meine Absicht gewesen, jemanden zu schädigen oder gar diese bestimmte Person zu schädigen, sondern es sei einzig und allein meine Absicht gewesen, den Fahrtwind um die Ohren zu spüren. Deswegen wird niemand daran zweifeln, dass ich moralisch verantwortlich zu machen bin dafür, dass ein Unfallopfer zu beklagen ist. (Vor Gericht würde ich mich wegen grob fahrlässiger oder gar wegen eventualvorsätzlicher Tötung verantworten müssen.) Es stimmt zwar, dass ich nicht die Absicht hatte, jemanden zu schädigen. Aber ich handelte in einer Art und Weise, von der ich wusste, dass sie es nicht unwahrscheinlich macht, dass dennoch jemand zu Schaden kommt. Dieses Wissen wurde nicht handlungswirksam in dem Sinne, dass ich meinen Fuß vom Gaspedal genommen hätte.

Auch hier handelt es sich um „schwache" Absichten im obigen Sinn, wo die Botschaft moralischer Verletzung nicht lautet, dass ich des andern Nachteil will, aber dass ich ihn „fahrlässig" oder „eventualvorsätzlich" oder „gleichgültig" „in Kauf nehme". Absichten im schwachen Sinn und indirekte Betroffenheit von Handlungsfolgen sind nicht miteinander verknüpft: Im Raser-Beispiel ist das Unfallopfer persönlich und (kausal) direkt von meinem moralisch verletzenden Tun betroffen.

schwachen Sinn zugrunde liegt. Vorsätzlich zugefügte Verletzungen verurteilen wir schärfer als fahrlässig oder eventualvorsätzlich verursachte. Bei beiden aber machen wir den Urheber moralisch verantwortlich für sein Tun, und beide erfüllen die Kriterien moralisch verletzender Botschaften.[76] Diese Unterscheidung ist jedoch eine andere als die Frage direkter und indirekter Betroffenheit von den Handlungsfolgen.

Welche Folgen hat dies alles für die Frage nach der Vergebungszuständigkeit? Vergebung gewähren darf nur, wer von einer moralischen Verletzung persönlich betroffen ist. Damit von einer moralischen Verletzung gesprochen werden kann, muss sie absichtlich beigefügt worden sein in zumindest dem schwachen Sinne, dass sie „in Kauf genommen" wurde. Die Botschaft der moralischen Verletzung kann in einer Handlung und deren direkten oder indirekten Handlungsfolgen enthalten sein. Unabhängig davon, ob jemand von direkten oder indirekten Handlungsfolgen betroffen ist, kann er in beiden Fällen nur vergeben, was ihm selbst widerfahren ist. Wenn indirekt Betroffene vergeben wollen, was den direkt Betroffenen angetan wurde, handeln sie anmaßend; wenn sie vergeben, was ihnen selbst angetan wurde, handelt es sich um „normale" Vergebung.[77]

Dostojewskijs Iwan Karamasow ringt mit den Fragen der Gerechtigkeit, der Wahrheit, der Liebe und damit, welches der Platz und die Rolle Gottes ist in einer Welt, in der ein Kind auf diese Weise umgebracht wird.[78] Und er gelangt zur selben Auffassung wie ich sie soeben skizziert habe:

---

[76] Daraus ergibt sich, dass ich im Unterschied zu Kolnai der Auffassung bin, dass sich auch beim „wrongdoing" die Frage der Vergebung sehr wohl „properly" stellt (vgl. KOLNAI, Forgiveness, 212). Nach meiner Lesart stellt Kolnais „wronging" einen Fall moralischer Verletzung auf dem Hintergrund starker Absichten, „wrongdoing" einen solchen mit schwachen Absichten dar. Bei beiden aber handelt es sich um moralisch zu verantwortende und grundsätzlich vergebbare moralische Verletzungen. Seine Beschreibung des „wrongdoing" als „moral transgressions which do not infringe Fred's rights and are not even indirectly calculated to hurt Fred" (ebd.) klingt beinahe zynisch, wenn man sie auf Dostojewskijs Beispiel der Mutter des Jungen anwendet. Es mag sein, dass der General nicht (im starken Sinne) die Absicht hatte, sie zu treffen. Aber zu fragen, ob ein „Recht" der Mutter verletzt wird, wenn ihr Sohn ermordet wird, klingt merkwürdig. Es geht nicht darum, dass sie ein „Recht" hat auf ihren Sohn, sondern dass ihr mit dessen Ermordung ein Leid zugefügt wird, welches kein Mensch einem anderen Menschen zuzufügen moralisch ein Recht hat. (Hier wie in den anderen angeführten Beispielen gehe ich von klaren Fällen aus und nicht von Dilemmasituationen oder Situationen, welche verlangen, etwas Schlimmes zu tun, um etwas noch Schlimmeres zu verhindern.)

[77] Ich schließe mich damit der Auffassung Horsbrughs an (vgl. Kapitel 6.1.4).

[78] „Sie [die Tränen des gequälten Kindes] müssen gesühnt werden, sonst kann es keine Harmonie geben. Womit aber soll man sie sühnen? Ist das überhaupt möglich? Etwa dadurch, daß sie gerächt werden? Doch was soll mir die Rache, was nützt es mir, wenn die Peiniger in die Hölle kommen, was kann die Hölle wiedergutmachen, wenn die Kinder schon zu Tode gequält sind? Und was ist das für eine Harmonie, wenn es noch

„‚Schließlich will ich auch gar nicht, daß die Mutter den Peiniger umarmt, der ihren Sohn von Hunden zerreißen ließ! Sie darf sich nicht unterstehen, ihm zu verzeihen! Wenn sie will, mag sie verzeihen, soweit es sie selber angeht; sie mag dem Peiniger ihr maßloses Mutterleid verzeihen: aber die Leiden ihres zerfleischten Kindes zu verzeihen, hat sie kein Recht; sie darf es nicht wagen, dem Peiniger zu verzeihen, auch wenn das Kind selber ihm verzeihe!'"[79]

Die Konsequenz ist, dass die Ermordung des Kindes *unvergebbar* bleibt – selbst wenn der General einen vollständigen Gesinnungswandel durchmachen und von quälender Reue heimgesucht werden sollte. Und wieder ist zu betonen, dass es nicht um Hartherzigkeit oder einen moralischen Rigorismus geht. Denn es ist niemand da, der dem General die Vergebung für die Ermordung des Jungen *verweigerte*, und darum als hartherzig bezeichnet werden könnte. Und es ist auch niemand da, der dem General die Vergebung überhaupt verweigern *könnte*, denn dies setzte voraus, dass es jemand wäre, der auch Vergebung gewähren könnte. Der einzige, der das hätte tun können, ist tot – durch des Generals Verschulden.[80] Es gehört zu den natürlichen Konsequenzen des Handelns des Generals, dass niemand da ist, der ihm seine Tat vergeben könnte.

Ausnahmen vom Betroffenheitskriterium?

Wie verhält es sich, wenn die von der moralischen Verletzung betroffene Person ohne Verschulden des Täters abwesend oder unerreichbar ist – wenn sie verreist oder dement geworden oder eines natürlichen Todes gestorben ist? Gilt auch dann die Behauptung, dass die Tat unvergebbar ist? Oder gibt es Ausnahmen vom Betroffenheitskriterium? *Anne Minas* vertritt letztere Auffassung. Zwar ist auch sie grundsätzlich der Meinung, dass Vergebung „is appropriately directed only toward actions which have wronged the forgiver"[81]. Aber diese Regel gilt nicht absolut:

„Only in certain restricted cases can one person forgive wrongs to another person by proxy, as it were. Typically this happens only when the forgiver bears a special relationship to the wronged person and the wronged person is dead. I could, for instance, conceivably forgive a wrong done to one of my dead ancestors if my relationship to him/her were such that if I were not to forgive the action, it would never be forgiven."[82]

Minas' Bedingung, dass die vergebende Person in einer engen Beziehung zur von der moralischen Verletzung betroffenen Person stehen muss, ist

---

eine Hölle gibt? Ich will verzeihen und umarmen, ich will nicht, daß noch gelitten wird." DOSTOJEWSKIJ, Die Brüder Karamasow, 330.

[79] Ebd., 331.

[80] Die Sachlage ist damit ähnlich, wie wenn ein Mann aus Eifersucht seine Verlobte ersticht: Dass sie ihn nach dieser Tat nicht heiratet, hat nichts damit zu tun, dass sie nachtragend wäre, sondern dass sie nicht mehr in der Lage ist, ihn zu heiraten.

[81] MINAS, God and Forgiveness, 148.

[82] Ebd., 148f.

zugleich eine der Voraussetzungen dafür, dass es sich bei der vergebenden Person um eine (kausal) indirekt betroffene Person handeln kann. Aber das ist nicht Minas' Punkt. Nach ihr braucht keine wie auch immer geartete Betroffenheit der vergebenden Person nachgewiesen zu werden, sondern ihre enge Beziehung zur persönlich betroffenen Person genügt.

Unter Berücksichtigung des Betroffenheitskriteriums müssen Taten unvergebbar bleiben, wenn die betroffene Person nicht mehr in der Lage ist zu vergeben. Diese Konsequenz erscheint Minas unerträglich hart, und deshalb formuliert sie einen Ausweg. Doch das Problem ist damit nicht gelöst. Denn angenommen, die betroffene Person unterhielt keine „special relationship", sondern lebte als alleinstehender, eigenbrötlerischer Kauz, dann wäre die Tat wiederum unvergebbar. Die Vergebbarkeit einer Tat davon abhängig zu machen, ob die betroffene Person enge Beziehungen pflegte, erscheint mir weitaus unbefriedigender als sie davon abhängig zu machen, dass die betroffene Person selbst in der Lage ist, Vergebung zu gewähren. Außerdem impliziert Minas' Vorschlag ein Verständnis von Schuld und Vergebung, das sich mit meinem nicht in Einklang bringen lässt.[83] Entweder sieht sie Schuld als etwas beinahe Objekthaftes, etwas, das auf der schuldig gewordenen Person lastet und durch Vergebung weggenommen wird. Oder es sind die Schuldgefühle, welche auf der schuldig gewordenen Person lasten und von welchen diese durch die Vergebung erleichtert wird. In beiden Fällen wäre es möglicherweise denkbar, dass jemand anderes als die persönlich betroffene Person der schuldig gewordenen Person die gewünschte Erleichterung verschafft. Mein Verständnis von Schuld und Vergebung ist davon grundlegend unterschieden. Ich sehe Schuld als moralische Verletzung einer Person und damit zugleich als Verletzung der moralischen Beziehung zwischen dem Urheber und der Empfängerin der moralisch verletzenden Botschaft. Diese Beziehung kann nicht stellvertretend durch jemand anderen wiederhergestellt werden, denn wenn die betroffene Person abwesend oder gestorben ist, dann existiert die Beziehung nicht mehr[84], unabhängig davon, wie sich andere Personen zu einer zurückliegenden moralischen Verletzung stellen mögen. Als jemand, die der betroffenen Person nahe stand, könnte ich dem reuigen Urheber der moralischen Verletzung bezeugen, dass ich seine Reue für echt halte, an seiner moralischen Integrität keinen Zweifel habe und annehme, die betroffene Person, wäre sie noch am Leben, würde ihm die Vergebung nicht vorenthalten. Möglich, dass ihm dies Erleichterung verschafft, wenn Schuldgefühle ihn bedrängen. Aber Vergebung ist das nicht.

---

[83] Explizit legt sie sich auf kein Vergebungsverständnis fest, sondern versucht eine Entscheidung darüber, was Vergebung sei, in ihrem ganzen Aufsatz offen zu lassen.

[84] Jedenfalls nicht mehr als *wechselseitige* Beziehung, was für den *Beziehungs*charakter maßgebend ist.

Während Minas lediglich eine restriktive Ausnahmeregelung vom Betroffenheitskriterium formuliert, stellt William R. *Neblett* in seinem Aufsatz „Forgiveness and Ideals" dieses überhaupt in Frage: „(T)here is ample reason to doubt whether this ‚right' [to forgive] is always the exclusive property of the injured party"[85]. Die Fälle, welche Neblett anführt[86], um zu zeigen, dass auch andere als nur persönlich Betroffene vergeben können, sind indes wenig überzeugend. Im ersten Fall gibt es mehrere Betroffene, und eine der betroffenen Personen vergibt, was allen widerfahren ist. Entweder tut sie dies im Einverständnis und Auftrag aller – dies ist vom Betroffenheitskriterium her gesehen unproblematisch. Oder sie tut es eigenmächtig und handelte damit meines Erachtens anmaßend. Der zweite Fall entspricht demjenigen, den auch Minas diskutiert: Der persönlich Betroffene ist nicht in der Lage zu vergeben, und jemand anderes vergibt an seiner Statt, ohne vom Betroffenen dazu beauftragt worden zu sein. Neblett macht ein enges Verhältnis zwischen der vergebenden und der betroffenen Person nicht ausdrücklich zur Bedingung, in seinem Beispiel aber vergibt eine Tochter an ihrer Eltern Statt. Dieser Fall wurde oben bereits besprochen. Zum dritten nennt Neblett „the role of judges, priests, and even petty officials"[87], welche die amtliche Bevollmächtigung besäßen zu vergeben, was nicht ihnen selbst widerfahren sei. Hierzu ist anzumerken, dass Richter und Amtspersonen *nicht* Vergebung gewähren[88], sondern beispielsweise eine Strafmilderung aussprechen. Bei der priesterlichen oder seelsorgerlichen Vergebung spricht dagegen tatsächlich jemand die Vergebungszusage aus, der von der Verletzung nicht persönlich betroffen ist. Er tut dies nicht eigenmächtig und anmaßend, sondern in Gottes Namen und Auftrag spricht er Vergebung zu für eine Verletzung der Beziehung zwischen Gott und Mensch (Sünde), nicht aber für eine Verletzung der Beziehung zwischen Menschen (Schuld).[89] Somit liegt auch hier keine Ausnahme vom Betroffenheitskriterium vor.

Die angeführten Fälle bauen auf problematische Hintergrundüberzeugungen Nebletts auf: Er ist der irrigen sprachphilosophischen Auffassung, dass alles, was Vergebung genannt wird, auch Vergebung genannt zu werden verdient. Damit ist jede Möglichkeit von Sprachkritik zum vornherein ausgeschaltet. Neblett verzichtet darüber hinaus auch auf jede Sachkritik: Wenn irgendjemand irgendetwas tut und sein Tun Vergebung nennt, dann ist das, was er getan hat, Vergebung. „Vergibt" er etwas, von dem er selbst nicht betroffen ist, dann ist das Beweis genug, dass auch Nichtbetroffene

---

[85] NEBLETT, Forgiveness and Ideals, 271.
[86] Ebd., 270.
[87] Ebd.
[88] Vgl. Kapitel 1.2.
[89] Vgl. Kapitel 3.3.

vergeben können. Es ist weder möglich, sein Recht dazu in Frage zu stellen, noch anzuzweifeln, dass es sich bei dem, was er getan hat, um Vergebung handelt.

Anders als Minas oder Neblett macht sich Martin P. *Golding* für eine Vergebung durch die persönlich Betroffenen stark. Wenn die Täterin Reue („regret") zeigt und – sofern möglich – Wiedergutmachung leistet für den von ihr angerichteten Schaden, dann ist es angemessen, wenn die nicht persönlich Betroffenen nicht länger entrüstet sind – aber das ist nicht gleichbedeutend damit, dass sie vergeben. Vergebung durch nicht persönlich Betroffene ist nicht nur nicht möglich, sie ist auch aus moralischen Gründen abzulehnen: „(S)ecuring the victim's forgiveness, where it is possible to secure it, is a necessary part of moral regeneration [der Täterin]"[90]. Auch wenn ich Goldings Vergebungsverständnis nicht in allen Punkten teile: In dieser Frage bin ich ganz seiner Meinung. Damit ist auch gesagt, dass ich das Betroffenheitskriterium so verstehe, dass nur persönlich Betroffene Vergebung gewähren dürfen, und dass es keine Ausnahmen von dieser Regel gibt.

Stark und schwach

Ob jemand von einer moralisch verletzenden Handlung persönlich oder moralisch, (kausal) direkt oder indirekt betroffen ist, sagt noch nichts aus über den Schweregrad der erlittenen Verletzung. In den allermeisten Fällen wird es so sein, dass persönliche Betroffenheit schwerer wiegt als moralische, da die Verletzung bei persönlich Betroffenen tiefere und schmerzhaftere Wunden hinterlässt. Es mag Fälle geben, wo persönlich Betroffene die erlittene Verletzung als vernachlässigbar empfinden (etwa weil die Umstände das Schlimmste verhinderten), sie die Tat aber wegen deren prinzipieller Verwerflichkeit dennoch aufs schärfste verurteilen. Letzteres tun sie aus moralischer Betroffenheit; diese wäre in einem solchen Fall stärker als die persönliche Betroffenheit. Da aber bei persönlich Betroffenen im Allgemeinen die persönliche Betroffenheit und die moralische Betroffenheit miteinander einhergehen, sind die persönlich Betroffenen dennoch stärker betroffen als jene, deren moralische Betroffenheit nicht mit persönlicher Betroffenheit gepaart ist.

In Bezug auf die kausalen Handlungsfolgen werden die direkt Betroffenen oftmals in einem stärkeren Ausmaß betroffen sein als die indirekt Betroffenen. Das ist aber nicht notwendig so. Bei der von Iwan Karamasow geschilderten Szene will ich nicht entscheiden, wem von beiden – dem Jungen oder seiner Mutter – mehr Leid zugefügt wurde. Wie die kausalen Handlungsfolgen können auch moralische Verletzungen stärker oder

---

[90] GOLDING, Forgiveness and Regret, 133.

schwächer sein. Ihre Stärke hängt einerseits von der (angenommenen) Willensrichtung des Handelnden ab: Wollte er mich gezielt schädigen oder war sein Handeln derart, dass nicht ausgeschlossen werden konnte, dass dabei jemand zu Schaden käme? Drückte sein Handeln eine geringfügige Bevorzugung eigener Interessen vor denen anderer aus, oder drückte es uneingeschränkte Selbstüberhebung und Verachtung anderer aus? Andererseits kann die Stärke moralischer Verletzungen auch nach ihren Auswirkungen auf die „Empfängerseite" bemessen werden: Eine moralisch verletzende Botschaft entfaltet möglicherweise eine äußerst schwache Wirkung, da ich gar nicht verstehe, dass ein bestimmtes Handeln eine solche Botschaft enthielt. Oder ich betrachte den Handelnden als jemanden, dessen moralisches Urteil irrelevant ist; im Extremfall begegne ich ihm mit einer objektiven Haltung. Oder ich besitze ein Selbstwertgefühl, das entweder derart unterentwickelt oder derart übersteigert ist, dass es immun ist gegen jegliche Fremdeinflüsse. Umgekehrt kann eine moralische Verletzung eine besonders starke Wirkung hervorrufen in einem Moment, wo mein Selbstwertgefühl schwankend ist und durch die Verletzung ganz zu Boden geworfen wird.

Es versteht sich von selbst, dass sich die Stärke oder Schwäche der Verletzung nicht exakt ermitteln lässt. Ebenso wenig lässt sich eine abstrakte Grenze angeben, wie stark eine Verletzung sein muss, damit Vergebung eine angemessene Option darstellt. Da aber Vergebung ein aufwendiges Verfahren ist in dem Sinne, dass es beiden Seiten viel abverlangt, kommt es vornehmlich bei stärkeren Verletzungen zum Zuge.[91] Bei schwächeren Verletzungen sind wir eher bereit, mit einer Haltung duldenden Verzeihens darüber hinwegzugehen. Bei schwächeren Verletzungen ist dieses Vorgehen auch moralisch akzeptabel, wohingegen es dies bei starken moralischen Verletzungen nicht ist.

Individuell und kollektiv

Das bisher entwickelte Vergebungsverständnis baut auf einem bestimmten Verständnis moralischer Beziehungen zwischen *Individuen* auf. Auch wo eine moralisch verletzende Handlung mehrere Urheber hat oder wo es mehrere Betroffene gibt, werden sie als eine Mehrzahl von Individuen, nicht als ein Kollektiv gesehen.

---

[91] Der Frage nach dem Schweregrad der Verletzung wird im Allgemeinen kaum Beachtung geschenkt. Eine Ausnahme bildet der Aufsatz von SCOBIE/SCOBIE, Damaging Events, worin sie, allerdings ohne den spezifischen Charakter *moralischer* Verletzung zu berücksichtigen, festhalten: „To summarise, a distinction must be drawn between behaviour which is trivial or minor and behaviour which results in damage, or severe damage, only the latter requires forgiveness" (ebd., 392).

Was aber, wenn den Betroffenen die moralische Verletzung nicht als Individuen, sondern als Angehörigen eines bestimmten Kollektivs gilt? Wenn mir Verachtung entgegenschlägt nicht für das, was ich bin und tue, sondern einzig und allein deswegen, weil ich einer bestimmten Gruppe zugerechnet werde? Es scheint mir plausibel, dass ich Vergebung gewähren darf – doch wofür? Für das was mir angetan wurde oder auch für das, was den anderen Mitgliedern meines Kollektivs angetan wurde? Letzteres erscheint anmaßend, ersteres nicht wirklich befriedigend, da es ja nur „zufällig" mich getroffen hat. Entsprechende Fragen stellen sich da, wo wir die Urheber der moralischen Verletzung nicht als individuelle Täter, sondern als Mitglieder eines Kollektivs sehen. Gibt es kollektive Schuld? Und wem habe ich als Betroffene Vergebung zu gewähren – dem Einzelnen, der die moralisch verletzende Handlung mir gegenüber zur Ausführung brachte oder dem Kollektiv, welches den Nährboden für die Tat abgibt und das Räderwerk moralisch verletzenden Tuns am Laufen hält?

Die Fragen sind komplex, die Abhandlungen über kollektive Schuld und Verantwortung zahl- und umfangreich. Ich beschränke mich darauf, die Leitplanken meiner Überlegungen zu skizzieren.

Ich halte es für unbestreitbar, dass eine rein individuenzentrierte Sichtweise von Schuld oder Betroffenheit in gewissen Fällen verengt und unangebracht ist. So wäre es merkwürdig, den Holocaust vornehmlich unter dem Gesichtspunkt zu betrachten, was ein Individuum A einem anderen Individuum B angetan hat, unter Absehung der Tatsache, dass A Angehöriger der deutschen Wehrmacht ist und B ein Ostjude. Genauso merkwürdig fände ich es allerdings auszublenden, dass die Greueltaten der Nazis nicht einfach von „den Nazis" oder gar „den Deutschen" ausgeführt wurden, sondern dass hinter diesem Sammelbegriff eine große Anzahl von Individuen stand mit ihrer je individuellen Geschichte der Verblendung und Verstrickung, mit der sie nach dem Krieg, sofern sie ihn überlebt hatten, auch als Individuen ins Reine zu kommen versuchen mussten. Und ebenso waren zwar „die Juden" (und andere Menschengruppen) erklärtes Ziel von Hitlers Vernichtungsprogramm, aber wer die Folgen zu tragen hatte, waren wiederum Menschen, die nicht nur als Angehörige eines Kollektivs, sondern auch als Individuen davon getroffen wurden.

Der Unterschied zur rein individuellen Schuld oder Betroffenheit ist unter anderem darin zu sehen, dass die Gruppe der kollektiv Schuldigen oder Betroffenen größer ist als die Gruppe der unmittelbar handelnd oder erleidend in das Geschehen Involvierten. So gab es Deutsche, die Hitler und seine Machenschaften ablehnten, oder gar im Widerstand organisiert waren, die aber dennoch *als Deutsche* mit dem Gefühl der Scham zu kämpfen hatten. Oder es gab Juden, die mitsamt ihren Familien in Amerika in Sicherheit lebten, die sich aber dennoch *als Juden* vom Holocaust betroffen fühlten: Nicht nur moralisch, und auch nicht nur individuell-persönlich im Sinne einer Angst vor den persönlichen Konsequenzen eines allfälligen militärischen Sieges Deutschlands über den Rest der Welt, sondern eben kollektiv im Sinne einer Identifizierung mit den unmittelbar Betroffenen.

Auch moralische Betroffenheit lebt von der Identifizierung nicht unmittelbar Betroffener mit den unmittelbar Betroffenen. Als moralisch Betroffene identifiziere ich mich mit dem persönlich Betroffenen als Menschen (oder als Person); sein und mein Menschsein (oder Personsein) ist die relevante Verbindung.[92] Bei kollektiver Betroffenheit ist es nicht das Menschsein als solches, das verbindet, sondern sind es enger eingrenzende Eigenschaften wie die Zugehörigkeit zu einer Nation, einer Ethnie, einer Religionsgemeinschaft usw. Bildlich ließen sich persönliche, kollektive und moralische Betroffenheit als konzentrische Kreise darstellen, in deren Mitte das Individuum mit seiner persönlichen Betroffenheit steht, weiter außen folgt der Kreis der kollektiv Betroffenen, den Angehörigen einer bestimmten Menschengruppe, und schließlich der Kreis der moralisch Betroffenen, also (potenziell) aller Menschen. Der äußerste Kreis markiert größtmögliche Allgemeinheit, der innerste Kreis größte Individualität. Der dazwischenliegende Kreis, oder besser gesagt: die Vielzahl dazwischenliegender Kreise kollektiver Betroffenheit – denn wir sind immer Angehörige einer Vielzahl von Kollektiven unterschiedlicher Art – führen immer näher an das Individuum heran, ohne es jedoch ganz zu erreichen. Ist damit moralische Betroffenheit nur der äußerste Kreis kollektiver Betroffenheit? Dem ist so, doch es gibt einen moralisch relevanten Unterschied zwischen moralischer Betroffenheit und kollektiver Betroffenheit. Menschsein oder Personsein als Kriterium der Zugehörigkeit zur Gruppe moralisch Betroffener ist zugleich ein Kriterium bei der moralischen Beurteilung des Handelns: Wenn ein Handelnder A sein Opfer B erschlägt, reagiere ich darauf mit moralischer Empörung, da ich der Auffassung bin, dass man einen Menschen nicht erschlagen darf. Erschlägt A eine Mücke, die auf seinem Arm dazu ansetzt, Blut zu saugen, reagiere ich nicht mit Empörung, da die Mücke das Kriterium der Personalität nicht erfüllt. Erschlägt A dagegen eine Jüdin, reagiere ich wie im ersten Fall, und zwar unabhängig davon, ob ich selber Jüdin bin oder nicht: Ich bin moralisch empört – nicht deshalb, weil ich der Auffassung wäre, dass man Jüdinnen nicht erschlagen darf, weil (oder obwohl) sie *Jüdinnen* sind, sondern weil ich der Auffassung bin, dass man Jüdinnen nicht erschlagen darf, weil sie *Menschen* sind.

Um beim Bild der konzentrischen Kreise zu bleiben: Beim Individuum, seiner individuellen Schuld oder Betroffenheit liegt das Zentrum dessen,

---

[92] Die gleiche Eigenschaft verbindet mich allerdings auch mit dem Täter, und tatsächlich gibt es nicht nur eine moralisch-reaktive Entsprechung zur persönlich-reaktiven Haltung des Übelnehmens, sondern auch zur Scham.

was wir unter Schuld, Verantwortung oder Betroffenheit verstehen. Wenn wir von kollektiver Schuld, Verantwortung oder Betroffenheit sprechen, weiten wir die Begriffe aus, verlassen das paradigmatische Verständnis, und ähnliches gilt, wenn wir von moralischer Betroffenheit[93] sprechen.

Ich bin der Auffassung, dass die Begriffe Schuld und Verantwortung, Scham und Reue, Betroffenheit, Übelnehmen und Vergebung im Bereich moralischer Beziehungen von *Individuen* beheimatet sind. Man kann sie auf den Bereich der Beziehungen zwischen Kollektiven übertragen, aber sie erfahren dabei eine spezifische Ausweitung und Bedeutungsverschiebung.

Wenn man von kollektiver Vergebung sprechen will, dann gelten hier die entsprechenden Bedingungen individueller Vergebung: Vergeben darf nur dasjenige Kollektiv, das von einer moralischen Verletzung kollektiv betroffen ist, und nur demjenigen, der als moralisch verantwortlicher (individueller oder kollektiver) Urheber der moralischen Verletzung diese bereut und davon Abstand nimmt. Auf die Vielzahl sich dabei stellender Probleme werde ich nicht weiter eingehen. Zum ersten sind nicht kollektive Schuld und Vergebung, sondern individuelle Schuld und Vergebung das Thema dieser Untersuchung. Zum anderen bin ich der Überzeugung, dass der Prozess der moralischen Wiederannäherung zwischen Kollektiven weit öfter als ein Prozess gegenseitiger *Versöhnung* denn als Akt der Vergebung zu beschreiben ist. Innerhalb dieses Prozesses bleibt aber die Vergebung von Individuen an Individuen weiterhin möglich und nötig, wenn auch nur für das, was zu ihnen als Individuen gehört und nicht für das Ganze kollektiver Schuld und Betroffenheit.

Mit dem Problemkreis kollektiver Schuld und Vergebung verwandt, wenngleich von ihm unterschieden ist die Frage nach *systemischer oder struktureller Schuld und Vergebung*. Während bei der kollektiven Schuld und Vergebung immer noch Personen am Werk sind, wenn auch ihre Bedeutung als Individuen in den Hintergrund gerückt ist, lassen sich bei struktureller Schuld keine Urheber identifizieren. Meines Erachtens kann hier nicht einmal mehr ein (sinnvoller) metaphorischer Gebrauch von den Wörtern Schuld und Vergebung gemacht werden. Der Umgang mit diesen Zuständen lässt sich definitiv nicht mehr im Kontext dessen, was Strawson als reaktiver Haltungen beschrieben hat, verstehen, sondern ähnelt viel mehr der objektiven Haltung, mit welcher wir manipulierend, verändernd und gestaltend auf eine Situation einwirken.

---

[93] Moralische Schuld und Verantwortung haben eine eigene Bedeutung und sind nicht Ausweitungen des Begriffs individueller Schuld und Verantwortung.

Selbstvergebung

Als letztes ist die Betroffenheit der handelnden Person von ihrer eigenen Handlung in Betracht zu ziehen. Im Falle der moralischen Verletzung stellt sich damit die Frage, ob es so etwas wie Selbstvergebung geben kann, ob also die verletzende und die vergebende Person numerisch identisch sein können.

Horsbrugh[94] unterscheidet zwei verschiedene Muster von Selbstvergebung. Vergibt sich jemand für eine selbst beigefügte Verletzung des Selbstwertgefühls, bei der niemand anderer zu Schaden kam, so handelt es sich grundsätzlich um einen unproblematischen Fall von Vergebung. Aber diese Situation ist nach Horsbrugh selten. Viel öfter kommt die Rede von der Selbstvergebung zur Anwendung, wo das Selbstwertgefühl gelitten hat aufgrund der Tatsache, dass ich mich *anderen* gegenüber schäbig verhalten habe. Diese Konstellation lässt sich verstehen in Anlehnung an Vergebung durch Personen, die dem unmittelbaren Opfer nahe stehen. Denn in diesem wie in jenem Fall lässt sich sagen, dass die Verletzung des unmittelbaren Opfers die Verletzung weiterer Personen mit sich zieht, sei es nun des Täters oder sei es der Angehörigen des Opfers. Und hier wie dort gilt, dass diese nur ihre eigene Verletzung vergeben dürfen, nicht aber die anderer Betroffener.

Mit Horsbrugh ist festzuhalten, dass Selbstvergebung die Vergebung durch andere Betroffene niemals ersetzen, sondern allenfalls ergänzen kann; mit anderen Worten, dass auch in der Selbstvergebung die vergebende Person nur die Verletzung vergeben kann, von der sie selbst betroffen ist. Damit entgeht die Selbstvergebung dem oft zu hörenden Einwand, moralisch bedenklich zu sein, eine bequeme Ausflucht für den Urheber einer moralischen Verletzung, der sich nicht der Auseinandersetzung mit den Betroffenen stellen will. Ganz im Gegenteil stellt sich der Urheber der moralischen Verletzung nicht nur der Auseinandersetzung mit den anderen Betroffenen, sondern auch mit dem Betroffenen in seiner eigenen Person. Doch wie ist das zu verstehen? In welcher Weise ist er selbst als Betroffener zu sehen und wie kann Vergebung in diesem Zusammenhang erfolgen?

In einem Aufsatz mit dem Titel „Self-Forgiveness and Self-Respect" entwickelt Robin S. Dillon ihre Gedanken zur Selbstvergebung, die weitgehend in Entsprechung stehen zu meinem Konzept interpersonaler Vergebung. Selbstvergebung reagiert auf eine Verletzung der Selbstachtung, die man sich selbst zugefügt hat.[95] Die Selbstachtung leidet, wenn ich mich andern gegenüber moralisch verletzend verhalte, mich aber gleichzeitig

---

[94] HORSBRUGH, Forgiveness, 276f.
[95] DILLON, Self-Forgiveness and Self-Respect, 65: „Self-forgiveness is thus a matter of addressing damaged self-respect."

selber als moralische Person sehen möchte.⁹⁶ Die Selbstvergebung reagiert aber nie auf die mir zugefügte Verletzung allein: „(D)oing wrong is not sufficient to call for forgiveness. ... Self-reproach is required."⁹⁷ Zum „Selbst-Tadel" gehört die Scham darüber, „that I could have been the sort of person who performed the acts for the reasons that I did and fear that the seeds of such a person might still remain within me"⁹⁸. „Self-reproach" hat eine ausgesprochen positive Funktion: „It can be a survival strategy, a way of preserving moral self-identity and a sense of responsibility in the face of evidence suggesting indecency and irresponsibility."⁹⁹

Selbstvergebung überwindet den Selbst-Tadel; aber das ist nicht zu verstehen im Sinne seiner Aufgabe oder Auslöschung, sondern in dem Sinne, dass der Selbst-Tadel nicht mehr bestimmend ist.¹⁰⁰ „Self-forgiveness does

---

⁹⁶ Ebd., 67: „Our moral self-conception, which contains both moral and nonmoral ideals we aspire to and standards we hold ourselves to, forms one part of our moral self-identity; the other part is our representation to ourselves of how we stand in light of it. Our view of ourselves, that is, is always double: we see ourselves both as we think we are and as we would have ourselves be. The negative stance arises when this view is incoherent, when one's acutal self (as one sees it) clashes with one's normative self-conception."

⁹⁷ Ebd., 58. Dillon ergänzt, dass „wrongdoing" nicht nur keine hinreichende, sondern auch keine notwendige Bedingung von Selbstvergebung sei (ebd., 59): „The second thing to note is that wrongdoing is not all that might call for self-forgiveness. Wrong feeling, wishing, wanting, thinking, reacting, and especially wrong *being* may bring it into play as well." Dies lässt sich von meinem Verständnis moralischer Verletzung her leicht erklären. Denn die moralische Verletzung liegt ja nicht in dem für die andere Person entstandenen physischen oder psychischen oder materiellen oder wie auch immer gearteten Schaden als solchem, sondern in der darin enthaltenen Botschaft der moralischen Abwertung. In Fällen, wo die moralisch verletzende Haltung sich nicht in Worten oder Handlungen bzw. Unterlassungen, sondern erst in Gefühlen, Gedanken oder Wünschen äußert, die für das betroffene Gegenüber nicht einsehbar sind, kann nicht von einer Botschaft an den andern gesprochen werden. Aber die Person, welche die moralisch verletzenden Gefühle, Gedanken oder Wünsche hegt, kann gleichwohl die Diskrepanz zwischen ihnen und ihrem Selbstbild als moralisch integrer Person wahrnehmen und eine Verletzung ihrer Selbstachtung davontragen.

⁹⁸ Ebd., 63.

⁹⁹ Ebd., 69.

¹⁰⁰ Dillon macht gleich zweimal darauf aufmerksam, dass „to overcome" zwei Bedeutungen hat. Vergebung als „overcoming of resentment" (oder Selbst-Vergebung als „overcoming of self-reproach") kann einmal heißen, Übelnehmen zu eliminieren, ihm abzuschwören; dann sind Vergebung und Übelnehmen miteinander inkompatibel. Oder aber es bedeutet, Übelnehmen zu kontrollieren, sich davon nicht behindern zu lassen; dann brauchen sich Übelnehmen und Vergebung nicht auszuschließen. Viele angelsächsische Überlegungen zur Vergebung nehmen ihren Ausgangspunkt bei den Predigten BUTLERS, worin er Vergebung als „overcoming of resentment" bestimmt (vgl. Kapitel 4, Anmerkung 61). Meistens wird dieses „overcoming" im erstgenannten Sinn verstanden. Dillon weist aber darauf hin, dass es bei Butler eher im zweiten Sinn zu verstehen sei

not require extinguishing all self-reproach, for it is not really about the presence oder absence of negative feelings and judgments; it's about their power."[101] In der Vergebung wird die moralische Beziehung wiederhergestellt, in der Selbstvergebung die moralische Identität. Zu einer intakten moralischen Identität gehört nicht die Abwesenheit oder Leugnung jeglicher vergangener oder gegenwärtiger moralischer Unvollkommenheiten. Die moralische Identität ist vielmehr dann intakt, wenn das Selbstbild und die Wirklichkeit zusammenpassen und wenn die eigenen moralischen Stärken und Schwächen realistisch und angemessen berücksichtigt sind.[102]

„To be self-respecting, such a change in view cannot involve forgetting the past or overturning the judgments about it and about what it means for one's character and self. Self-forgiveness is not a matter of changing one's mind about what happened; it is interpreting one's self differently, because one has reason to do so."[103]

Der paradigmatische Fall von Vergebung ist der, wo eine Person einer anderen für eine zugefügte moralische Verletzung vergibt. Die Selbstvergebung weicht vom paradigmatischen Fall insofern ab, als in ihr Urheber und Betroffener der Verletzung, bzw. die Vergebung gewährende und die sie empfangende Person numerisch identisch sind. Damit nimmt diese Person alle die Haltungen, die sich bei der interpersonalen Vergebung auf zwei Menschen verteilen, selber ein: Sie reagiert mit „Übelnehmen" auf ihre eigene Verletzung, aber auch mit „Reue"; tatsächlich fallen beide zusammen, bzw. sind zwei verschiedene Aspekte derselben selbstreaktiven Haltung, welche Dillon „self-reproach" nennt. Die Selbstvergebung unterliegt aber grundsätzlich den gleichen Bedingungen wie die interpersonale Vergebung, und trägt damit den Namen Selbst*vergebung* zu Recht.

Wer kann Vergebung gewähren?

Als Ergebnis der Unterscheidung verschiedener Arten von Betroffenheit lässt sich in Bezug auf die Vergebungszuständigkeit folgendes sagen:

(vgl. dazu DILLON, Self-Forgiveness and Self-Respect, 55). Sie selbst schließt sich ebenfalls diesem zweiten Verständnis von „overcoming" an (ebd., 75): „We should keep in mind, when thinking of self-forgiveness as an overcoming, that to overcome something is not necessarily to eradicate it. We also overcome things by not letting them cripple or control us, by lessening or constraining their power over us."

[101] Ebd., 83.
[102] Ebd., 75: „The outcome [of ‚transformative self-forgiveness'] is best understood as one in which interpersonal recognition self-respect is intact, agentic and personal recognition self-respect function properly, and evaluative self-respect is appropriate." Als „recognition self-respect" bezeichnet Dillon die kantische Idee der intrinsischen menschlichen Würde, wogegen „evaluative self-respect" in der Beurteilung der eigenen Verdienste (bzw. der Abwesenheit schwerwiegender Mängel) wurzelt. Zu Dillons Unterscheidung verschiedener Aspekte des „recognition self-respect" vgl. ebd., 66.
[103] Ebd., 79.

Vergebung gewähren kann[104], wer von einer moralischen Verletzung persönlich betroffen ist. Er kann diejenige moralische Verletzung vergeben, von der er (moralisch) direkt betroffen ist, unabhängig davon, ob sie ihm mittels direkter oder indirekter Handlungsfolgen zugefügt wurde. Schwache Verletzungen können duldend übergangen werden, bei schwereren Verletzungen hingegen wäre eine solche Duldung ihrerseits moralisch problematisch. Deshalb bietet sich Vergebung insbesondere als Reaktion auf schwerere moralische Verletzungen an, ohne dass sich ein abstrakter „Grenzwert" nennen ließe.

In Bezug auf die Verletzung der eigenen Selbstachtung, die durch das moralische Fehlverhalten entstanden ist, kann sich der Urheber der moralischen Verletzung auch selbst vergeben – in Ergänzung zur, nicht als Ersatz der Vergebung durch die übrigen Betroffenen.

In Bezug auf kollektive oder moralische Betroffenheit oder in Bezug auf Betroffenheit von einer (auch) kollektiv zu verantwortenden Schuld kann von Vergebung nur im übertragenen Sinn gesprochen werden. Der paradigmatische Fall von Vergebung ist die durch ein Individuum eingenommene Haltung gegenüber einem anderen Individuum, das an ihm moralisch verletzend gehandelt und Reue gezeigt hat.

6.4.3 Übelnehmen

Es genügt aber nicht, dass die vergebende Person im genannten Sinn betroffen ist. Sie muss die erlittene Verletzung auch übelnehmen. Wie bereits früher erwähnt[105], handelt es sich beim Übelnehmen um die subjektive Anerkenntnis der objektiven Tatsache der moralischen Verletzung im Sinne persönlicher Betroffenheit. Wer eine moralische Verletzung als Betroffener nicht übelnimmt, sieht sich entweder selber nicht als persönlich Betroffenen oder er erkennt keine moralische Verletzung. Um aber Vergebung gewähren zu können, muss die vergebende Person nicht nur von einer moralischen Verletzung persönlich betroffen *sein*, sie muss sich selbst auch als von einer moralischen Verletzung betroffen *sehen*.[106] Letzteres aber ist nach meiner Definition gleichbedeutend mit Übelnehmen.

---

[104] Es ist nochmals darauf hinzuweisen, dass es sich bei der persönlichen Betroffenheit um eine konstitutive, nicht eine normative Bedingung von Vergebung handelt. Oder wie GINGELL (Forgiveness and Power, 181) sich ausdrückt: „I must emphasize here that the point I am making is a logical and not a moral one. Even if, *per impossible* , it were possible in the primary sense to promise and forgive for other people, one still might have no *moral* right to do so, but this is a different question."

[105] Vgl. den Abschnitt über Übelnehmen in Kapitel 5.1.7.

[106] Selbstverständlich gilt auch die umgekehrte Aussage, dass sie sich nicht als von einer moralischen Verletzung persönlich betroffen sehen, sondern es auch sein muss.

Dieser Auffassung widerspricht Norvin Richards. Er sieht Übelnehmen nur als eine mögliche Reaktion auf eine moralische Verletzung an, neben anderen Gefühlen oder Haltungen wie Verachtung der verletzenden Person, oder Enttäuschung über ihr Verhalten; sein zweiter Einwand ist, dass selbst dort, wo jemand dem Zorn und Hass abschwört, diese Veränderung noch nicht als Vergebung anzusehen ist.[107] Meine Antwort darauf lautet, dass die zuerst genannten Gefühle tatsächlich mögliche Reaktionen auf eine moralische Verletzung sind, dass aber nur dort, wo der *moralisch* verletzende Charakter der Handlung erkannt ist, sie von Übelnehmen begleitet sind. Für sich genommen, können sie Reaktion auf allerlei Arten von Verletzungen und Enttäuschungen sein. Da aber Vergebung sich auf eine *moralische* Verletzung bezieht, muss eine Handlung als solche verstanden sein, und das heißt, wenn es durch einen persönlich Betroffenen geschieht, sie übelnehmen. Meine Antwort auf den zweiten Einwand lautet, dass Zorn und Hass keineswegs Synonyme von Übelnehmen sind. Sie können zwar wiederum Übelnehmen begleiten; aber ihr Vorhandensein hat mit Übelnehmen direkt nichts zu tun, und ihre Überwindung ist für sich genommen nicht Vergebung. Niemand wird Richards widersprechen wollen, dass die Beschreibung „merely move from hating her [d.i. die verletzende Person] to holding her in icy comtempt"[108] als Beschreibung von Vergebung unzureichend ist – aber ich widerspreche, dass es sich dabei um eine Beschreibung von Überwindung von Übelnehmen handle.[109]

Somit ist festzuhalten, dass nur eine Person, welche die Kriterien der persönlichen Betroffenheit von einer moralischen Verletzung objektiv und subjektiv erfüllt, in der Position ist, Vergebung zu gewähren. Die Haltung, welche der subjektiven Anerkenntnis der persönlichen Betroffenheit von einer moralischen Verletzung entspricht, nenne ich Übelnehmen.

---

[107] RICHARDS, Forgiveness, 77f.

[108] Ebd., 78f. Der Auffassung, dass Übelnehmen zu den konstitutiven Bedingungen von Vergebung gehört, widerspricht außerdem SWINBURNE, Responsibility and Atonement, 87: „However, forgiveness does not involve changing any moral judgement, and feelings need not be involved (I can easily forgive that which I do not resent)." Da Swinburne keine Argumente für seine Haltung angibt, ist es auch nicht möglich, sie zu diskutieren.

[109] Ich verteidige damit nicht ein Verständnis von Vergebung, welches Überwindung von Übelnehmen als das Zentrum der Vergebung sieht, sondern weise lediglich darauf hin, dass Richards Argumentation dieses Verständnis entgegen seinen Absichten nicht widerlegt. Was ich positiv verteidige, ist an dieser Stelle einzig, dass Übelnehmen Bedingung dafür ist, Vergebung gewähren zu können.

6.5 Reue und Versöhnlichkeit

6.5.1 Reue als konstitutive Bedingung von Vergebung

Die letzte grundlegende Bedingung von Vergebung, auf die ich eingehen will, ist zugleich die umstrittenste.[110] Reue als Bedingung von Vergebung wird gleich von verschiedenen Warten aus in Frage gestellt. Zunächst einmal wird ihr Charakter als *konstitutive* Bedingung geleugnet; beispielhaft hierfür lässt sich eine psychologische Studie anführen, in welcher festgestellt wird, dass manche Menschen „bedingungslos" Vergebung gewähren, andere hingegen zuerst „acts of contrition" vom Täter verlangen.[111] Für die Verfasser der Studie ist somit selbstredend, „that there is more than one way to forgive others"[112].

Wo Reue als konstitutive Bedingung von Vergebung abgelehnt wird, braucht sie nicht zwingend auch als normative Bedingung zurückgewiesen zu werden. Bereits früher[113] genannt wurde Haber, der Vergebung moralisch nur dann für eine *Tugend* hält, wenn sie auf die Reue des Täters reagiert; er stellt aber nicht in Abrede, dass es sich auch dann um *Vergebung* handelt, wenn der Täter sein Tun nicht bereut. Häufiger jedoch als Habers Position ist die Auffassung anzutreffen, es sei unmoralisch, widersprüchlich, hartherzig oder psychologisch ungesund, Reue zu verlangen.

---

[110] Zu den wenigen, welche keine Hemmung zeigen, den Status von Reue als einer konstitutiven Bedingung von Vergebung deutlich auszusprechen, gehört SWINBURNE in „Responsibility and Atonement", 87: „I suggest that a victim's disowning of a hurtful act is only to be called forgiveness when it is in response to at least some minimal attempt at atonement such as an apology". In abgeschwächter Form wird dies auch von BEATTY (Forgiveness, 247) anerkannt: „Let me move now to the next two elements which constitute the situation out of which forgiveness can arise: an offending person and an offended person. These imply both guilt on the part of the offending person and the confirmation of the guilt by the person before whom the guilty person feels guilty."

[111] „For some individuals, forgiveness is gift-like or unconditional. In this instance, transgressors do not need to do anything before they are forgiven ... In contrast, other people require transgressors to perform acts of contrition ... before they are willing to forgive them ..." (KRAUSE/ELLISON, Forgiveness and Well-Being, 78).

Es wäre zu fragen, ob die „acts of contrition" dasselbe meinen, wie Reue in meinem Vergebungskonzept; ich werde später darauf zurückkommen. Unabhängig von dieser Frage wird aber bereits aus obigem Zitat deutlich, dass es sich nicht um ein Verständnis von Reue oder *contrition* als konstitutiver Bedingung von Vergebung handeln kann, sondern dass es nur um die Frage geht, ob Reue oder *contrition* als normative Bedingung für Vergebung angemessen ist – wobei sich die „Angemessenheit" an der Wirkung aufs Wohlergehen der vergebenden Person bemisst (ebd.): „In particular, we need to know if both ways of forgiving promote well-being, and if they do, whether one approach is more effective than the other."

[112] Ebd.

[113] Vgl. den Abschnitt über Haber in Kapitel 5.2.2.

6.5 Reue und Versöhnlichkeit

Zwei Beispiele sollen stellvertretend für viele stehen. Die vorhin genannte psychologische Studie von *Krause/Ellison* hält als Ergebnis ihrer empirischen Untersuchung fest, „that requiring transgressors to perform acts of contrition is consistently associated with greater psychological distress and diminished feelings of well-being"[114]. Unausgesprochen ergibt sich daraus die Folgerung, nur schon aus Eigeninteresse besser (normativ) „bedingungslos" zu vergeben. In dieser Studie wird davon ausgegangen, dass Reue eine normative Bedingung von Vergebung ist, und die Position vertreten, dass es besser sei, ohne normative Bedingungen zu vergeben.

Noch einen Schritt weiter geht *Horsbrugh*, wenn er die These verteidigt, „that forgiveness is *never* conditional"[115]. Übersetzt in die Terminologie der Unterscheidung konstitutiver und normativer Bedingungen hieße Horsbrughs These, dass die Abwesenheit normativer Bedingungen zu den konstitutiven Bedingungen von Vergebung gehört. Horsbrugh hat bei den normativen Bedingungen ebenfalls insbesondere solche Verhaltensweisen im Blick, die in den Umkreis der Reue gehören (wie beispielsweise die Absicht, etwas nicht wieder zu tun, oder das Angebot, den angerichteten Schaden mildern zu helfen). Daher ließe sich sagen, dass nach Horsbrugh die Abwesenheit zwar nicht von Reue *als solcher*, jedoch der Reue *als normativer Bedingung* konstitutiv zur Vergebung gehört. Horsbrugh begründet dies damit, dass (vollständige) Vergebung *beständig* („permanent"[116]) sei. Wenn jemand sagt: „Ich vergebe dir unter der Bedingung, dass du nie wieder so etwas tust", und er versteht seine Aussage als Warnung im Sinne von: „Dieses Mal vergebe ich dir noch, aber wenn du wieder so etwas tust, werde ich dir nicht wieder vergeben", dann stehe sein Verhalten nicht im Widerspruch zur Beständigkeit von Vergebung. Versteht er seine Aussage aber als Vorbehalt im Sinne von „Ich vergebe dir einstweilen, aber wenn du wieder so etwas tust, ‚erlischt' meine Vergebung", so lasse er ein merkwürdiges Verständnis von Vergebung erkennen. Horsbrugh führt noch ein weiteres Beispiel einer normativen Bedingung an, welche sich auf zwei Arten interpretieren lasse. A sagt zu B: „I'll forgive you for getting me thrown out of my apartment provided that you find me an equally good one"[117]. Entweder haben wir es bei dieser Aussage wieder mit einem merkwürdigen Verständnis von Vergebung zu tun, das davon ausgeht, Vergebung sei etwas, das nach Belieben gegeben und wieder zurückgenommen werden könne. Oder aber die Aussage bedeute eigentlich: „Losing me my apartment and finding an equally good one is an injury I'll forgive; losing me it and not finding me an equally good one is an injury I won't forgive.

---

[114] KRAUSE/ELLISON, Forgiveness and Well-Being, 86.
[115] HORSBRUGH, Forgiveness, 280; meine Hervorhebung.
[116] Ebd., 279f.
[117] Ebd., 280.

Which injury have you inflicted on me?"[118] In diesem letzteren Verständnis werde keine normative Bedingung formuliert und es stehe in keinem Widerspruch zur Beständigkeit von Vergebung. Horsbrughs Beispiele vermögen nicht zu überzeugen. Denn die angeführten Aussagen lassen sich auch noch anders verstehen. So kann die Aussage im ersten Beispiel auch bedeuten: „Ich vergebe dir unter der Bedingung, dass du glaubhaft den *Willen* erkennen lässt, so etwas nicht wieder zu tun." Kommt die Vergebung zustande, und der andere tut später dennoch wieder „so etwas" – und zwar nicht deshalb, weil er den Vergebenden mutwillig über seinen tatsächlichen Willen täuschte, sondern deshalb, weil sein Wille zu schwach ist, oder weil sich sein Wille inzwischen wieder verändert hat –, dann gibt es keinen Grund, weshalb der Betroffene seine Vergebung der ersten Tat zurücknehmen müsste. Er wird lediglich beim erneuten Vorkommnis schwerer von den veränderten guten Absichten des andern zu überzeugen sein; mit anderen Worten, es wird mehr brauchen, bis er wieder zur Vergebung bereit ist. Diese Lesart steht in keinem Widerspruch zur Beständigkeit der Vergebung, verlangt aber auch nicht ein Verständnis „bedingungsloser" Vergebung.[119] Bei Horsbrughs zweitem Beispiel bleibt außer Betracht, dass es bei der moralischen Verletzung nicht allein um das „Delikt" geht, sondern um die moralische Beziehung zwischen zwei Individuen. Es geht nicht nur darum, ob der andere mich mit oder ohne anschließender Mithilfe bei der Wohnungssuche um meine Wohnung bringt, sondern in erster Linie darum, ob er, der mir zuerst die moralische Wertschätzung verweigert hat, sie *anhaltend* vermissen lässt. Wird die Aussage der vergebenden Person im zweiten Beispiel in diesem Licht interpretiert, könnte sie folgendermaßen lauten: „Du hast gemacht, dass ich meine Wohnung verloren habe und hast mir gegenüber damit zum Ausdruck gebracht, dass du meine Interessen mit Füßen trittst. Damit hat unsere moralische Beziehung Risse bekommen. Unsere moralische Beziehung kann nur wiederhergestellt werden, wenn du mir die moralische Wertschätzung und das Wohlwollen entgegenbringst, die allen Menschen gebühren, und wenn es dir Leid tut, mir diese vorgängig versagt zu haben. Wenn du mir bei der Suche einer neuen Wohnung behilflich bist, ist das für mich Ausdruck dessen, dass du nicht meinen Schaden, sondern mein Wohl im Blick hast." Der Punkt ist hier nicht, dass der Verlust der Wohnung mit oder ohne anschließender Hilfe bei der Wohnungssuche eine geringere oder schwerere Verletzung darstellt, sondern darum, ob der andere sich von seiner moralisch verletzenden Haltung distanziert oder ob er daran festhält. Im ersten Fall kann die Verletzung als vergangene, abgeschlossene und damit ver-

---

[118] Ebd.
[119] Womit noch nicht darüber entschieden ist, ob es sich um eine konstitutive oder eine normative Bedingung handelt.

gebbare Verletzung gesehen werden, im zweiten Fall wird die moralische Verletzung fortgesetzt und die Frage der Vergebung steht noch gar nicht zur Debatte. Und auch hier steht die Beständigkeit der Vergebung in keinem Widerspruch zur ihrer Bedingtheit, und zwar unabhängig davon, ob die Bedingungen als konstitutive oder normative gesehen werden.

Im Unterschied zu Horsbrugh und vielen anderen fußt meine Sichtweise auf einem Verständnis von Vergebung und moralischer Verletzung, in welchem der Beziehungsaspekt im Mittelpunkt steht. Aus diesem spezifischen Verständnis erstens der moralischen Verletzung als der Verletzung der moralischen Beziehung, und zweitens der Vergebung als der Wiederherstellung der moralischen Beziehung, ergibt sich *zwingend*, dass die Reue des Täters zu den *konstitutiven* Bedingungen von Vergebung gehört. Wenn das Gegenteil von Reue das Festhalten des Täters an seiner moralisch verletzenden Haltung ist – und dazu gehört auch seine Gleichgültigkeit gegenüber einer zugefügten Verletzung, denn auch diese Gleichgültigkeit ist moralisch verletzend –, dann hat die betroffene Person keine Möglichkeit, die moralische Beziehung wiederherzustellen. Sie mag in sich eine Haltung der Vergebungs*bereitschaft* kultivieren, aber es liegt nicht in ihrer Macht, die moralische Beziehung *tatsächlich* wiederherzustellen, solange der Täter durch die verweigerte Reue die Beziehung anhaltend weiter schädigt.[120] Mit „Hartherzigkeit" hat das nichts zu tun, wohl aber mit der Einsicht, dass zu einer Beziehung immer zwei Seiten gehören, sowie mit einem Ernstnehmen des Täters, d.h. in Strawsons Terminologie ausgedrückt, mit der Tatsache, dass ich zum Täter in einem persönlich-reaktiven Verhältnis stehe und ihm nicht in einer objektiven Haltung begegne.

6.5.2 Was ist Reue?

Die unterschiedliche Einschätzung der Bedeutung der Reue für die Vergebung hat nicht nur mit dem Verständnis der moralischen Beziehung zu tun, sondern auch damit, was unter „Reue" verstanden wird. Die Auffassungen gehen in dieser Frage weit auseinander.[121] Die psychologische Studie von Krause und Ellison beispielsweise richtet ihr Augenmerk bei der Reue ganz auf „acts of contrition", und orientiert sich für dessen Verständnis an einem Schema von Estelle Frankel[122]. Danach sind die für Vergebung eventuell erforderlichen „acts of contrition" die folgenden: „(T)ransgressors must: (1) be aware of and reflect upon their wrongdoing; (2) make an explicit admission of regret or remorse; (3) make a resolution not to repeat

---

[120] Vgl. dazu ausführlicher unten, Kapitel 6.5.3.
[121] Kommt hinzu, dass zumal in der angelsächsischen Literatur verschiedene Begriffe für Reue in Umlauf sind. So ist die Rede von *repentance*, *remorse*, *contrition* oder *regret*, ohne dass diese Begriffe in der Bedeutung immer scharf voneinander abgegrenzt wären.
[122] FRANKEL, Repentance, psychotherapy, and healing through a Jewish lens.

the offense; and (4) make restitution"[123]. Angesichts dieses Katalogs ist das Ergebnis der Studie glaubhaft, nämlich dass es für die von einer Verletzung betroffene Person anstrengend sein kann, auf der Einhaltung aller Punkte zu bestehen, und dass sie besser daran tut, mit der Wiedererlangung ihres Seelenfriedens nicht zu warten, bis es soweit ist. Weniger plausibel erscheint mir, dass damit das für Vergebung relevante Verständnis von Reue erfasst ist, und dass mit der Reorganisation des Gefühlshaushalts der springende Punkt der Vergebung zutreffend beschrieben ist.

Näher heran an mein Verständnis von Reue führt Martin P. Golding, der drei Arten von *regret* unterscheidet. Den ersten Typ nennt Golding *„intellectual regret"* und beschreibt ihn wie folgt: „(T)he regret arises from a recognition of having misjudged the facts as they were, or of having miscalculated the future, or from a calculation in itself."[124] Es kann einem Leid tun, einen bestimmten Anzug gekauft zu haben, oder es kann einem Leid tun, nicht attraktiver oder klüger zu sein als man ist, oder es kann einem Leid tun, jemandem einen Gefallen getan zu haben, oder eine begangene Handlung kann einem aus Angst vor drohenden Konsequenzen Leid tun.[125] Dies sind alles Beispiele für *intellectual regret*, und es ist offenkundig, dass sie nichts mit Vergebung zu tun haben.[126] Der zweite Typ ist charakterisiert durch „(t)he recognition that one has done something wrong, ‚broken the moral order,'"[127]; Golding spricht von *„moral regret"*. Dazu gehört das Bewusstsein, Unrecht getan zu haben und das Gefühl der Scham. Aber noch fehlt etwas Entscheidendes: Das Bewusstsein, Unrecht getan zu haben ist nicht identisch mit dem Bewusstsein, *jemandem* Unrecht getan zu haben. Erst wenn dieses Bewusstsein vorhanden ist – the „recognition of having wronged someone else"[128] – kann vom dritten Typ die Rede sein, den Golding *„other-oriented regret"* nennt. Es ist dieser Typ von *regret*, der nötig ist „in an interpersonal forgiveness situation, if the regret is not to be inappropriate and defective"[129]. Er ist nötig zumal in dem schwachen Sinne, dass selbst jemand, der nur aus *intellectual regret* heraus – etwa aus Angst vor bestimmten Folgen – um Vergebung bittet, wissen muss, *an wen* er seine Bitte um Vergebung richten soll, mit anderen Worten, wen er mit seinem Verhalten geschädigt hat. Entscheidend ist jedoch das Vorhandensein von *other-oriented regret* im starken Sinne: „regret that one feels *because* one has wronged someone"[130]. Dazu gehört

---

[123] KRAUSE/ELLISON, Forgiveness and Well-Being, 79.
[124] GOLDING, Forgiveness and Regret, 126.
[125] Ebd., 123–126.
[126] Ebd., 125: „outside the scope of forgiveness situations".
[127] Ebd., 128.
[128] Ebd., 129.
[129] Ebd.
[130] Ebd.

auch die Einsicht, „that one has put oneself *in debt* to the injured party and that some kind of action in relation to that party is now also required"[131].

Goldings Unterscheidung ist hilfreich, wenn es darum geht, die für Vergebung erforderliche Reue näher zu bestimmen. Ich stimme Golding zu in seinem Urteil, dass *intellectual regret* für eine Bitte um Vergebung unzureichend ist. Hingegen kann ich ausgehend von meinem Moralverständnis „moralische Reue" nicht separieren von dem, was Golding „other-oriented regret" nennt. Zu meinem Verständnis moralischer Verletzung gehört die Einsicht, *jemanden* verletzt zu haben, zwingend dazu; ansonsten wäre es nicht die Einsicht, eine *moralische* Verletzung begangen zu haben und würde ich nicht von moralischer Reue sprechen. Innerhalb der moralischen Reue wie ich sie verstehe lassen sich aber dennoch zwei Aspekte oder Gefühlsrichtungen unterscheiden. Einerseits sind da die Gefühle, die der Täter in Bezug auf sich selbst empfindet: Seine Scham, der Riss in der moralischen Identität, oder wie Bieri es beschreibt, die „nie verjährende *Trauer* darüber, daß ich mich vorübergehend *verloren* hatte ... Verloren ... als eine Person, die sich vorher vom moralischen Standpunkt her verstanden hatte und dies nun wieder tut"[132]. Andererseits die Gefühle, die der Täter in Bezug auf die von seiner moralischen Verletzung betroffene Person empfindet: Mitgefühl, Schuldgefühle, Anerkenntnis der Angemessenheit der Reaktion des Übelnehmens aufseiten der betroffenen Person. Aus beiden Gefühlsrichtungen ergibt sich der vergangenheitsbezogene Wunsch, die moralische Verletzung nie begangen zu haben, bzw. das Geschehene ungeschehen zu machen. Da dieser Wunsch unerfüllbar ist, richtet er sich stattdessen auf die Gegenwart als Wunsch, wo möglich die Folgen der zugefügten Verletzung lindern zu helfen oder eine Entschädigung anzubieten, und auf die Zukunft als Vorsatz, sich inskünftig anders zu verhalten. In der moralisch motivierten Wiedergutmachung bestätige ich mir selbst und dem andern, nicht mehr der unmoralische Mensch zu sein, der ich war, als ich die Verletzung zufügte, und ich trage zugleich dazu bei, die äußeren Folgen der Verletzung zu mildern.

Wiedergutmachung kann ein sichtbarer Ausdruck moralischer Reue sein und damit der vergebenden Person die Gewissheit vermitteln, dass die Bedingungen für Vergebung erfüllt sind. Dasselbe gilt für explizite Bekundungen des Bedauerns über die Tat und der Absicht, dergleichen nicht zu wiederholen. Aber anders als Krause/Ellison sehe ich darin nur einen möglichen *Ausdruck* von Reue, nicht jedoch die Reue selbst. Erstens können die genannten Handlungen auch anders motiviert sein als durch moralische Reue, etwa durch das, was Golding „intellectual regret" nennt, also beispielsweise schieres Eigeninteresse. Und zweitens ist es zwar in vielen

---

[131] Ebd., 128.
[132] BIERI, Das Handwerk der Freiheit., 364.

Fällen nahe liegend, dass sich Reue so äußert, aber es ist weder zwingend nötig noch in allen Fällen überhaupt möglich. Wenn ich sage, Reue sei eine der konstitutiven Bedingungen für Vergebung, meine ich damit also nicht bestimmte Akte der Wiedergutmachung oder der Reue*bekundungen*, sondern ich meine damit, dass Vergebung, verstanden als Wiederherstellung der moralischen Beziehung, nur dann erfolgen kann, wenn beide Seiten, also sowohl die vergebende Person als auch die Vergebung empfangende Person,
- die moralische Beziehung als (durch ein moralisch verletzendes Verhalten der Vergebung empfangenden Person) gestört betrachten,
- einander gegenwärtig und (der Absicht nach) zukünftig moralische Achtung entgegenbringen,
- den Wunsch haben, die moralische Beziehung wiederherzustellen und
- bereit sind, die dazu nötigen Anstrengungen zu unternehmen.

Bei der Vergebung gewährenden Person lautet die entsprechende Haltung *Vergebungsbereitschaft*, bei der Vergebung empfangenden Person *Reue*. Weder Vergebungsbereitschaft noch Reue können je für sich Vergebung zustande bringen. Vergebung ist ein Beziehungsgeschehen, in welchem beide Seiten zusammenwirken müssen.

Es mag erstaunen, dass bei dieser Beschreibung der Reue nicht ausführlicher von *Gefühlen* die Rede ist. Dies hat jedoch nicht zu bedeuten, dass sie unwichtig wären, oder gar, dass geleugnet würde, dass Reue mit intensiven Gefühlen verbunden ist. Wenn es heißt, dass die Vergebung empfangende Person die moralische Beziehung als durch ihr eigenes, moralisch verletzendes Verhalten gestört betrachtet, dann trifft dieses „betrachtet" ziemlich genau, was Roberts mit der Formulierung „concern-based construal" meint: „So an emotion is a way of ‚seing' things, when this ‚seing' is grounded in a concern"[133]. Ein „kühles" Anerkenntnis der eigenen moralischen Verfehlung würden wir mit Recht als defizitär betrachten. Es wäre Ausdruck dessen, dass der Vergebung empfangenden Person weder ihre eigene moralische Identität noch das Wohlergehen der von ihr verletzten Person wirklich am Herzen liegen, mit anderen Worten, dass sie ihr kein „concern" sind. *Wenn* sie ihr jedoch ein Anliegen sind und sie zugleich die Situation so einschätzt, dass durch ihr Handeln sowohl das Wohlergehen der anderen Person als auch ihre eigene moralische Identität gefährdet wurden, dann rührt dies an den Kern ihres Selbstverständnisses und wird sie als emotional normal entwickelte Person gefühlsmäßig nicht unberührt lassen. Für die Vergebung reicht aber das Auftreten heftiger Gefühle wie Zerknirschung, Schuldgefühle oder Scham als solcher nicht aus, ohne dass mit in Betracht zu nehmen wäre, auf welchem „concern" sie gründen und welchem „construal" der Situation sie entspringen.

---

[133] ROBERTS, Spirituality and Human Emotion, 16.

6.5.3 Versöhnlichkeit und Vergebungsbereitschaft

Der Reue der Vergebung empfangenden Person entspricht seitens der Vergebung gewährenden Person die Vergebungsbereitschaft. Und auch hier gilt, dass Vergebungsbereitschaft allein für das Zustandekommen von Vergebung nicht genügt, solange nicht die übrigen Bedingungen ebenfalls erfüllt sind.

Eine versöhnliche Haltung kann ich auch dann kultivieren, wenn keine aktuelle moralische Verletzung vorliegt. Ich kann in mir eine wohlwollende Einstellung gegenüber meinen Mitmenschen nähren, ich kann gegen kleinliche oder nachtragende Charaktereigungen oder gegen meinen übertriebenen Stolz angehen, ich kann mich in Großzügigkeit und Vertrauen gegenüber anderen üben, und mich mit meinen eigenen Fehlern und Unzulänglichkeiten konfrontieren. Die Wahrscheinlichkeit ist hoch, dass ich damit eine grundsätzliche Haltung der Versöhnlichkeit in mir fördere. Wenn ich dann eines Tages eine moralische Verletzung erleide, die so schwer wiegend ist, dass ich nicht einfach darüber hinweg gehen kann und will, dann nehme ich (im günstigen Fall) eine Haltung der Vergebungs*bereitschaft* ein: Es soll nicht an mir liegen, dass Vergebung nicht zustande kommt. Ich werden dem andern keine unnötigen (normativen) Bedingungen auferlegen. Sobald die konstitutiven Bedingungen der Vergebung erfüllt sind, und das heißt insbesondere, sobald der andere bereit und gewillt ist, meine Vergebung zu empfangen, werde ich sie ihm nicht vorenthalten.

Versöhnlichkeit und Vergebungsbereitschaft sind ohne Zweifel moralisch lobenswerte Haltungen. Sie werden auch vielerorts gelobt, der Haken ist nur, dass sie meist unter dem Namen „Vergebung" gelobt werden. Versöhnlichkeit und Vergebungsbereitschaft sind aber *nicht* Vergebung! Sie gehören seitens der vergebenden Person zu den konstitutiven Bedingungen von Vergebung, ohne die Vergebung nicht möglich ist. Aber aus der Vergebungsbereitschaft allein folgt nicht automatisch Vergebung; es müssen auch die Bedingungen auf der Seite der Vergebung empfangenden Person erfüllt sein, und über die hat die Vergebung gewährende Person keine Macht.

Wenn von „bedingungsloser Vergebung" die Rede ist, ist meist das gemeint, was ich Versöhnlichkeit oder Vergebungsbereitschaft nenne. Zwar sind auch diese nicht bedingungslos in dem Sinne, dass sie unabhängig wären von den sie konstituierenden Bedingungen; das wäre unmöglich und widersinnig. Aber sie sind gekennzeichnet durch einen Verzicht auf normative Bedingungen, und sie sind insbesondere gekennzeichnet dadurch, dass sie nicht auf Zeichen der Reue seitens des Täters zu warten brauchen.

Aus der Verwechslung von Vergebung und Vergebungsbereitschaft folgt ein zusätzliches Missverständnis. Wenn Vergebungsbereitschaft als eine ständig in sich zu kultivierende, moralisch positive Haltung für Vergebung selbst genommen wird, dann ist eine Person mit dieser Haltung immer in einer vergebenden Haltung; Horsbrugh etwa spricht von einem „forgiving spirit"[134]. Und wenn Vergebung gesehen wird als Überwindung von Übelnehmen, und eine Person ständig von einem „forgiving spirit" beseelt ist, dann wird bei ihr jedes Übelnehmen auf der Stelle überwunden, oder es kommt gar nicht mehr so weit, dass sie Übelnehmen wirklich empfindet.

„I have been assuming that one should always forgive those who have done one an injury. I have also pointed out that a perfectly forgiving person has no occasion to forgive since he is animated by such a forgiving spirit that no conceivable injury can destroy his good-will or give rise to feelings of resentment or hostility towards his injurer."[135]

Horsbrughs Aussage steht beispielhaft für eine weit verbreitete Auffassung, die da lautet: Vergebung als Überwindung von Übelnehmen ist gut, eine Haltung der Versöhnlichkeit oder „Vergebung", die gar nie Übelnehmen aufkommen lässt, ist besser.

Dieser Auffassung widerspreche ich entschieden. Übelnehmen gar nicht mehr aufkommen zu lassen halte ich für *keinen* moralisch erstrebenswerten Zustand. Übelnehmen ist die Reaktion eines gesunden moralischen Empfindens, einer wachen moralischen Wahrnehmung, und diese gilt es zu erhalten, nicht zu bekämpfen. Nicht das Übelnehmen als solches ist zu erhalten, aber das moralische Bewusstsein; und wo einem Unrecht geschieht, reagiert das moralische Bewusstsein mit Übelnehmen. Die Frage ist aber, wie ich mit meinem Übelnehmen umgehe. Lasse ich es zu, dass ich mich ausgehend von meinem Übelnehmen in einen unkontrollierbaren Hass hineinsteigere? Oder nehme ich das Übelnehmen als meine Reaktion auf eine bestimmte Handlung einer Person, die aber zu meinem Gesamtbild jener Person nur einen *Teil* beiträgt? Im letzteren Fall anerkenne ich, dass die Person auch noch andere Charakterseiten hat als die in der verletzenden Handlung zur Ausdruck gebrachten, und vor allem halte ich das Tor zur Zukunft offen, indem ich mich selbst offen halte für die Möglichkeit, dass jene Person sich noch verändern kann. Mein Übelnehmen ist dann nicht das einzige, was meine Sichtweise jener Person bestimmt, und insbesondere dominiert es nicht all mein Denken und Fühlen.

Es liegt an mir, ob ich in mir einer Haltung der Versöhnlichkeit und Vergebungsbereitschaft Raum gebe. Nach gravierenden moralischen Verletzungen kann es mir schwer fallen, dies zu tun, insbesondere, wenn der andere fern von jeder Schuldeinsicht oder gar Reue ist, aber auch dann ist es grundsätzlich möglich. Und die Haltung der Versöhnlichkeit und Ver-

---
[134] HORSBRUGH, Forgiveness, 281.
[135] Ebd. Bezogen auf unsere Beziehung zu Gott als einem „perfectly good and forgiving" (ebd.) Wesen folgt nach Horsbrugh daraus die Allversöhnung.

gebungsbereitschaft ist auch dann möglich, wenn der andere, ohne sich von seinem moralisch verletzenden Verhalten distanziert zu haben, gestorben ist und somit keine Aussicht besteht, dass er noch jemals bereuen wird.

Dass *Vergebung* zustande kommt, liegt hingegen nicht allein an der vergebenden Person, sondern an der weiteren Entwicklung der moralischen *Beziehung* zwischen der moralisch verletzenden und der verletzten Person. Es ist nicht so wie Horsbrugh[136] suggeriert, dass es psychologisch *schwerer* ist, einem unreuigen und abwesenden Täter zu vergeben, sondern es ist *unmöglich*, da der Täter einen konstitutiven Beitrag zum Beziehungsgeschehen der Vergebung zu leisten hat. Dies bedeutet aber nicht, dass ich *nicht* auf die moralische Verletzung reagiere; auch das wäre eine Unmöglichkeit. Ich reagiere, aber meine Reaktion ist etwas anderes als Vergebung. Ich reagiere mit Übelnehmen, oder mit Hass, oder mit Ignorieren, oder mit Versöhnlichkeit, oder mit duldendem Verzeihen, oder mit einer Strafanzeige. Damit ist noch keine Wertung verbunden. Es ist immer abhängig von den Voraussetzungen, welche Reaktion überhaupt möglich ist, und es ist abhängig von den konkreten Umständen, welche Reaktion angemessen erscheint. Vergebung ist nicht immer möglich, und auch da, wo sie möglich ist, ist sie vielleicht nicht immer die beste Reaktion.

6.5.4 Wenn der Täter nicht bereut

Wenn der Urheber der moralischen Verletzung keine Einsicht zeigt, wenn er nichts bereut und an seinem verletzenden Verhalten festhält, oder wenn er gar nicht mehr bereuen kann, weil er beispielsweise gestorben oder dement geworden ist, oder wenn meine Verbindung zu ihm abgerissen ist, so dass ich keine Möglichkeit habe zu erfahren, wie er sich inzwischen zu seinem damaligen Tun stellt, dann *kann* ich ihm, wie gesagt, nicht vergeben. Ich kann aber die Haltung der Versöhnlichkeit und der Vergebungsbereitschaft ihm gegenüber in mir fördern; und es wird in den meisten Fällen so sein, dass ich moralisch und psychologisch gut daran tue.

---

[136] Horsbrugh diskutiert das Beispiel eines Automobilisten, der jemanden zum Krüppel gefahren und anschließend Fahrerflucht begangen hat (ebd., 273f): „Suppose that one has been crippled by a hit-and-run driver in circumstances which make his apprehension a remote possibility and one that cannot be affected by one's own attitude towards him. Surely, in such a case, one's feelings must be treated as the index of whether one has an attitude of good-will towards one's injurer since there is virtually no other way in which one's attitude can be revealed? Surely it is for this very reason that such accidents are felt to be specially oppressive by those who are animated by a forgiving spirit? For they can feel little if any assurance that they have begun to forgive till they have carried out the very difficult self-conquest involved in ridding themselves of their natural bitterness. They would feel their task to be much easier if the driver were to come forward and ask them to forgive him. For they would then be faced with immediate options at the level of actions as well as with the long-drawn-out alternatives of bitterness or self-conquest."

Ginge ich trotz fehlender Einsicht und Reue des Täters zu ihm hin und würde ihm Vergebung zusprechen, so fiele meine Vergebungszusage einem „misfire" zum Opfer. Möglicherweise war es aber gar nicht meine Absicht, dem Täter zu vergeben; ich wusste, dass die Bedingungen für Vergebung nicht erfüllt sind und benützte die Vergebungsäußerung dazu, dem Täter mitzuteilen, dass ich ihn als schuldig betrachte. Damit handelt es sich bei meiner „Vergebungszusage" nicht mehr um einen Sprechakt der Vergebung, sondern um einen indirekten Sprechakt der Beschuldigung oder der Beleidigung. Als *solcher* kann er durchaus gelingen; als Sprechakt der Vergebung dagegen scheitert er gleich auf zwei Ebenen: Er wird zu einem *misfire*, da die nötigen Bedingungen nicht erfüllt sind, und es handelt sich um einen *Missbrauch*, da ich mit der Äußerung die falschen Absichten verbinde. Das erklärt auch, weshalb – entgegen den Beteuerungen der Vertreter „bedingungsloser" Vergebung – aus Sicht der Vergebung empfangenden Person Vergebung, welche unabhängig von der Reue des Täters gewährt wird, nicht als besonders großzügig oder „christlich" oder liebevoll empfunden wird, sondern als Zumutung und Beleidigung oder Lächerlichkeit.

Was geschieht aber, wenn ich jemandem vergebe in der Annahme, er habe sein moralisch verletzendes Tun bereut und seine Haltung mir gegenüber verändert, und ich merke später, dass dem nicht so ist? Vielleicht war seine Reue bloß vorgetäuscht, oder vielleicht täuschte ich mich in ihm, ohne dass ihm eine bewusste Täuschungsabsicht vorgeworfen werden könnte. Die Antwort auf diese Frage ist *theoretisch* einfach und eindeutig zu geben. Sie lautet, dass für das Zustandekommen von Vergebung *tatsächliche, nicht vermeintliche* Reue Bedingung ist. Wenn ich vergebe unter der fälschlichen Annahme, der andere habe bereut, *habe ich nicht vergeben*. Ich täusche mich nicht nur über des andern Reue, sondern auch über mein eigenes Tun. Ich habe wohl alles getan, was von meiner Seite im Zusammenhang mit Vergebung zu tun ist – ich habe mit den rechten Absichten die rechte Reaktion gezeigt –, aber das, was Vergebung im Ergebnis ist, kann nicht zustande kommen. Die Wiederherstellung der moralischen Beziehung kann nicht gelingen, solange der andere von seinem moralisch verletzenden Verhalten nicht Abstand nimmt; hat er darüber hinaus absichtlich Reue vorgetäuscht, hat er den begangenen Verletzungen eine weitere hinzugefügt. Die Situation ist eine ähnliche, wie wenn ich mit einem Bigamisten vor dem Traualtar stehe. Er hat mich erfolgreich über seinen wahren Zivilstand getäuscht, ich halte ihn für unverheiratet und erfülle von meiner Seite her alle Bedingungen, welche zum Gelingen der Trauung nötig sind. Dennoch kommt die Trauung nicht wirklich zustande, sondern wird zu einem *misfire*. Dass ich mich danach dennoch für verheiratet halten mag, womöglich monate- oder jahrelang, bis plötzlich die Polizei vor der Haustüre steht, ändert nichts am *tatsächlichen* Scheitern der Trauungszeremonie.

Ist Vergebung deswegen *unbeständig*, wie Horsbrugh[137] an dieser Stelle vermutlich einwenden würde? Nein, denn Vergebung wird ja von niemandem zurück genommen, sondern hat sich faktisch gar nicht ereignet, wenngleich die vergebende Person irrtümlicherweise anderer Meinung ist. Zwar wird die vergebende Person, wenn sie über ihre Täuschung bezüglich der Reue des Täters aufgeklärt wird, die vermeintliche Vergebung zurückbuchstabieren; aber dieses „Zurückbuchstabieren" ist keine Rücknahme einer gewährten Vergebung, sondern die Auflösung der irrigen Annahme, Vergebung sei zustande gekommen. Die Vorstellung, jemand könne eine gewährte Vergebung zurücknehmen, hat wiederum ein Verständnis von Vergebung als eines einseitiges Prozesses zum Hintergrund und suggeriert eine Ähnlichkeit der Vergebung mit einem materiellen Geschenk, das jemand einem andern überreicht, und das zurückzufordern unanständig wäre.

So einfach und eindeutig die Antwort theoretisch ausfällt, im lebenspraktischen Vollzug sieht die Sache – wie so oft – komplizierter aus. Denn wir haben keine Möglichkeit, uns hieb- und stichfest von der Echtheit der Reue des andern zu überzeugen, und aufwendige Nachforschungen wären dem Ziel der Vergebung, der Wiederherstellung der moralischen Beziehung, ausgesprochen abträglich. Im Vollzug der Vergebung, die ich als moralischen Kommunikationsprozess dargestellt habe, reagieren wir nicht auf tatsächliche Reue als solche, sondern wir reagieren auf die glaubhafte *Botschaft* der Reue, wie wir bei der Verletzung auf die *Botschaft* der moralischen Verletzung reagieren. Sollte sich die Botschaft der Reue nachträglich als absichtlich irreführend herausstellen, werden wir sie im Nachhinein nicht mehr als Botschaft der Reue, sondern als *Lüge* ansehen – und entsprechend darauf reagieren. Aber solange wir sie als glaubhafte Botschaft der Reue auffassen, können wir mit eine Vergebungszusage darauf antworten.

---

[137] Vgl. Kapitel 6.5.1, bzw. HORSBRUGH, Forgiveness, 279f.

Kapitel 7

Vergebung im Unterschied zu anderen Reaktionsmustern

Zu vergeben ist *eine* mögliche Reaktion auf erlittene moralische Verletzungen, die dann erfolgen kann, wenn die zugehörigen Bedingungen erfüllt sind. Neben der Vergebung gibt es noch andere Reaktionsmuster, die nicht von den gleichen Bedingungen abhängig sind.[1] Ich kann auf eine erlittene moralische Verletzung beispielsweise mit Rache und Vergeltung antworten, oder ich kann alle Fehler bei mir suchen und mich mit Selbstvorwürfen quälen. Bei diesen Beispielen fällt uns nicht schwer zu erkennen, dass es sich *nicht* um Vergebung handelt. Schwieriger ist die Abgrenzung bei anderen Reaktionsmustern, von denen ich nachfolgend fünf genauer betrachten will.

7.1 Entschuldigen

Um ein Verhalten entschuldigen zu können, müssen Entschuldigungsgründe vorliegen. Diese können entweder die Handlung oder die handelnde Person betreffen. Im letzteren Fall verfügt die *handelnde Person* vorübergehend oder dauerhaft nicht über die Eigenschaften, die nötig sind, damit ihr moralische Verantwortlichkeit zugeschrieben werden kann: Sie ist zu keiner Willensbildung fähig, steht unter Hypnose, handelt unter innerem Zwang, ist Opfer einer Gehirnwäsche, leidet an einer schweren psychischen Krankheit, ist dement oder ist ein kleines Kind.[2] All diese Entschuldigungsgründe stellen nicht nur die moralische Verantwortlichkeit der handelnden Person in Frage, sondern auch den Handlungscharakter ihres Tuns und – je nach Personkonzept – auch ihr Personsein. Entschuldigungsgründe, welche die *Handlung* betreffen, stellen die handelnde Person nicht in Frage. Wir zweifeln nicht an ihrer moralischen Verantwortung, weder grundsätzlich noch mit Blick auf die zur Debatte stehende Hand-

---

[1] Vgl. dazu auch die thesenartige Abgrenzung bei AUGSBURGER, Helping People Forgive, 165f.

[2] Die Gründe, die zur Entschuldigung einer Person führen, wurden bereits früher (Kapitel 4.5.4, Abschnitt „Die Botschaft der Entschuldigung" und Kapitel 6.3) ausführlich behandelt. Vgl. BIERI, Das Handwerk der Freiheit, 84ff; STRAWSON, Freiheit und Übelnehmen, 210.

lung. Hingegen waren die Umstände der Handlung von der Art, dass sie die Handlungsentscheidung in einer Art und Weise beeinflussten, dass wir zögern, von einem freien Willen der handelnden Person zu sprechen: Sie wurde zu einer Handlung gezwungen, erpresst, sah keine Alternative, wählte das kleinere Übel, oder hatte bestimmte Gegebenheiten nicht gewusst oder nicht bemerkt (ohne dass ihr deswegen grobe Fahrlässigkeit vorgeworfen werden könnte).[3] Wenn wir die „handelnde Person" entschuldigen, nehmen wir ihr gegenüber eine objektive Haltung ein, während wir bei der Entschuldigung der Handlung die gewöhnlichen reaktiven Haltungen gegenüber der handelnden Person nicht außer Kraft setzen. Gemeinsam ist beiden Arten von Entschuldigungen, dass wir in der Handlung *keine* moralisch verletzende Botschaft sehen. Mit einer objektiven Haltung betrachten wir das Gegenüber nicht als jemanden, der zu moralischen Botschaften fähig ist, das heißt, wir gestehen ihm keinen Einfluss auf unseren moralischen Wert oder der Selbst- oder Fremdwahrnehmung unseres moralischen Werts zu. Wenn wir die Handlung entschuldigen, halten wir zwar die handelnde Person sehr wohl für jemanden, der zu moralischen Botschaften fähig ist, und wir betrachten die Handlung als eine, die *unter normalen Umständen* als moralisch verletzende Botschaft zu sehen wäre. Aber wir anerkennen, dass die Umstände *nicht* normal waren, und dass die andere Person so handelte, obwohl sie uns gegenüber keine moralisch verletzende Haltung einnahm.

Sowohl die Vergebung als auch die Entschuldigung beziehen sich auf Handlungen, die *prima facie* als moralisch verletzend anzusehen sind. (Auf ein wohlwollendes Geschenk reagieren wir weder mit einer Entschuldigung noch mit Vergebung, sondern mit Dankbarkeit.) Dann aber trennen sich ihre Wege. Denn ein Entschuldigungsgrund liegt nur dann vor, wenn der Eindruck der moralischen Verletzung verschwindet, wohingegen Vergebung nur dann möglich ist, wenn tatsächlich eine moralische Verletzung vorliegt. Vergebung bezieht sich auf das Vorhandensein einer moralischen Verletzung, eine Entschuldigung bezieht sich auf das Nicht-Vorhandensein einer moralischen Verletzung. Somit liegen dem Entschuldigen und der Vergebung gegenteilige Bedingungen zugrunde; die Entscheidung für die eine oder andere Reaktion ist nicht unserem Belieben überlassen, sondern ist abhängig davon, ob wir eine Handlung als moralisch verletzend beurteilen oder nicht.

---

[3] STRAWSON, Freiheit und Übelnehmen, 208f.

7.2 Duldendes Verzeihen

Vergeben und Entschuldigen lassen sich konzeptionell klar voneinander unterscheiden. Der Alltagssprachgebrauch nimmt es mit der Unterscheidung allerdings weniger genau. So ist es nicht unüblich, jemanden um Entschuldigung zu bitten in einem Fall, wo wir keinerlei Entschuldigungsgründe vorzubringen haben, sondern eigentlich um Vergebung bitten. Noch „schlimmer" verhält es sich mit dem Wort „verzeihen". Der Ausruf „Verzeihung!" wird einerseits dort verwendet, wo eine Bitte um Entschuldigung am Platz wäre, also etwa, wenn ich im Gedränge versehentlich jemandem auf den Fuß trete, andererseits fungieren „verzeihen" und „Verzeihung" mehr oder weniger als Synonyme für „vergeben" und „Vergebung".[4] Im Alltag kommen wir mit diesen sprachlichen Unschärfen meist gut zurecht. Für die hier vorzunehmende Abgrenzung der Vergebung gegen andere Handlungskonzepte sind derart schwammige Begriffe allerdings wenig nütze. Wenn ich von „Verzeihen" spreche, habe ich damit weder Entschuldigen noch Vergeben im Blick, sondern ein von beiden unterschiedenes Reaktionsmuster, das in der angelsächsischen Literatur üblicherweise „condonation" genannt wird. Gemäß Langenscheidts Handwörterbuch heißt „condonation" soviel wie Verzeihung, stillschweigende Duldung; der Eintrag unter dem Verb „condone" lautet einfach „verzeihen".[5] Um zu verdeutlichen, dass ich nicht den alltagssprachlich vieldeutigen Begriff von Verzeihen meine, sondern die Entsprechung zum englischen *condone/condonation*, spreche ich von „duldendem Verzeihen". Das Adjektiv „duldend" verdeutlicht zugleich die Pointe dessen, worum es in diesem Handlungsmuster geht.

Wie Vergebung schließt auch duldendes Verzeihen Entschuldigungsgründe aus. Es handelt sich um die Reaktion auf eine tatsächliche moralische Verletzung. Doch anders als bei der Vergebung verzichtet die duldend-verzeihende Person auf einen moralischen Protest wie ihn das Übelnehmen darstellt. Sie nimmt die erlittene Verletzung hin, sie geht darüber hinweg, sie sagt „Schwamm drüber", und für all dies sind keine der moralischen Verletzung entgegengesetzten Botschaften seitens der verletzenden Person nötig. Duldendes Verzeihen reagiert unmittelbar auf die Botschaft der Verletzung, wohingegen Vergebung nicht direkt auf die Botschaft der Verletzung, sondern erst auf die Botschaft der Reue antwortet. Gar nicht erst Übelnehmen aufkommen zu lassen, oder Übelnehmen zu überwinden, ohne dass Anzeichen von Reue beim Urheber der moralischen

---

[4] So kommt auch in der zitierten Literatur Vergebung oft gar nicht unter diesem Namen, sondern unter der Bezeichnung „Verzeihen" vor.
[5] Langenscheidts Handwörterbuch Englisch-Deutsch, 142.

Verletzung auszumachen wären, ist nicht Ausdruck eines „forgiving spirit"[6], sondern ist duldendes Verzeihen.

Wenn es sich um geringfügige moralische Verletzungen handelt, mag dieses Vorgehen in prudentieller Hinsicht empfehlenswert und in moralischer Hinsicht zumindest nicht verwerflich sein. Bei schwer wiegenden moralischen Verletzungen ist es dagegen weder das eine noch das andere. Zu schmal ist der Grat zwischen duldendem Verzeihen und stillschweigender Komplizenschaft, und zu groß das Risiko, dass die verzeihende Person bei der Unterdrückung der angemessenen moralischen Reaktion und der Aufgabe des angemessenen moralischen Urteils ihr eigenes moralisches Bewusstsein korrumpiert.

Was aber, wenn die Verletzung tief, die Reue des andern dagegen nicht zu erhoffen ist? Muss dann das Übelnehmen um jeden Preis wach gehalten werden, da Vergebung zumindest vorläufig unerreichbar, und duldendes Verzeihen nicht empfehlenswert ist? Es gibt keinen Grund, an der Einschätzung der erlittenen Tat als moralischer Verletzung und meiner selbst als der davon persönlich betroffenen Person etwas zu ändern. Insofern bleibt die kognitive Grundlage der Haltung des Übelnehmens bestehen. Ich meine, dass es sowohl vom psychologischen als auch vom moralischen Standpunkt aus weder ratsam ist, die Tatsachen zu leugnen und die Haltung des Übelnehmens zu unterdrücken noch empfehlenswert, das Übelnehmen bewusst wachzuhalten und sich ständig selber mit dem erlittenen Unrecht zu konfrontieren. Letzteres würde das Leiden der verletzten Person nur vertiefen und die Einnahme einer Haltung der Versöhnlichkeit behindern. Zwar verhält es sich so, dass die Verweigerung der Reue ihrerseits eine Fortsetzung der moralischen Verletzung bedeutet und dies der betroffenen Person nicht erspart bleibt. Dass sie aber *darüber hinaus* sich selber bestraft mit einer „Pflicht", die quälenden Erinnerungen lebendig zu halten, erscheint wenig erstrebenswert. Es ist darüber hinaus unnötig. Denn nicht mit duldendem Verzeihen über eine schwere moralische Verletzung hinwegzugehen, verlangt lediglich, das moralische Urteil über die Verletzung nicht aufzugeben.

7.3 Heilung von der Verletzung

Die verletzte Person, gerade *weil* sie sich über die moralische Beurteilung der erlittenen Verletzung im Klaren ist, wird gut daran tun, sich um eine Heilung ihrer verletzten Gefühle zu bemühen. Wenn sie auf dem Wege der Reue und Vergebung nicht zu erlangen ist, wird sie es auf anderem Wege versuchen. Sie wird sich selbst und mit Hilfe ihr wohlgesinnter Menschen

---

[6] Vgl. HORSBRUGH, Forgiveness, 281.

ihrer moralischen Würde versichern, sie vergewissert sich der Unangemessenheit der Haltung der verletzenden Person, und sie lässt zu, dass die Zeit die Erinnerungen an das Erlittene mildert. Wann immer sie an das Geschehene zurückdenkt, sind die Erinnerungen schmerzlich und ist ihr bewusst, dass ihr Unrecht widerfahren ist. Aber die Intensität der Gefühle, die mit diesen Erinnerungen und dem dazugehörigen moralischen Urteil verbunden sind, lässt nach, ebenso der Einfluss der erlittenen Verletzung auf ihr Selbstwertgefühl. Zwar findet sie noch immer, dass es moralisch richtig wäre, wenn die verletzende Person eine Anerkennung der zugefügten Geringschätzung und eine Abkehr davon vornehmen würde; aber sie selbst ist für die Wiedererlangung ihres psychischen und moralischen Gleichgewichts nicht mehr darauf angewiesen.

Vergebung und duldendes Verzeihen sind unvereinbar. Vergebung hat zur Bedingung, dass der moralisch verletzende Charakter einer Handlung von beiden Seiten anerkannt ist; duldendes Verzeihen verlangt diese Anerkennung von keiner der beiden Seiten, noch mehr, es verlangt, dass die verzeihende Seite ihr moralisches Urteil über die Handlung aufgibt. Der Prozess der Heilung von der Verletzung *kann* in Zusammenhang mit duldendem Verzeihen stattfinden und geht dann mit einer Aufgabe des moralischen Urteils einher. Das *muss* aber nicht so sein. Wie oben beschrieben kann sich die Heilung auch dann ereignen, wenn am moralischen Urteil festgehalten wird. Deshalb kann der Prozess der Heilung Vergebung begleiten; und in der Regel wird es so sein, dass die Botschaft der Reue und die Wiederherstellung der moralischen Beziehung den Heilungsprozess beschleunigen und erleichtern. Aber weder ist die Heilung als solche primäres Ziel der Vergebung, noch ist sie notwendig auf Vergebung angewiesen. Vergebung und Heilung sind miteinander vereinbar, nicht aber identisch.

7.4 Versöhnung

Bis jetzt waren immer Fälle im Blick, wo sich Schuld und Verletzung, bzw. die Rollen des Täters und des Opfers eindeutig verteilen ließen. Im alltäglichen Zusammenleben von Menschen sind solche Zuteilungen nicht selten problematisch. Die Verletzung findet in einem Kontext statt, sie hat eine Vorgeschichte in der Beziehung zwischen der verletzenden und der verletzten Person, und diese Vorgeschichte enthält Verletzungen, in denen die Rollen umgekehrt verteilt waren. Diese Vorgeschichte kann bewirken, dass der Urheber der aktuellen Verletzung nicht wirklich Reue über sein Tun empfindet. Er sieht sich nicht nur oder nicht einmal primär als Täter, sondern selbst als Opfer. Es tut ihm vielleicht Leid, dass es überhaupt soweit gekommen ist, aber dieses „Leid tun" bezieht sich ebenso sehr auf die selbst erlittenen wie auf die zugefügten Verletzungen. Die Vorgeschichte dient ihm als teilweise Entschuldigung oder Erklärung seines aktuellen Tuns. Möglicherweise teilt die von der aktuellen Verletzung betroffene Person seine Sichtweise. Sie ist sich dessen bewusst, dass auch sie ihm Verletzungen zugefügt hat und dass diese Verletzungen den Nährboden für die nun erlittene Verletzung abgegeben haben. Sie anerkennt ihren eigenen Beitrag zur gegenwärtigen Situation der gestörten moralischen Beziehung.

In einem solchen Fall ließen sich vielleicht *theoretisch* die einzelnen Verletzungen wie mit einem Seziermesser isolieren, die Zuständigkeiten dafür ließen sich benennen, und dann könnten sich beide Seiten wechselseitig Vergebung zusprechen. *Praktisch* umsetzbar ist ein solcher Vorschlag indes schwerlich. Zu komplex, zu unentwirrbar sind meist die Verhältnisse, zu undurchschaubar die Verstrickungen und Abhängigkeiten. Und was noch wichtiger ist: Reue und Vergebung sind nicht auf Knopfdruck abrufbar, so als könnten sich beide Seiten zusammenraufen und beschließen, dass sie nun eine Verletzung nach der anderen, möglichst in chronologischer Abfolge, bereuen, vergeben und abhaken.

Angemessener und realistischer ist, dass beide Seiten aufeinander zugehen im Bewusstsein, wechselseitig aneinander gefehlt zu haben und in der Absicht, auf der Grundlage gegenwärtiger und zukünftiger moralischer Wertschätzung die moralische Beziehung wiederherzustellen und zu erhalten – mit anderen Worten: dass sie sich miteinander versöhnen.[7] Ziel ist

---

[7] Die hier vertretene Sichtweise, dass Vergebung eine (vergleichsweise) klare Zuordnung von Schuld und Betroffenheit voraussetzt, wohingegen bei der Versöhnung Schuld und Betroffenheit auf beiden Seiten zu finden sein können, wird auch sprachlich gestützt: Wir sagen, dass Person A der Person B für die Verletzung C vergibt, und benennen damit den Spender (Betroffenen) und den Empfänger (Schuldigen) von Vergebung. Bei der Versöhnung sagen wir dagegen, dass sich A und B miteinander versöhnt haben. Sie stehen auf derselben Stufe, es ist ein wechselseitiger Prozess, der in beide Richtungen verläuft, und die Verletzung(en), um die es geht, wird (werden) nicht eigens benannt. Ich bin einig mit KORSCH (Art. Versöhnung, 22), wenn er Versöhnung bestimmt als „die erneute gegenseitige Anerkennung nach einer Verweigerung derselben und einem dadurch eingetretenen Zerwürfnis", nicht aber mit seinem Verständnis von Vergebung (Verzeihung) und deren Zuordnung zur Versöhnung: „Versöhnung setzt daher Verzeihung voraus, also den Verzicht auf Wiedergutmachung, der über eine mögliche Rekompensation hinausgeht" (ebd.).
Wie verhält es sich mit der Wechselseitigkeit der Versöhnung bei der Rede von Gottes Versöhnung? Hier lässt sich im paulinischen Sprachgebrauch eine Auffälligkeit feststellen, insofern hier nicht davon die Rede ist, dass sich Gott und Mensch *miteinander* versöhnen, sondern dass die Menschen mit Gott versöhnt werden (Rm 5,10; 2Kor 5,18–20). Die „Feindschaft" zwischen beiden ist eben keine gegenseitige, sondern allein der Mensch befindet sich in „Feindschaft gegen Gott" (Rm 8,7; vgl. HOFIUS, Art. Versöhnung, 18), wird dann aber dahingehend mit Gott versöhnt, dass er die Feindschaft aufgibt und Gott anerkennt. Dennoch wird mit dem Begriff Versöhnung eine gewisse Gegenseitigkeit ausgedrückt, welche von KORSCH (Art. Versöhnung, 23) treffend charakterisiert

hier, wie bei der Vergebung, die Wiederherstellung der moralischen Beziehung, aber mit dem Unterschied, dass bei der Versöhnung die Schuldfrage offen bleiben kann[8] – es kann sogar offen bleiben, ob es sich überhaupt um eine *moralische* Verletzung handelt. Die Schuldfrage braucht nicht mit der Klarheit beantwortet zu werden, wie sie für Vergebung nötig ist, aber sie wird auch nicht unterdrückt wie beim duldenden Verzeihen. Wenn zwei sich miteinander versöhnen, ist es nicht wie beim duldenden Verzeihen, dass einer von beiden auf sein moralisches Recht der gleichwertigen Achtung verzichtet. Dem moralischen Recht beider wird in der Gegenwart Genüge getan, aber die Verletzung dieses Rechts in der Vergangenheit erfährt nicht notwendig dieselbe Klärung wie bei der Vergebung.

Versöhnung kann sich da ereignen, wo der Vergebung Hindernisse im Weg stehen. Aber Versöhnung steht in keinem Widerspruch zur Vergebung. Auch da, wo Vergebung zustande kommt, kann sie in Versöhnung münden – vielleicht sollte ich auch sagen: mündet sie in Versöhnung. Vielleicht sollte Versöhnung gesehen werden als die Wiederherstellung der moralischen Beziehung, und Vergebung als ein Weg dahin, der dann geeignet ist, wenn es um eine isolierbare Verletzung geht und sich die Rollen des Urhebers und des Betroffenen der Verletzung klar zuordnen lassen. Vergebung wäre dann der Weg und Versöhnung das Ziel, oder Vergebung die Handlung und Versöhnung das Ergebnis, wobei aber Versöhnung je nach Umständen auch auf anderem Wege als auf dem der Vergebung zu erreichen wäre. Ich bin mir nicht schlüssig, ob diese Verhältnisbestimmung zutreffend ist. Das ist aber vielleicht auch nicht von Bedeutung. Wichtig ist festzuhalten, dass sowohl Vergebung als auch Versöhnung als Reaktion auf moralische Verletzung eine Wiederherstellung der moralischen Beziehung bedeuten. Dagegen bleibt die moralische Beziehung beim duldenden Verzeihen gestört, wenngleich die verletzte Person beschließt, sich selbst davon nicht länger stören zu lassen.

---

wird: „Macht die Bildwelt der Erlösung von einer prinzipiell invarianten asymmetrischen Relation zwischen Gott und Mensch Gebrauch, die sich vor allem durch eine unermeßliche Differenz der Macht (und dann auch der Güte) auszeichnet, so arbeitet das Sprachmuster der Versöhnung zwar auch mit einer primären Asymmetrie, schreibt dieser aber das Verhältnis der Gegenseitigkeit der Anerkennung ein."

[8] KIERKEGAARD, Der Liebe Tun, 369 (meine Hervorhebung): „Freilich bedarf der, welcher Unrecht getan hat, der Vergebung, o, aber der Liebende, der Unrecht gelitten hat, hat das Bedürfnis zu vergeben, oder das Bedürfnis zur Aussöhnung, zur *Versöhnung, welches Wort nicht wie das Wort Vergebung Unterschied macht, indem es an Recht und Unrecht erinnert*, sondern liebend im Sinne hat, daß beide bedürftig sind."

7.5 Gnade

Als letztes ist Vergebung gegen Gnade abzugrenzen. Ich habe dabei nicht den theologischen Gebrauch des Wortes im Blick, sondern den juristischen bzw. politischen, den Fall also, wo eine autorisierte Person einen Straferlass oder eine Strafmilderung gewährt. Ich bin darauf bereits früher[9] zu sprechen gekommen und fasse die wichtigsten Unterschiede zur Vergebung nur kurz zusammen.

Wer vergibt, tut dies als Privatperson[10] in einer persönlichen Beziehung. Wer Gnade gewährt, tut dies in einem institutionellen Rahmen als Funktionsträger. Wer vergibt, muss persönlich betroffen sein, wer Gnade gewährt, sollte nicht persönlich betroffen sein, da ihm sonst Befangenheit vorgeworfen werden kann. Bei der Vergebung geht es um eine moralische Verletzung, bei der Gnade dagegen meist um ein juristisches Fehlverhalten unter Berücksichtigung weiterer Faktoren. Die Gewährung von Gnade hat die Milderung oder den Erlass von Strafe zur Folge, die Vergebung hat mit der institutionell verhängten Strafe nichts zu tun und auch eine persönlich verhängte Strafe wird durch Vergebung nicht zwingend außer Kraft gesetzt.

Vergebung und Gnade sind zwei unterschiedliche Handlungsmuster, die sich in unterschiedlichen Sphären zwischenmenschlichen Zusammenlebens ereignen, und deren Zuständigkeit von jeweils unterschiedlichen Bedingungen abhängig ist.

7.6 Übersicht

Die Unterscheidung der Vergebung von anderen Reaktionsmustern habe ich untenstehend grafisch veranschaulicht. Einige erläuternde und ergänzende Hinweise sind dazu angebracht.

Die Darstellung erweckt den Eindruck, die verschiedenen Kriterien stünden in einem linearen Verhältnis der Über- bzw. Unterordnung zueinander. Dem ist nicht so. Die Unterscheidungen verlaufen quer zueinander; die Unterscheidung in die „Reaktion in Bezug auf andere" und die „Reaktion in Bezug auf sich selbst" lässt sich auch auf als positiv beurteilte Handlungen anwenden, bzw. die schematische Abfolge könnte geradeso gut umgekehrt dargestellt werden, mit der Unterscheidung der Reaktionsrichtungen oben und erst nachfolgend der Unterscheidung der Handlungsbeurteilung. Entsprechendes gilt für die anderen Unterscheidungen.

---

[9] Kapitel 1.2.
[10] Ich spreche vom paradigmatischen Fall von Vergebung und lasse das Problem kollektiver Vergebung außer Acht.

Entschuldigung reagiert, wie dargestellt, auf Handlungen, die gegen den ersten Anschein keine moralische Verletzung darstellen. Sie reagiert aber auch auf Ereignisse, denen der Handlungscharakter fehlt, da ihr kausaler Urheber ein Mensch ist, dem moralische Verantwortung nicht zugesprochen werden kann. Dies ist in der Darstellung nicht erfasst.

Die Reaktionen in Bezug auf sich selbst und in Bezug auf andere, sowie letztere untereinander schließen sich nicht aus. Derselbe Mensch kann von einer Verletzung auf verschiedene Arten gleichzeitig betroffen sein. Das bedeutet, dass Heilung grundsätzlich mit jeder der angeführten Reaktionen in Bezug auf andere vereinbar ist, ebenso ist institutionelle Gnade grundsätzlich mit den persönlich-reaktiven Handlungsmustern kompatibel.

Theoretisch nicht miteinander kompatibel sind dagegen die persönlich-reaktiven Handlungsmuster untereinander. Sie können aber in Mischungsverhältnissen auftreten, und manchmal sind wir unsicher in der Beurteilung der Umstände, die zu den Handlungsbedingungen gehören (z.B.: Handelt es sich um aufrichtige moralische Reue oder nicht?), und entsprechend unsicher in der Einordnung oder Benennung unserer eigenen Reaktion. So gestehen wir einem zwölfjährigen Kind zu, dass es noch nicht die gleichen Fähigkeiten und Möglichkeiten wie ein Erwachsener hat, wenn es darum geht, die Folgen des eigenen Handelns abzuschätzen, und doch halten wir es nicht für vollkommen unzurechnungsfähig. Sein Alter rechnen wir im teilweise als Entschuldigungsgrund an, erwarten aber darüber hinaus für eine zugefügte moralische Verletzung dennoch so etwas wie Reue. Mit Blick auf sein Alter schwächt sich unsere Reaktion des Übelnehmens ab, aber sie verschwindet nicht vollständig. Ähnliche Mischungen können auch zwischen Entschuldigung und duldendem Verzeihen, oder zwischen letzterem und der Vergebung auftreten.

Typisch für Versöhnung ist, dass sie sich dort ereignet, wo Schuld und Betroffenheit sich nicht klar und eindeutig verteilen lassen, oder wo die Schuldfrage überhaupt in der Schwebe bleibt. Vergebung verlangt demgegenüber in diesen Fragen größere Klarheit. Das bedeutet jedoch nicht, dass eine diesbezügliche Klarheit ein Hindernis für Versöhnung darstellt; ich habe das mit einer gestrichelten Linie von der Vergebung zur Versöhnung angedeutet.

7.6 Übersicht

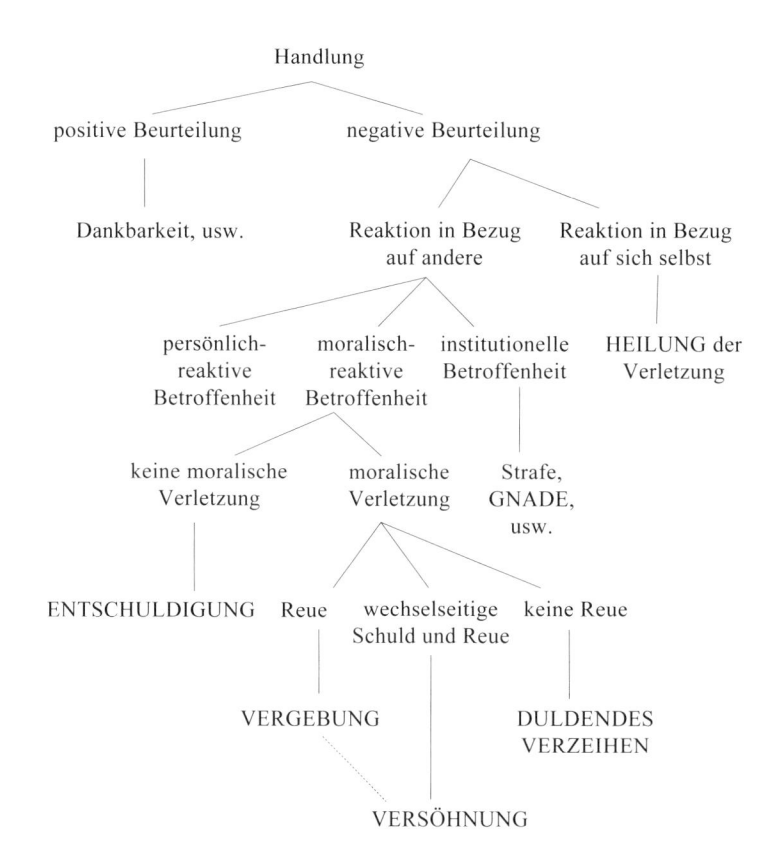

```
                            Handlung
                   ┌───────────┴───────────┐
        positive Beurteilung        negative Beurteilung
                │                   ┌───────┴───────┐
         Dankbarkeit, usw.    Reaktion in Bezug   Reaktion in Bezug
                              auf andere          auf sich selbst
                    ┌──────────┼──────────┐              │
              persönlich-  moralisch-  institutionelle  HEILUNG der
              reaktive     reaktive    Betroffenheit    Verletzung
              Betroffenheit Betroffenheit
                    │       ┌───┴───┐         │
              keine moralische  moralische   Strafe,
              Verletzung        Verletzung   GNADE,
                                             usw.
                    │       ┌──────┼──────┐
            ENTSCHULDIGUNG  Reue  wechselseitige  keine Reue
                                  Schuld und Reue
                                  │        │            │
                            VERGEBUNG              DULDENDES
                                                   VERZEIHEN
                                  │
                            VERSÖHNUNG
```

Zusammenfassung

Die Beschäftigung mit der zwischenmenschlichen Vergebung fand unter zwei gegensätzlich lautenden, sich aber ergänzenden Annahmen statt: Der moraltheoretischen Annahme, dass wir, indem wir etwas tun, damit auch etwas sagen; oder anders ausgedrückt, dass unser Handeln eine moralische Botschaft, also eine Botschaft der Wertschätzung oder der Geringschätzung, enthält; und der sprechaktanalytischen Annahme, dass wir, indem wir etwas sagen, damit auch etwas tun; oder anders ausgedrückt, dass gewisse Handlungen mit dem Äußern bestimmter Worte vollzogen werden. Für das Gelingen dieser Handlungen reicht es aber nicht, dass bestimmte Worte geäußert werden, und es ist nicht einmal zwingend nötig – wenngleich es in vielen Fällen am meisten Erfolg verspricht –, dass eine bestimmte Äußerung getan wird. Weitere Bedingungen müssen erfüllt sein, damit der Sprechakt sein Ziel erreicht.

Die erste Annahme führte in der Beschäftigung mit der Vergebung dazu, Vergebung zu verstehen als einen Akt moralischer Kommunikation, der eingebettet ist in einen umfassenderen kommunikativen Prozess, in welchem die moralischen Botschaften der Verletzung, des Übelnehmens und der Reue aufeinander folgen. Vergebung ist kein Selbstgespräch, in welchem die verletzte Person auf die eigene Verletzung bzw. das eigene Übelnehmen reagiert, sondern Antwort auf die Botschaft der Reue des Urhebers der Verletzung.

Die zweite Annahme lenkt die Aufmerksamkeit auf die die Vergebung konstituierenden Bedingungen. Dabei zeigte sich, dass diese identisch sind mit den Botschaften im beschriebenen Prozess moralischer Kommunikation, wobei die Haltung der Versöhnlichkeit als eine zusätzliche Bedingung aufseiten der vergebenden Person zu nennen war. Vergebung meint die Wiederherstellung der moralischen Beziehung. Von „Wiederherstellung" der Beziehung kann nur die Rede sein, wenn eine Störung vorliegt; die Störung der moralischen Beziehung erfolgt durch die moralische Verletzung, die in der Botschaft der verweigerten Achtung liegt. Tatsächlich – und nicht nur scheinbar – wiederhergestellt wird die moralische Beziehung nur, wenn beide Seiten, die verletzende und die verletzte Person, zusammenwirken. Beide müssen die moralische Verletzung, den Urheber der Verletzung und die davon persönlich betroffene Person als solche anerkennen; die dieser Anerkenntnis entsprechende Haltung heißt aufseiten der verletzten Person *Übelnehmen*, aufseiten des Urhebers der Verletzung

Reue. In der Reue anerkennt der Urheber der moralischen Verletzung nicht nur die genannten Sachverhalte, er bringt außerdem der von ihm zuvor geringgeschätzten Person die ihr zukommende Wertschätzung entgegen. Wenn die von der Verletzung betroffene Person seine Reue für glaubhaft hält, ist die Grundlage dafür gegeben, dass sie ihm ihr erneutes Vertrauen als einer moralisch gesinnten und handelnden Person ausspricht. In diesem Fall sagen wir, sie habe ihm vergeben.

III. Göttliche und zwischenmenschliche Vergebung

Im bisherigen Verlauf der Untersuchung nahm ich eine trinitätstheologische Analyse göttlicher Vergebung vor und legte mein Verständnis zwischenmenschlicher Vergebung dar. Offen blieb bislang, in welchem Verhältnis göttliche und zwischenmenschliche Vergebung zueinander stehen. Um eine Näherbestimmung dieses Verhältnisses geht es in diesem Schlussteil. Ich frage zuerst, welches die Gemeinsamkeiten und Unterschiede göttlicher und zwischenmenschlicher Vergebung sind (Kapitel 8) und wende mich dann der Frage zu, ob göttliche und zwischenmenschliche Vergebung sich unabhängig voneinander ereignen, oder ob ein Zusammenhang zwischen beiden im Sinne eines Abhängigkeitsverhältnisses besteht (Kapitel 9).

Vergebung ist die Wiederherstellung der moralischen Beziehung, welche durch eine moralische Verletzung ins Ungleichgewicht geriet. Vergebung wird durch diejenige Person gewährt, welche von der moralischen Verletzung persönlich betroffen ist, und sie wird derjenigen Person gewährt, welche als Urheberin der moralischen Verletzung ihr Tun bereut und ein moralisches Interesse an einer Wiederherstellung der Beziehung zeigt. So lautet, kurz zusammengefasst, das im Vorangehenden entwickelte Verständnis zwischenmenschlicher Vergebung.

Nun ist von Vergebung aber nicht nur im Kontext zwischenmenschlichen Handelns die Rede, sondern auch im Kontext von Gottes Handeln am Menschen. Wie ist diese Gleichbenennung zu verstehen? Grundsätzlich sind drei Antwortrichtungen denkbar: Man könnte die Behauptung aufstellen, Gottes Vergeben und zwischenmenschliches Vergeben wiesen keinerlei bedeutsamen Gemeinsamkeiten auf, sie hießen nur zufälligerweise gleich und hätten miteinander so wenig zu tun, wie das Schloss, in welchem die Königin wohnt, mit dem Schloss, in welchem der Schlüssel steckt.

Die entgegengesetzte Auffassung lautet, dass sich sowohl göttliche als auch menschliche Vergebung nach demselben Handlungskonzept verstehen lassen. Ihnen liegen die gleichen konstitutiven Bedingungen zugrunde. Ihr einziger Unterschied, der aber am Verständnis von Vergebung nichts entscheidend verändert, ist darin zu sehen, dass das handelnde Subjekt in einem Fall Gott, im andern Fall ein Mensch ist.

Eine Zwischenposition geht davon aus, dass zwischen göttlicher und menschlicher Vergebung gewichtige Unterschiede bestehen. Gleichzeitig weisen sie aber auch Ähnlichkeiten auf, welche es erlauben, sie in Entsprechung zueinander zu verstehen. Der Gebrauch des Wortes „Vergebung" wäre demnach im einen Kontext ein „eigentlicher", im andern Kontext ein metaphorischer.

Ich verfolge in dieser Untersuchung nicht den Ansatz, dass es sich bei der Verwendung des Wortes „Vergebung" für ein göttliches und ein zwischenmenschliches Handlungsmuster um eine bloß zufällige oder gar irrtümliche Gleichbenennung handelt. Ich bin aber genausowenig der Auffassung, dass es darauf, was sich in der Vergebung ereignet und wie sie zu verstehen, wenig Einfluss habe, ob Gott oder ein Mensch Vergebung gewährt. Vielmehr gehe ich davon aus, dass göttliche und zwischenmenschliche Vergebung deshalb gleichlautend benannt werden konnten, weil sie als auf sich entsprechenden konstitutiven Bedingungen beruhend und etwas Entsprechendes bewirkend oder bezweckend verstanden wurden. Damit wäre zu überprüfen, welche Bedeutung den konstitutiven Bedingungen zwischenmenschlicher Vergebung in Bezug auf die göttliche Vergebung zukommt (8.2). Bevor ich mich dieser Aufgabe zuwende, sind einige grundsätzliche Überlegungen zum Verhältnis von Gott und Mensch angebracht (8.1).

Kapitel 8

Gott und Mensch

8.1 In Beziehung

Sowohl meine dogmatischen Überlegungen im ersten Teil als auch die moraltheoretischen im zweiten Teil beruhen auf einem Beziehungsmodell. Dies ist als eine erste, grundlegende Gemeinsamkeit in meinem Verständnis zwischenmenschlicher wie göttlicher Vergebung herauszustreichen: Was sich in der Vergebung ereignet, und was der Vergebung vorausgeht und diese allererst nötig und möglich macht, wird als ein *kommunikatives Beziehungsgeschehen* verstanden. Dies gilt für die moralische Verletzung ebenso wie für die Sünde, für die Reue wie für die Umkehr, für die zwischenmenschliche Vergebung wie für die göttliche. Vergebung wird in beiden Kontexten verstanden als die Wiederherstellung einer gestörten Beziehung in Reaktion auf die Reue des Urhebers der Störung.

Diese grundsätzliche Übereinstimmung darf aber nicht über die gravierenden Differenzen zwischen göttlicher und zwischenmenschlicher Vergebung hinwegtäuschen. Es ist nicht falsch zu sagen, die Differenzen seien eine Folge dessen, dass das Subjekt der Vergebung jeweils ein anderes ist. Entscheidend ist dabei aber, sich über den Sinn dieser Aussage im Klaren zu sein. Ich kann sagen, Peter vergibt anders als Lydia, weil sie zwei verschiedene Personen sind – aber damit ist etwas anderes gemeint als wenn ich sage, Gottes Vergebung sei anders als die eines Menschen. In grundlegender, nämlich *moralischer Hinsicht* sind Peters und Lydias Vergebung gleich und ist deren Beziehung zur Vergebung empfangenden Person vergleichbar. Die Unterschiede zwischen göttlicher und zwischenmenschlicher Vergebung dagegen haben damit zu tun, dass die Beziehung Gottes zur Vergebung empfangenden Person ganz und gar anders geartet ist als die moralische Beziehung von Menschen untereinander.

Diese fundamentale Differenz lässt sich unter dem Stichwort Symmetrie/Asymmetrie betrachten. Die zwischenmenschliche Beziehung ist als eine in moralischer Hinsicht *symmetrische* gedacht. Ich bin ausgegangen vom kantischen Grundsatz der gleichen intrinsischen Würde aller Personen, und damit der allen Personen gleichermaßen zukommenden moralischen Achtung. Die moralische Verletzung verstehe ich als eine Verletzung dieser auf Symmetrie beruhenden Beziehung, die Verweigerung der

Anerkennung des gleichen moralischen Werts[1], die Vorenthaltung der zukommenden Achtung. In der zwischenmenschlichen Vergebung wird die moralische Beziehung wiederhergestellt, beide Seiten anerkennen wieder die moralische Symmetrie der Beziehung.

Ganz anders sieht dagegen die Beziehung zwischen Gott und Mensch aus. Diese ist durch eine fundamentale Asymmetrie gekennzeichnet. Vom gleichen Wert oder der gleichen Würde beider Partner kann keine Rede sein. Doch wie ist diese Asymmetrie genau zu verstehen und wie lässt sich der unterschiedliche Wert oder die unterschiedliche Würde Gottes und des Menschen näher bestimmen? Ich versuche eine Antwort auf diese Frage in drei Anläufen. In einem ersten Anlauf spreche ich davon, dass Gottes Wert *höher* ist als der des Menschen, und dass Gott dem Menschen überlegen ist (8.1.1). In einem zweiten Anlauf komme ich auf Kants Begriff der Würde zurück, dem keine kompetitive Werttheorie zugrunde liegt, und der keine Vergleiche im Sinne eines Mehrs oder Wenigers an Wert zulässt (8.1.2). Diese Überlegungen münden schließlich in den dritten Anlauf, wo ich mit der einseitigen Abhängigkeit des Menschen von Gott befasse (8.1.3).

8.1.1 Gottes Überlegenheit über den Menschen

Wenn von der Asymmetrie der Gott-Mensch-Beziehung die Rede ist, so kann als erstes darauf hingewiesen werden, wie unendlich weit Gott dem Menschen überlegen ist. Gottes Überlegenheit lässt sich deskriptiv (Gott ist mächtiger, klüger, stärker, weitsichtiger usw. als der Mensch) oder normativ (der Mensch sündigt, Gott ist sündlos) verstehen. Zur normativen Überlegenheit gehören auch die Rollenkompetenzen. So hat beispielsweise eine Lehrerin – auf der Grundlage ihrer gegenüber Kindern (deskriptiven) Überlegenheit in Bezug auf Alter, Lebenserfahrung, Wissensschatz und Ausbildung – mit der Anstellung durch die Schulgemeinde die (normative) Rollenkompetenz erhalten, die Kinder ihrer Klasse zu unterweisen, Lob

---

[1] Ich verwende das Wort „Wert" im Anschluss an Kant in zwei verschiedenen Bedeutungen. Zum einen kann „Wert" die Bedeutung haben, wie wir sie aus ökonomischen Zusammenhängen kennen: Dinge haben einen bestimmten Wert, manche mehr, manche weniger; Kant spricht in diesem Zusammenhang auch vom „relativen Wert" (etwas ist wertvoll in Bezug auf jemanden) oder dem „Preis". Zum andern kann Kant auch vom „Wert" von Personen sprechen, dabei handelt es sich um den „absoluten Wert" oder „inneren Wert" (etwas ist in sich absolut wertvoll), bzw. die „Würde" (vgl. Kapitel 4, Anmerkung 18, bzw. KANT, Grundlegung, Werkausgabe VII, 60; 68). Wo ich nur von „Wert" spreche, handelt es sich um Zusammenhänge, in denen offen ist, ob damit ein relativer oder der absolute Wert gemeint ist (z.B. kann sich das Wort „Werttheorie" auf kompetitive Theorien relativen menschlichen Werts oder auf egalitaristische Theorien des absoluten menschlichen Werts beziehen). Wo ich „Wert" in der Bedeutung von „Würde" verwende, verdeutliche ich dies, indem ich vom „absoluten Wert" oder (missverständlicher) vom „gleichen moralischen Wert" spreche.

und Tadel auszusprechen oder die Eltern eines Kindes zu einer Aussprache ins Schulhaus zu zitieren. Das Verhältnis ist asymmetrisch, es ist unumkehrbar in dem Sinne, dass nicht plötzlich ein Schüler die Eltern der Lehrerin ins Schulhaus beordern kann. Aber es ist nicht grundsätzlich unumkehrbar. Es ist denkbar, dass viele Jahre später ein ehemaliger Schüler in seiner dannzumaligen Rollenkompetenz als Leiter eines Pflegeheims die erwachsenen Kindern seiner ehemaligen Lehrerin zu sich bestellt und ihnen mitteilt, dass jene aufgrund ihres Benehmens im Heim nicht mehr tragbar ist.

Es ist nicht unüblich und auch nicht grundsätzlich falsch, die Asymmetrie der Gott-Mensch-Beziehung im Sinne deskriptiver oder moralischer Unterschiede zu verstehen, und auch die Zuschreibung von Rollenkompetenzen findet auf Gott Anwendung, wenn Gott mit einem Richter oder einem König oder einem Hirten verglichen wird.

Es ist nicht unüblich und nicht grundsätzlich falsch, aber es ist tückisch. Denn die normativen und deskriptiven Bewertungen beruhen auf relativen Maßstäben und setzen die Vergleichbarkeit der zu bewertenden Personen, genauer ihrer in Frage stehenden Leistungen, Fähigkeiten, Attribute oder Kompetenzen voraus. Die Relativität der Beurteilung lässt sich auf drei Arten konkretisieren: (1) Wettläufer A läuft nicht einfach „schnell", sondern er läuft schneller als B, und das ist, worauf es ankommt. (2) A kann zwar schneller laufen als B, dafür hat B die besseren Umgangsformen, mehr Witz und Geist und ist demzufolge bei den Medien der beliebtere Interviewpartner. (3) A läuft schneller, als er es früher tat, und irgendwann kommt Zeitpunkt, wo er nicht mehr so schnell wird laufen können, und ein anderer schneller ist als er. Und wie bereits oben erwähnt wurde, gilt dies nicht nur für deskriptive Bewertungen, sondern auch für normative. Auch Rollenkompetenzen verändern sich: Der König dankt ab, die Bürgermeisterin wird der Bestechlichkeit überführt und ins Gefängnis geworfen usw.

Diese Merkmale, die für evaluative oder kompetitive Verfahren typisch sind, lassen sich nicht ohne weiteres auf das Verhältnis zwischen Gott und Mensch übertragen. Die Asymmetrie zwischen Gott und Mensch ist nicht nur faktisch in diesem Moment, sondern grundsätzlich, *per definitionem*, unaufhebbar und unumkehrbar. Gott ist nicht irgendwann plötzlich weniger mächtig als der Mensch, und sein Gottsein ist auch keine Rollenkompetenz, die er irgendwann abgeben oder verlieren könnte. Damit findet der obige dritte Punkt auf die Gott-Mensch-Beziehung keine Anwendung. Aber auch der zweite Punkt lässt sich nicht übertragen. Denn für Gottes Überlegenheit ist keine bestimmte Hinsicht anzugeben, wie dies bei zwischenmenschlichen Vergleichen der Fall ist. Gottes Überlegenheit gegenüber dem Menschen ist umfassend, keine noch so lange Liste wäre je vollständig, und sie ist nicht nur umfassend, sie ist auch prinzipiell. Am ehesten noch könnte der erste Punkt zur Anwendung gelangen. Aber auch hier wird man Acht geben müssen, denn Vergleiche setzen die Vergleichbarkeit der zu Vergleichenden voraus. So finden Wettrennen zwischen Schnellläufern nach Alterklassen und Geschlechtern getrennt statt. Wenn wir sagen, Gott sei beispielsweise „schneller" als ein Mensch, dann ist das nicht, wie wenn wir bei einem Wettlauf sagen, der Goldmedalliengewinner sei schneller gelaufen als der Silbermedalliengewinner, sondern eher so, wie wenn wir sagen, der schnellste Läufer der Kategorie Erwachsene sei schneller gelaufen als der schnellste Läufer der Kategorie der Drei-bis-Fünfjährigen. Aber auch dieser Vergleich stößt an Grenzen. Denn nicht nur ist es so, dass der Abstand zwischen Gott und Mensch „größer" ist als der zwischen einem Erwachsenen und einem Kleinkind. Es ist auch so, dass die Überlegenheit des Erwachsenen über das Kind in Bezug auf seine Sprintfähigkeiten zwar selbstverständlich ist, Ausnahmen in Einzelfällen sind aber nicht grundsätzlich auszuschließen. So wird die Überlegenheit des Erwachsenen niemanden überraschen, aber für die Aussage von Gottes Überlegenheit gilt, dass sie nicht nur nicht überraschend, sondern tautologisch ist.

Die Rede von Gottes Überlegenheit ist also zumindest problematisch. Zudem ist es wichtig, sich bewusst zu sein, dass dahinter eine evaluative und kompetitive Werttheorie steht, welche gerade nicht zur Anwendung kommt, wenn *Kant* von der intrinsischen Würde aller Menschen spricht und wenn vorhin von der Symmetrie zwischenmenschlicher Beziehungen die Rede war. Auf dem Hintergrund kompetitiver Werttheorien sind die zwischenmenschlichen Beziehungen nämlich keineswegs als symmetrische zu beschreiben, sondern als von einer Vielfalt an Asymmetrien gekennzeichnet. Darin unterscheiden sie sich also nicht grundsätzlich von der Beziehung zwischen Gott und Mensch.

Kant geht dagegen vom *absoluten* Wert des Menschen als Menschen aus, der damit jeder Vergleichbarkeit entzogen ist. Die Frage stellt sich, was dies für das Verhältnis zwischen Gott und Mensch bedeutet.

8.1.2 Die Quelle des Werts

Die kantische Werttheorie ist egalitaristisch. Sie geht davon aus, dass alle Personen kraft ihres Personseins gleichen (nämlich absoluten) Wert, gleiche Würde haben. Ihre Beziehung ist damit in moralischer Hinsicht symmetrisch. Wenn man nun die Asymmetrie der Beziehung zwischen Gott und Mensch im Blick hat und auf der Grundlage der kantischen Werttheorie zu begründen sucht, liegt es nahe, folgenden Versuch zu unternehmen:

Gott erfüllt die grundlegende Bedingung menschlichen Personseins nicht und steht damit außerhalb der Kategorie des menschlichen moralischen Werts. Die rechte Haltung Gott gegenüber ist nicht die Anerkennung seiner der menschlichen Würde gleichen Würde, sondern die Anerkennung der davon verschiedenen Würde, der *göttlichen* Würde. Ebenso wenig kann es darum gehen, Gott die gleiche Achtung entgegenzubringen wie den Menschen, vielmehr gebührt Gott die ihm als Gott zukommende Achtung. Es geht dabei nicht um ein Mehr oder Weniger an Wert oder Achtung, sondern um den spezifischen Wert oder die spezifische Achtung.

Dies klingt nach vertrauten theologischen Argumentationsmustern. Wenn aber eine Interpretation auf der Grundlage kompetitiver Werttheorien ausgeschlossen ist, wie kann dieser „andere Wert" dann verstanden werden?

Nach Kant ist der menschliche Wert absolut, und daraus folgt, dass Menschen nie nur als Mittel zum Zweck, sondern immer auch als Selbstzweck zu würdigen sind. Im Unterschied dazu kommt allen nichtvernünftigen Wesen – Kant nennt sie „Sachen" – nur relativer Wert zu, sie sind wertvoll nur in Bezug auf etwas anderes, nämlich in Bezug auf einen Träger absoluten Werts, und damit ist ihre Instrumentalisierung nicht nur zulässig, sondern ihnen angemessen. Die Unterscheidung von absolutem und relativem Wert ist vollständig; *tertium non datur*. Es gibt nicht nur keine dritte Art von Wert neben dem absoluten und dem relativen Wert, es gibt auch nicht verschiedene Arten von absolutem Wert, wenn denn „absolut" wirklich absolut bedeutet. Wenn jemand als Selbstzweck wertvoll ist, ist er als Selbstzweck wertvoll – man kann nicht mehr oder weniger oder auf unterschiedliche Art und Weise Selbstzweck sein. Doch wie lässt sich dann von der göttlichen Würde als einer von der menschlichen Würde unterschiedenen Würde sprechen?

Ich sehe nur drei Möglichkeiten, wie dies geschehen könnte, wovon die erste Möglichkeit keine ernsthafte ist und ich große Bedenken habe, die zweite zuzulassen.

Die *erste Möglichkeit* lautet, dass der Mensch absolut wertvoll, Gott dagegen nur Mittel zum Zweck ist. Diese Position ist in der Religionskritik nicht unüblich, Feuerbach und Freud wären etwa zu nennen – aber da ist auch nicht von Gott die Rede, sondern nur von „Gott", von dem, was Menschen für Gott halten oder sich als Gott zurechtlegen. Der theologische Gottesbegriff schließt eine solche Wertzuschreibung definitorisch aus.

In der *zweiten Möglichkeit* wird das Verhältnis umgekehrt. Gott ist absolut und in sich wertvoll, der Mensch dagegen nur relativ wertvoll mit Blick auf das absolut Wertvolle, also Gott. Man könnte versuchen, dem Menschen auf der offenen Skala der relativ wertvollen „Sachen" eine hohe Position einzuräumen, aber der Graben zum absoluten Wert wäre dennoch unüberbrückbar. Diese Auffassung ist theologisch gesehen weit weniger abwegig als die Erstgenannte. Ist es denn nicht zutreffend, dass es nicht an uns ist, die Frage zu beantworten, ob unser Leben und Handeln gut und wertvoll ist, sondern sie im Lichte Gottes ihre Antwort finden muss? Die Frage ist zu bejahen, aber dies ist nicht zwingend so zu verstehen, als sei damit die Frage nach dem Wert Gottes und des Menschen im Sinne der zweiten Möglichkeit entschieden. Denn Gottes „Entscheidungsbefugnis" schließt den absoluten Wert des Menschen nicht notwendig aus, und Gottes „Entscheidungskriterium" könnte gerade dieses sein, ob der Mensch den absoluten Wert seiner Mitmenschen und Gottes respektiert. Mit dieser Argumentation wird die zweite Möglichkeit zwar nicht widerlegt, aber sie ist zumindest auch nicht als zwingend anzusehen. Entsprechendes gilt für den nächsten Punkt, der als Einwand gegen die zweite Möglichkeit vorgebracht werden könnte: Wäre dem Missbrauch nicht Tür und Tor geöffnet, wenn absoluter Wert nur noch Gott zugesprochen würde? Dann könnten im Namen Gottes Religionskriege geführt, Menschen gefoltert und ermordet werden. Die Gefahr ist nicht von der Hand zu weisen, aber sie ergibt sich wiederum nicht zwingend aus der Bestimmung des menschlichen Werts relativ zu Gott. Denn entscheidend wäre hier, als wer Gott gesehen wird. Ist er ein narzisstischer Gesinnungstyrann, der alle, die ihm nicht genehm sind, für Freiwild erklärt? Oder ist er allen Menschen in Liebe verbunden, die ihnen damit Schutz gewährt, da kein Mensch, wiewohl selber nur relativ wertvoll, verletzt werden könnte, ohne dass damit zugleich Gott verletzt würde? Letzteres entspricht jedenfalls weit eher als das Bild des Tyrannen dem christlichen Gottesverständnis, und auf diesem Hintergrund würde der moralische Anstoß hinfällig. Es wäre auch nicht so, dass die Symmetrie der zwischenmenschlichen Beziehung nicht mehr behauptet werden könnte, wenn Menschen nur noch relativ wertvoll wären. Es wäre nur so, dass sie – immer in moralischer Hinsicht – nicht „in sich" alle gleich wertvoll wären, sondern „vor Gott". Diese Denkfigur wiederum kann sich auf eine lange theologische Tradition berufen.

Die Richtigkeit der zweiten Möglichkeit ist damit weder bewiesen noch widerlegt. Für sie spricht, dass sie die Annahme einer fundamentalen Asymmetrie in der Gott-Mensch-Beziehung zu stützen vermag, gegen sie spricht, dass Kants moralisch wirkkräftiges Postulat des absoluten Werts des Menschen nicht leichtfertig aufgegeben werden sollte, wenn es sich vermeiden lässt.

Hier kommt nun die *dritte Möglichkeit* ins Spiel. Sie lautet, dass Gott *und* Mensch absolut wertvoll sind, also niemals nur als Mittel zum Zweck gebraucht werden dürfen. Was dabei Gott vom Menschen unterscheidet, ist die Tatsache, dass der Mensch seine Existenz und seinen absoluten Wert Gott verdankt, Gott selbst aber weder seine Existenz noch seinen Wert jemandem außerhalb seiner selbst verdankt. Ist der Mensch als absolut wertvolles Wesen[2] damit zugleich „Quelle von Wert"[3] in dem Sinne, dass er den „Sachen" relativen Wert verleiht, so gilt für Gott darüber hinaus, dass er auch *absoluten* Wert verleihen kann, „Quelle absoluten Werts" ist. Letzteres kann vom Menschen nicht ausgesagt werden. Ist es aber zutreffend, dies von Gott auszusagen? Oder wäre es nicht doch zutreffender, im Sinne der zweiten Möglichkeit das Verhältnis des Menschen als relativ wertvoll in Bezug auf Gott zu verstehen?

Ich bevorzuge die dritte Möglichkeit und berufe mich dazu auf die Schöpfungsgeschichte. Wenn es Gen 1,26f heißt:

„Und Gott sprach: Lasset uns Menschen machen, ein Bild, das uns gleich sei, die da herrschen über die Fische im Meer und über die Vögel unter dem Himmel und über das Vieh und über alle Tiere des Feldes und über alles Gewürm, das auf Erden kriecht. Und Gott schuf den Menschen zu seinem Bilde, zum Bilde Gottes schuf er ihn; und schuf sie als Mann und Frau",

so könnte ein Befürworter der zweiten Möglichkeit darin eine instrumentalisierende Absicht Gottes bei der Erschaffung des Menschen erkennen wollen. Dem ist entgegenzuhalten, dass die Erteilung einer Aufgabe nicht mit Instrumentalisierung gleichzusetzen ist; und selbst wenn dem so wäre, würde außerdem gelten, dass absoluter Wert nicht jeglicher Instrumentalisierung entgegensteht. Den absoluten Wert eines Gegenübers anzuerkennen heißt nicht, dass dieses Gegenüber niemals wertvoll ist in Bezug auf etwas anderes – der Mensch steht in einer Vielzahl von Verhältnissen, in denen er auch von relativem Wert ist –, sondern anzuerkennen, dass sich der Wert dieses Gegenübers nicht in seinem vielfältigen relativen Wert *erschöpft*. Einen Menschen als absolut wertvoll zu achten, heißt, ihn immer „zugleich als Zweck, niemals bloß als Mittel"[4] zu sehen und zu respektieren. Noch wichtiger für mich ist an dieser Stelle die Formulierung, dass Gott den Menschen „zu seinem Bilde" schuf. Ich habe bereits dargelegt, dass ich dies in dem Sinne interpretiere, dass Gott den Menschen zu seinem Gegenüber geschaffen hat, mit dem er in Beziehung sein will.[5] Der Charakter der Beziehung hängt nun aber entscheidend davon ab, ob der Mensch als absolut oder relativ wertvoll gesehen wird. Wird nur Gott absoluter Wert zuerkannt, dann ist die Gott-Mensch-Beziehung in Kants Terminologie die Beziehung zwischen einer Person und einer Sache. Haben dagegen Gott und Mensch absoluten Wert, dann ist ihre Beziehung die zwischen Personen. Mit Blick auf die Schöpfungsgeschichte ließe sich

---

[2] Bzw. als Träger des einzig wirklich Guten, nämlich des guten Willens; vgl. KANT, Grundlegung, Werkausgabe VII, 18.

[3] Vgl. dazu KORSGAARDS Aufsatz „Aristotle and Kant on the source of value". Der Ausdruck „Quelle von Wert" stammt nicht von Kant, ist aber sachlich zutreffend.

[4] KANT, Grundlegung, Werkausgabe VII, 61.

[5] Vgl. Kapitel 2.1.

nicht begründen, weshalb Gott am sechsten Schöpfungstag noch die Notwendigkeit empfand, Menschen zu schaffen, wenn ihr Wert nur relativ ist; denn die Möglichkeit zur Beziehung zu „Sachen" bestand für Gott bereits am Ende des fünften Tages. Als „ein Bild, das uns gleich" und damit zur Beziehung mit Gott geeignet, wird der Mensch plausibler dann gesehen, wenn er – wie Gott – Träger absoluten Werts ist.

Auf diesem Hintergrund ist auch verständlich, weshalb Gott und Mensch zugleich für Vergebung in Frage kommen, wie das im Abschnitt über Gottes Betroffenheit ausgeführt wurde.[6] Käme den Menschen dagegen nur relativer Wert zu, wären sie nach Kant keine geeigneten Empfänger einer moralisch verletzenden Botschaft und ungeeignet dafür, Vergebung zu gewähren. Nur Gott käme als derjenige in Betracht, der verletzt wird und vergeben kann.

8.1.3 In Abhängigkeit

Unabhängig von der Zuschreibung absoluten und relativen Werts lässt sich festhalten, dass die Beziehung zwischen Gott und Mensch auch dadurch als asymmetrisch gekennzeichnet ist, dass in ihr ein einseitiges Abhängigkeitsverhältnis auszumachen ist.[7] Ohne Gott gäbe es keine Menschen, aber ohne Menschen gäbe es nicht keinen Gott. Die Abhängigkeit des Menschen von Gott ist nicht nur, wie beim neuzeitlichen Deismus, zu verstehen als die Abhängigkeit von einem einmaligen Schöpfungsakt Gottes, oder einem einmaligen Anstoß Gottes zur Evolution, sondern die Geschichte Gottes mit dem Menschen geht weiter, die Schöpfung (als „creatio originalis") findet ihre Fortsetzung in der „creatio continua", in der göttlichen Erhaltung und Bewahrung. Nicht nur verdankt der einzelne Mensch, die ganze Menschheit und alle Kreatur ihr „Ins-Sein-Kommen" göttlicher Schöpferkraft, sondern jeder Atemzug, den ich tue, jeder Gedanke, den ich denke, jede Bewegung, ich mache, jedes Wort, das ich spreche, hat zur Voraussetzung, dass Gott mich noch immer am Leben erhält und mich in der entsprechenden Weise befähigt. Auch diese Abhängigkeit ist einseitig, denn wiewohl ich nichts tun kann ohne Gott, kann Gott „alles" tun, ohne mich.[8] Und wenn es schließlich zur Erlösung der ganzen Schöpfung

---

[6] Kapitel 1.2.

[7] Wenn im vorigen Abschnitt Gott als die „Quelle absoluten Werts" und der Mensch als derjenige, der von Gott seinen absoluten Wert erhält, beschrieben werden, ist auch hierin bereits ein Abhängigkeitsverhältnis ausgedrückt. Über dieses hinausgehend geht es in diesem Abschnitt um die existenzielle Abhängigkeit des Menschen von Gott, wobei ich „existenziell" nicht im Sinne des Existenzialismus verstehe, sondern einfach als die Existenz des Menschen betreffend: Ohne Gott würde der Mensch gar nicht existieren.

[8] Mit Ausnahme dessen, was logisch unmöglich ist, also etwa, dass Gott nicht „mich" befreien oder bestrafen usw. kann, wenn es „mich" gar nicht gibt. Die menschliche

kommt, zum endgültigen Ende jeden Einflusses der Sünde, zur „creatio nova", auch dann hängt alles von Gott ab. Gott könnte seine Schöpfung erlösen und vollenden ohne den Menschen, der Mensch aber ohne Gott stünde im Nichts. Dieses Abhängigkeitsverhältnis bedarf zu seiner Geltung nicht der Anerkennung des Menschen. Auch wer seine Abhängigkeit von Gott leugnet, agiert, auch im Moment des Leugnens, aus dieser Abhängigkeit heraus.[9]

Ist aber nicht in gewisser Weise auch Gott vom Menschen abhängig? Gott hat den Menschen geschaffen zu seinem Gegenüber, er hat seinen Willen ihm gegenüber gebunden im alttestamentlichen Bund und in der Person Jesu, er sucht die Liebe und Anerkennung des Menschen und die Beziehung zu ihm. Dies ist alles richtig, aber es kann nicht darüber hinwegtäuschen, dass es sich um eine ganz andere Art von „Abhängigkeit" handelt als im umgekehrten Fall. Es handelt sich um eine freiwillige Bindung, eine freie Bindung des freien Willens Gottes an den Menschen. Demgegenüber befindet und befand sich der Mensch diesbezüglich nie in der Situation einer Entscheidung; er findet sich immer schon in der Abhängigkeit vor, er ist theologisch gar nicht anders denkbar, und die einzige Entscheidung, vor der er steht, ist die, ob er diese einseitige Abhängigkeit anerkennt und akzeptiert, oder ob er sich in seinem Leben aussichtslos dagegen auflehnt. Der Mensch wurde nie gefragt, ob er abhängig sein möchte von der Liebe Gottes; es ist nur in Abhängigkeit von dieser Liebe, dass allererst jemand da ist, an den diese Frage gerichtet werden könnte, dann aber ergibt sie keinen Sinn mehr. Im Unterschied dazu konnte Gott „beschließen" (Gen 1,26), die Erlangung der menschlichen Liebe und Anerkennung zu wollen, und sich somit davon „abhängig" machen. Und im Unterschied zu jeglicher menschlicher Abhängigkeit Gott gegenüber, schuf Gott selbst die Voraussetzungen für die Erfüllung seines Willens, er schuf den Menschen, er befähigte ihn zur Liebe und zur Gottesbeziehung (Gen 1,27). Und Gott schuf nicht nur die *Voraussetzungen* zur Erfüllung seines Willens, sondern schafft auch die *Erfüllung* selbst, wenn er den Menschen anstößt zur Umkehr und wenn er die Macht der Sünde über den Menschen bricht. Damit ist Gottes Abhängigkeit vom Menschen gar keine mehr, denn sie läuft auf eine Abhängigkeit Gottes von sich selbst hinaus: Gott macht sich selbst „abhängig" davon, dass der Mensch seine Liebe

---

Abhängigkeit von Gott ist demgegenüber nicht nur eine logische, sondern eine existenzielle, und um diese letztere geht es mir hier.

[9] Vgl. KARL BARTH (KD I/1, 467): „Das heißt *Sünder* sein …: daß wir uns von dem sondern, ohne den wir auch in dieser Sonderung gar nicht wären – sondern von dem gesondert wir eigentlich gar nicht sein könnten. Sünder sein heißt: an einen Ort getreten sein, wo unsere Existenz schlechterdings unbegreiflich wird, weil sie dort eigentlich nur noch Sturz in das Nichts sein könnte."

erwidert, aber der Mensch seinerseits ist für die Erwiderung von Gottes Liebe ganz von dieser abhängig.

Zusammenfassend lässt sich sagen, dass die moralische Beziehung zwischen Menschen sich grundlegend von der Beziehung zwischen Gott und Mensch unterscheidet. Ist jene durch das Stichwort der moralischen Symmetrie gekennzeichnet, so ist diese gerade durch eine unaufhebbare Asymmetrie bestimmt, was nicht ohne Folgen bleiben kann für das Verständnis der konstitutiven Bedingungen der Vergebung. Im Folgenden gehe ich auf jede der konstitutiven Bedingungen kurz ein und nehme eine zusammenfassende Gegenüberstellung dessen vor, was diese im Kontext einer zwischenmenschlichen Beziehung und der Gott-Mensch-Beziehung bedeuten.

8.2 Göttliche und zwischenmenschliche Vergebung im Vergleich

8.2.1 Schuld und Sünde

Im ethischen Teil über die zwischenmenschliche Vergebung legte ich dar, dass sich Vergebung auf eine moralische Verletzung beziehen muss. Als moralische Verletzung charakterisierte ich ein Handeln, das eine (ausgesprochene oder unausgesprochene) Botschaft moralischer Geringschätzung enthält. Die auf Symmetrie beruhende moralische Beziehung wird dadurch gestört, dass einer der beiden Beziehungspartner sich über den andern erhebt und ihm die ihm zukommende gleiche moralische Achtung verweigert.

In der Beziehung zwischen Gott und Mensch, die nicht durch Symmetrie, sondern durch Asymmetrie bestimmt ist, kann die Verletzung nicht in der Verweigerung der *gleichen* Achtung bestehen, sondern in der Verweigerung der Gott als Gott zukommenden Achtung, der Zurückweisung seines Beziehungsangebots, der intellektuellen und lebenspraktischen Nicht-Anerkennung dessen, was Gott für unser Leben bedeutet. Ich spreche in diesem Zusammenhang nicht von einer *moralischen* Verletzung, da sich diese in einer moralischen und das heißt moralisch symmetrischen Beziehung ereignet. Es handelt sich aber dennoch um eine Verletzung der Beziehung zwischen Gott und Mensch – der faktischen, insbesondere aber der „eigentlichen", von Gott intendierten Beziehung[10]. Und auch diese Beziehungsverletzung ist ein kommunikativer Akt, wird durch eine Botschaft zugefügt. Der gängige Terminus für die moralische Verletzung im zwischenmenschlichen Verhältnis lautet (moralische) Schuld, die Verlet-

---

[10] Vgl. Kapitel 2.1.

zung der Beziehung zwischen Gott und Mensch heißt Sünde. Sie lassen sich streckenweise in Entsprechung zueinander verstehen, nämlich als durch die Botschaft verweigerter Achtung bewirkte Störung einer Beziehung. Da es aber um eine grundsätzlich verschiedene Art von Beziehung geht, in der eine ganz andere Art von Achtung gefordert ist, stößt die Entsprechung an Grenzen. Ich möchte an dieser Stelle nur zwei Punkte nochmals hervorheben. Der *erste Punkt* betrifft die Art der „geforderten" Beziehung. Diese kann im zwischenmenschlichen Verhältnis nur höchst allgemeiner Natur sein[11], da es darum geht, was wir moralisch allen Menschen gegenüber, bzw. in Kants Terminologie der „Menschheit, sowohl in deiner Person, als in der Person eines jeden andern"[12] schulden. Die Beziehung zu Gott lässt sich dagegen christlich niemals nur als Verhältnis zu einer allgemeinen Größe, also der „Gottheit" verstehen, sondern ist immer zugleich und vor allem die Beziehung zu einem bestimmten Einzelnen, dem Gott, der sich uns in der Person Jesu Christi zu erkennen gegeben hat und uns im Heiligen Geist anspricht und nahe ist. Zwar ereignen sich auch die zwischenmenschlichen Beziehungen zwischen konkreten Personen, aber was auf einer allgemeinen Ebene der Moral, wo es nicht um bestimmte Einzelurteile geht, im Blick ist, ist nicht das Individuelle, sondern das allen Menschen oder Personen Gemeinsame. Da aber Gott das einzige Wesen seiner „Gattung" ist, fällt bei Gott diese Unterscheidung in sich zusammen, ist bei Gott das Individuelle zugleich das Allgemeine und umgekehrt. Aber dies ist nicht der einzige und auch nicht der entscheidende Grund, weshalb die Gott-Mensch-Beziehung als spezifische Beziehung gedacht werden muss. Wichtiger ist nachfolgender Gedanke: Auch im zwischenmenschlichen Verhältnis kennen wir Beziehungen, in denen moralische Verpflichtungen bestehen, welche über das Gebot allgemeiner Achtung hinausgehen. Es sind Beziehungen, in welchen Rollenverpflichtungen bestehen. So haben etwa Eltern gegenüber ihren Kindern nicht nur die allgemeine Pflicht, ihnen die allen Menschen zukommende Achtung nicht zu verweigern, sondern sie sind darüber hinaus für deren leibliches, geistiges und seelisches Wohl verantwortlich[13], und dazu gehört, dass ein Kind nicht nur allgemeine moralische Achtung, sondern Elternliebe erfährt. Ich meine, dass sich die Forderungen der konkreten Beziehung zwischen Gott und

---

[11] Was natürlich nicht bedeutet, dass sie nur höchst allgemeiner Natur sein *darf*. Es sind gerade die gelingenden besonderen Beziehungen (Freundschaften, Eltern-Kind- oder Geschwister-Beziehungen usw.), die das Leben bereichern. Aber *allen Menschen gegenüber moralisch gefordert* kann nur eine Beziehung der ganz allgemeinen Art sein. Ich spreche von der moralischen Beziehung, welche ihre Grundlage in der Anerkennung der moralischen Würde hat.

[12] KANT, Grundlegung, Werkausgabe VII, 61.

[13] „Ought implies can" – es versteht sich, dass sich die Verantwortung der Eltern nur soweit erstreckt, als ihre Einflussmöglichkeiten überhaupt reichen.

Mensch gut verstehen lassen in Entsprechung zu zwischenmenschlichen Beziehungen, in welchen Rollenverpflichtungen bestehen. Während aber bei zwischenmenschlichen Rollenverpflichtungen diese allererst angenommen und eingegangen werden müssen[14], findet sich der Mensch in der Beziehung zu Gott immer bereits vor. Zwar ist auch in dieser Beziehung einer der Partner, nämlich Gott, die Beziehung und die dazugehörenden Verpflichtungen bewusst eingegangen, dies gilt aber nicht für den Menschen. Eine Entsprechung im zwischenmenschlichen Bereich wäre ein Paar, das sich dafür entscheidet, ein Kind zu bekommen und damit die Elternrolle zu übernehmen, wohingegen das Kind nicht gefragt werden konnte, ob es Teil dieser neuen Beziehung sein möchte. Aber im zwischenmenschlichen Verhältnis zögern wir auch, von der Rollenverantwortung des Kindes zu sprechen, und zwar nicht nur deswegen, weil es ein Kind ist, sondern eben auch deswegen, weil es sich in diesem Verhältnis ungefragt vorfindet. In der Gott-Mensch-Beziehung war dagegen vor allem von der „Verantwortung" des Menschen in der Beziehung Gott gegenüber die Rede, davon dass er sündigt, wenn er den Willen Gottes missachtet.

Damit komme ich zum *zweiten* Punkt. Wenn von der Sünde die Rede ist, muss zwischen der Ursünde und den Tatsünden unterschieden werden. Die Tatsünden sind die konkreten Verletzungen der Beziehung zwischen Gott und Mensch, welche der Mensch durch die in seinem Handeln ausgedrückte Botschaft bewirkt. Sie lassen sich in Entsprechung zu den moralischen Verletzungen im zwischenmenschlichen Bereich verstehen und gehen ja auch oftmals mit diesen einher. Mit der Ursünde wird dagegen der Umstand bezeichnet, dass die Beziehung zwischen Gott und Mensch als gestört anzusehen ist, bevor der jeweilige Mensch seine allererste Tatsünde begeht. Die Ursünde hält den Menschen von Gott fern, sie untergräbt sein Vertrauen zu Gott; der Mensch kann von sich aus nichts dagegen tun und doch wird er für sein Sein in der Sünde „verantwortlich" gemacht– es ist offensichtlich, dass der gängige moralische oder juristische Begriff der Verantwortung hier an seine Grenzen stößt. Die Grundannahme der Beziehung zwischen Gott und Mensch ist daher pessimistisch: Die Beziehung ist gestört, bevor nicht etwas geschieht, das daran etwas ändert. Bei der zwischenmenschlichen Beziehung gehe ich demgegenüber von einer optimistischen Grundannahme aus: Wir sollten die moralische Beziehung zu unseren Mitmenschen als intakt betrachten, bevor wir nicht durch konkrete Störungen eines anderen belehrt werden.

---

[14] Jemand tritt eine Stelle als Lehrerin an, Eltern beschließen, ihr Kind nicht zur Adoption freizugeben, usw.

8.2.2 Betroffenheit, Übelnehmen

Wer von einer moralischen Verletzung persönlich betroffen ist, reagiert mit Übelnehmen. Wie gezeigt, erfüllt Gott die Bedingung persönlicher Betroffenheit auch da, wo Menschen einander eine moralische Verletzung zufügen.[15] Gott ist aber nicht anstelle des verletzten Menschen persönlich betroffen, sondern zusätzlich zu diesem. Gottes Vergebung erfolgt daher auch nicht anstelle der zwischenmenschlichen Vergebung und macht diese nicht überflüssig, sondern Gott vergibt seine eigene Verletzung, von der er persönlich betroffen ist, die Verletzung der Beziehung zwischen ihm und dem handelnden Menschen – ähnlich wie dies bei einer moralischen Verletzung der Fall ist, von der mehrere Menschen zugleich betroffen sind. Wenn man will, kann man auch Gottes Reaktion der Anerkenntnis persönlicher Betroffenheit einer Beziehungsverletzung Übelnehmen nennen, dabei ist aber wiederum im Blick zu behalten, dass sie sich nicht nur auf die durch Tatsünden hervorgerufene Beziehungsverletzung richtet, sondern ebenso auf die in der Ursünde bestehende Störung der Beziehung zwischen Gott und Mensch.

8.2.3 Reue und Umkehr

Ich habe Reue charakterisiert als eine reaktive Haltung, welche die Einsicht und Anerkenntnis umfasst, Urheber einer moralischen Verletzung zu sein, ein starkes Bedauern darüber, den Wunsch, das Vergangene ungeschehen machen zu können, und, da dies unmöglich ist, den Wunsch, die Folgen des Vergangenen zu mildern und Wiederholungen in der Zukunft zu vermeiden. Wie die moralische Verletzung ist auch die Reue ein kommunikativer Akt[16], aber gegenteiligen Inhalts. War die Botschaft der moralischen Verletzung eine Botschaft moralischer Geringschätzung, so ist die Botschaft der Reue die moralischer Wertschätzung und Achtung, verbunden mit dem Eingeständnis, dass die frühere moralisch verletzende Botschaft falsch war und mit Recht als verletzend empfunden wurde.

Die Veränderung, welche der Mensch durchmacht, der sich von der Sünde ab- und Gott zuwendet, wird in der Bibel „Umkehr" genannt, hebräisch *teschuwah*, griechisch μετάνοια. Reue gehört zu dieser Umkehr dazu, aber die biblische Umkehr meint mehr als was im Begriff der moralischen Reue enthalten ist. Zunächst meint sie etwas teilweise *anderes*, da sie sich auf eine andere Art von Verletzung (Tatsünde) bezieht und es die Botschaft einer anderen Art von Achtung zu erneuern gilt. Vor allem aber

---

[15] Vgl. Kapitel 1.2.
[16] Ich wiederhole, dass wie bei allen hier besprochenen Akten moralischer Kommunikation auch die Reue sich in Worten ausdrücken kann, aber nicht muss. Entscheidend ist, dass sie sich in Haltungen und Handlungen ausdrückt.

meint sie *mehr*, insofern sie gerade auch die gottgewirkte Abkehr von der *Ursünde* meint und dabei die gesamte Existenz des Menschen auf dem Spiel steht. Auch die Abkehr von einer moralischen Verletzung ist nicht zu unterschätzen: Es handelt sich nicht nur um eine „Gesinnungsänderung", auch nicht nur um eine Verhaltensänderung oder eine Kombination beider, sondern es geht um die moralische Identität des handelnden Menschen.[17] Aber bei der Umkehr geht es um noch mehr: Nicht allein die moralische Identität des handelnden Menschen steht zur Debatte, sondern seine gesamte Identität, und zwar gerade auch, soweit sie ihn nicht als handelnden, sondern als seienden, empfangenden oder erleidenden Menschen betrifft. Und es geht nicht nur um seine Identität in seiner eigenen Lebensgeschichte, sondern um sein eschatologisches Heil. In der Umkehr gesteht der Mensch nicht nur ein, dass er an Gott schuldig wurde, sondern dass er Gott braucht.

8.2.4 Versöhnlichkeit

Als letzte der konstitutiven Bedingungen von Vergebung wurde Versöhnlichkeit genannt als die Haltung seitens der vergebenden Person, in welcher sie gewillt ist, Vergebung nicht vorzuenthalten, sobald die übrigen konstitutiven Bedingungen erfüllt sind. Insbesondere wenn es um schwer wiegende moralische Verletzungen geht, spielt der Faktor Zeit eine große Rolle in jenem Prozess, der zur Vergebung hinführen kann. Nicht nur braucht die verletzende Person Zeit, ihre Schuld einzugestehen und ihre Haltung zu ändern, auch die verletzte Person braucht Zeit, bis sie eine Haltung der Versöhnlichkeit einnehmen kann. Sie muss sich möglicherweise zuerst um sich kümmern, bildlich gesprochen ihre Wunden versorgen und wieder festen Boden unter die Füße bekommen, bevor sie sich der Beziehung zur verletzenden Person annehmen kann. Eine vorschnelle Haltung der Versöhnlichkeit läuft in Gefahr, ein Prinzip ohne wirkliche Verankerung in der Person zu sein, und könnte darüber hinaus Ausdruck dessen sein, was in der psychologischen Literatur „Stockholm-Syndrom" genannt wird: Die Identifizierung des Opfers mit dem Täter, die Sorge des Opfers um das Wohl und die Interessen des Täters statt das eigene Wohl und den Selbstschutz.

Von Gott lässt sich das nicht in gleicher Weise sagen. Gott steht nicht in Gefahr, am Stockholm-Syndrom zu leiden: Er identifiziert sich nicht pathologisch mit dem Täter in dem Sinne, dass er zum Komplizen und Mittäter seiner eigenen Verletzung würde. Er erleidet aber auch nicht dieselbe Art von Verletzung. Zwar verletzt die menschliche Sünde die Beziehung zwischen Gott und Mensch, aber es ist nicht anzunehmen, dass Gottes

---

[17] Vgl. den Abschnitt über die Botschaft der Reue in Kapitel 4.5.4.

Selbstwertgefühl oder Gottes Selbstachtung dabei in der Weise ins Wanken gerät, wie dies bei Menschen der Fall sein kann. Ganz abgesehen davon, dass Gott in einem anderen Verhältnis zur Zeit steht als die Menschen, und nur schon deshalb die Aussage schwierig wäre, dass es Zeit braucht, bis Gott versöhnlich wird. Von Heinrich Heine stammt angeblich die spitze Bemerkung: „Dieu me pardonnera. C'est son métier." Aber Gott ist kein Vergebungsautomat, wie Heine es haben wollte. Gottes Vergebung bleibt ein Geschenk, eine freie Entscheidung Gottes. Und auch Gottes Vergebung ist an bestimmte konstitutive Bedingungen gebunden, um überhaupt Vergebung sein zu können. Aber in Anbetracht dessen, wie und als wer sich Gott in der Person Jesu Christi zu erkennen gegeben hat, darf davon ausgegangen werden, dass seine Haltung der Versöhnlichkeit nicht infrage steht.

8.2.5 Zusammenfassung

Wie die Zusammenstellung der konstitutiven Bedingungen für die zwischenmenschliche und die göttliche Vergebung zeigt, gelten für beide grundsätzlich die gleichen Bedingungen: Eine Verletzung muss vorliegen, die vergebende Person muss davon persönlich betroffen sein und die eigene Betroffenheit sowie den verletzenden Charakter der Handlung anerkennen („Übelnehmen"), die Urheberin der Verletzung rückt von ihrem verletzenden Handeln ab und zeigt Reue, und die vergebende Person begegnet ihr in einer Haltung der Versöhnlichkeit. Die gewichtigen Unterschiede, die für jede der Bedingungen skizziert wurden, ergeben sich aus der unterschiedlichen Art der Beziehung zwischen Menschen bzw. zwischen Gott und Mensch. Aber dies ist nicht ein Spezifikum der Vergebung, sondern gilt für jegliche Aussage über Gott: Immer reden wir in Worten über oder von Gott, die der geschaffenen Welt entliehen sind. Ich meine daher, dass es vertretbar ist, Gottes von Sünde befreiendes Handeln gegenüber dem Menschen mit demselben Wort „Vergebung" zu bezeichnen wie das zwischenmenschliche Handeln, in welchem die moralische Integrität eines schuldig gewordenen Menschen wieder anerkannt wird. Aufgrund der erheblichen und grundsätzlichen Differenzen zwischen beiden lässt sich ihr Verhältnis nicht als eines zwischen Paradigma und Grenzfall bestimmen, sondern ist von einem metaphorischen Gebrauch des Wortes „Vergebung" zu sprechen. Ob anfangs eher die religiöse Bedeutung des Wortes „Vergeben" die ursprüngliche, die Verwendung im zwischenmenschlichen Kontext die metaphorische war oder ob es sich umgekehrt verhielt, ist hier nicht zu entscheiden. Beide befinden sich heute in einer hermeneutischen Wechselwirkung. Die assoziative Verbindung zwischen beiden ist nicht – wie bei einer Äquivokation – abgerissen, aber die Interpretationsrichtung verläuft auch nicht – wie bei einer frischen Metapher –

hauptsächlich oder fast ausschließlich in eine Richtung. Vielmehr hat sowohl das Verständnis göttlicher Vergebung (deskriptive wie normative) Auswirkungen auf das Verständnis zwischenmenschlicher Vergebung wie auch das umgekehrte der Fall ist. In dieser Untersuchung ließen sich die Kriterien für Vergebung anhand der zwischenmenschlichen Vergebung gewinnen und dann kritisch für die göttliche Vergebung zur Anwendung bringen, aber ebenso wäre der umgekehrte Weg möglich gewesen. Das Verständnis göttlicher Vergebung wiederum ist bestimmend dafür, wie (gläubige) Menschen meinen, selbst Vergebung gewähren zu *sollen*: Eine versöhnliche Haltung in sich befördernd, dem anderen unnötige Demütigungen und Schikanen ersparend, im Verzicht auf normative Bedingungen, in einer Bereitschaft, Vertrauensvorschuss zu gewähren, die ihren Grund nicht zuletzt in der Einsicht in die eigene Fehlerhaftigkeit und Vergebungsbedürftigkeit hat.

Kapitel 9

Zusammenhänge

9.1 Gottes Vergebungswille als Voraussetzung zwischenmenschlicher Vergebung

Was oben (8.1.3) über die einseitige Abhängigkeit des Menschen von Gott im Allgemeinen gesagt wurde, lässt sich für die Vergebung im Einzelnen ausformulieren. Ich verdanke Gott nicht nur, dass ich am Leben bin, sondern auch alles, was für die Gewährung zwischenmenschlicher Vergebung nötig ist. Ich bin moralisch verletzlich, ich bin zu einer angemessenen Interpretation moralischer Kommunikation und zu Übelnehmen in der Lage, ich kann eine Haltung der Versöhnlichkeit einnehmen, ich bin fähig, auf eine Botschaft der Reue zu reagieren und der moralischen Beziehung mit dem Urheber der Verletzung eine neue Chance zu geben. All dies kann ich von mir aussagen, aber nichts von alldem bin und kann ich aus mir selbst, alles verdanke ich Gott. Und ich verdanke es nicht nur Gottes Schöpferkraft im Allgemeinen, ich verdanke es insbesondere Gottes *Vergebungswillen*, denn dieser ist es, der mich nicht aufgibt, obwohl ich seit jeher und immer wieder Gottes Beziehungswillen enttäusche. Ich kann mit anderen Worten einem Mitmenschen nur vergeben, weil ich von Gottes Vergebungswillen getragen bin; und wenn ich jemandem vergebe, geschieht dies unter Inanspruchnahme der Fähigkeiten und Möglichkeiten, die Gottes Vergebungswille mir und dem andern bereithält. Auch hier gilt wiederum, dass dieser Zusammenhang vom Menschen nicht anerkannt sein muss, um in Kraft zu sein.

9.2 Zwischenmenschliche Vergebung als Bedingung göttlicher Vergebung

Gottes Vergebungswille ist die Voraussetzung dafür, dass wir Vergebung gewähren können. So lautet die oben gemachte Behauptung. Doch wie verträgt sich diese mit der oftmals anzutreffenden Aussage, dass Gott uns nur vergibt, wenn wir andern vergeben? So lautet die fünfte Bitte des Unservaters: „Und vergib uns unsere Schuld, wie auch wir vergeben unsern Schuldigern" (Mt 6,12), und Søren Kierkegaard insistiert:

„Denn im christlichen Sinne ist die Liebe zu den Menschen die Liebe zu Gott, und die Liebe zu Gott die Liebe zu den Menschen: was du gegen die Menschen tust, das tust du gegen Gott, und deshalb, was du gegen die Menschen tust, das tut Gott gegen dich. ... Kannst du die Verfehlungen der Menschen gegen dich nicht ertragen, wie sollte Gott dann deine Sünden gegen ihn ertragen können? Nein, gleich um gleich."[1]

Was gilt? Ist Gottes Vergebungswille Voraussetzung dafür, dass Menschen einander vergeben können, oder ist die zwischenmenschliche Vergebung Voraussetzung oder Bedingung dafür, dass Gott vergibt? Die Frage sieht nach der alten Diskussion um das Verhältnis von „Gesetz" und „Evangelium", bzw. der Reihenfolge von „Indikativ" und „Imperativ" aus. Ich schlage eine Lesart vor, welche sich nicht vollständig in diesem Raster bewegt und von der Gültigkeit und Vereinbarkeit beider Aussagen ausgeht. Die Ausführungen münden schließlich in die Frage, ob es eine *Pflicht* zu vergeben gibt.

9.2.1 Die Botschaft verweigerter Vergebung

Jemand hat mich moralisch verletzt. Ich habe die Verletzung empfunden und mit Übelnehmen darauf reagiert. Die moralische Beziehung ist gestört. Der andere sieht sein Unrecht ein, es tut ihm Leid, mich verletzt zu haben, er bringt mir die mir zukommende moralische Achtung entgegen und hat alles getan, um den mir entstandenen Schaden wiedergutzumachen. Er bittet mich schließlich um Vergebung, bittet mich, die von ihm verursachte Störung der moralischen Beziehung für behoben zu betrachten.

Aus der Tatsache, dass er alle Bedingungen für Vergebung erfüllt, folgt nicht *automatisch* die Vergebung. Es macht daher Sinn, dass er um Vergebung *bittet*. Und wenn die Bitte um Vergebung eine echte Bitte ist, dann scheint ausgeschlossen, dass er ein *Recht* auf meine Vergebung hätte und ich *verpflichtet* wäre, ihm Vergebung zu gewähren. Denn in diesem Fall bräuchte er mich um Vergebung nicht zu bitten, sondern könnte er sie von mir fordern.

Und doch will es scheinen, dass es nicht gleichgültig ist, ob ich in einem solchen Fall Vergebung gewähre oder vorenthalte. Auch die Verweigerung von Vergebung ist eine Botschaft im Rahmen der moralischen Kommunikation – ebenso wie die moralische Verletzung, das Übelnehmen, die Reue oder die Vergebung. Während die Botschaft der Vergebung lautet: „Ich anerkenne, dass du als der moralisch verantwortliche Urheber meiner moralischen Verletzung von der verletzenden Botschaft Abstand genommen hast und sie bereust. Ich anerkenne, dass in deiner jetzigen Haltung mir gegenüber nichts moralisch Verletzendes ist. Ich bin gewillt, dich wieder als moralischen Menschen anzusehen und dir entsprechend zu begegnen", kann die Botschaft der Vergebungsverweigerung (mindestens)

---

[1] KIERKEGAARD, Der Liebe Tun, 420f.

9.2 Die Bedingung göttlicher Vergebung

zweierlei bedeuten. Die Botschaft lautet entweder: „Ich glaube dir nicht, dass sich deine moralische Haltung mir gegenüber wirklich verändert hat. Ich halte deine Reue nur für vorgetäuscht, oder für keine echte, moralisch motivierte Reue." In diesem Fall hält die um Vergebung gebetene Person die Bedingungen für Vergebung für nicht (hinreichend) erfüllt; es kann darum streng genommen auch nicht gesagt werden, dass sie Vergebung *verweigert*, sondern sie hält Vergebung unter den Umständen, wie sie sie wahrnimmt, für *nicht möglich*. Oder die Botschaft kann folgenden Inhalt haben: „Ich sehe zwar, dass du aufrichtig bereust und mir gegenüber keine moralisch verletzende Haltung mehr einnimmst. Und ich sehe auch, dass du dich darüber hinaus darum bemühst, die moralische Beziehung zwischen uns wiederherzustellen. Aber mir ist das gleichgültig. Für mich bist und bleibst du jemand, der mich einmal verletzt hat und der mich wieder verletzen könnte. Du hast gezeigt, dass du unmoralisch handeln kannst, und damit betrachte ich dich fortan als einen unmoralischen Menschen, mit dem ich nichts zu tun haben möchte." Diese Botschaft ist gleich in mehrfacher Hinsicht problematisch.

Sie ist es zum einen in *kognitiver* Hinsicht. Bei der moralischen Beurteilung einer Person nur ihr moralisches Fehlverhalten zu berücksichtigen, nicht aber die Erweise ihrer Moralität, ist unausgewogen und führt zu keinem angemessen Gesamtbild. Die moralische Beziehung nur als beschädigt zu betrachten, aber außer Acht zu lassen, dass sie auch wiederhergestellt werden könnte, ist einseitig.

Die kognitiven Fehlurteile haben *moralische* Folgen. Sich darum zu bemühen, jemanden angemessen wahrzunehmen, gehört zur Achtung, die wir einander schulden. Es ist moralisch verletzend, jemanden absichtlich in einem schlechteren Licht zu sehen und damit jemanden schlechter zu „machen" als er ist. Darüber hinaus gefährdet eine einseitig negative moralische Beurteilung die Achtung auch prinzipiell. Denn die Grundlage der allen zukommenden Achtung und Würde ist nach Kant die Moralität der Menschheit in der Person jedes einzelnen.[2] Wenn ich nun dem Einzelnen aufgrund eines moralischen Fehlverhaltens die Moralität überhaupt abspreche, stehe ich in Gefahr, sie der Menschheit insgesamt abzusprechen, da es niemanden gibt, der sich niemals moralisch verletzend verhalten hat. Und damit würde ich der Achtung (und der Selbstachtung!) die Grundlage entziehen.

Wenn der Urheber der moralischen Verletzung alles ihm Mögliche getan hat, um die beschädigte moralische Beziehung wiederherzustellen, ich aber verweigere meinen Beitrag, nämlich die Vergebung, dann bin *ich* die moralische Ursache für die *fortgesetzte* Störung der Beziehung.

---

[2] KANT, Grundlegung, Werkausgabe VII, 61.

Mit der Vergebung „entlasse" ich den andern aus der Rolle des Schuldigen. Zwar war er auch vorher nicht nur-schuldig in dem Sinne, dass alles an ihm nur moralisch verwerflich wäre, und auch nachher ist er weiterhin verantwortlich für das, was er tat; aber seine Rolle als der Urheber der moralischen Verletzung ist nicht mehr der leitende Gesichtspunkt, unter dem ich ihm begegne. Wenn ich ihm meine Vergebung verweigere, versuche ich damit, ihn in der Rolle des Schuldigen festzuhalten. Das mag subjektiv gelingen, aber objektiv misslingt es gründlich. Denn weit davon entfernt, den andern in seiner Schuld festzuhalten, ist es vielmehr so, dass ich selbst an ihm schuldig werde, mich ihm gegenüber moralisch verletzend verhalte.

Erst recht gilt dies, wenn die Botschaft der *Vergeltung* aus der verweigerten Vergebung spricht: „Du hast mich mit deiner moralischen Verletzung gequält, jetzt quäle ich dich mit meiner Verweigerung der Vergebung, bzw. mit der Verweigerung der Linderung, welche die Vergebung dir verschaffen würde." Zwar sehe ich in der angesprochenen Linderung nicht Ziel und Zweck der Vergebung, und sie ist auch nicht das, was der Vergebung die Bestimmung „moralisch" verschafft. Ganz bestimmt aber verdient die Vorenthaltung der Vergebung mit dem Ziel, die Linderung vorzuenthalten die Bestimmung „unmoralisch". Sie ist getragen vom Wunsch, den anderen zu schädigen, sie begegnet ihm nicht mit dem Wohlwollen und der Achtung, die jedem Menschen geschuldet ist – auch dem Urheber der moralischen Verletzung, und ihm selbst dann, wenn er in seiner moralisch verletzenden Haltung verharrt. Die in Vergeltungsabsicht vorenthaltene Vergebung stellt ihrerseits eine moralische Verletzung dar.

9.2.2 Die Sünde verweigerter Vergebung – oder: Die Unvergebbarkeit der Unversöhnlichkeit

Wenn jemand mir gegenüber moralisch verletzend handelt, beeinträchtigt dies nicht nur seine moralische Beziehung zu mir, sondern auch seine Gottesbeziehung. Er hat nicht nur moralisch verletzend gehandelt, sondern auch gesündigt. Das entsprechende gilt nun aber auch, wenn ich ihm in moralisch verletzender Weise die Vergebung vorenthalte für eine Handlung, die er aufrichtig bereut. Aus meinem Handeln und Unterlassen spricht nicht nur eine Gleichgültigkeit gegenüber den Bedürfnissen des andern, sondern ebenso foutiere ich mich darum, dass Gott zum andern in einer Beziehung steht, in welcher ihn meine Verletzung des andern nicht unberührt lassen kann. Aber im Unterschied zum andern, der sein Tun bereut, halte ich an meiner moralisch verletzenden Unversöhnlichkeit fest, ich sehe mein Unrecht nicht ein, ich werde fortgesetzt am andern schuldig und sündige fortgesetzt an Gott.

Damit ist meine Sünde unvergebbar.[3] Solange ich mich weigere, dem andern, der alle Bedingungen für Vergebung erfüllt, zu vergeben, solange *kann* mir Gott meine Sünde der Vergebungsverweigerung nicht vergeben, da *ich* die Bedingungen dafür nicht erfülle. Dies ist, kurz gesagt, einer meiner Zugänge[4] zur fünften Bitte des Unservaters: „Und vergib uns unsere Schuld, wie auch wir vergeben unsern Schuldigern". Die Bitte *muss* nicht so verstanden werden, als mache Gott das Maß seiner Versöhnlichkeit von unserem Maß an Versöhnlichkeit abhängig. Wenn ich meinen Mitmenschen nie vergebe, folgt daraus nicht zwangsläufig, dass Gott mir nie vergibt – er *kann* mir trotz meiner Unversöhnlichkeit meine anderen Sünden, die nicht in meiner Unversöhnlichkeit zu suchen sind, vergeben. Was Gott aber *nicht kann*, wenn Vergebung in dem Sinne verstanden wird, wie ich sie hier verstehe, ist, mir *alle* meine Sünden zu vergeben, solange ich meinerseits anderen die Vergebung vorenthalte. Mit anderen Worten: Ich lese die fünfte Bitte des Unservaters nicht so, als verlange Gott unsere Vergebung im Sinne einer normativen Bedingung seiner Vergebung uns gegenüber. Sondern ich interpretiere sie in dem Sinne, dass auch für Gottes Vergebung die Reue der Urheberin der Verletzung eine konstitutive Bedingung dafür ist, dass die darauf folgende Reaktion „Vergebung" genannt werden kann.

Damit ist nun nicht eine Umkehrung des im vorherigen Abschnitt besprochenen Abhängigkeitsverhältnisses ausgedrückt. Jenes besagte, dass ich *existenziell* nicht in der Lage wäre, zu vergeben, wenn nicht Gottes Vergebungswille mich erhielte. In allem meinem Sein und Tun bin ich auf Gott, auf seine Versöhnlichkeit und Vergebung angewiesen. Diese Bestimmung ist unumkehrbar. Gott ist in seinem Vergebungshandeln nicht existenziell auf unser Vergebungshandeln angewiesen, sondern die Bestimmung von Gottes Handeln *als Vergebung* unterliegt wie alles Vergebungshandeln der konstitutiven Bedingung, dass es in Reaktion auf die Botschaft der Reue erfolgt. Das gilt unabhängig davon, ob die zur Debatte stehende verletzende Botschaft mittels einer ungerechtfertigten Vergebungsverweigerung oder einer anderen Handlung zugefügt wird. *Wenn* es aber um die Verletzung durch anhaltende Vergebungsverweigerung geht, dann kann gesagt werden, dass Gott uns nicht vergibt, weil wir nicht vergeben; Gott kann uns nicht vergeben, wenn wir nicht vergeben, obwohl wir vergeben könnten.

---

[3] Dasselbe gilt für die moralische Schuld; aber es geht mir an dieser Stelle um das Gottesverhältnis.
[4] Er stellt die „Minimalvariante" dar. Einen zweiten, umfassenderen Zugang entfalte ich im letzten Abschnitt über das Gleichnis vom unbarmherzigen Knecht (9.3).

9.2.3 Gibt es eine Pflicht zu vergeben?

Wird damit nicht unter der Hand doch noch eine Pflicht zu vergeben postuliert? Wenn wir mit anhaltender Vergebungsverweigerung an Gott und dem Menschen schuldig werden (bzw. sündigen), und wir die negative Pflicht haben, nicht aneinander schuldig zu werden (bzw. zu sündigen), dann heißt das nichts anderes, als dass wir verpflichtet wären, dem andern zu vergeben. Die Standardauffassung in der Literatur lautet demgegenüber, dass sich zwar keine Pflicht zu vergeben formulieren lässt, dass aber Vergebung oder Versöhnlichkeit eine *Tugend* ist – prägnant formuliert zum Beispiel bei *Elizabeth L. Beardsley*: „Although there is no ‚duty of forgiveness,' a capacity for forgiveness (a disposition to forgive when forgiveness is justified) is a moral virtue."[5] Und *R.S. Downie* schreibt: „(R)eadiness to forgive is a virtue and inability to forgive, or at least unwillingness to try, a vice".[6] Wenn wir seine folgenden Ausführungen betrachten, lässt sich allerdings fragen, ob er nicht doch über das Tugend-Modell hinausgeht:

„(T)he mode of behaviour which is appropriate among persons as such has often been described as *agape*, a loving concern for the dignity of persons conceived as ends in themselves.[7] An injury involves the severing of the relationship of *agape*, and forgiveness its restoration. At times, where the injury is trivial, this may involve merely condoning or letting off lightly, but most often such an attitude is not consonant with the relationship of *agape*. *Agape* involves the treatment of other people not just as sentient beings but as beings who are rational and able to obey moral rules and pursue moral values just as the forgiver himself can. The forgiver is required to prevent any barrier remaining permanently between him and the forgivee (at least on his side for, as we have seen, the forgivee may refuse to accept forgiveness) and to renew trust in him. It is the exhibition of this attitude in action that, together with a belief that injury has been sustained, constitutes forgiveness."[8]

Ich teile Downies Auffassung weitgehend. Er beschreibt die Haltung (*attitude*) der Versöhnlichkeit (oder der *readiness to forgive*) als konstitutiv für das Zustandekommen von Vergebung, ohne dieses Zustandekommen allein von der vergebenden Person abhängig zu machen. Ob Downie darin allerdings wirklich nur eine Tugend und nicht doch eine Pflicht sieht, ist zumindest fraglich in Anbetracht dessen, dass er davon spricht, die vergebende Person sei „required", eine versöhnliche Haltung

---

[5] BEARDSLEY, Understanding and Forgiveness, 255.

[6] DOWNIE, Forgiveness, 128.

[7] Downie zieht eine Verbindung zwischen dem kantischen Imperativ, Personen als Zwecke an sich zu achten, und dem christlichen Liebesgebot (ebd., 134): „The principle of respect for persons is the objective correlative of that which as a matter of practical concern emerges as *agape*".

[8] Ebd., 133.

einzunehmen.⁹ Ebenfalls im Rahmen tugendethischer Überlegungen, aber mit nochmals anderen Akzenten als bei Beardsley und Downie, bewegen sich *Norvin Richards* Ausführungen. Ihm zufolge handelt es sich bei den „acts of forgiveness and refusals to forgive" um „displays of character"¹⁰. Aber bei ihm verläuft die Einteilung nicht so, dass Vergebung eine Tugend und Vergebungsverweigerung ein Laster sei, sondern die Unterscheidung von Tugenden und Lastern verläuft quer durch Fälle von Vergebung und Vergebungsverweigerung:

> „It will turn out that some acts of forgiveness (and, some failures to forgive) do enact flaws of character ... On other occasions forgiving someone expresses a highly admirable trait of character, not a defect. Obviousaly, forgiving is not then wrong in the way described. But, neither would it be wrong not to forgive on such an occasion ... There are good reasons to do such deeds, and a person of a certain disposition will find them compelling, but no one is obliged to do them, no one acts wrongly in failing to do them."¹¹

Bei tugendhafter Vergebung handelt es sich nach Richards um eine supererogatorische, gar heldenhafte¹² Leistung. Auch nach *Richard Swinburne* ist Vergebung eine supererogatorische Leistung – aber nicht für Christen, für diese ist sie Pflicht:

> „However, forgiving the serious penitent is clearly good – a work of supererogation. (There is, however, an obligation to forgive others, on anyone who has solemnly undertaken to do so. For this reason Christians, unlike others, have an obligation to forgive all who seek their forgiveness. For it is a central theme of the gospel, embedded in the Lord's Prayer, that God's forgiveness can only be had by those prepared to forgive others; Christians who accept God's forgiveness thereby undertake the obligation to forgive others.)"¹³

Ein anderes Verständnis spricht aus dem jüdischen Brauch des Jom Kippur. An diesem jährlichen Versöhnungstag sind Jüdinnen und Juden angehalten, sich ihrer beschädigten Beziehungen anzunehmen. Wenn sie schuldig geworden sind, sollen sie um Vergebung oder Versöhnung nachsuchen, und wenn die entsprechende Bitte an sie gerichtet wird, sollen sie sich entgegenkommend zeigen. Vergebung von Gott können sie erst erwarten, wenn sie sich um ihre zwischenmenschlichen Beziehungen bemüht

---

⁹ Die Aussage lässt sich allerdings auch so verstehen, dass nicht die vergebende Person als verletzte Person zur Haltung der Versöhnlichkeit verpflichtet wäre (normative Bedingung), sondern nur als *vergebende* Person; damit wäre wiederum die Bedeutung der Versöhnlichkeit als *konstitutiver* Bedingung von Vergebung ausgedrückt.

¹⁰ RICHARDS, Forgiveness, 80.

¹¹ Ebd.

¹² Ebd.: „heroism". Es ist, wie stets, nachzufragen, auf was für ein Verständnis von Vergebung sich Richards bezieht. Wenn man, wie Richards, Vergebung sieht als „to abandon all the hard feelings one bases on this particular episode" (ebd.), dann *kann* Vergebung gar nicht als Pflicht formuliert werden.

¹³ SWINBURNE, The Christian Scheme of Salvation, 22f.

haben. So lautet die rabbinische Anweisung: „Wenn du gegen deinen Nächsten gesündigt hast, gehe zuerst und bringe die Dinge mit ihm ins Reine. Andernfalls wird der Versöhnungstag dir keine Sühne schaffen" (Joma 8,9).

Zwar ist es nicht so, dass, wer um Vergebung bittet, deswegen automatisch Anspruch auf Vergebung hätte; und doch heißt es, dass derjenige, der die Vergebung dreimal verweigert, die Schuld auf sich lädt.[14] Gemeint ist wohl, dass an drei verschiedenen Jom Kippur, also während (zwei bis) drei Jahren, Vergebung verweigert wird. Damit ist die Frage, ob man Vergebung gewähren soll, nicht mit einem einfachen Ja oder Nein beantwortet. Der Rolle, welche die *Zeit* in einem Prozess wie dem der Wiederherstellung einer moralischen Beziehung spielt, ist Rechnung getragen. Wir machen in der Beurteilung einer moralischen Verletzung mit Recht einen Unterschied, je nachdem, ob sie einmalig ist oder eine lange Vorgeschichte früherer Verletzungen aufweist, ob sie punktuell und kurzdauernd war oder über lange Zeit aufrechterhalten wurde. Wiederholte oder andauernde verletzende Botschaften haben moralisch ein anderes Gewicht als solche mit Ausnahmecharakter, denn sie lassen darauf schließen, dass die verletzende Haltung im Charakter und der moralischen Identität der handelnden Person weitaus stärker verankert ist als es bei einmaligen Vorkommnissen der Fall ist. Dasselbe gilt nun aber auch für die Botschaft der Reue. Zwar ist es möglich, beim ersten Anzeichen aufrichtiger Reue zu vergeben, und diese rasche Vergebung kann Ausdruck einer Haltung entgegenkommender Versöhnlichkeit und somit moralisch lobenswert sein. (Sie kann aber geradeso gut Ausdruck dessen sein, dass die Verletzung nicht sehr tief ging.) Eine über längere Zeit lebendige Reue, eine nachhaltige Veränderung der moralischen Haltung, wiederholte Erweise angemessener Wertschätzung besitzen moralisch ein starkes Gewicht, sind sie doch nicht als einmalige Anstrengungen, sondern als Ausdruck einer stabilen moralischen Identität und einer integren moralischen Persönlichkeit zu werten. Insbesondere gilt dies in einem Fall wie beim Jom-Kippur-Beispiel: Wer in drei Jahren dreimal um Vergebung bittet – ein Schritt, der niemals einfach ist, und dem immer etwas Demütigendes anhaftet, der aber nach einer erlittenen Abfuhr beim zweiten und gar dritten Mal umso schwerer und umso demütigender ist –, von dem kann angenommen werden, dass ihm mit seiner Bitte um Vergebung sehr ernst ist. Wäre ihm nicht nur zu gut bewusst, dass er in der Schuld des andern steht, und läge ihm

---

[14] Den Hinweis auf Jom Kippur verdanke ich Haber. Ohne die Regel der *dreimaligen* Vergebungsverweigerung zu bestätigen, hält auch SCHREINER (Art. Vergebung der Sünden, 667) für das jüdische Vergebungsverständnis fest: „Wer indessen nach erbrachter Wiedergutmachungsleistung und ausgesprochener Bitte um Vergebung die Vergebung verweigert, begeht seinerseits wiederum ein Unrecht, für das er/sie Sühne zu leisten hat".

nicht in besonderem Maße an der Wiederherstellung der moralischen Beziehung, würde er das Risiko einer erneuten demütigenden Zurückweisung kaum auf sich nehmen. Unter diesen Umständen Vergebung anhaltend zu verweigern, ist moralisch nicht angemessen.

Kann die Verweigerung aber nicht auch Ausdruck dessen sein, dass die Verletzung sehr tief ging? Ich meine, dass es natürlich ist, dass wir bei schwereren Verletzungen Zeit brauchen, bis wir zu einer Haltung der Versöhnlichkeit finden und die Fähigkeit zurückerlangen, den andern nicht einseitig auf sein verletzendes Verhalten festzulegen, sondern uns ein umfassenderes Bild von ihm zu machen und ihm mit einem gewissen Vertrauensvorschuss zu begegnen. Darüber hinaus ist es bei schweren Verletzungen möglicherweise so, dass wir auch nach vielen Jahren nicht mit Unbefangenheit daran denken können und jede Erinnerung daran neuerlich Übelnehmen wachruft. Wird Vergebung, wie das oft der Fall ist, verstanden als Überwindung von Übelnehmen, und gar im Sinne einer vollständigen Beseitigung jeglichen Gefühls von Übelnehmen, dann ist es gut möglich, dass die verletzte Person auch im dritten Jahr am Jom Kippur die Bitte um Vergebung abschlagen muss, weil die Verletzung so tief ging, dass Übelnehmen noch immer vorhanden ist. Da ich die Pointe der Vergebung jedoch nicht in der Überwindung des Übelnehmens sehe, sondern in der Wiederherstellung der moralischen Beziehung, kann Vergebung auch da gewährt werden, wo die vergebende Person noch immer mit negativen Gefühlen zu kämpfen hat. Und ich meine, dass sie es nicht nur kann, sondern auch soll.

Dass wir dennoch zögern, rundheraus von einer Pflicht zur Vergebung zu sprechen, liegt nicht nur an einem weit verbreiteten Verständnis von Vergebung, welches mit dem Pflichtgedanken nicht zu vereinbaren ist, sondern hat auch mit der Frage zu tun, wer in wessen Schuld steht. Wenn man eine Pflicht zu vergeben postuliert, steht die moralisch verletzte Person in gewissem Sinne in der Schuld der sie verletzenden Person. Dies erscheint in hohem Maße kontraintuitiv, wenn nicht gar anstößig. Schließlich ist es doch primär so, dass die um Vergebung bittende Person, als Urheberin der moralischen Verletzung, in der Schuld der verletzten Person stehend zu sehen ist. Letzteres ist auch gar nicht zu bestreiten. Die Urheberin der moralischen Verletzung hat ihre moralische Pflicht zur Achtung des andern konkret verletzt – aber deswegen verdient sie doch weiterhin die allen Menschen zukommende Achtung. Es ist nicht dem Belieben der verletzten Person überlassen, die Urheberin der Verletzung nun ebenfalls zu verletzen.[15] Sie hat als moralisches Subjekt versagt, aber das stellt ihren

---

[15] Auch die Verweigerung von Vergebung, da wo es angemessen wäre, Vergebung zu gewähren, ist verletzend, oder – in den Worten der rabbinischen Tradition – grausam: „Verboten ist dem Menschen, grausam ... und nicht versöhnungsbereit ... zu sein ...

Status als moralisches Objekt nicht in Frage. Die verletzte Person ist weiterhin verpflichtet, allen Menschen, die Urheberin der Verletzung eingeschlossen, mit der ihnen zukommenden gleichen moralischen Achtung zu begegnen. Es handelt sich dabei um eine allgemeine Pflicht. Die Urheberin der Verletzung steht demgegenüber zusätzlich in der konkreten moralischen Pflicht, die verletzende Botschaft zurückzunehmen, einzusehen, dass die moralisch verletzende Botschaft falsch war und auszudrücken, dass es ihr Leid tut, ihr Gegenüber verletzt zu haben. In der aufrichtigen Bitte um Vergebung tut sie all dies. Sie hat damit das ihr Mögliche zur Wiederherstellung der moralischen Beziehung getan. Damit steht die verletzte Person nicht mehr nur noch in der allgemeinen Pflicht, sondern ist konkret angesprochen. Die um Vergebung bittende Person bittet darum, nicht nur als Objekt allgemeiner moralischer Achtung zu gelten, sondern auch als moralisch handelndes Subjekt wieder anerkannt zu werden. Sie muss darum *bitten*, sie kann es nicht einfordern[16], denn mit ihrem moralisch verletzenden Handeln hat sie sich um den Status als moralisch handelndes Subjekt gebracht. Sie kann ihn sich nicht selbst wieder zusprechen, sondern kann sich nur in ihrem Handeln als moralisch *erweisen* und darauf hoffen, dass andere dies anerkennen. Andererseits: *Wenn* sie sich in ihrem Handeln als moralisch erweist – und in ihrer authentischen Schuldanerkenntnis, Reue und Bitte um Vergebung tut sie dies – wäre es unangemessen, dies nicht anzuerkennen. Es gehört meines Erachtens zur allgemeinen Achtung, zur Wertschätzung des andern als Selbstzweck, ihn wahrzunehmen als die Person, die er ist.[17] Dies bedeutet im konkreten Fall, anzuerkennen, dass er jemand ist, der einmal moralisch verletzend an mir gehandelt hat – dies braucht auch nach der Vergebung nicht geleugnet oder vergessen zu werden –, aber ebenso anzuerkennen, dass er sein verletzendes Handeln jetzt moralisch verurteilt und mir die mir zukommende moralische Achtung entgegenbringt. Somit ergibt sich aus der allgemeinen Pflicht der Wertschätzung in der Situation einer aufrichtigen Bitte um Vergebung die

---

Wenn jemand von dem, der ihm Unrecht getan hat, gebeten wird zu verzeihen, soll er verzeihen mit ganzem Herzen und bereiter Seele" (MOSE BEN MAIMON; zitiert nach SCHREINER, Art. Vergebung der Sünden, 667).

[16] So auch SCHREINER, Art. Vergebung der Sünden, 668 mit Blick auf die jüdische Tradition: „Wie jedoch Gottes Vergebung nicht eingefordert ..., sondern nur erbeten werden kann..., so kann auch Verzeihung seitens der Mitmenschen nur erbeten, nicht aber erzwungen werden."

[17] Damit ist gleichzeitig auch dem Verdacht der Gleichmacherei begegnet: Allen Menschen gleiche moralische Achtung zukommen zu lassen, bedeutet nicht, sie in amoralischer Hinsicht als gleich anzusehen, sondern verlangt gerade, sie in ihrer Eigenheit und Einzigartigkeit wahrzunehmen und zu respektieren. Mit dieser inhaltlichen Näherbestimmung der Achtung gehe ich über Kant hinaus.

9.2 Die Bedingung göttlicher Vergebung

konkrete Pflicht, Vergebung zu gewähren und die moralische Beziehung wiederherzustellen.

Folgt hieraus, dass der Urheber der moralischen Verletzung, wenn er sein Tun aufrichtig bereut, um Vergebung nicht zu bitten braucht, sondern sie einfordern kann? Meine Antwort auf diese Frage will ich über einen Umweg geben. In „Cur Deus Homo" schreibt Anselm über das Verhältnis des sündigen Menschen zu Gott:

„Hunc honorem debitum qui deo non reddit, aufert deo quod suum est, et deum exhonorat; et hoc est peccare. Quamdiu autem non solvit quod rapuit, manet in culpa. Nec sufficit solummodo reddere quod ablatum est, sed pro contumelia illata plus debet reddere quam abstulit."[18]

Wie kann der Mensch Gott mehr zurückgeben als er ihm genommen hat? „Cum reddis aliquid quod debes deo, etiam si non peccasti, non debes hoc computare pro debito quod debes pro peccato. Omnia autem ista debes deo quae dicis."[19] Anselm macht deutlich, dass wir Gott nichts geben können, das wir ihm nicht ohnehin schulden, und wir damit keine Möglichkeit haben, eine „Zusatzleistung" zu erbringen, mit der wir unsere Sünde wiedergutmachen könnten.

Entsprechendes gilt nun aber auch für das zwischenmenschliche Verhältnis. Ich werde moralisch am andern schuldig, wenn ich seine moralische Würde nicht anerkenne und ihm nicht mit der ihm zukommenden Achtung begegne. Wenn ich mein Verhalten später bereue und ihm meine erneute Wertschätzung ausdrücke, tue ich damit nicht mehr als was ohnehin geboten ist: Ich schuldete ihm diese Wertschätzung auch dann, wenn ich ihn nicht vorher verletzt hätte. Und ich kann ihm auch nicht ein Plus an Wertschätzung entgegenbringen, um die frühere Geringschätzung auszugleichen, denn die in der Wertschätzung anzuerkennende Würde des andern ist absolut, mithin nicht steigerbar. Ich kann mit Hinblick auf die *moralische* Verletzung gar nicht mehr tun als das, was ohnehin gefordert ist, nämlich die Würde des andern zu achten. Wenn ich ihn moralisch verletzt habe, bleibe ich somit in seiner Schuld. Dies ist nicht die Position, aus der heraus es angemessen scheint, Forderungen zu stellen.

---

[18] I,11; ANSELM, Opera omnia I/2, 68,19–23. ANSELM, Warum Gott Mensch geworden, 41: „Wer diese schuldige Ehre Gott nicht erweist, nimmt Gott, was ihm gebührt, und entehrt Gott; und das heißt ‚sündigen'. Solange er aber nicht einlöst, was er geraubt, bleibt er in Schuld. Und es genügt nicht, nur das zurückzugeben, was geraubt wurde, sondern wegen der zugefügten Entehrung muß er mehr erstatten, als er genommen hat."

[19] I,20; ANSELM, Opera Omnia I/2, 87,3–5. ANSELM, Warum Gott Mensch geworden, 73: „Wenn du etwas gibst, was du Gott schuldig bist, auch wenn du nicht gesündigt hast, so darfst du das nicht buchen für das Geschuldete, das du für die Sünde schuldest. All das aber, was du nennst [Boso hatte genannt: „Buße, ‚ein zerknirschtes und gedemütigtes Herz', Enthaltungen und vielerlei körperliche Kasteiungen und Barmherzigkeit im Geben und Verzeihen und Gehorsam"; ebd., 71], schuldest du Gott."

Daran schließen zwei weitere Überlegungen an: Zum ersten anerkennt der andere in der Vergebung nicht nur, dass ich mich gegenwärtig nicht moralisch verletzend verhalte, sondern zugleich erklärt er die vergangene Schuld für erledigt. Wenngleich es eine Pflicht sein mag, die moralische Integrität der reuigen Urheberin der moralischen Verletzung anzuerkennen, so sehe ich nicht, wie sich eine Pflicht formulieren lassen sollte, vergangene Schuld für erledigt zu erklären.

Zum zweiten ist wiederum auf die Bedeutung der Reue hinzuweisen. Die Reue gehört zu den konstitutiven Bedingungen von Vergebung; eine Vergebung, die nicht auf Reue hin gewährt wird, fällt einem *misfire* zum Opfer. Und zwar muss nicht nur die *Botschaft* der Reue vorliegen, sondern auch die Reue selbst, mit anderen Worten: Die Botschaft der Reue muss aufrichtig geäußert werden. Wie aber erkennt die vergebende Person, ob die Reue der um Vergebung bittenden Person echt ist, ob sie tatsächlich von der Einsicht in ihre Schuld motiviert und von einer Haltung gegenwärtiger Wertschätzung geleitet ist? Sie kann nie letzte Gewissheit über die Echtheit der Reue der anderen Person erlangen, die Reue steht ihr nie als „harte Tatsache" vor Augen. Sie schließt interpretierend aus dem Verhalten, den sprachlichen und nichtsprachlichen Handlungen des andern auf die darin ausgedrückte Botschaft; und dabei ist die *Bitte* um Vergebung ein weitaus überzeugenderer Hinweis auf seine Schuldeinsicht und Reue als die *Forderung* nach Vergebung.

9.3 Das Gleichnis vom unbarmherzigen Knecht

Gottes Vergebungswille ist die Voraussetzung dafür, dass Menschen überhaupt in der Lage sind, vergeben zu können. Wer eine Bitte um Vergebung grundlos und anhaltend abschlägt, lädt die Sünde der Unversöhnlichkeit auf sich. Solange er daran festhält, und damit die für Vergebung notwendige konstitutive Bedingung der Reue nicht erfüllt, kann ihm Gott seine Sünde der Unversöhnlichkeit nicht vergeben. So ist die Gewährung zwischenmenschlicher Vergebung Bedingung dafür, dass Gott vergibt.

Ich finde diese Zusammenhänge eindrücklich dargestellt in Jesu Gleichnis vom unbarmherzigen Knecht (Mt 18,21–35), auf welches ich abschließend kurz eingehen möchte.

Der unbarmherzige Knecht
Dann trat Petrus herzu und sagte zu ihm: Herr, wie oft kann mein Bruder gegen mich sündigen, und ich muss ihm vergeben? Bis zu siebenmal? Jesus spricht zu ihm: Ich sage dir, nicht bis zu siebenmal, sondern bis zu siebenundsiebzigmal.

Darum gleicht das Himmelreich einem König, der mit seinen Knechten abrechnen wollte. Als er abzurechnen begann, wurde einer vor ihn gebracht, der ihm zehntausend Talente schuldig war. Weil er es aber nicht zurückzahlen konnte, befahl der Herr, ihn mit

Frau und Kind und seiner ganzen Habe zu verkaufen und so die Schuld zu begleichen. Da warf sich der Knecht vor ihm auf die Knie und sprach: Hab Geduld mit mir, und ich werde dir alles zurückzahlen. Da hatte der Herr Mitleid mit jenem Knecht, liess ihn gehen, und die Schuld erliess er ihm. Als aber der Knecht hinausging, traf er einen seiner Mitknechte, der ihm hundert Denare schuldig war; und er packte ihn, würgte ihn und sprach: Bezahle, wenn du etwas schuldig bist! Da fiel sein Mitknecht nieder und bat ihn: Hab Geduld mit mir, und ich werde es dir zurückzahlen. Er aber wollte nicht, sondern ging und liess ihn ins Gefängnis werfen, bis er die Schuld beglichen hätte. Als nun seine Mitknechte sahen, was geschehen war, überkam sie grosse Trauer, und sie gingen und berichteten ihrem Herrn alles, was geschehen war. Da lässt ihn sein Herr zu sich rufen und sagt zu ihm: Böser Knecht! Die ganze Schuld hab ich dir erlassen, weil du mich gebeten hast! Hättest nicht auch du Erbarmen haben müssen mit deinem Mitknecht, so wie ich Erbarmen hatte mit dir? Und voller Zorn übergab ihn sein Herr den Folterknechten, bis er ihm die ganze Schuld bezahlt hätte. So wird auch mein himmlischer Vater euch tun, wenn ihr nicht vergebt, ein jeder seinem Bruder von Herzen.

Die Frage des Petrus und Jesu Antwort darauf ist nicht als Feilscherei um Zahlen zu lesen. Die Zahl sieben steht traditionell für Vollkommenheit, Petrus fragt also, ob von ihm vollkommene Vergebung erwartet werde. Jesu Antwort ist, wie seine Aussagen in der Bergpredigt, „programmatisch, nicht pragmatisch"[20], stellt eine Überbietung der Vollkommenheit dar: „Von Petrus wird vollkommen-vollkommenste, grenzenlos-unendliche, unzählbar-wiederholte Vergebung erwartet."[21] Die Grenzenlosigkeit der Vergebung bezieht sich auf die Häufigkeit, in der sie gewährt wird, ist aber keine Grenzenlosigkeit des *Begriffs*. Dass das Konzept der Vergebung begrenzt ist durch die sie bestimmenden konstitutiven Bedingungen, wird auch von Jesus nicht außer Kraft gesetzt, *kann* gar nicht sinnvoll außer Kraft gesetzt werden. Entsprechend handelt das Gleichnis von Vergebung gegenüber jemandem, der seine Schuld anerkennt, um Vergebung (bzw. Schuldenerlass) bittet und die Bereitschaft zur Wiedergutmachung (Rückzahlung) erklärt. Insofern steht das Gleichnis in keiner Spannung zur vorausgehenden Perikope Mt 18,15–18. Einem, der seine Schuld bereut, soll grenzenlos vergeben werden – in Bezug auf einen, der seine Schuld nicht einsieht, ist von Vergebung nicht einmal die Rede, er steht außerhalb dieser Möglichkeit.

Die Verbindung des kurzen Wortwechsels zwischen Petrus und Jesus mit dem Gleichnis ist lose.[22] Das Gleichnis handelt nicht von der Häufigkeit von Vergebung, sondern vom Zusammenhang zwischen göttlicher und zwischenmenschlicher Vergebung: „Hättest du nicht auch Erbarmen haben müssen mit deinem Mitknecht, so wie ich Erbarmen hatte mit dir?" (Mt 18,33) Eindrücklich stellt das Gleichnis die grundsätzliche Symmetrie des zwischenmenschlichen Verhältnisses und die abgrundtiefe Asymmetrie

---

[20] LUZ, Das Evangelium nach Matthäus, 62.
[21] Ebd.
[22] Vgl. ebd., 65.

des Verhältnisses zwischen Gott und Mensch heraus. Gott und Mensch stehen einander gegenüber wie König und Knecht (oder Sklave). Der Schuldner des Knechts ist dagegen dessen „Mitknecht" (oder „Mitsklave"), Ulrich Luz schreibt dazu in seinem Kommentar: „Der Ausdruck ist bewußt gewählt, um anzudeuten, daß die beiden derselben Klasse angehören und eigentlich solidarisch sein müßten."[23] Auch die Schuld ist eine andere, abhängig davon, ob es sich um eine Schuld dem Menschen oder Gott gegenüber handelt. Der Mitknecht schuldet dem ersten Knecht hundert Denare. Wenn man davon ausgeht, dass ein Denar der Tageslohn eines Arbeiters war[24], so erscheint die Ankündigung, die geschuldete Summe zurückzuzahlen, nicht unrealistisch.[25] Ganz anders dagegen beim Betrag, welchen der erste Knecht dem König schuldet. Bei der Summe von zehntausend Talenten handelt es sich um einen unvorstellbar hohen Betrag.[26] Die Zahl hat symbolische Bedeutung: μύριοι ist die größte Zahl im Griechischen, τάλαντον die höchste Münzeinheit.[27] Undenkbar, dass der Knecht diese Summe seinem Herrn jemals zurückerstatten könnte, seine diesbezügliche Ankündigung ist ganz und gar unglaubhaft. Und doch sieht der König ab von einer Bestrafung und erlässt ihm gar die Schuld. Die Schuld des Knechtes gegenüber dem König ist unvergleichlich viel größer als die Schuld des Mitknechtes ersterem gegenüber. Seine Situation ist unvergleichlich auswegloser, das ihm drohende Unglück schlimmer, denn es ist undenkbar, dass er die Schuld jemals zurückzahlen könnte, oder dass jemand anderer es für ihn tun und ihn damit aus der Schuldsklaverei loskaufen könnte.

Wenn der König auf seinem Recht bestanden und ihn in die Schuldsklaverei verkauft hätte, wäre der Knecht gegenüber seinem Mitknecht gar nicht in die Situation gekommen, auf seinen Ansprüchen bestehen zu können. In diese Situation gelangt er nur, weil er nach empfangenem Schuldenerlass den Raum als freier Mann verlässt. Ebenso ist Gottes Vergebung(swille) die Voraussetzung dafür, dass wir überhaupt vergeben – oder aber Vergebung mutwillig vorenthalten – können.

---

[23] Ebd., 71.
[24] Vgl. Mt 20,2.
[25] Vgl. LUZ, Das Evangelium nach Matthäus, 71. Der Betrag ist auch geringer als ein Sklavenpreis. Das ist der Grund dafür, dass der erste Knecht seinen Mitknecht nicht in die Schuldsklaverei verkaufen, sondern nur ins Gefängnis werfen lassen kann.
[26] Die Angaben, wie hoch die Summe in heutiger Währung und Kaufkraft ausgedrückt wäre, unterscheiden sich teilweise beträchtlich. Luz spricht unbestimmt von „Milliarden oder gar Billionen" (ebd., 71) und erwähnt, dass die jährlichen Steuererträge der Tetrarchien von Philippus und Herodes Antipas zusammen 300 Talente betragen hätten (ebd., 69).
[27] Ebd.

9.3 Das Gleichnis vom unbarmherzigen Knecht

Kaum ist er hinausgegangen, begegnet er seinem Mitknecht. In seinem Verhalten diesem gegenüber befindet er sich formal im Recht, und doch erscheint sein Vorgehen skandalös im Lichte des Vorangegangenen. Luz schreibt dazu treffend: „Diese Vorgeschichte verfremdet die übliche Brutalität des Alltags; sie wird nun als etwas in Wahrheit Empörendes ansichtig."[28] Als der König von der Skrupellosigkeit und Unbarmherzigkeit des Knechts erfährt, ruft er ihn zu sich und nimmt den Schuldenerlass vollumfänglich zurück. Das Handeln des Knechts betrifft nicht nur seinen Mitknecht, sondern auch den König. Es ist ein Knecht des *Königs*, den er ins Gefängnis werfen lässt. Die Interessen des Königs sind somit mitbetroffen. Er konnte davon ausgehen, dass er nicht im Sinne des Königs handelte, hatte sich dieser ihm gegenüber doch soeben ganz anders verhalten. Der König ist König über beide. Es steht darum in seiner Macht, den Schuldenerlass zurückzunehmen und – wie man wohl annehmen darf – den andern Knecht aus dem Gefängnis herauszuholen.

Die matthäische Pointe ist nicht, dass der erste Knecht sich seinem Mitknecht gegenüber barmherzig hätte verhalten können und sollen, weil dessen Schuld unvergleichlich viel *geringer* als die ihm selbst soeben erlassene Schuld ist – wenngleich die riesengroße Differenz dazu dient, sein Verhalten umso unbegreiflicher erscheinen zu lassen. Worauf Matthäus zielt ist vielmehr das folgende: „(E)s ist ja letztendlich für ihn gerade die unvergebene Schuld gegenüber dem *Mitmenschen*, die über das Gottesverhältnis des ‚Großen' [des ersten Knechts] entscheidet"[29]. Oder wie Adolf Schlatter sich ausdrückt:

„Für ihn [den Knecht, der des Königs Schuldenerlaß empfangen hat] ist die Vergebung nicht mehr ἐξουσία, eine über seiner Pflicht stehende, seiner Freiheit übergebene Betätigung der Güte. Nun ist sie für ihn Pflicht. Die Notwendigkeit dieses Zusammenhangs erkennbar zu machen ist das vom Gleichnis erstrebte Ziel."[30]

Ulrich Luz spricht nicht von einer Pflicht zu vergeben, wohl aber davon, dass die menschliche Vergebung Bedingung für die Wirksamkeit von Gottes Vergebung ist: „Obwohl in der Parabel die göttliche Vergebung der menschlichen vorausgeht, ist für Matthäus die menschliche Vergebung die Bedingung dafür, daß die göttliche Vergebung im Endgericht gilt."[31] Doch in welcher Weise ist sie genau Bedingung dafür? Weiter oben stellte ich die „Minimalthese" auf, dass die Unversöhnlichkeit eine Sünde ist, die uns Gott – wie jede Sünde – nicht vergeben kann, solange wir daran festhalten. Doch davon scheint dieses Gleichnis nicht zu handeln. Der erste Knecht lädt mit seiner Unbarmherzigkeit nicht eine neue Schuld auf sich, die ihm

---
[28] Ebd., 71.
[29] Ebd., 72.
[30] SCHLATTER, Der Evangelist Matthäus, 561.
[31] LUZ, Das Evangelium nach Matthäus, 75.

der König dann nicht vergibt, sondern der König nimmt den Erlass der *alten* Schulden zurück. Man könnte diesem Einwand mit einem Hinweis auf die *begrenzte* Entsprechung zwischen Gleichnissen und Wirklichkeit zu begegnen versuchen. Doch damit macht man es sich wohl zu einfach. Oder man könnte mit der Unterscheidung von Ursünde und Tatsünde zu argumentieren versuchen: Die übergroße Schuld, welche der König zuerst erlässt, ist die Ursünde. Mit der Tatsünde der Unbarmherzigkeit setzt der erste Knecht die ganze Ursünde wieder in Kraft. Diese Argumentationsweise ist theologisch problematisch: Sie würde suggerieren, dass wir vollumfängliche Vergebung von Gott empfangen, diese aber mit der ersten Tatsünde gleich wieder hinfällig wird. Damit wäre die Menschheit vor Gott so verloren, wie wenn es keine Vergebung gäbe. Und diese Interpretation lässt auch außer Acht, dass es in diesem Gleichnis nicht um irgendeine Tatsünde geht, sondern ganz spezifisch um die Unversöhnlichkeit, die Vergebungsunwilligkeit.

Ich schlage deshalb einen anderen Weg ein, um mich einer Antwort auf die Frage zu nähern, in welchem Sinne die menschliche Vergebung Bedingung für die göttliche Vergebung ist. Ich hatte Reue eine der konstitutiven Bedingungen für Vergebung genannt: Die Einsicht, schuldig geworden zu sein, das tiefe Bedauern, den andern verletzt zu haben, den Wunsch, den zugefügten Schaden wieder gutzumachen, die Beziehung wiederherzustellen, und die Absicht, gegenwärtig und in Zukunft nicht wieder so zu handeln. Der Wunsch, die (moralische) Beziehung wiederherzustellen und dem Gegenüber die ihm zukommende Achtung zu erweisen, ist als die zur Reue gehörende Handlungsabsicht zu sehen. Andere, prudentielle Motive mögen mitwirken; sobald aber diese – und nicht das moralische Motiv – handlungsleitend sind, liegt ein Missbrauch der (verbalen oder nonverbalen) Reuebotschaft vor. Wenn nun jemand in Reaktion auf eine missbräuchliche Reuebezeugung Vergebung gewährt, handelt er subjektiv gesehen richtig, da er die konstitutiven Bedingungen für Vergebung für erfüllt halten muss; objektiv betrachtet ist aber die Bedingung der Reue nicht erfüllt: Die Reuebotschaft liegt vor, nicht aber die Reue selbst. Damit ist die Vergebung nichtig.

Im Gleichnis ist offensichtlich, dass die Verzweiflung des Knechts (zumindest auch) prudentiell motiviert ist: Er will nicht in die Schuldsklaverei verkauft werden. Der König betreibt nun aber nicht Motivforschung, um herauszufinden, ob der Knecht auch echte Schuldeinsicht besitzt und ob hauptsächlich diese handlungsleitend sei, sondern lässt es mit der Bitte um Aufschub auf sich bewenden und erlässt ihm die ganze Schuld. Hätte nun der Knecht im vollen Bewusstsein dessen, wie tief er in des Königs Schuld stand, und wie unermesslich viel ihm erlassen wurde, den Raum verlassen, dann wäre sein darauf folgendes Handeln undenkbar. Seine Unbarmherzigkeit dem Mitknecht gegenüber enthüllt, wie gleichgültig er gegenüber der Tat des Königs und gegenüber dem Wohlergehen seines Mitknechts ist. Ihn interessiert nur sein eigener Vorteil. Diesen sah er vor dem König für einen Moment in Gefahr, und das ließ ihn kurz verzweifeln. Nachdem er seine Haut gerettet hat, empfindet er für den König keine Dankbarkeit, sondern ist einfach froh, noch einmal davongekommen zu sein. Auch gegenüber dem Mitknecht hat er nur seine Interessen im Auge und verfolgt sie gnadenlos. Sein unbarmherziges Vorgehen enthält gegenüber dem Mitknecht eine moralisch abwertende Botschaft. Es enthält aber auch gegenüber dem König eine Botschaft, bringt ihm zum Ausdruck, dass seine Reue nicht echt, sondern nur zweckmotiviert war. Damit wird die Vergebung zunichte – wie ein Vertrag, der auf unlauteren Abmachungen beruht, ungültig ist, oder wie käuflich erworbenes Diebesgut nicht dem Käufer, sondern dem ursprünglichen Besitzer gehört.

Die zwischenmenschliche Vergebung ist keine (normative) Bedingung dafür, dass Gott hinterher dem Menschen auch noch vergibt, sondern sie ist Ausdruck dessen, dass die konstitutive Bedingung der Reue in Bezug auf Gott erfüllt ist und somit die zuvor von Gott gewährte Vergebung gültig und in Kraft ist. Dies hat auch Martin Luther im Blick, wenn er schreibt:

„Also jst hie auch die eusserliche vergebung, so jch mit der that erzeige, ein gewis zeichen das jch vergebung der sünde bey Gott habe, Widderumb wo sich solchs nicht erzeigt gegen dem nehesten, so habe jch ein gewis zeichen das auch jch nicht vergebung der sünde bey Gott habe, sondern stecke noch jm unglawben. Sihe das jst die zweyerley vergebung: Eine jnwendig jm hertzen, die allein an Gottes wort hanget, und auswendig, die eraus bricht und uns gewis machet das wir die jnnerliche haben. Also unterscheiden wir die wercke vom glawben als eine jnnerliche und eusserliche gerechtigkeit, aber also das die jnnerliche zuvor da sey als der stam und die wurtzel, daraus die guten werck als früchte wachsen müssen".[32]

Die Auffassung nicht nur in diesem Gleichnis, sondern überwiegend im Neuen Testament ist wohl die, dass das moralische Verhalten des Menschen (oder die „Heiligung") keine Kraftanstrengung ist, welche der Mensch leisten muss, um Gott zu gefallen (oder „Rechtfertigung" zu erlangen), sondern dass der Mensch, der sich von Gottes Sünden vergebendem Handeln tatsächlich befreien lässt, auf keine andere Idee kommen kann, als selber gottgemäß zu handeln. Dass er dennoch auf andere Ideen kommen kann, dass also die Heiligung nicht *automatisch* aus der Rechtfertigung folgt, ist eine Realität, die sich nur schon daraus ablesen lässt, dass sich im Neuen Testament Gleichnisse wie jenes vom unbarmherzigen Knecht und paränetische Abschnitte finden. Dies drückt nun aber nicht

---

[32] LUTHER, WA 32,423,28–37 (Wochenpredigten über Matthäus 5–7 (zu Mt 6,14f), 1530–1532).

aus, dass der Mensch sich seine Rechtfertigung dennoch verdienen muss (die Schuldsumme im Gleichnis macht deutlich, dass dies auch gar nicht möglich wäre), sondern ist charakteristisch für das Spannungsverhältnis, in welchem der Mensch steht, der sich Gottes Gnade gefallen lässt: Seine Sünde ist ihm vergeben, und doch lebt er noch unter dem Einflussbereich der Sünde. Er hat sich Gott anvertraut, der mächtiger ist als die Sünde, aber noch übt die Sünde Macht über die geschöpfliche Welt aus. Er vertraut auf Gottes erlösendes Handeln, aber er lebt in einer noch unerlösten Welt.

Schluss

Was ist Vergebung? *Vergebung ist ein Akt moralischer Kommunikation, in dem als Antwort auf die Botschaft der Reue eine zuvor gestörte moralische Beziehung wiederhergestellt wird.*

Enthielt die moralische Verletzung, durch welche die Beziehung beschädigt wurde, eine Botschaft der Geringschätzung und der Verweigerung der Anerkennung der Würde des Menschen, so wird in der Reue die gegenteilige Botschaft zum Ausdruck gebracht: Das Bedauern über die verletzende Haltung, das Eingeständnis, dass jene falsch war, die Anerkenntnis der Würde des andern und die Bezeugung der ihm als Mensch gebührenden moralischen Achtung. Auch die Reaktionen der verletzten Person sind moralische Botschaften. Das Übelnehmen als Reaktion auf die moralische Verletzung drückt die Zurückweisung der verletzenden Botschaft und eine Qualifizierung jener Verletzung als moralisch verwerflich aus. In der Vergebung wird die Reue des andern als echt anerkannt und als hinreichend angesehen dafür, wieder Vertrauen in die moralische Integrität des andern zu fassen.

Die moralische Verletzung, Übelnehmen und Reue sind Stationen in dem moralisch-kommunikativen Prozess, der auf Vergebung hinausläuft (hinauslaufen kann). Sie sind, zusammen mit einer Haltung der Versöhnlichkeit aufseiten der vergebenden Person, zugleich die *konstitutiven Bedingungen* der Vergebung. Ohne dass alle diese Bedingungen erfüllt sind, kann eine Handlung nicht „Vergebung" genannt werden, bzw. kommt sie *als Vergebung* nicht zustande.

Zum glücklichen Gewähren von Vergebung gehört außerdem, dass es aus den rechten Absichten heraus erfolgt und ein passendes Verhalten nach sich zieht. Dazu gehört insbesondere, dass die vergebende Person bereit ist, die ihr gegenüber schuldig gewordene Person wieder als moralisch gesinnten und handelnden Menschen anzusehen und ihr entsprechend zu begegnen. Tut sie das nicht, sondern gewährt sie Vergebung aus anderen Motiven und Absichten, dann *missbraucht* sie die konventionale Möglichkeit der Vergebung.

Für die göttliche Vergebung gilt in ähnlicher Weise, dass auch sie ein kommunikativer Akt in einem Beziehungsgeschehen ist. Sie reagiert aber nicht auf Schuld (als solche), sondern auf Sünde. Schuld und Sünde sind Beziehungsbegriffe; mit ‚Schuld' wird die Ursache der Störung der moralischen Beziehung zwischen Menschen benannt, mit ‚Sünde' die Ursache der Störung der Beziehung zwischen Gott und Mensch. Zwischenmenschliche Schuld besitzt immer auch die Dimension auf Gott hin und ist insofern auch als Sünde ansprechbar; der Begriff der Sünde erschöpft sich aber nicht darin. Es werden nicht nur die *Taten* des Menschen Sünde genannt („Tatsünden"), sondern auch sein „Sein in der Sünde", sein Verharren in der Ablehnung Gottes und der Nichtanerkennung der göttlichen Würde („Ursünde"). Während im zwischenmenschlichen Verhältnis zum Verständnis der Person gehört, dass ihr moralische Verantwortung zugeschrieben wird, d.h. sie wird als grundsätzlich befähigt angesehen, moralisch zu handeln, ihr unmoralisches Tun einzusehen und zu bereuen, so gilt dies nicht in gleicher Weise für den Menschen in seiner Beziehung zu Gott. Für seine Sünde kann er nicht in gleicher Weise verantwortlich gemacht werden wie für seine unmoralischen Taten. Er stand nie vor der Wahl, Sünder zu sein oder nicht, und es steht nicht in seiner Macht, sich von der Sünde abzuwenden. Seine Abwendung von der Sünde ist nur möglich in der Hinwendung Gottes zu ihm, in der Gott sein Denken, Wollen, Fühlen und Handeln befreit aus der Sünde. Diese Befreiung äußert sich in einer Umkehr des Menschen, einer Abkehr von der Sünde, die er nun als Gottlosigkeit erkennt, und einer Hinkehr zu Gott, den er nun als Gott anerkennt. Diese Umkehr entspricht im zwischenmenschlichen Verhältnis der Reue. Gott beginnt sein Werk im Menschen, indem er in ihm den Wunsch nach einer heilen Beziehung zu Gott weckt, aber Gott führt dieses Werk auch zu Ende, indem er dem Menschen die Wiederherstellung der Beziehung gewährt. Dieses Werk Gottes lässt sich, je nach dem, welches die leitenden Gesichtspunkte sind, verschieden benennen: Rechtfertigung, Erlösung, Versöhnung. Insofern es im Kontext der personalen Beziehung zwischen Gott und Mensch als Antwort Gottes auf die Sünde und die (gottgewirkte) Umkehr des Menschen bedacht wird, lässt es sich treffend als Vergebung verstehen.

Literatur

Hervorhebungen

Hervorhebungen durch Kursivschrift in Zitaten sind, wo nicht ausdrücklich anders vermerkt, auch im Originaltext hervorgehoben. Wurde die Hervorhebung im Originaltext durch Unterstreichung, Fettschrift oder Sperrschrift erreicht, sind diese ohne Vermerk in Kursivschrift übersetzt. Eigene Hervorhebungen oder die Tilgung von Hervorhebungen im Original sind jeweils gekennzeichnet.

Abkürzungen

Die in der Literaturliste verwendeten Abkürzungen richten sich nach:
TRE Abkürzungsverzeichnis, 2. überarbeitete und erweiterte Auflage, zusammengestellt von Siegfried M. Schwertner, Berlin/New York ²1994.

Bibelausgaben

Griechische Bibelzitate: Novum Testamentum Graece, Nestle-Aland, 27. Auflage 1993.
Deutsche Bibelzitate, Psalmen und Evangelien: Neue Zürcherbibel, Fassung 1996.
Deutsche Bibelzitate, übrige Bücher: Lutherbibel, revidierte Fassung 1984.

Acta synodalia sacrosancti Concilii Oecumenici Vaticani II, Volumen I, Periodus Prima Pars IV, Città del Vaticano 1971.
ANSELM VON CANTERBURY: Cur Deus Homo. Warum Gott Mensch geworden, Lateinisch und Deutsch, besorgt und übersetzt von FRANCISCUS SALESIUS SCHMITT, Darmstadt ⁵1993.
– Opera Omnia, Tomus Primus, Stuttgart/Bad Cannstatt 1968.
– Werke. Übers. und hrsg. von ANSELM STOLZ, München 1937.
ARENDT, HANNAH: Vita activa – oder Vom tätigen Leben, Stuttgart 1960.
AUGSBURGER, DAVID W.: Helping People Forgive, Louisville 1996.
AUGUSTINUS, AURELIUS: Fünfzehn Bücher über die Dreieinigkeit [De Trinitate], übersetzt und eingeleitet von MICHAEL SCHMAUS, Band 1: Buch I–VII, München 1935.
– Vom Gottesstaat [De Civitate Dei], eingeleitet und übertragen von WILHELM THIMME, Zürich 1955.
AUSTIN, JOHN L.: Zur Theorie der Sprechakte, übers. von EIKE VON SAVIGNY, Stuttgart ²2002.
BARTH, KARL: Die Kirchliche Dogmatik [KD] I/1, Die Lehre vom Wort Gottes. Prolegomena zur Kirchlichen Dogmatik, München 1935.
– Die Kirchliche Dogmatik [KD] IV/1, Die Lehre von der Versöhnung, München 1953.
BAUER, WALTER/ALAND, KURT und BARBARA: Griechisch-deutsches Wörterbuch zu den Schriften des Neuen Testaments und der frühchristlichen Literatur, Berlin/New York ⁶1988.
BEARDSLEY, ELIZABETH L.: Understanding and Forgiveness; in SCHILPP, The Philosophy of Brand Blanshard, 247–258.

BEATTY, JOSEPH: Forgiveness; in: American Philosophical Quarterly 7, 1970, 246–252.
BIERI, PETER: Das Handwerk der Freiheit. Über die Entdeckung des eigenen Willens, München/Wien 2001.
BLANSHARD, BRAND: Reply to Elizabeth L. Beardsley, Understanding and Forgiveness; in: SCHILPP, The Philosophy of Brand Blanshard, 259–266.
BLASS, FRIEDRICH/DEBRUNNER, ALBERT: Grammatik des neutestamentlichen Griechisch, bearbeitet VON FRIEDRICH REHKOPF, Göttingen [18]2001 (zitiert als BLASS/DEBRUNNER/REHKOPF).
BONHOEFFER, DIETRICH: Gemeinsames Leben, München [7]1953.
– Nachfolge, DBW Bd. 4, hrsg. von MARTIN KUSKE und ILSE TÖDT, Gütersloh [2]1994.
– Sanctorum Communio. Eine dogmatische Untersuchung zur Soziologie der Kirche, München 1954.
BRÅKENHIELM, CARL REINHOLD: Forgiveness, Philadelphia 1993.
BSLK: Die Bekenntnisschriften der evangelisch-lutherischen Kirche, hrsg. vom Deutschen Evangelischen Kirchenausschuß, Göttingen [12]1998.
BSRK: Die Bekenntnisschriften der reformierten Kirche. In authentischen Texten mit geschichtlicher Einleitung und Register hrsg. von ERNST FRIEDRICH KARL MÜLLER, Waltrop 1999 (Nachdruck der Ausgabe Leipzig 1903).
BULTMANN, RUDOLF: Art. ἀφίημι, ἄφεσις, παρίημι, πάρεσις; in: ThWNT I, 506–509.
– Das Problem der Ethik bei Paulus; in: DERS., Exegetica, 36–54.
– Der zweite Brief an die Korinther; hrsg. von ERICH DINKLER, Göttingen 1976.
– Exegetica. Aufsätze zur Erforschung des Neuen Testaments, ausgewählt, eingeleitet und hrsg. von ERICH DINKLER, Tübingen 1967.
– Theologie des Neuen Testaments, Tübingen [6]1968.
CALVIN, JOHANNES: Opera selecta Vol. III. Institutionis Christianae religionis 1559 libros I et II continens, hrsg. von PETRUS BARTH und GUIELMUS NIESEL, München [2]1962.
– Unterricht in der christlichen Religion. Institutio Christianae Religionis. Nach der letzten Ausgabe übersetzt und bearbeitet von OTTO WEBER, Neukirchen-Vluyn [6]1997.
CAPUTO, JOHN D./DOOLEY, MARK/SCANLON, MICHAEL J. (Hrsg.): Questioning God, Bloomington Ind. 2001.
CARROLL, JOHN T.: Luke's Crucifixion Scene; in: SYLVA, Reimaging the Death of the Lukan Jesus, 108–124.
DALFERTH, INGOLF U., Hrsg.: Ethik der Liebe. Studien zu Kierkegaards „Taten der Liebe", Tübingen 2002.
– „... der Christ muß alles anders verstehen als der Nicht-Christ ...". Kierkegaards Ethik des Unterscheidens; in: DERS., Ethik der Liebe, 19–46.
– Der auferweckte Gekreuzigte. Zur Grammatik der Christologie, Tübingen 1994.
– Fähig zur Sünde? in: Newsletter 1/1998, hrsg. von der Theologischen Fakultät der Universität Zürich, 3–12.
– Inbegriff oder Index? Zur philosophischen Hermeneutik von ‚Gott'; in: GESTRICH, Gott der Philosophen, 89–132.
– Religiöse Rede von Gott, München 1981.
– Wirkendes Wort. Handeln durch Sprechen in der christlichen Verkündigung; in: HEIMBROCK/STREIB, Magie, 105–143.
DENZINGER, HEINRICH: Enchiridion symbolorum definitionum et declarationum de rebus fidei et morum. Kompendium der Glaubensbekenntnisse und kirchlichen Lehrentscheidungen, Lateinisch-Deutsch; verbessert, erweitert, ins Deutsche übertragen und unter Mitarbeit von HELMUT HOPING hrsg. von PETER HÜNERMANN, Freiburg i.Br./Basel/Rom/Wien [38]1999.

DERRIDA, JACQUES: Le siècle et le pardon; in: Le Monde des Débats, 12/1999, 10–17.
DEUSEN HUNSINGER, DEBORAH VAN: Forgiving Abusive Parents: Psychological and Theological Considerations; in: MCFADYEN/SAROT, Forgiveness and Truth, 71–98.
DH: siehe DENZINGER/HÜNERMANN, Enchiridion symbolorum.
DILLON, ROBIN S.: Self-Forgiveness and Self-Respect; in: Ethics 112, 2001, 53–83.
DOSTOJEWSKIJ, FJODOR MICHAILOWITSCH: Die Brüder Karamasow, München ^{16}1999.
DOWNIE, R.S.: Forgiveness; in: The Philosophical Quarterly 15, 1965, 128–134.
EBELING, GERHARD: Wort und Glaube, Bd. 3: Beiträge zur Fundamentaltheologie, Soteriologie und Ekklesiologie, Tübingen 1975.
ECO, UMBERTO: Semiotik. Entwurf einer Theorie der Zeichen, übers. von GÜNTER MEMMERT, München 1987.
EICHRODT, WALTHER: Theologie des Alten Testaments, Bd. 3, Leipzig 1939.
EISLER, RUDOLF: Wörterbuch der philosophischen Begriffe, Berlin ^{2}1904.
ELGIN, CATHERINE: Considered Judgment, Princeton 1996.
EWNT: Exegetisches Wörterbuch zum Neuen Testament; hrsg. von HORST BALZ und GERHARD SCHNEIDER, Stuttgart/Berlin/Köln ^{2}1992.
FEHIGE, CHRISTOPH/MEGGLE, GEORG/WESSELS, ULLA, Hrsg.: Der Sinn des Lebens, München 2000.
FIEDLER, PETER: Art. ἁμαρτία; in: EWNT Bd. I, 157–165.
– Jesus und die Sünder, Bern/Frankfurt a.M. 1976.
FITZGIBBONS, R.P.: The Cognitive and Emotive Uses of Forgiveness in the Treatment of Anger; in: Psychotherapy 23, 1986, 629–633.
FRANKEL, ESTELLE: Repentance, psychotherapy, and healing through a Jewish lens; in: American Behavioral Scientist 41, 1998, 814–833.
FRANKEMÖLLE, HUBERT: Art. Vergebung der Sünden. III. Neues Testament; in: TRE Bd. 34, 668–677.
FRANKENA, W.K.: Analytische Ethik. Eine Einführung, München ^{5}1994.
FRANKFURT, HARRY: Freedom of the Will and the Concept of a Person; in: Journal of Philosophy 68, 1971, 5–20.
FRETTLÖH, MAGDALENE L.: Theologie des Segens: biblische und dogmatische Wahrnehmungen, Gütersloh ^{2}1998.
GAUTHIER, DAVID: Morals by Agreement, Oxford 1987.
Gemeinsame Erklärung zur Rechtfertigungslehre. Endgültiger Vorschlag 1997; in: Zeitschrift für Theologie und Kirche 95, Beiheft 10, 1998, 168–198.
GESTRICH, CHRISTOF, Hrsg.: Gott der Philosophen – Gott der Theologen. Zum Gesprächsstand nach der analytischen Wende, Berliner Theologische Zeitschrift, Beiheft 1999.
– Die Wiederkehr des Glanzes in der Welt. Die christliche Lehre von der Sünde und ihrer Vergebung in gegenwärtiger Verantwortung, Tübingen 1989.
GIBBS, ROBERT: Fear of Forgiveness: Kant and the Paradox of Mercy; in: Philosophy and Theology 3, 1989, 323–334.
GIESINGER, JOHANNES: Der Anfang der Geschichte. Erziehung und die narrative Rationalität des Handelns; in: Zeitschrift für Pädagogik 50, 2004, 392–405.
GINGELL, JOHN: Forgiveness and Power; in: Analysis 34, 1974, 180–183.
GOLDING, MARTIN P.: Forgiveness and Regret; in: The Philosophical Forum 16, 1984/85, 121–137.
GOLDSTEIN, VALERIE SAIVING: The Human Situation: A Feminine View; in: Journal of Religion 40, 1960, 100–112.
GOPPELT, LEONHARD: Theologie des Neuen Testaments, hrsg. von JÜRGEN ROLOFF, Göttingen ^{3}1991.

GUNNEWEG, ANTONIUS H.J.: Schuld ohne Vergebung? in: Evangelische Theologie 36, 1976, 2–14.
HAAS, HANNS-STEPHAN: „Bekannte Sünde". Eine systematische Untersuchung zum theologischen Reden von der Sünde in der Gegenwart, Neukirchen-Vluyn 1992.
HABER, JORAM G.: Forgiveness, Savage Md. 1991.
HABERMAS, JÜRGEN: Diskursethik – Notizen zu einem Begründungsprogramm; in: DERS., Moralbewußtsein und kommunikatives Handeln, 53–125.
– Moralbewußtsein und kommunikatives Handeln, Frankfurt a.M. ^{6}1996.
HAHN, EBERHARD: „Ich glaube ... die Vergebung der Sünden". Studien zur Wahrnehmung der Vollmacht zur Sündenvergebung durch die Kirche Jesu Christi, Göttingen 1999.
HASE, HANS CHRISTOPH VON: Begriff und Wirklichkeit der Kirche in der Theologie Dietrich Bonhoeffers; in: Evangelische Theologie 15, 1955, 164–184.
HASITSCHKA, MARTIN: Befreiung von Sünde nach dem Johannesevangelium. Eine bibeltheologische Untersuchung, Innsbruck/Wien 1989.
HEIMBROCK, HANS-GÜNTER/STREIB, HEINZ, Hrsg.: Magie: Katastrophenreligion und Kritik des Glaubens. Eine theologische und religionstheoretische Kontroverse um die Kraft des Wortes, Kampen 1994.
HOFIUS, OTFRIED: Art. Versöhnung. II. Neues Testament; in: TRE Bd. 35, 18–22.
HORSBRUGH, HOWARD J.N.: Forgiveness; in: Canadian Journal of Philosophy 4, 1974, 269–282.
JANOWSKI, BERND: Sühne als Heilsgeschehen. Traditions- und religionsgeschichtliche Studien zur Sühnetheologie der Priesterschrift, Neukirchen-Vluyn ^{2}2000.
JEHLE, FRANK: Große Frauen der Christenheit. Acht Porträts, Freiburg i.Ü. 1998.
JONAS, HANS: Das Prinzip Verantwortung: Versuch einer Ethik für die technologische Zivilisation, Frankfurt a.M. ^{2}1986.
JONES, CHRISTOPHER: Loosing and Binding; in: MCFADYEN/SAROT, Forgiveness and Truth, 31–52.
JONES, L. GREGORY: Embodying Forgiveness. A Theological Analysis, Grand Rapids Mi. 1995.
JÜNGEL, EBERHARD: Amica Exegesis einer römischen Note; in: Zeitschrift für Theologie und Kirche 95, 1998, Beiheft 10: Zur Rechtfertigungslehre, 252ff.
– Das Evangelium von der Rechtfertigung des Gottlosen als Zentrum des christlichen Glaubens. Eine theologische Studie in ökumenischer Absicht, Tübingen 1998.
KANT, IMMANUEL: Der einzig mögliche Beweisgrund zu einer Demonstration des Daseins Gottes; in: DERS., Werkausgabe Bd. II, 617–738.
– Die Metaphysik der Sitten, Rechtslehre; in: DERS., Werkausgabe Bd. VIII, 307–499.
– Die Metaphysik der Sitten, Tugendlehre; in: DERS., Werkausgabe Bd. VIII, 501–634.
– Die Religion innerhalb der Grenzen der bloßen Vernunft; in: DERS., Werkausgabe Bd. VIII, 645–879.
– Eine Vorlesung Kants über Ethik, hrsg. von PAUL MENZER, Berlin 1924.
– Grundlegung zur Metaphysik der Sitten; in: DERS., Werkausgabe Bd. VII, 7–102.
– Über ein vermeintes Recht aus Menschenliebe zu lügen; in: DERS., Werkausgabe Bd. VIII, 635–643.
– Werkausgabe, hrsg. von WILHELM WEISCHEDEL, Frankfurt a.M. 1968.
KÄSEMANN, ERNST: An die Römer, Tübingen ^{4}1980.
– Das theologische Problem des Motivs vom Leibe Christi; in: DERS., Paulinische Perspektiven, 178–210.
– Paulinische Perspektiven, Tübingen ^{3}1993.

KELLY, J.N.D.: Altchristliche Glaubensbekenntnisse. Geschichte und Theologie, Göttingen ²1993.
KERSTING, WOLFGANG, Hrsg.: Thomas Hobbes: Leviathan oder Stoff, Form und Gewalt eines bürgerlichen und kirchlichen Staates, Berlin 1996.
KIERKEGAARD, SØREN: Der Liebe Tun. Etliche christliche Erwägungen in Form von Reden (Gesammelte Werke, 19. Abteilung), übers. von HAYO GERDES, Düsseldorf/Köln 1966.
- Werke der Liebe. Auswahlübersetzung mit Einleitung und Kommentar von REINER WIMMER, Stuttgart 2004.
KIRCHNER, FRIEDRICH: Wörterbuch der philosophischen Grundbegriffe; Neubearbeitung der fünften Auflage von CARL MICHAËLIS, Leipzig ⁵1907.
KOCH, KLAUS: Sühne und Sündenvergebung um die Wende von der exilischen zur nachexilischen Zeit; in: Evangelische Theologie 26, 1966, 217–239.
KOCH, ROBERT: Die Sünde im Alten Testament, Frankfurt a.M. 1992.
KÖHLER, LUDWIG: Theologie des Alten Testaments, Tübingen 1936.
KOLNAI, AUREL: Ethics, Value and Reality. Selected Papers, London 1977.
- Forgiveness; in: DERS., Ethics, Value and Reality, 211–224.
KORSCH, DIETRICH: Art. Versöhnung. III. Theologiegeschichtlich und dogmatisch; in: TRE Bd. 35, 22–40.
KORSGAARD, CHRISTINE M.: Aristotle and Kant on the source of value; in: DIES., Creating the Kingdom of Ends, 225–248.
- Creating the Kingdom of Ends, Cambridge N.Y. 1996.
- Kant's Formula of Humanity; in: DIES., Creating the Kingdom of Ends, 106–132.
- Kant's Formula of Universal Law; in: DIES., Creating the Kingdom of Ends, 77–105.
KRAUSE, GERHARD: Vergebung ohne Schuld? Vorüberlegungen zur christlichen Rede von Schuld und Vergebung; in: Evangelische Theologie 36, 1976, 53–72.
KRAUSE, NEAL/ELLISON, CHRISTOPHER G.: Forgiveness by God, Forgiveness of Others, and Psychological Well-Being in Late Life; in: Journal for the Scientific Study of Religion 42, 2003, 77–93.
KROBATH, EVI: Art. Sünde/Schuld, III. Feministisch-theologische Diskussion; in: WFT (1. Aufl.), 387–390.
KUHLMANN, HELGA, Hrsg.: Und drinnen waltet die tüchtige Hausfrau. Zur Ethik der Geschlechterdifferenz, Gütersloh 1995.
Langenscheidts Handwörterbuch Englisch-Deutsch, Neubearbeitung von HEINZ MESSINGER, Berlin/München 1988.
LEROY, H.: Art. ἀφίημι, ἄφεσις; in: EWNT Bd. I, 436–441.
LÉVINAS, EMMANUEL: Eine Religion für Erwachsene; in: DERS., Schwierige Freiheit, 21–37.
- Schwierige Freiheit. Versuch über das Judentum, Frankfurt a.M. 1992.
LEWIS, MEIRLYS: On Forgiveness; in: The Philosophical Quarterly 30, 1980, 236–245.
LINDEMANN, ANDREAS: Die Kirche als Leib. Beobachtungen zur „demokratischen" Ekklesiologie bei Paulus; in: Zeitschrift für Theologie und Kirche 92, 1995, 140–165.
LINK-WIECZOREK, ULRIKE: Inkarnation oder Inspiration? Christologische Grundfragen in der Diskussion mit britischer anglikanischer Theologie, Göttingen 1998.
LIVIUS, TITUS: Ab urbe condita, Tomus I, Libri I–V, hrsg. und mit kritischen Anmerkungen versehen von R.S. CONWAY und C.F. WALTERS, Oxford 1955.
LOCKE, JOHN: Zwei Abhandlungen über die Regierung, hrsg. und eingeleitet von WALTER EUCHNER, Frankfurt a.M. 1977.
LTHK: Lexikon für Theologie und Kirche, Dritte, völlig neu bearbeitete Auflage, hrsg. von WALTER KASPER u.a., Freiburg/Basel/Rom/Wien ³1993ff..

LUTHER, MARTIN: Der große Katechismus deutsch lateinisch; in: BSLK, 543–733.
– Werke. Kritische Gesamtausgabe (Weimarer Ausgabe [WA]), Weimar 1883ff.
LUZ, ULRICH: Das Evangelium nach Matthäus, EKK Bd. 1, Teilbd. 3, Zürich/Düsseldorf/Neukirchen-Vluyn 1997.
LYONS, WILLIAM: Emotions, Cambridge 1980.
MARQUARDT, FRIEDRICH-WILHELM: Was dürfen wir hoffen, wenn wir hoffen dürften? Eine Eschatologie, Bd. 3, Gütersloh 1996.
MCFADYEN, ALISTAIR/SAROT, MARCEL, Hrsg.: Forgiveness and Truth. Explorations in Contemporary Theology, Edingburgh/New York 2001.
MERKLEIN, HELMUT: Art. μετάνοια, μετανοέω; in: EWNT Bd. II, 1022–1031.
MINAS, ANNE C.: God and Forgiveness; in: The Philosophical Quarterly 25, 1975, 138–150.
MORRIS, THOMAS V., Hrsg.: Philosophy and the Christian Faith, Notre Dame In. 1988.
MOSIS, RUDOLF:Art. Sünde. II. Biblisch-theologisch. 1. Altes Testament; in: LTHK Bd. 9, 1118–1120.
MÜLLER-FAHRENHOLZ, GEIKO: Vergebung macht frei. Vorschläge für eine Theologie der Versöhnung, Frankfurt a.M. 1996.
MURPHY, JEFFRIE G./HAMPTON, JEAN: Forgiveness and mercy, Cambridge 1988.
NEBLETT, WILLIAM R.: Forgiveness and Ideals; in: Mind 83, 1974, 269–275.
NICOLAUS, GEORG: Die pragmatische Theologie des Vaterunsers und ihre Rekonstruktion durch Martin Luther, Leipzig 2005. (Überarbeitete und gekürzte Fassung von: GEORG WAGNER, Vom Bösen erlöst.)
NIDA-RÜMELIN, JULIAN: Bellum omnium contra omnes. Konflikttheorie und Naturzustandskonzeption im 13. Kapitel des *Leviathan*; in: KERSTING, Thomas Hobbes, 109–130.
NORTH, JOANNA: Wrongdoing and Forgiveness; in: Philosophy 62, 1987, 499–508.
NUSSBAUM, MARTHA C.: Emotionen als Urteile über Wert und Wichtigkeit; in: FEHIGE/MEGGLE/WESSELS, Der Sinn des Lebens, 144–150.
NUSSBAUM, MARTHA C.: Upheavals of Thought. The Intelligence of Emotions, Cambridge 2001.
PARFIT, DEREK: Reasons and Persons, Oxford 1984.
PATON, MARGARET: Can God Forgive?; in: Modern Theology 413, 1988, 225–233.
PLASKOW, JUDITH: Sex, Sin and Grace. Women's Experience and the Theologies of Reinhold Niebuhr and Paul Tillich, Boston 1980.
POTHAST, ULRICH, Hrsg.: Seminar: Freies Handeln und Determinismus, Frankfurt a.M. 1978.
RAD, GERHARD VON: Theologie des Alten Testaments, Bd. I, München [5]1966.
RADL, WALTER: Das Lukas-Evangelium, Darmstadt 1988.
RAWLS, JOHN: Eine Theorie der Gerechtigkeit, Frankfurt a.M. [10]1998.
RICHARDS, NORVIN: Forgiveness; in: Ethics 99, 1988, 77–97.
RICOEUR, PAUL: La mémoire, l'histoire, l'oubli, Paris 2000. (Deutsche Übersetzung: DERS.: Gedächtnis, Geschichte, Vergessen, München 2004; Kurzfassung: DERS.: Das Rätsel der Vergangenheit. Erinnern – Vergessen – Verzeihen, Göttingen 1998.)
ROBERTS, ROBERT C.: Spirituality and Human Emotion, Grand Rapids Mi. 1982.
– Emotions. An Essay in Aid of Moral Psychology, Cambridge 2003.
ROLOFF, JÜRGEN: Die Kirche im Neuen Testament, Göttingen 1993.
SCHEFFLER, EBEN: Suffering in Luke's Gospel, Zürich 1993.
SCHEIBER, KARIN: May God Forgive?; in: MCFADYEN/SAROT, Forgiveness and Truth, 173–180.

SCHENKER, ADRIAN: Art. Vergebung der Sünden. I. Altes Testament; in: TRE Bd. 34, 663–665.
SCHERZBERG, LUCIA: Art: Sünde/Schuld. Gegenwartsdiskussion; in: WFT (2. Aufl.), 526–528.
– Sünde und Gnade in der feministischen Theologie, Mainz 1991.
SCHILPP, PAUL ARTHUR, Hrsg.: The Philosophy of Brand Blanshard, La Salle Ill. 1980.
SCHLATTER, D. ADOLF: Der Evangelist Matthäus. Seine Sprache, sein Ziel, seine Selbständigkeit, Stuttgart 1929.
SCHLEIERMACHER, FRIEDRICH DANIEL ERNST: Ethik (1812/13) mit späteren Fassungen der Einleitung, Güterlehre und Pflichtenlehre. Auf der Grundlage der Ausgabe von OTTO BRAUN hrsg. und eingeleitet von HANS-JOACHIM BIRKNER, Hamburg 1981.
SCHNEIDER, GUNDA: Frauensünde? Überlegungen zu Geschlechterdifferenz und Sünde; in: KUHLMANN, Und drinnen waltet die tüchtige Hausfrau, 189–205.
SCHNEIDER, THEODOR, Hrsg.: Handbuch der Dogmatik, Düsseldorf 1992.
SCHREINER, STEFAN: Art. Vergebung der Sünden. II. Judentum; in: TRE Bd. 34, 665–668.
SCHÜRMANN, HEINZ: Das Lukasevangelium. Erster Teil. Kommentar zu Kap. 1,1–9,50, Freiburg i.B. 1969.
SCHWEIZER, EDUARD: Die Kirche als Leib Christi in den paulinischen Homologumena; in: DERS., Neotestamentica, 272–292.
– Die Kirche als Leib Christi in den paulinischen Antilegomena; in: DERS., Neotestamentica, 293–316.
– Neotestamentica. Deutsche und englische Aufsätze 1951–1963, Zürich/Stuttgart 1963.
SCOBIE, E.D./SCOBIE G.E.W.: Damaging Events: The Perceived Need for Forgiveness; in: Journal for the Theory of Social Behaviour 28, 1988, 373–401.
SEARLE, JOHN R.: Sprechakte. Ein sprachphilosophischer Essay, Frankfurt a.M. 2003.
SHRIVER, DONALD W. JR.: An Ethic For Enemies. Forgiveness in Politics, New York/Oxford 1995.
SMART, ALWYNNE: Mercy; in: Philosophy 43, 1968, 345–359.
SOUSA, RONALD DE: Die Rationalität des Gefühls, Frankfurt a.M. 1997.
STEMM, SÖNKE VON: Der betende Sünder vor Gott. Studien zu Vergebungsvorstellungen in urchristlichen und frühjüdischen Texten, Leiden/Boston/Köln 1999.
STOPCZYK, ANNEGRET/PRAETORIUS, INA: Art. Geburt/Natalität. Philosophisch; in: WFT (2. Aufl.), 196f.
STRAWSON, PETER FREDERICK: Freiheit und Übelnehmen; in: POTHAST, Seminar: Freies Handeln und Determinismus, 187–211.
STRECKER, GEORG: Theologie des Neuen Testaments. Bearbeitet, ergänzt und herausgegeben von FRIEDRICH WILHELM HORN, Berlin/New York 1996.
SUNG, CHONG-HYON: Vergebung der Sünden. Jesu Praxis der Sündenvergebung nach den Synoptikern und ihre Voraussetzungen im Alten Testament und frühen Judentum, Tübingen 1993.
SWINBURNE, RICHARD: Responsibility and Atonement, Oxford 1989.
– The Christian Scheme of Salvation; in: MORRIS, Philosophy and the Christian Faith, 15–30.
SYLVA, DENNIS D., Hrsg.: Reimaging the Death of the Lukan Jesus, Frankfurt a.M. 1990.
TAEGER, JENS-WILHELM: Der Mensch und sein Heil. Studien zum Bild des Menschen und zur Sicht der Bekehrung bei Lukas, Gütersloh 1982.
THEOBALD, MICHAEL: Art. Sünde. II. Biblisch-theologisch. 2. Neues Testament; in: LTHK Bd. 9, 1120–1123.

THOMAS VON AQUIN: Summa theologica. Vollständige, ungekürzte, deutsch-lateinische Ausgabe (Die deutsche Thomas-Ausgabe), Salzburg/Leipzig 1939.
ThWNT: Theologisches Wörterbuch zum Neuen Testament, hrsg. von GERHARD KITTEL, Stuttgart 1932ff.
TRE: Theologische Realenzyklopädie, Berlin/New York 1977ff.
UMBACH, HELMUT: In Christus getauft – von der Sünde befreit. Die Gemeinde als sündenfreier Raum bei Paulus, Göttingen 1999.
VELLEMAN, J. DAVID: The Genesis of Shame; in: Philosophy and Public Affairs 30, 2001, 27–52.
VERWEYEN, HANSJÜRGEN: Gottes letztes Wort. Grundriß der Fundamentaltheologie, Regensburg ³2000.
WAGNER, GEORG: Vom Bösen erlöst. 65 Thesen zum Vaterunser als Zentrum der evangelischen Theologie Martin Luthers, Diss. theol. Zürich 2002. (Vgl. GEORG NICOLAUS, Die pragmatische Theologie des Vaterunsers.)
WASSILOWSKY, GÜNTHER: Universales Heilssakrament Kirche. Karl Rahners Beitrag zur Ekklesiologie des II. Vatikanums, Innsbruck/Wien 2001.
WATTS, FRASER: Shame, Sin and Guilt; in: MCFADYEN/SAROT, Forgiveness and Truth, 53–69.
WEBER, MAX: Politik als Beruf, München/Leipzig 1919.
WEBER, OTTO: Grundlagen der Dogmatik, Bd. 1, Neukirchen 1955.
WENGST, KLAUS: Versöhnung und Befreiung. Ein Aspekt des Themas „Schuld und Vergebung" im Lichte des Kolosserbriefes; in: Evangelische Theologie 36, 1976, 14–26.
WESTERMANN, CLAUS: Theologie des Alten Testaments in Grundzügen, Göttingen ²1985.
WFT: Wörterbuch der Feministischen Theologie, hrsg. von ELISABETH GÖSSMANN u.a., Gütersloh ¹1991, ²2002.
WIEDENHOFER, SIEGFRIED: Das katholische Kirchenverständnis. Ein Lehrbuch der Ekklesiologie, Graz/Wien/Köln 1992.
– Ekklesiologie; in: Schneider, Handbuch der Dogmatik, Bd. 2, 47–154.
WILLIAMS, BERNARD: Probleme des Selbst. Philosophische Aufsätze 1956–1972, Stuttgart 1978.
– Sittlichkeit und Gefühl; in: DERS., Probleme des Selbst, 329–365.
WITTGENSTEIN, LUDWIG: Philosophische Untersuchungen, Frankfurt a.M. 1971.
WOLF, JEAN-CLAUDE/SCHABER, PETER: Analytische Moralphilosophie, Freiburg i.B./München 1998.

Bibelstellenregister

Genesis
1,25–26   45
1,26–27   287–88, 289
2–11   19
2,25   46
3   46
32,21   17

Exodus
32,30   18
34,7   57
34,9   18

Leviticus
16   22

Deuteronomium
32,43   17

2. Samuel
9,7–8   22
21,3   18

1. Könige
17,19–24   70

2. Könige
4,32–37   70
5,18   16, 18
25,27–30   22

2. Chronik
7,14   21

Psalter
41,5   21
49,16   71
50,12   30
51,6   24
88,11–13   71
103   21
107,20   21
115,17   71
139,8   71

Sprüche
16,6.14   17

Jeremia
31,34   16
33,8   16
50,20   16

Micha
7,18–19   15

Maleachi
3,6–7   40

Matthäus
6,12   51, 301
12,31–32   102
16,16–17   99
16,19   98, 99
18,15–18   309
18,18   99
18,21–35   51, 308–14
20,2   310
27,54   67

Markus
15,39   67

Lukas
1,77   62
3,3   62
4,14–22,2   49
4,18   65
5,17–26   49, 51, 55–56, 68–69
5,27–32   50, 51
5,31–32   49, 55, 68
7,36–50   50, 51
7,41–42   51
7,48   67
11,20   69
13,1–5   68
13,16   51
14,15–24   50, 51
15   51
15,1–2   50
15,2   51
16,19–31   50
18,9–14   47

18,13	61
19,8	61
19,10	55
20,2	57
23,34	65–67
23,47	67
24,16	70
24,37	70
24,39	70
24,43	70
24,47	62

Johannes
1,29	99
5,19	45, 58
5,27	57
8,11	61
8,34	51
9,1–3	68
10,18	57
17,2	57
20,14	70
20,21–23	99
20,22–23	56
20,23	98, 99
20,27	70
21,5	70

Apostelgeschichte
3,19	60
11,18	60, 62

Römer
1,19–21	52
2,4	64
5–8	86
5,10	271
5,19	79
6,10–11	67
6,11	79
6,15	79
6,17–18	79
6,18	80
6,23	67
7	65, 81–82
8	56
8,9	79
8,17	79
8,24	88
8,38–39	89

1. Korinther
5	80
5,5	80
6,18	80
12,12–26	95
12,27	95
15,17	68
15,20	68
15,20–22	69

2. Korinther
5,17	79
5,18–20	271
7,9–10	64
12,20–21	79
12,21	64

Galater
3,19	79
5,1	60
6,1	79

Epheser
1,22	97
4,15–16	95

Kolosser
1,15	70
1,18	68, 95, 97
2,18–19	95
2,19	97

1. Thessalonicher
4,3	79
4,6	79

1. Johannes
5,16	102

Jakobus
4,12	26

Namenregister

Agrippa, Menenius 97
Albertus Magnus 72
Anselm von Canterbury 27, 31, 36–38, 41, 43, 54, 307
Arendt, Hannah 23f, 55, 145
Augsburger, David W. 266
Augustinus, Aurelius 39, 47, 77, 81, 141
Austin, John L. 8, 106, 163–201, 202, 209, 211

Barth, Karl 68, 72, 73, 76–78, 88f, 289
Beardsley, Elizabeth L. 165, 193–96, 197, 302f
Beatty, Joseph 254
Bieri, Peter 217f, 223, 226–29, 259, 266
Blanshard, Brand 165, 194
Bonaventura 72
Bonhoeffer, Dietrich 59, 96–98
Bråkenhielm, Carl R. 25, 40, 71, 98, 219
Bultmann, Rudolf 49, 52f, 59, 60, 61, 64, 79, 86f
Butler, Joseph 137, 250

Calvin, Johannes 52, 56, 60, 77
Caputo, John D. 9
Carroll, John T. 64

Dalferth, Ingolf U. 10, 41, 52, 58, 104, 105, 173
Denzinger, Heinrich 75, 82, 90f
Derrida, Jacques 9
Deusen Hunsinger, Deborah van 77
Dillon, Robin S. 249–51
Dostojewskij, Fjodor M. 32, 33, 237, 235–41
Downie, R.S. 27, 188, 190–93, 198, 302

Ebeling, Gerhard 48, 85
Eco, Umberto 146

Eichrodt, Walther 16–17, 18, 20, 62
Elgin, Catherine 7
Ellison, Christopher G. 254f, 257, 258, 259

Fiedler, Peter 45, 86
Fitzgibbons, R.P. 2, 118
Frankel, Estelle 257
Frankemölle, Hubert 48, 49, 56, 64
Frankena, W.K. 116
Frankfurt, Harry 228
Frettlöh, Magdalene L. 105

Gauthier, David 119
Gestrich, Christof 64
Gibbs, Robert 129, 130
Giesinger, Johannes 145, 154
Gingell, John 31–32, 252
Golding, Martin P. 188–90, 192, 193, 244, 258f
Goldstein, Valerie S. 47
Goppelt, Leonhard 50, 57, 61
Gunneweg, Antonius H.J. 19

Haas, Hanns-Stephan 47
Haber, Joram G. 131, 164, 165, 180, 184, 194, 196–201, 210, 224, 236, 254, 304
Habermas, Jürgen 145, 151
Hahn, Eberhard 72, 75, 76, 80
Hampton, Jean 31, 43, 133, 137–44, 146, 158–60
Hase, Hans Christoph von 96
Hasitschka, Martin 52, 53, 57, 99, 101, 103
Hobbes, Thomas 119
Hofius, Otfried 22, 271
Horsbrugh, H.J.N. 233f, 240, 249, 255–57, 262, 263, 265, 269

Janowski, Bernd 17
Jehle, Frank 40
Jonas, Hans 122

Jones, Christopher 78
Jones, L. Gregory 63, 78, 103, 236
Jüngel, Eberhard 82, 91

Kant, Immanuel 7, 26, 36, 37f, 40, 41, 121–32, 133, 135, 138, 144, 159, 160, 230, 282, 284–88, 291, 299
Käsemann, Ernst 64, 95
Kelly, J.N.D. 74
Kierkegaard, Søren 10, 104, 219, 272, 297, 298
Koch, Klaus 16
Koch, Robert 21
Köhler, Ludwig 16, 17, 62
Kolnai, Aurel 10, 42–44, 231f, 240
Korsch, Dietrich 72, 271
Korsgaard, Christine M. 123, 125, 126, 287
Krause, Gerhard 53
Krause, Neal 254f, 257, 258, 259
Krobath, Evi 47

Leroy, H. 49
Lévinas, Emmanuel 34
Lewis, Meirlys 38, 219f, 224
Lindemann, Andreas 95, 97
Link-Wieczorek, Ulrike 100
Livius, Titus 97
Locke, John 28, 29
Luther, Martin 38, 47, 48, 53, 63, 71, 74f, 78, 80–85, 86, 93, 106–9, 160, 193, 313
Luz, Ulrich 309–11
Lyons, William 181

Marquardt, Friedrich-Wilhelm 36, 41
Merklein, Helmut 59, 63
Minas, Anne C. 26, 37–42, 160–62, 241f, 243, 244
Mosis, Rudolf 21
Müller-Fahrenholz, Geiko 157
Murphy, Jeffrie G. 27, 36, 53, 66, 133, 137–44, 146, 158, 159, 232f, 234

Neblett, William R. 26, 243f
Nida-Rümelin, Julian 119
North, Joanna 130f, 220, 224, 225
Nussbaum, Martha C. 181

Osiander, Andreas 72

Pannenberg, Wolfhart 72
Parfit, Derek 116
Paton, Margaret 38, 39
Plaskow, Judith 47
Platon 26
Praetorius, Ina 145
Pseusoaeropagitus 41

Rad, Gerhard von 17
Radl, Walter 62, 65
Rawls, John 7, 116, 119, 151
Richards, Norvin 180, 182, 253, 303
Roberts, Robert C. 3, 180, 260
Roloff, Jürgen 95

Schaber, Peter 116, 119
Scheffler, Eben 49, 65
Schenker, Adrian 19, 21
Scherzberg, Lucia 47
Schlatter, Adolf 311
Schleiermacher, Friedrich D.E. 39, 72, 97, 105, 106
Schneider, Gunda 47
Schreiner, Stefan 34, 35, 304, 306
Schürmann, Heinz 56
Schweizer, Eduard 95
Scobie, E.D. / Scobie G.E.W. 3, 245
Searle, John R. 8, 163, 201–17, 221–24
Shriver, Donald W. Jr. 131, 236
Smart, Alwynne 27
Solon 180
Sousa, Ronald de 181
Stemm, Sönke von 18, 64
Stopczyk, Annegret 145
Stowe, Harriet Beecher 39
Strawson, Peter F. 7, 10, 132–37, 138, 139, 141, 143, 144, 146, 152, 159, 184, 185, 230f, 232, 233, 234, 248, 257, 266, 267
Strecker, Georg 49, 52, 57, 61
Stuhlmacher, Peter 22
Sung, Chong-Hyon 17–23, 26
Swinburne, Richard 253, 254, 303

Taeger, Jens-Wilhelm 52
Theobald, Michael 48
Thomas von Aquin 72, 77

Umbach, Helmut 52, 79–82, 84, 85, 87

Velleman, J. David 153
Verweyen, Hansjürgen 97

Wagner, Georg 38, 63, 82–85, 160
Wassilowsky, Günther 96, 97, 100
Watts, Fraser 46
Weber, Max 122

Weber, Otto 80
Wengst, Klaus 53
Westermann, Claus 17, 19
Wiedenhofer, Siegfried 94
Williams, Bernard 180
Wittgenstein, Ludwig 146, 213f
Wolf, Jean-Claude 116

Sachregister

Abendmahl 83, 106
Auferweckung 67–73, 99

Betroffenheit, persönliche 15f, 23, 25–35, 178, 184f, 197, 209f, 230–45, 249, 252f, 273, 293
Buße 85, 86, 91, 106, 307

Einheit Gottes 5, 37, 76, 78
Entrüstung, moralische 137, 139, 184, 230, 234f, 238, 244
Entschuldigung 65f, 131, 134, 136, 142, 147–50, 155, 161, 195, 219, 229, 266–68, 274
Erbarmen Gottes 17, 23, 36f, 41, 309
Erlösung 71f, 93, 272, 288, 314, 316

Freiheit 30, 54, 59f, 89, 92, 96, 110, 124f, 129, 130, 157, 223, 226–29, 267

Gefühlstheorien 3, 180, 260
Genugtuung 54, 72
Gerechtigkeit
– moralisch 27, 120
– theologisch 36–41, 79, 94, 128f
Glaube 61, 75f, 79f, 103, 104
Gnade
– juristisch 25, 27, 137, 192f, 273
– theologisch 90, 109, 130
Gott, Modelle der Gottesrede
– Gott als Liebender 32–34
– Gott als Richter 26–28
– Gott als Schöpfer 28–31
– Gott als Vater 30f, 32
Gottebenbildlichkeit 30, 45f, 92, 287f

Haltung
– objektive 134f, 141, 142, 245, 248, 257, 267
– reaktive 133–37, 158f, 170, 185, 230f, 234, 248, 257, 267
– selbstreaktive 152, 158f, 185, 230f

Hass 3, 38, 137, 139f, 253, 263
Heiligkeit 80, 91, 94f

Identität, praktische 153f, 162, 249–51, 259, 294
Imperativ, kategorischer 122–27, 136
Integrität, moralische 43, 157–60, 187, 308, 315

Kirche 80, 94–109, 113
– ecclesia invisibilis vs. visibilis 96, 100, 101, 107, 108
– Gemeinschaft der Heiligen 93–95
– Leib Christi 95–101, 107
Konkupiszenz 90f, 93

Moraltheorien 6f, 114–62
– Kantianismus 7, 119, 121–32, 135, 157, 159f, 230, 281, 284, 285
– Konsequenzialismus 116–18, 121, 135, 144
– Moralische Kommunikation 7f, 132, 144–62, 170, 201, 276, 315
– Vertragstheorien 119–21, 135, 144

Rechtfertigung, theologisch 72f, 89–91, 93, 94, 128–32, 316
Rechtfertigungslehre, Gemeinsame Erklärung zur 82
Reue 8, 35, 42–44, 47, 58–67, 86, 102–5, 110, 117, 120, 127–31, 141f, 151–62, 178, 179, 185–87, 200f, 207–10, 217–25, 251, 254–65, 277, 293f, 298-301, 304, 308, 312f, 315f

Scham 46f, 152–56, 246f, 250, 259f
Schuld, moralisch 2, 46, 48, 65, 113–17, 120f, 125–27, 132, 178, 225–29, 242, 246–48, 290, 305–8, 315
Schuldgefühl 2f, 115, 120, 209, 242f, 260
Selbstachtung 137–40, 195, 200, 249–51, 299

Selbstzweck, Mensch als 29, 123–26, 285–88
simul iustus et peccator 79–89, 93, 108
Sprechaktanalyse
– (Un-)Redlichkeit 167, 173, 179f, 186f, 191, 198
– Glücken/Verunglücken eines Sprechaktes 165f, 169, 173–87, 191, 193, 211
– Illokution 164, 165, 167–70, 178, 189, 203f
– Konduktive (behabitives) 169–73, 193, 196
– Lokution 164, 165, 167f
– Missbrauch (abuse) 169, 174, 193, 197f, 209, 264, 312, 315
– performative Äußerung 105, 164–67, 177, 183, 189, 192f
– Perlokution 164, 165, 167–69, 178, 189, 198f
– Versager (misfire) 174, 186, 197f, 201, 209, 264f, 308
Straferlass 22, 27, 37f, 62, 132, 189, 243, 273
Sühne 17–23, 72, 304
Sünde 21, 24, 26, 34, 39, 45–73, 79–93, 94, 107, 110–14, 289, 290–92, 300f, 314, 315f
– -n festhalten 99, 101–3
– -nbekenntnis 21, 24, 83
– Todsünden vs. lässliche Sünden 84, 90f, 93
– Ursünde vs. Tatsünden 46f, 52f, 54, 64f, 79f, 84–87, 89–91, 93, 292–94, 312, 316
– wider den Heiligen Geist 102f
Sündenvergebung
– als das Ganze des Heilsgeschehens 72f, 111
– eschatologisch 88f, 93
– ständige Angewiesenheit auf 83–85, 89, 108
– Vollmacht zur 45, 55–58, 98–101, 103–6
Sündlosigkeit der Getauften 79f, 84, 85–88, 89f, 108

Taufe 84, 89, 92f, 106, 108f
Tridentinum 82, 89f
Trinität 5, 58, 76–78, 100

Tun-Ergehen-Zusammenhang 18, 22, 38

Übelnehmen 7, 46, 134, 137f, 145, 159, 178, 184f, 194f, 207, 208f, 230, 232f, 234, 238, 251, 252f, 262f, 268f, 276, 293
– Überwindung von 3, 53, 136, 137, 139–44, 176, 181, 197f, 200, 205, 232f, 250f, 253, 262, 268, 305
Überlegungsgleichgewicht 7
Unservater 63, 82–84, 89, 108, 160, 297, 301

Vaterunser s. *Unservater*
Verantwortung 30f, 52, 54, 61, 134, 138, 148–50, 171, 176, 178, 184, 226, 229, 237–40, 248, 266, 291f, 316
Vergebung
– als Wiederherstellung der Gottesbeziehung 17, 24, 53, 63, 73, 94, 102, 107, 111, 281
– als Wiederherstellung der moralischen Beziehung 8, 181f, 204, 209, 256f, 260, 272, 276–82, 305, 307, 315
– bedingungslose 65, 104, 202, 219f, 224f, 254f, 261, 264
– konstitutive Bedingungen 8, 25, 35, 62–64, 103–5, 219–25, 235, 254f, 257, 279f, 295, 303, 309, 315
– -sbereitschaft, Versöhnlichkeit 42, 104f, 131f, 192, 219, 257, 260–63, 276, 294–97, 300–305, 308, 312
– -sgewissheit 15, 85, 88, 107
Vergeltung 18, 137, 240, 300
Vergessen 38, 167, 180, 251, 306
Verletzung, moralische 7, 30, 31–34, 46–48, 138, 145f, 176, 178, 179–86, 194f, 205–9, 229, 236–40, 242, 244–46, 250, 252f, 256f, 267–69, 281, 290, 299f
Versöhnung 68, 72, 248, 270–72, 274, 316
Versprechen 125f, 136, 190f, 201–4, 205, 222
Verzeihen, duldendes 3, 37, 42, 43, 120, 131, 161, 201, 245, 268–70, 272, 274

Wertschätzung, moralische 7, 48, 123–27, 151, 160, 183, 185f, 260, 281, 285, 290f, 293, 299, 305–7

Wiedergutmachung 120, 127, 157, 258, 259f, 307
Würde 123–25, 251, 281–88

Religion in Philosophy and Theology

Editor
INGOLF U. DALFERTH (Zürich)
Advisory Board
HERMANN DEUSER (Frankfurt/M.) · JEAN-LUC MARION (Chicago)
DEWI Z. PHILLIPS (Claremont) · ELEONORE STUMP (St. Louis)
HENT DE VRIES (Amsterdam)

Numerical Index:
1. *Vernunft, Kontingenz und Gott.* Konstellationen eines offenen Problems. Herausgegeben von Ingolf U. Dalferth und Philipp Stoellger. 2000. X, 422 pages.
2. *Heiko Schulz:* Theorie des Glaubens. 2001. XII, 505 pages.
3. *Lance Ashdown:* Anonymous Skeptics. Swinburne, Hick, and Alston. 2002. X, 286 pages.
4. *Ethik der Liebe.* Studien zu Kierkegaards 'Taten der Liebe'. Herausgegeben von Ingolf U. Dalferth. 2002. X, 184 pages.
5. *Gregory L. Reece:* Irony and Religious Belief. 2002. VIII, 178 pages.
6. *Schleiermachers Dialektik.* Die Liebe zum Wissen in Philosophie und Theologie. Herausgegeben von Christine Helmer, Christiane Kranich und Birgit Rehme-Iffert. 2003. IX, 324 pages.
7. *Cornelia Richter:* Die Religion in der Sprache der Kultur. Schleiermacher und Cassirer – Kulturphilosophische Symmetrien und Divergenzen. 2004. X, 325 pages.
8. *Subjektivität im Kontext.* Herausgegeben von Dietrich Korsch und Jörg Dierken. 2004. X, 240 pages.
9. *Petra Bahr:* Darstellung des Undarstellbaren. Religionstheoretische Studien zum Darstellungsbegriff bei A.G. Baumgarten und I. Kant. 2004. IX, 332 pages.
10. *Religious Apologetics – Philosophical Argumentation.* Edited by Yossef Schwartz and Volkhard Krech. 2004. X, 574 pages.
11. *Eberhard Herrmann:* Religion, Reality, and a Good Life. 2004. IX, 221 pages.
12. *Hermann Deuser:* Gottesinstinkt. Semiotische Religionstheorie und Pragmatismus. 2004. XII, 352 pages.

Religion in Philosophy and Theology

13 *Roderich Barth:* Absolute Wahrheit und endliches Wahrheitsbewußtsein. Das Verhältnis von logischem und theologischem Wahrheitsbegriff – Thomas von Aquin, Kant, Fichte und Frege. 2004. XI, 430 pages.
14 *Wahrheit in Perspektiven.* Probleme einer offenen Konstellation. Herausgegeben von Ingolf U. Dalferth und Philipp Stoellger. 2004. VIII, 410 pages.
15 *Huxel, Kirsten:* Ontologie des seelischen Lebens. Ein Beitrag zur theologischen Anthropologie im Anschluß an Hume, Kant, Schleiermacher und Dilthey. 2004. XI, 444 pages.
16 *Freiheit und Menschenwürde.* Studien zum Beitrag des Protestantismus. Herausgegeben von Jörg Dierken und Arnulf von Scheliha. 2005. VI, 337 pages.
17 *Scientific Explanation and Religious Belief.* Science and Religion in Philosophical and Public Discourse. Edited by Michael G. Parker and Thomas M. Schmidt. 2005. VIII, 189 pages.
18 *Krisen der Subjektivität.* Herausgegeben von Ingolf U. Dalferth und Philipp Stoellger. 2005. XXI, 668 pages.
19 *Meuffels, Otmar:* Gott erfahren. Theologisch-philosophische Bausteine zur Gotteslehre. 2006. XII, 269 pages.
20 *Evers, Dirk:* Gott und mögliche Welten. Studien zur Logik theologischer Aussagen über das Mögliche. 2006. XII, 438 pages.
21 *Scheiber, Karin:* Vergebung. Eine systematisch-theologische Untersuchung. 2006. XII, 332 pages.

For a complete catalogue please write to the publisher
Mohr Siebeck • P.O. Box 2030 • D-72010 Tübingen/Germany
Up-to-date information on the internet at www.mohr.de